Impulse zur eigenen Veränderung

EBOOK INSIDE

Die Zugangsinformationen zum eBook Inside finden Sie am Ende des Buchs.

Andreas Steffen

Impulse zur eigenen Veränderung

Selbstcoaching mit dem Prinzip von Weniger und Mehr

Andreas Steffen
Berlin, Deutschland

ISBN 978-3-662-58278-7 ISBN 978-3-662-58279-4 (eBook)
https://doi.org/10.1007/978-3-662-58279-4

Die Deutsche Nationalbibliothek verzeichnet diese Publikation in der Deutschen Nationalbibliografie; detaillierte bibliografische Daten sind im Internet über http://dnb.d-nb.de abrufbar.

Einbandgestaltung: deblik Berlin

Springer ist ein Imprint der eingetragenen Gesellschaft Springer-Verlag GmbH, DE und ist ein Teil von Springer Nature
Die Anschrift der Gesellschaft ist: Heidelberger Platz 3, 14197 Berlin, Germany

Die Wahrheit wird gelebt, nicht doziert.
(Hermann Hesse, Das Glasperlenspiel)

Vorwort

„Weniger. Und mehr." Das steht für den Spagat zwischen zwei Polen, innerhalb derer sich Menschen in Veränderungssituationen oftmals befinden und sich dabei wie hin und hergerissen fühlen. Weniger Sorgen, mehr Erfüllung. Weniger Stress, mehr Zeit für die richtigen Dinge. Meist kennt man nur die Formulierung „mehr oder weniger", hier steht nun ein „und". Darf man sich denn beides wünschen? Gleich vorab: Ja, das dürfen Sie.

Wenn man etwas verändern will – und so richtig verändern kann man nur sich selbst –, dann ist es entscheidend, die eigene Ausgangssituation zu erkennen und zu akzeptieren. Dieser Schritt ist in Entwicklungsprozessen von sehr hoher Bedeutung. Erst dann ist eine positive Veränderung möglich. Denn erst, wenn man nicht mehr wie Don Quijote gegen Windmühlen anrennt, kann man sich selbst ein realistisches und gleichzeitig motivierendes Ziel für die persönliche Entwicklung setzen. Mit einer gesunden Einstellung zu sich selbst, zu den eigenen Gedanken, Emotionen und Ressourcen sowie zur umgebenden Welt. Damit kann die Basis für neue Entwicklungen geschaffen werden. Und dann können auch das richtige Weniger und das passende Mehr gleichzeitig erreicht werden.

Dieses Buch möchte Ihnen Impulse geben für Ihren ganz persönlichen Weg der Veränderung. Es geht darin um Themen wie Selbstwirksamkeit, Wahrnehmung, Widerstandskraft, Erkenntnisgewinn, Wahlfreiheit, Selbstannahme, Akzeptanz, Sinnhaftigkeit und Entscheidungsfähigkeit. Dazu finden Sie hier Anregungen, Werkzeuge, Modelle, Methoden und auch verschiedene Übungen „für den Hausgebrauch", also für Ihr persönliches Selbstcoaching. All dem zugrunde liegen mein grundsätzliches Verständnis, das starke Vertrauen und der feste Glaube daran, dass wir Menschen uns verändern können und die Potenziale und Ressourcen dafür alle bereits in uns tragen.

Jetzt wünsche ich Ihnen viel Vergnügen beim Lesen und insgesamt vor allem: viel Erfolg bei Ihrer eigenen Veränderung!

Andreas Steffen

Danksagung

Mein erster großer Dank geht an meine Nichte Alina. Ihr über die vergangenen zwanzig Jahre beim Aufwachsen zu einer großartigen jungen Frau zusehen zu können und ihren Weg begleiten zu dürfen, hat meinen Blick auf viele der Themen in diesem Buch beeinflusst. Mit unserer Geburt haben die meisten von uns alle Ressourcen für den Weg durch unser Leben bereits parat, nur vergessen und verlernen wir oftmals mit dem vermaledeiten Erwachsenwerden so vieles davon – und brauchen dann Therapien, Coachings oder auch Bücher wie dieses, um uns wieder daran zu erinnern. Liebe Alina, danke für all die Erinnerungen!

Ich danke meiner Mutter und meinem großen Bruder, meinen Freunden und den vielen anderen Personen, die mich ganz persönlich, meine Arbeit mit dem Motto „WENIGER. UND MEHR." und vor allem die Entstehung dieses Buches mit guten Gedanken und viel Liebe begleitet und unterstützt haben.

Darüber hinaus bin ich all den vielen weisen Menschen dankbar, die mir direkt im Gespräch oder durch ihre Bücher so vieles beigebracht, Impulse und Inspirationen geschenkt haben, von denen ich hier vielleicht ein paar weitergeben konnte.

Und ganz wichtig: Ich bedanke mich ganz herzlich bei allen Gästen des WUM-Talks! Ihr habt mir die Möglichkeit gegeben, sehr viele der in diesem Buch beschriebenen Inhalte live mit Euch „testen" zu können und von Euren Antworten und Anregungen lernen zu dürfen. Danke für Eure aktive Teilnahme und Euer wertvolles Feedback.

Auch wenn er das nicht mehr lesen wird, danke ich meinem Vater Frank Steffen (1941–2015), der mich über mehr als 25 Jahre regelmäßig und ausgiebig mit Literatur versorgt und dadurch schon sehr frühzeitig auf Themen gestoßen hat, mit denen ich mich heute als Coach beschäftige. Mach's gut da oben!

Schlussendlich bedanke ich mich bei den vielen freundlichen Menschen und hilfreichen Unterstützerinnen & Unterstützern im Springer-Verlag. Ganz explizit möchte ich Christine Sheppard und Janina Tschech hervorheben, die mir mit ihrer großartigen Mischung aus Professionalität, Hilfsbereitschaft und Freundlichkeit die Arbeit an diesem Buch sehr leicht gemacht haben.

Inhaltsverzeichnis

Über den Autor

Andreas Steffen wurde 1973 in Berlin geboren und beschäftigt sich beruflich seit über 20 Jahren mit Veränderung und Potenzialentfaltung. Nach den Positionen als Geschäftsführer eines Forschungszentrums, Innovationsmanager, Trainer, Kommunikations- und Unternehmensberater arbeitet er freiberuflich als systemischer Coach für private Personen und Menschen in Organisationen. Bereits seit 1996 hat sich das Thema „Veränderungen anstoßen und begleiten" durch seinen Berufsweg gezogen: Prozessabläufe reorganisieren, neue Geschäftsfelder erschließen, Organisationsbereiche weiterentwickeln, Wandel moderieren und kommunizieren, Wissenschaft und Praxis zusammenbringen, Modernisierung anstoßen und dadurch Innovationen schaffen – und dabei stets die beteiligten Menschen im Blick behalten. Projekt-, Team- und Einzelcoaching gehörten dabei immer wieder zu seinem Handwerkszeug. Mit elf Jahren hat sich Andreas Steffen Autogenes Training beigebracht und Mentales Training später in vielen Sportarten genutzt. Neben seiner Arbeit als Coach interessiert sich der Linkshänder für Storytelling und Meditationstechniken, er schreibt und liest gerne, macht Yoga und Qigong, treibt Sport und wandert. Er ist ausgebildeter Hypnotiseur, besitzt den Meistergrad in Reiki, mag Gurkenlimonade und keine Pilze.

Kontakt

Mail	coach@wenigerundmehr.de
Web	www.wenigerundmehr.de
LinkedIn	www.linkedin.com/in/andreassteffen
Xing	www.xing.com/profile/Andreas_Steffen

1

Einführung: Das Prinzip von Weniger und Mehr

Zusammenfassung Wenn man sich verändern möchte, gibt es meist etwas, von dem man deutlich weniger möchte: Druck, Stress, Sorgen und so manch andere Dinge. Gleichzeitig wünscht man sich vielleicht mehr Zufriedenheit, mehr schöne und glückliche Momente, möglicherweise mehr Zeit und Raum für sich selbst, mehr Gelassenheit und innere Balance oder einfach mehr Spaß und Freude im Leben. Und genau das ist möglich, indem man Selbstcoaching geduldig angeht, sich selbst gegenüber ebenso ehrlich wie verständnisvoll ist und dabei noch einige Rahmenbedingungen beachtet. Wenn man solch einen Veränderungsprozess als Reise versteht, hilft es auch sehr, den eigenen „emotionalen Rucksack" zu betrachten: Was möchtet man zusätzlich als Ressource mit auf diesen Weg nehmen, was darf gerne raus aus dem Rucksack – und was ist bereits darin enthalten, das wertvoll für diesen Veränderungsprozess ist?

1.1 Auftrieb, Abtrieb oder beides? Oder noch mehr?

In einem Coachinggespräch schilderte einmal eine Klientin, sie würde sich in ihrer Situation, mit der sie nicht glücklich war, wie „unter Wasser" fühlen. Auf meine Nachfrage hin beschrieb sie ihr Gefühl noch weiter: „Als wenn mich beim Schwimmen etwas nach unten ziehen würde." Wir kamen sehr zügig darauf, dass ihr zwei Dinge helfen würden: Wenn sie einerseits das Gewicht verringern würde, das sie als Last nach unten zieht. Und wenn sie – idealerweise parallel – dafür sorgen könnte, dass sie zum Atmen wieder an die Wasseroberfläche gelangt. Weniger Abtrieb, mehr Auftrieb. Dem

A. Steffen, *Impulse zur eigenen Veränderung*, https://doi.org/10.1007/978-3-662-58279-4_1

gegenüber beschreibt der Psychotherapeut und Autor Irvin D. Yalom in seinem Buch „Der Panamahut" eine Klientin, die das Gefühl hatte „wegzufliegen" und etwas gesucht hat, das ihr Bodenhaftung geben könnte (Yalom, 2002). In diesem Beispiel lautete die Formel also weniger Auftrieb, mehr Abtrieb (Abb. 1.1).

Gleichzeitig lässt sich das Prinzip auch wie ein „T-Konto" in der Buchhaltung verstehen. In der einen Spalte steht, wovon man zukünftig mehr haben möchte. Und auf der anderen Seite wird vermerkt, wovon es weniger geben soll (Abb. 1.2).

Aber reicht das schon aus?

Bei dieser zweispaltigen Betrachtungsweise mit „Weniger" und „Mehr" wird jedoch ein ganz entscheidender Aspekt bisher nicht berücksichtigt. Denn meist muss, soll oder kann sich nicht alles auf einmal ändern. Und oftmals ist es sogar absolut wichtig und richtig, dass etwas bleibt, wie es ist. Häufig wird in akuten Veränderungssituationen das Kind mit dem berühmten Bad ausgekippt. Dann wird nicht nur alles auf den Prüfstand gestellt, sondern aus Übereifer gerne auch alles radikal verändert. Bei Unzufriedenheit im Job wird dieser sofort (zumindest innerlich) gekündigt, statt an der kriselnden Beziehung zu arbeiten, wird diese gleich beendet und man bricht im Überschwang des Änderns vielleicht auch noch den Kontakt zu alten Freunden ab, trennt sich von alten Kleidungsstücken, die einen an die Vergangenheit erinnern usw.

Genau dieses Verhalten kann oftmals ein entscheidender Grund sein, warum eine solche Veränderung dann scheitert: Denn gestern kann nicht

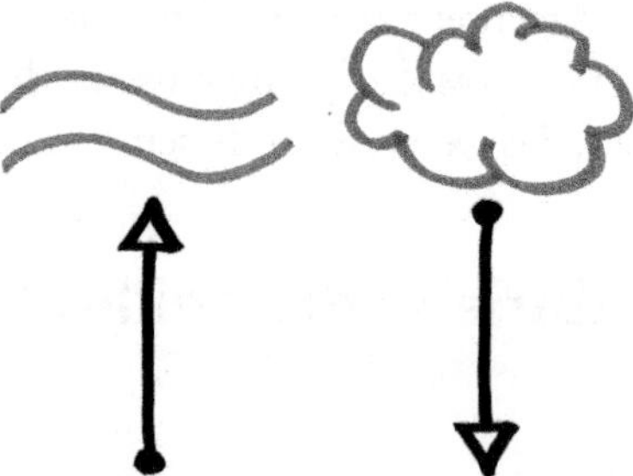

Abb. 1.1 Auftrieb oder Abtrieb

Abb. 1.2 Das T-Konto der Veränderung

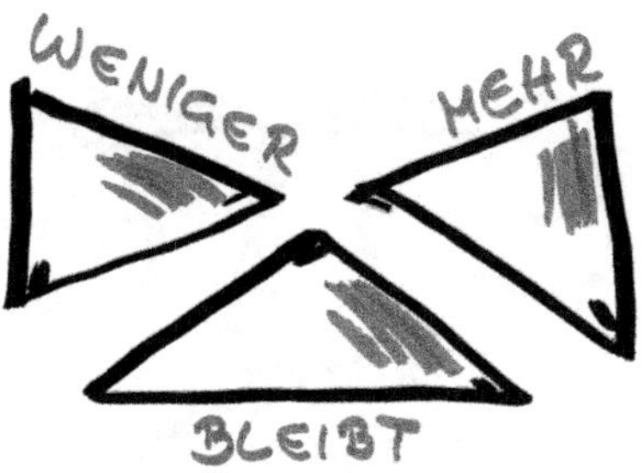

Abb. 1.3 Dreifaches Dreieck der Veränderung

alles schlimm und schrecklich gewesen sein. „Das Alte" hatte sicher auch seine sinnvollen Seiten. Und wenn nun nur noch Neues vorhanden ist und das Altbekannte einfach über Bord geworfen wurde – dann fühlt sich das meist sehr seltsam an. Dann hat man mit einem Mal den Bezug zu seinen eigenen Wurzeln abgeschnitten (Abb. 1.3).

Was soll also bleiben?

Mit dem Modell des Dreifachen Dreiecks der Veränderung besteht eine deutlich größere Chance, dass nach einer vielleicht sogar sehr radikalen Veränderung nicht der riesengroße Katzenjammer kommt, wenn sich das Change-Adrenalin wieder gesenkt und die Realität erneut Einzug gehalten hat. Nicht alle Bücher sind fort, nicht alle alten Freunde sind weg und ein paar Kleidungsstücke, die man früher mochte, hängen auch noch im Schrank. Genau genommen müsste es also „das Prinzip von Weniger und Mehr und dem, was bleibt" heißen. So wäre es richtig, so wäre es aber auch wirklich lang und reichlich kompliziert. Viel entscheidender ist es, dass man diesen Ansatz grundsätzlich durchschaut, ihn möglichst auch mag, ihn dann sogar nutzt – und dadurch seine eigene, ganz persönliche Balance findet.

1.1.1 Etwas wackelig auf den Beinen?

Die richtige Balance: Sie ist für jeden Menschen anders. Und sie hängt jeweils vom konkreten Standort ab (fest oder wackelig, auf Beton, auf einer Schaukel oder einem Surfboard, bei Windstille oder während eines Wirbelsturms?), von der Breite der Standfläche (schmal oder breit, rutschig oder mit gutem Grip?) und beispielsweise auch von der individuellen Beschaffenheit der Person (niedriger Körperschwerpunkt oder große Füße, sturmerprobt oder neu hier?). Aus einer nicht ausbalancierten Ausgangsposition heraus sind neue Bewegungen schwierig. Aus all diesen Gründen ist es für eine anstehende Veränderung hilfreich, zunächst einmal eine gewisse eigene Balance zu finden. Wurde diese einmal gefunden, ist es meist auch deutlich leichter, sie – auch in einer veränderten Umwelt – wieder einzunehmen (Abb. 1.4).

Abb. 1.4 Ausgewogen und im Einklang

Natürlich befindet man sich nicht jeden Tag rund um die Uhr im besten und ausgewogensten Gleichgewicht. Niemand tut das. Selbst der Dalai Lama hat mal Magenschmerzen oder lässt sich durch irgendetwas aus der Ruhe bringen.

Bevor es nun losgeht mit den verschiedenen Balanceakten, möchte ich in einigen kurzen Abschnitten noch mein persönliches Verständnis von Coaching beschreiben. Auf dieser Betrachtungsweise bauen alle weiteren Kapitel auf.

1.2 Mein Verständnis von Coaching

Als Coach nehme ich meinen Klienten die Arbeit nicht ab. Ich gebe ihnen nicht das Reiseziel vor und ich trage auch nicht deren Gepäck. Das ist ihr Job. Denn es ist ihre Reise.

Jedoch unterstütze ich meine Klienten als Coach mit bestem Wissen, mit Empathie und Erfahrung bei der Definition und beim Erreichen ihres Ziels. Und ich helfe ihnen, damit sie für den Weg dorthin bestmöglich gerüstet sind: mit möglichst leichtem Gepäck und gleichzeitig auch mit der jeweils erforderlichen Ausrüstung. Weniger vom unnötigen Ballast und mehr vom wirklich erforderlichen Werkzeug.

Diese Utensilien sind insbesondere beim Weg des Selbstcoachings für jeden Menschen anders, es gibt auf dieser persönlichen und komplett individuellen Reise weder eine „Standardroute“, noch „die einzig wahre Checkliste“ für die benötigte Ausrüstung. Deswegen gibt es auch keine Patentrezepte, die irgendwie immer für alle passen. Selbst im Fall, dass die fiktive Frau Meier haargenau dieselben Themen wie die ebenfalls hypothetische Frau Lehmann hat: Beide Damen sind definitiv nicht identisch. Beide haben eine individuelle Vorgeschichte, hatten andere Lebensumstände. Und auch wenn sie eineiige Zwillinge wären, so gäbe es keine Gewähr, dass derselbe Weg bei beiden zum selben Ergebnis führt.

Was bedeutet dies wiederum für Ihr Selbstcoaching?

1.2.1 Selbstcoaching als Reise

Niemand nimmt Ihnen das Beschreiten des Weges ab. Ebenso wird niemand „Ihr Gepäck tragen". Und wenn Sie jetzt sagen sollten, „dann nehme ich mir eben einen Coach" – Pustekuchen, ein guter Coach wird Ihnen dasselbe sagen, was Sie eben hinsichtlich Eigenverantwortung und Selbstwirksamkeit gelesen haben (Abb. 1.5).

Es ist genauso Ihre Verantwortung wie gleichfalls auch Ihre Freiheit, das genaue Ziel Ihrer Veränderung festzulegen. Sie selbst – und wirklich nur Sie selbst – bestimmen, wohin es gehen soll. Und das bedeutet gleichzeitig eben auch, dass Sie selbst gehen. In Ihrem Tempo, mit der von Ihnen gewünschten Menge und Häufigkeit an Pausen. Gerne auch mit dem einen oder anderen Abstecher zu interessanten Aussichtspunkten – aber das Gehen: das liegt voll und ganz bei Ihnen.

„Erkenne dich selbst." So lautete die Inschrift am Tempel des Apollon in Delphi, in dem das dortige Orakel seine Arbeit tat. An diese Aufforderung knüpft wiederum Irvin D. Yalom mit seiner Erkenntnis an: *„Wenn wir uns selbst nicht verstehen, können wir auch andere nicht verstehen oder schätzen."*

Vielleicht auf dem Weg zu sich selbst, möglicherweise auch im Kontakt zu den Menschen in Ihrem Umfeld, kann Ihnen dieses Buch, um im Bild zu bleiben, als eine Art Reiseführer mit Impulsen, Werkzeugen und Anregungen für etwas Mehr oder etwas Weniger in Ihrem Reisegepäck dienen. Denn in solchen Reiseführern steht eher selten „genau dorthin müssen Sie gehen – unbedingt", dafür erhalten Sie Hinweise zum Streckenprofil und Tipps zu interessanten Sehenswürdigkeiten. Und so auch hier: Sie finden in den folgenden Kapiteln verschiedene Themen und Perspektiven, die es wert sein könnten von Ihnen betrachtet zu werden.

Häufig geht es beim (Selbst-)Coaching um diese Themen oder eine Kombination daraus:

Abb. 1.5 Auf dem Weg zum Ziel

- Zufrieden im Hier und Jetzt leben
- Perspektivwechsel, Glaubenssätze erkennen und neu formulieren, Denk- und Verhaltensmuster erkennen und durchbrechen
- Selbstverantwortung statt Opferrolle
- Umgang mit Kritik und Konflikten
- Impulskontrolle und das innere Team
- Selbstmanagement, Handlungsoptionen und Ressourcen
- Sich Ängsten stellen und daraus Kraft schöpfen, mutig sein können und ebenso auch verletzlich sein dürfen
- Vertrauen, im richtigen Moment das Richtige loslassen können
- Grenzen und Nähe
- Akzeptanz und Annahme von dem, was ist
- Widerstandsfähigkeit in Krisensituationen

Und wie bei einer Reise gilt auch hier: Nehmen Sie sich bitte ausreichend Zeit und Ruhe. Schauen Sie sich die für Sie relevanten bzw. interessanten eigenen Sehenswürdigkeiten gelassen und mit einem Lächeln an.

Dazu gleich ein Hinweis: Nicht immer werden Sie glücklich sein mit dem, was Sie dort beobachten. Vielleicht sogar unzufrieden. Und das ist okay, denn aus diesem Zustand heraus erfolgen üblicherweise Veränderungen. Und wenn man diesen Zustand bemerkt, gilt ein Prinzip, das ich seit vielen Jahren sehr schätze:

Love it, leave it or change it

In diesem kurzen Satz zeigen sich auf so simple Weise schon alle Möglichkeiten, die das (Selbst-)Coaching bietet. Veränderung[1] spielt bei allen drei Optionen die Hauptrolle – auch wenn „Change" nur einmal auftaucht. Denn wirklich alle drei Möglichkeiten sind Veränderungen (Abb. 1.6).

Abb. 1.6 Love it, leave it or change it

[1]Entscheidend ist hierbei, dass man immer nur sich selbst verändern kann. Dazu später mehr.

Love it Sie schauen direkt in den Spiegel oder vielleicht betrachten Sie auch von einer Metaebene aus die Situation, in der Sie sich befinden. Was auch immer Sie beobachten – Sie haben die Möglichkeit dies zu akzeptieren, vielleicht zu mögen, eventuell sogar zu lieben. Es ist zumeist Ihre innere Haltung, die Ihnen die Möglichkeit zur Veränderung bietet. Draußen ist es kalt? Darüber kann man nun schimpfen, sich im Winter den Sommer herbeiwünschen – oder sich damit arrangieren und die passende Kleidung wählen. Um es mit Karl Valentin zu sagen:

> Ich freue mich, wenn es regnet. Denn wenn ich mich nicht freue, regnet es ja auch.

Hilfreiche Themen für den Aspekt „love it" sind unter anderem das Erkennen von Glaubenssätzen, das Aufbrechen von eigenen Denk- und Verhaltensmustern und das sogenannte Reframing.

Leave it Vielleicht befinden Sie sich in einer Situation oder einer Umgebung, die Ihnen nicht gefällt. Sie können sich nicht damit arrangieren, Sie möchten diese Konstellation nicht in Ihr Herz schließen? Sie können sie auch nicht aktiv verändern? Sofern Sie sich derzeit nicht im Gefängnis befinden, so gibt es in den meisten Fällen die Option, diese Situation zu verlassen. So viele Menschen leiden beispielsweise darunter, dass sie sich jeden Tag zu einer Arbeit quälen, die ihnen keinen Spaß bringt. Ursprünglich sollte hier stehen: „zu einer Arbeit quälen müssen", doch müssen sie wirklich? Gibt es keine Alternative? Ganz ehrlich: In den allermeisten Fällen gibt es sie, mindestens eine, meist noch mehr.

Auch hier spielen Glaubenssätzen eine wichtige Rolle: „Ich kann doch diesen sicheren Job nicht aufgeben!", wäre ein klassischer Anwendungsfall. Ebenso wie „Das ist nun mal so." oder: „So ist das eben, daran kann man nichts ändern." Für das Erkennen von neuen, bisher nicht erkannten Alternativen ist das später beschriebene Tetralemma ein hilfreiches Werkzeug. Auch das ebenfalls noch folgende Johari-Fenster kann dabei sehr wertvoll sein.

Change it Zwei Optionen der Veränderung haben Sie eben schon kennengelernt. Ihre eigene Haltung einer Person, Sache oder Situation gegenüber zu verändern oder sich bewusst und mit aller erforderlichen Verantwortung aus einer Situation zu verabschieden. Was bleibt dann noch?

Machen wir es an einem familiären Beispiel deutlich: In einer Familie gibt es seit vielen Jahren (also gefühlt: schon immer) die Regel, dass sonntagsmorgens um 9 Uhr gemeinsam gefrühstückt wird. Die 16-jährige Tochter ist damit seit einiger Zeit nicht glücklich und sitzt dementsprechend schlecht gelaunt am Frühstückstisch. Ihre Stimmung färbt auf alle anderen Anwesenden ab: auf ihren zehnjährigen Bruder sowie auf ihre Mutter und ihren Vater. Was könnte die Tochter nun tun? Sich damit arrangieren? Nun ja, so ein wirkliches „love it" wird vielleicht nur schwer aus ihr herauszukitzeln sein. Leave it? Einfach nicht mit am Frühstückstisch sitzen und im Bett liegen bleiben? Hhmmm, „ohne dich ist es kein richtiges Familienfrühstück", könnte als Argument von ihren Eltern kommen, vielleicht auch von ihrem Bruder. Aber möglicherweise könnte die Regel auch ein wenig angepasst werden. Schon eine Stunde später könnte die Bereitschaft der dann schon deutlich ausgeschlafeneren Tochter weitaus besser sein, ihre Bereitschaft zum Frühstücken deutlich größer und ihre Laune am Tisch viel fröhlicher. Möglicherweise sind auch andere Beteiligte dankbar, dass diese vermeintlich unverrückbare Regel geändert wurde: Der Vater kann vielleicht in Ruhe seine Zeitung lesen, der Mutter bleibt morgens mehr Zeit.

Das Fazit: Auch, wenn es im Coaching und in diesem Buch an vielen Stellen heißt, dass man eigentlich so richtig nur sich selbst verändern kann – manch eine Regel kann ebenfalls verändert, gestrichen oder angepasst werden. Denn es gibt kein „Goldenes Buch", in dem solche Regeln und Prinzipien für immer in Stein gemeißelt stehen. Eine entscheidende Grundlage hierfür findet sich im Kapitel zum Konstruktivismus. So viel schon vorab: Die einzig wahre Wahrheit als Basis für eiserne Regeln, in Stein gemeißelte und vermeintlich unabänderliche Gesetze? Es gibt sie nicht.

1.2.2 Denken: Fluch oder Segen?

> Das Glück Deines Lebens hängt von der Beschaffenheit Deiner Gedanken ab.

Das hat der römische Kaiser und Philosoph Marc Aurel (121–180 Chr.) gesagt. „Auch" oder „nicht nur" möchte ich hier dringend ergänzen. Ihnen werden in diesem Buch mehrere Stellen begegnen, bei denen der Einfluss unserer Gedanken auf unser Befinden beschrieben wird. Auch andersherum findet der Dialog statt, unser Körper und unser seelischer Zustand können wiederum unser Denken beeinflussen. Und es gibt glücklicherweise noch andere Einflussfaktoren auf unseren Zustand als nur die Ergebnisse unserer Denkprozesse. Dazu finden Sie später mehr in verschiedenen Kapiteln. Eins soll hier jedoch schon vorangestellt werden: Unsere Gedanken und insgesamt unser Gehirn sind flexibel. Die Neurobiologie hat in den letzten Jahren durch zahlreiche Forschungen klar bewiesen, dass unser Hirn umbaufähig ist – solange wir leben. Dieses Prinzip wird „Neuroplastizität" genannt. Der deutsche Neurobiologe Gerald Hüther beschreibt dieses Phänomen mit folgenden Worten: „Es ist diese Neuroplastizität, die uns Menschen in die Lage versetzt, anders zu denken und zu empfinden als bisher und deshalb durchaus auch günstigere Vorstellungen davon zu entwickeln und umzusetzen, was für uns bedeutsam ist und wie wir unser künftiges Zusammenleben gestalten wollen."[2]

Wir sind also keineswegs Sklaven unserer Gedanken und der resultierenden Emotionen, auch sind unsere derzeitigen Denk- und Verhaltensmuster nicht „chronisch". Eine wirklich gute Nachricht, wenn man sich für Veränderungen interessiert.

1.2.3 Coach oder Couch?

Wieder zurück zu den oben genannten Anwendungsbeispielen. Leider liest man in vielen vermeintlichen „Fachartikeln" Aussagen von „Experten", die folgenden Schluss nahelegen: *„Haben Sie im Job ein Thema/Problem/Ziel, dann gehen Sie zum Coach. Ist es aber etwas Privates, dann bitte ab zum Therapeuten."*

Pustekuchen. Nicht böse sein, aber das ist Quatsch. Natürlich sollte man als Coach (m/w) schon sehr gut wissen, wann eigene Kompetenzen enden und ein Therapeut (m/w) gefragt ist. Tief sitzende Traumata und echte Neurosen sind deutliche Anzeichen, um die Weiterempfehlung des Klienten (m/w) vom Coaching in Richtung Therapie dringend nahezulegen. Allerdings heißt „ich würde gerne über ein privates Thema sprechen" bei weitem nicht, dass ein Coach fehl am Platze wäre. Insbesondere aus Sicht des Systemischen Coachings sollte und kann man die Lebensbereiche Arbeit und Privat nicht strikt voneinander trennen. (Einige schöne Anregungen hierzu gibt das Buch „Work-Life-Bullshit" von Thomas Vašek[3]).

---

[2]Grün, Hosang und Hüther, 2017.

[3]Vgl. Vašek, 2015.

1.2.4 Sind Sie eine Insel?

Menschen, die sich verändern wollen, befinden sich oftmals zugleich in den beiden Systemen „Beruf" und „Privatleben" – und häufig auch noch in weiteren „Untersystemen" (Familie, Freunde, Nachbarn, Sportverein etc.), die sie in beide Richtungen beeinflussen können. Auch lassen sich die Auslöser für Veränderungs- und Entwicklungswünsche selten hundertprozentig voneinander trennen und ausschließlich einem der beiden Bereiche zuordnen (Abb. 1.7).

Niemand, wirklich niemand ist eine Insel und komplett autark. Wir sind alle Teil von verschiedenen Systemen, haben Einfluss auf unsere Mitmenschen und unser Umwelt – und auch andersherum reagieren wir auf Signale und Reize von außen.

1.2.5 Schubladen und ihre Dauer

Ihnen werden in diesem Buch immer wieder verschiedene „Typen" begegnen. Damit werden bestimmte Verhaltensmuster beschrieben, die wir alle an den Tag legen. All dies sind Tendenzen. Keine Dauerzustände.

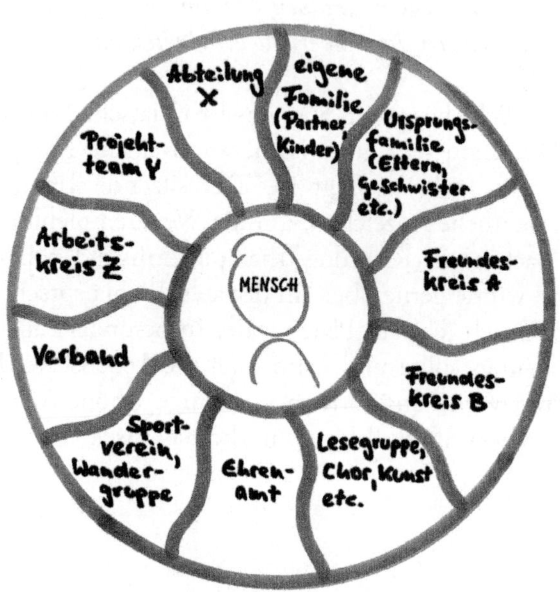

Abb. 1.7 Beispiel für Systeme eines Menschen

Unser Gehirn tickt so, dass es aktuelle Wahrnehmungen mit gespeicherten Mustern abgleicht. Wir stecken andere in Schubladen. Das ist einfach so und wir müssten schon eine Lobotomie oder einen anderen radikalen Eingriff in unser Gehirn vornehmen, um dies zu vermeiden. Die Folgen wären dabei jedoch nicht sehr hilfreich. Es ist absolut natürlich, dass solch eine Schublade aufgeht, mit der wir unsere erste Wahrnehmung einsortieren und kategorisieren. Der entscheidende Punkt kommt jetzt: Lassen wir die Schublade geöffnet oder schließen wir sie sofort ab und werfen anschließend auch noch den Schlüssel weg? In manchen Situationen, ein brennendes Haus, ein sich näherndes Raubtier oder ein aktivierter Rauchmelder, ist es sogar absolut sinnvoll und lebenswichtig, dass unser Verstand diese Schubladen parat hat. Manchmal sollte man blitzschnell reagieren, ohne dass erst langwierige Prozesse des Abwägens in unserem Kopf ablaufen. Wenn es um das Einsortieren von Menschen – besser: ihrem Verhalten – geht, ist es für uns selbst und auch andere sehr hilfreich, wenn wir das Öffnen der Schublade bemerken. Wie gesagt: Das darf auch ganz genau so sein. Vor allem dann, wenn wir zusätzlich bereit sind, diese Schublade nicht komplett zu schließen, sondern sie vielleicht sogar auch wieder ganz zu öffnen.

Dahinter stecken zweierlei Gedanken: Wir möchten selbst wohl auch nicht in Schubladen verstaut und dort für immer platziert werden. Gleichzeitig ist bei all den Modellen und Konzepten mit bestimmten Verhaltensweisen, sprich: Typen, noch ein ganz anderer Punkt entscheidend: Die wenigstens Menschen sind immer gleich. Morgens wie abends, werktags und am Wochenende, während der Arbeit, im Urlaub oder in ihrem Freundeskreis oder Familienumfeld. Vielleicht ist man in dem einen „System" meist Typ A und in einem anderen Kontext dann häufiger Typ B. Alleine dies zeigt schon: Wir können uns verändern. Manches davon geschieht vielleicht nicht bewusst, andere Veränderungen sind wiederum nicht leicht. Und trotzdem: Wir können es. Immer wieder. Das ist ein ganz wichtiger Aspekt, auf den in diesem Buch immer wieder eingegangen wird: Unsere Fähigkeit zur Veränderung.

1.2.6 Heilung oder Wandel?

Als Coach hat man nicht die Aufgabe „Krankheiten zu heilen". Erstens sind dafür per Definition Ärzte, Physio- oder Psychotherapeuten zuständig. Und zweitens bin ich felsenfest davon überzeugt, dass sich im Endeffekt ein Mensch nur selbst heilen kann. Egal, ob es um ein körperliches, psychisches oder seelisches Thema geht. Alle anderen Menschen können dabei

„lediglich“ unterstützen. Sie können sozusagen Wunden reinigen, Stützverbände anlegen und zu einer Umgebung beitragen, in der Genesung möglich ist. Das Heilen liegt danach ausschließlich im Verantwortung- und auch Möglichkeitsbereich des Menschen, um den es jeweils geht.

Mein persönliches Verständnis und das Ergebnis vieler Gespräche mit Klientinnen und Klienten ist es, dass man durch (Selbst-)Coaching sehr wirksam die Entfaltung der vielen Potenziale unterstützen kann, die wirklich alle Menschen immer bereits in sich tragen. Oftmals sind diese jedoch hinter einer Vielzahl von erlernten und teilweise durch Eltern, Schule, Medien oder Gesellschaft „anerzogenen“ Hürden und Mauern verborgen.

„Das kann ich nicht“, „das darf man nicht“, „ich muss doch“ sind typische Formulierungen, die sich als Glaubenssätze oft über sehr viele Jahre hinweg fest in unser Selbstverständnis eingebrannt haben. Manchmal können es dann im Coachingprozess vermeintliche „Kleinigkeiten“ sein, die eine erste Mauer ins positive Wanken bringen. Häufig kann dadurch eine „Lawine des Guten“ ins Rollen gebracht werden. Wenn das erste *„ich kann das nicht“* plötzlich bröckelt, kommt ganz viel Licht in so manche vorab dunkle Ecke und diese Strahlkraft überträgt sich dann oftmals auf viele weitere Bereiche. Damit kann ein einschränkender Glaubenssatz im privaten Teil des Lebens eben auch „erhellend & erleuchtend“ auf Aspekte des Jobs ausstrahlen. Und andersherum.

Gleichzeitig kann Coaching, wie eben schon beschrieben, von außen keine Krankheiten heilen. Zumindest nicht direkt, beim Selbstcoaching sieht es schon anders aus, denn wir können die Selbstheilungskräfte unseres Körpers aktivieren. Das geht nicht von außerhalb, nur von innen, aus uns selbst heraus. Wir können damit Veränderungen bewirken, die wiederum dafür sorgen können, dass bestimmte Symptome vielleicht seltener oder irgendwann möglichst gar nicht mehr auftreten. Weil wir direkt an die Ursachen herantreten und uns ihnen widmen können. Denn der Einfluss unserer Gedanken, unseres Umgangs mit uns selbst, auf unser Wohlbefinden und unsere Gesundheit ist immens.

1.2.7 Neue Fähigkeiten: Zurück in die Zukunft?

Sehr häufig werden beim Coaching gar keine wirklich neuen Fähigkeiten erlernt. Wie in der Metapher mit den Mauern und Hürden schon angedeutet wurde, ist es vielmehr so, dass wir uns dabei auf Ressourcen berufen, die wir früher bereits besessen, dann aber irgendwann und irgendwie vergessen hatten. Die wir als junge Menschen, sehr wahrscheinlich

Abb. 1.8 Das nicht vorhandene Goldene Buch

schon als ganz kleine Kinder, einst in uns hatten. (Um schon so viel zu verraten: Diese Ressourcen sind alle noch da. Nur wissen wir das häufig nicht.)

Damals als Kinder haben wir uns allerdings meist nur wenig darum geschert, was andere von uns denken oder ob man irgendetwas „einfach nicht macht, nicht darf, weil's nun mal so ist" – oder umgekehrt: „es machen muss, weil es sich eben genauso gehört". (Das Goldene Buch, in dem solche Regeln stehen, wurde übrigens bislang noch nicht entdeckt (Abb. 1.8).)

Im Gegensatz zu einer Therapie ist es beim Coaching nicht zwingend erforderlich, dafür immer (zeit-)intensiv in die Vergangenheit zu reisen. Gelegentlich kann es hilfreich sein zurückzuschauen, um bestimmte Denk- und Verhaltensmuster bei sich selbst oder im eigenen Umfeld zu erkennen. Jedoch ist der Blick dabei stets nach vorne gerichtet. (Daher ist die Zielklärung zu Beginn des Coachings auch so wichtig.)

Diesen Ansatz greift die sogenannte „Lösungsorientierte Kurzzeittherapie" (LOKT) sehr konsequent auf. Hierbei wird ganz gezielt nach vorne auf den Zielzustand geblickt, in dem die Lösung bereits erreicht wurde. Weiterhin ist ein zentraler Aspekt bei der LOKT das systemische Verständnis, dass bereits eine geringfügige Verhaltensänderung eines einzelnen Menschen maßgebliche Veränderungen bei allen anderen Beteiligten mit sich bringen kann. Also die vorab genannte „positive Lawine".

1.2.8 Was spricht dagegen?

Wenn ein Golfspieler seinen Schwung beim Abschlag verändern möchte, kann dies viele weitere positive Auswirkungen haben: Auch kurze Bälle laufen plötzlich besser, der Rücken schmerzt auf einmal weniger, das Handicap sinkt insgesamt. Und ja, dafür wird dann häufig ein Coach engagiert.

Im Beruf ganz ähnlich: Präsentationen sollen flüssiger laufen und das Publikum mehr begeistern? Die entscheidenden Verkaufsargumente wollen beim Kunden überzeugender formuliert oder Konflikte im Team künftig konstruktiver gelöst werden? Her mit dem Coach.

Und es spricht wenig (eher: gar nichts) dagegen, dass man dasselbe dann auch im privaten Teil des Lebens tut. Sich von viel unnötigem „Gepäck" befreit, das man bei der „Wanderung durchs eigene Leben" oft schon seit Jahren mit sich herumträgt. Gleichzeitig ist es bei solch einem Wanderweg sehr hilfreich, wenn man die erforderliche Ausrüstung parat hat und mit ihr umzugehen weiß.

Ich mag Coaching. Sehr sogar. Und das aus einem guten Grund: meine eigenen Erfahrungen. Denn ich kann von mir selbst sagen, dass mir Coaching und insbesondere Selbstcoaching immens gutgetan haben. Dadurch habe ich wichtige Impulse erhalten und es wurden Veränderungen in Bewegung gesetzt (im Endeffekt von mir selbst), über die ich heute sehr dankbar bin. Und ich freue mich immer wieder darüber, einiges davon weiterzugeben zu dürfen.

Für mich sind es jedes Mal wirklich heilige Momente, wenn sich ein Klient oder eine Klientin öffnet, wenn es bei ihr oder ihm „klick" macht. Wenn die genannten Hürden kleiner werden oder sich Schritt für Schritt auflösen. Wenn man sieht, dass keine Mauer endlos ist und plötzlich merkt, dass man links oder rechts daran vorbeigehen kann – was man früher nie für möglich hielt.

Coaching ist bei weitem kein Zaubermittel (Abb. 1.9). Keine bunte Pille, die man schluckt – und auf einmal haben sich alle Sorgen in Luft aufgelöst. Es ist harte Arbeit. Schon allein der allererste Impuls, sich für eine

Abb. 1.9 Keine Tricks, kein Hase, keine Zauberei

Veränderung zu engagieren, sich für das eigene Wohlergehen entschieden zu haben, kann und wird bereits eine Menge in Bewegung setzen.

1.2.9 Was tut Ihnen gut?

In diesem Buch werden Sie immer wieder auf den Begriff der „Ressourcen" treffen. Damit sind all diejenigen Dinge, Menschen, Emotionen und Situationen gemeint, die Ihnen wirklich guttun.

Oftmals sind wir uns dieser Ressourcen gar nicht vollständig bewusst. Manche davon nehmen wir vielleicht als selbstverständlich wahr, andere wiederum gerne geraten in Vergessenheit. In den folgenden Kapiteln begegnen Ihnen verschiedene Werkzeuge und Methoden, die Ihnen beim Aufdecken, „Entstauben", Wiedererkennen und Stärken all dieser Potenziale helfen können. Denn ganz vieles tragen wir bereits in uns, haben einige dieser Stärken und Fähigkeiten jedoch irgendwann bewusst oder unbewusst verdrängt oder durch bestimmte Glaubenssätze wegsortiert.

Wann immer Sie beim Lesen oder in Ihrem Alltag eine solche Ressource bemerken: Machen Sie sich dies bewusst. Möglicherweise möchten Sie sich ein Ressourcennotizbuch anlegen, in dem Sie all diese Dinge notieren, die Ihnen zusätzliche Energie geben können.

Insbesondere in schwierigen und anspruchsvollen Zeiten kann es sehr hilfreich sein, sich all dieser Quellen von Kraft, guter Laune und Freude bewusst zu sein. Und sie für sich selbst nutzbar zu machen.

1.3 Bevor es losgeht

Vor ungefähr zweieinhalbtausend Jahren hat ein Mensch etwas wirklich Kluges in Bezug auf dieses Buch gesagt. Okay, vielleicht war es nicht nur auf dieses Buch bezogen:

> Glaubt den Schriften nicht, glaubt den Lehrern nicht, glaubt auch mir nicht. Glaubt nur das, was ihr selbst sorgfältig geprüft und als euch selbst und zum Wohle dienend anerkannt habt.

Dieser Mensch hieß Siddhartha Gautama, wurde später „Buddha" (Sanskrit: „der Erwachte") genannt und wollte Menschen damit auffordern, nur das zu glauben, was sie am eigenen Leib erfahren haben.

Später wird die Rede von Erdbeeren sein, denken Sie dann bitte kurz an diese Vorrede. Sie können in diesem Buch vieles lesen – wünschenswerterweise sind dies Dinge, die Sie interessieren und die Ihnen vielleicht den einen oder anderen neuen Gedanken mit auf den Weg geben. Das Lesen allein recht jedoch nicht. Das wäre so, als ob man einen Sportkurs bucht und dann zufrieden ist, wenn sich der Trainer ordentlich angestrengt hat und er am Ende des Kurses richtig verschwitzt ist.

Es ist Ihr Ziel und Ihr ganz persönlicher Weg. Und es sind Ihre Lernmöglichkeiten, zu denen Ihnen dieses Buch Impulse und auch einige Werkzeuge mitgeben möchte. Vom Lesen ist jedoch noch niemand satt geworden. Auch den wahren Geruch einer Blumenwiese hat noch niemand durch die allerschönste Beschreibung in einem Buch kennengelernt. Die Integration der Veränderung in Ihr Leben? Genau, das ist Ihr eigener Weg, den Sie selbst beschreiten können. Um den Boden unter Ihren Füßen zu spüren, während Sie über ihn schreiten. Um den Geruch des Waldes wahrzunehmen, während Sie durch ihn wandern. Genauso verhält es sich mit Ihrem Weg des Wandels. Zu Ihrem ganz eigenen Ziel: Lesen ist schön, eigenes Tun noch viel besser.

In diesem Sinne: viel Vergnügen mit diesem Buch, viel Erfolg beim Lebensbereiche übergreifenden Wandern und bei Ihrer persönlichen Veränderung.

Literatur

Grün A, Hosang M, Hüther G (2017) Liebe ist die einzige Revolution: drei Impulse für Ko-Kreativität und Potenzialentfaltung. Herder, Freiburg im Breisgau

Vašek T (2015) Work-Life-Bullshit: warum die Trennung von Arbeit und Leben in die Irre führt. Goldmann, München

Yalom ID (2002) Der Panama-Hut oder was einen guten Therapeuten ausmacht, 2. Aufl. btb, München

2

Weniger Unschärfe oder mehr Präzision?

Zusammenfassung Sich ganz ohne Ziel auf den Weg der Veränderung zu machen, kann für manche Menschen spannend sein: Auf ins Unbekannte! Andere mag genau diese Vorstellung vielleicht abschrecken. Insgesamt ist es durchaus ratsam, sich vor dem Start Gedanken über das eigene Ziel zu machen. Das können sehr „smarte Ziele" sein, die bereits ganz konkret formuliert sind, oder weichere Ziele, bei denen die grundsätzliche Motivation jedoch schon deutlich spürbar ist. Verschiedene Zieltypen und ihre Eigenschaften werden hier ebenso vorgestellt wie auch die Aspekte Geduld und Ausdauer sowie der Sinn von kleinen Schritten und Meilensteinen auf dem Weg der persönlichen Veränderung.

Einfach mal ziellos loszulaufen. Das kann in der Freizeit, wenn man ergebnisoffen auf Entdeckungs- und vor allem Erlebnistour ist, viel Vergnügen bereiten. Bei einer Veränderung ist dies nicht immer unbedingt so ratsam.

2.1 Sie sind Ihr eigener Weihnachtsmann.

„*Ohne Ziel ist jeder Weg der falsche.*" Das sagte Konfuzius vor ungefähr zweieinhalbtausend Jahren zu diesem Thema. Ziele sind wichtig (Abb. 2.1). Manchmal sind sie sogar überlebenswichtig. Und es ist umso wichtiger, dass man sie klar benennt, sie ausspricht oder zumindest für sich selbst zu Papier bringt. Der Weihnachtsmann erfüllt nur Wünsche, wenn man sie aufschreibt. (Das behaupte ich jedenfalls.) Und Sie sind für die meisten Ziele Ihr eigener Weihnachtsmann.

A. Steffen, *Impulse zur eigenen Veränderung*, https://doi.org/10.1007/978-3-662-58279-4_2

Abb. 2.1 Es ist ihr eigenes Ziel

Wir sprechen zunächst noch gar nicht davon, das Ziel zu erreichen. Denn zuerst will es erst einmal definiert werden.

Manchmal ist das Benennen von Zielen gar nicht leicht, es erfordert durchaus Mut, zu den eigenen Zielen zu stehen. Hierbei kann ein Coach ein geeigneter Sparringspartner sein. Doch aus eigener Erfahrung kann ich Ihnen sagen: Mit einer gesunden Mischung aus Disziplin und Geduld funktioniert es auch alleine.

2.2 Ist das Ziel im Weg?

Wie sollte nun so ein Ziel ausschauen? Die Antwort lautet: Es kommt drauf an. Auf Ihre individuelle Situation, aus der heraus Sie etwas verändern möchten. Und auch darauf, wo Sie sich im Veränderungsprozess befinden.

- *Smartes Ziel oder Ergebnisziel:* Das Ziel kann sehr konkret und klar formuliert sein. Man spricht von einem smarten Ziel, wenn das grundlegende Bedürfnis bereits erkannt wurde, das Motiv der Veränderung klar umrissen ist und die Bereitschaft zur Veränderung eindeutig vorliegt. „Weil ich gut für mich sorgen möchte und mich gesund ernähren will, werde ich jeden Tag Obst und Gemüse essen. Dazu gehe ich immer samstags auf den Markt und kaufe gemäß der Liste ein, die ich hierzu bereits erstellt habe." So könnte beispielsweise ein smartes Ziel beschrieben sein.
- *Annäherungsziel oder Vermeidungsziel?* Hier liegt zunächst eine grundsätzliche Tendenz zur Veränderung. „Ich möchte hin zu …" oder „ich will weg von …" sind typische Formulierungen für einen solchen Zustand. Das detaillierte „Wie" spielt zunächst noch keine Rolle, lediglich die

Richtung der Veränderung, ein Mehr oder ein Weniger, vielleicht sogar in Kombination, ist jedoch bekannt und kann als Ziel beschrieben werden. Diese Zielart spielt für die nächste Kategorie eine entscheidende Rolle.

- *Handlungswirksames Ziel:* Dies ist sozusagen die weichere Form eines smarten Ziels. Hierbei sind vor allem drei Aspekte relevant: 1) Es handelt sich dabei um ein für uns selbst positiv besetztes Ziel, also um ein Annäherungsziel und kein Vermeidungsziel. 2) Das Erreichen des Ziels sollte komplett durch uns erfolgen können. „Falls ich im Lotto gewinne, dann …" fällt also nicht in diese Kategorie. Abhängigkeiten von Lotteriegewinnen, vom Wetter oder auch von anderen Personen sollten hier ausgeschlossen werden. Der später noch erläuterte Aspekt der Selbstwirksamkeit ist absolut ausschlaggebend. Können wir die Veränderung selbst bewirken? Ist die Antwort „ja"? Großartig. 3) Und zuletzt: Ist das Ziel so attraktiv und positiv, dass es in uns wirklich den Wunsch zum Handeln, zur Veränderung auslöst? Noch nicht? Dann ist vielleicht die Zeit noch nicht reif oder das Ziel ist bisher noch nicht auf eine Weise formuliert worden, dass wir ein lautes „Auf geht's!" in uns verspüren.
- *Haltungsziel:* Man spricht von einem Haltungsziel, wenn eine Zielstellung zunächst offen und variabel gestaltet sein möchte und zuerst eine übergeordnete innere Haltung und das dahinterliegende Bedürfnis angesprochen werden. Was ist unser Thema und Motiv? Geht es um unsere Gesundheit? Um unsere Beziehung? Um etwas ganz Anderes? Wenn ja, um was? Wie möchte ich, dass dieser Bereich zukünftig grundsätzlich beschaffen ist? „Ich wünsche mir …", so fangen Haltungsziele beispielsweise an. Es ist ratsam, mit der Beantwortung dieser Frage zu beginnen und sich dann Schritt für Schritt der konkreten Umsetzung zu nähern.

Wie kann nun die „Maximalvariante" eines Ziels zum Zweck der persönlichen Veränderung formuliert sein? Was muss erfüllt sein, damit es smart ist?

2.2.1 Smarte Ziele

Eine Zeit lang sollte alles „smart" werden: Das kleine Auto für zwei Personen kam in den 1980er Jahren auf unsere Straßen, mittlerweile passen dort auch offiziell vier Menschen hinein. Zu Beginn dieses Jahrtausends mutierte das Telefon zum Smartphone, sogenannte „Smart Meter", die unseren Strom messen und steuern, werden immer öfter zu neuen Mitbewohnern. Sogar ganze Städte werden smart – oder wollen es zumindest sein.

Und auch Ziele können smart sein, wenn man die folgende Definition nutzt:

- S wie spezifisch
- M wie messbar
- A wie attraktiv[1]
- R wie realistisch
- T wie terminiert

Was bedeutet das nun für ein Ziel? Wann ist es wirklich smart und wann nicht?

Spezifisch bedeutet, dass ein Ziel nicht „schwammig" formuliert ist. „Ich möchte zufriedener sein", ist zunächst eine erste Annäherung. Aber was heißt „zufrieden" in diesem Fall? Vermutlich hat jeder Mensch dafür eine unterschiedliche Definition. Zufriedener im Job? Oder in ihrem familiären Umfeld? Beim Kegeln oder Bowling? Ganz woanders? „Ich möchte in den Urlaub fahren" wäre ebenfalls noch recht unspezifisch. „Am 3. August fahre ich mit dem Taxi zum Flughafen, fliege dann nach Madrid und werde dort für zwei Wochen Urlaub machen" ist hingegen schon sehr präzise. Vermeiden Sie Schwammigkeit und Missverständnisse, vor allem auch sich selbst gegenüber.

Messbar heißt, dass man möglichst genau überprüfen kann, ob ein Ziel erreicht wurde oder ob man sich auf einem guten Weg dorthin befindet. „Ich möchte mehr Sport machen" ist ziemlich unpräzise. „Ich will abnehmen" würde sich auf einem ähnlich unkonkreten Niveau bewegen. „Ich werde mein Leben ändern" klingt zwar sehr engagiert, ist jedoch ebenfalls kein wirklich messbares Ziel. Sie vermeiden Unsicherheit sich selbst und ihrem Wunsch der Zielerreichung gegenüber, wenn Sie das Ziel messbar beschreiben. „Ich werde ab heute dreimal pro Woche zum Sport gehen", wäre deutlich konkreter. „Ich werde innerhalb der nächsten drei Monate fünf Kilo abnehmen" ebenfalls. Oder formulieren Sie, welchen Teil Ihres Lebens Sie verändern möchten. So wissen Sie hinterher auch, ob es geklappt hat.

Attraktiv sollte ein Ziel sein, sodass Sie wirklich Lust darauf haben. Dass es für Sie ganz persönlich ein wünschenswerter Erfolg ist, wenn Sie

[1]Für das A gibt es noch mindestens zwei weitere Auslegungsmöglichkeiten: „aktionsorientiert" und „akzeptiert". Ersteres meint, dass das Erreichen des Zieles auch wirklich durch Ihre eigenen Aktionen beeinflusst werden kann und Sie bestmöglich dabei nicht von anderen abhängig sind. Die zweite Variante kommt zum Tragen, wenn es sich um ein Ziel für eine Gruppe von Menschen handelt. Diese sollten das Ziel möglichst alle akzeptieren können. Im Kontext von Selbstcoaching wird der zweite Aspekt hier bewusst vernachlässigt.

dieses Ziel erreicht haben werden. Erfüllen Sie mit einem Ziel lediglich die Erwartungshaltung Ihrer Familie, Ihrer Kolleginnen und Kollegen oder Ihres Nachbarn? Werden Sie auch ganz für sich selbst Konfetti in die Luft werfen und zufrieden lächeln, wenn Sie dieses Ziel erreicht haben. Werden Sie sich wirklich tief in Ihrem Herzen darüber freuen? „Am Sonntag wasche ich das Auto." Das kann ein großartiges Ziel sein. Sofern Sie es nicht nur deshalb haben, damit Familie Lehmann von nebenan keine abfälligen Kommentare über das Erscheinungsbild Ihres Wagens äußert. Freuen Sie sich über Ihr in der Sonne glänzendes Kraftfahrzeug, selbst wenn Sie der einzige Mensch wären, der es sieht? Kurz gefragt: Erfüllt Sie dieses Ziel mit Motivation? Ja? Super, dann los!

Realistisch steht dafür, dass Ihr Ziel wirklich durch Sie selbst erreichbar ist. „In zwei Monaten werde ich beim Marathon in New York antreten!" Das ist eine hervorragende Zielstellung, wenn Sie 1) Spaß am Laufen haben, 2) ausreichend trainiert und in guter Form sind, 3) sich bereits beim New York-Marathon angemeldet und eine Starterlaubnis haben und 4) idealerweise ein Flugticket in die USA und dort vor Ort auch einen Platz zum Schlafen reserviert haben. Unrealistische Ziele können fiese Motivationskiller sein. Denn wenn der Enthusiasmus plötzlich mit der Realität konfrontiert wird, dann ist auch ein Umschwenken auf ein realistischeres Ziel nicht mehr so einfach. Dann ist die Teilnahme am 10-km-Lauf in Braunschweig überhaupt nicht attraktiv. Daher: Bitte gestalten Sie Ihre Ziele realistisch. Dies bedeutet nicht, dass es immer nur kleinteilige oder gar langweilige Ziele sein müssen – sie dürfen gerne hochgesteckt sein! Jedoch sollten sie im Rahmen Ihres Möglichen liegen.

Terminiert meint zu guter Letzt, dass ein Ziel auch eine zeitliche Dimension aufweisen sollte. „Irgendwann" oder „nächstes Jahr" fühlen sich fast schon an wie „vielleicht" und „eventuell". Damit laufen Sie Gefahr ein „Leben im Konjunktiv" zu führen. Wann genau möchten Sie das Buch lesen? Wann genau werden Sie in die Sauna gehen und sich eine Massage gönnen? Bitte machen Sie es konkret. Tragen Sie sich den Zeitpunkt Ihres Ziels gleich in Ihren Kalender ein. (Oder gerne auch eine Terminserie.) Andernfalls drohen schlechtes Gewissen und Frust. Und machen Sie es jetzt! Sie tun sich damit selbst einen Gefallen.

2.2.2 Jetzt mal halblang und zurück auf „Start"

Es ist hilfreich zu wissen, wie konkret ein Ziel beschrieben werden kann. Wie eingangs schon angedeutet, gibt es auch andere Arten von Zielen. Denn nicht jedes Ziel muss von Beginn an smart formuliert sein und damit jedes der fünf genannten Kriterien komplett erfüllen.

In vielen Situationen kann solch eine hochdetaillierte Beschreibung sogar zu einer einzigen Reaktion führen: Man verspürt großen Druck und tritt auf die Bremse. Und das muss nicht so sein.

Häufig wird mit den smarten Zielbeschreibungen begonnen, ohne das man sich wirklich im Klaren über das eigentliche Motiv ist. Dann fällt man im Verlauf auch ungefähr ebenso häufig in ein Loch, weil man eben nicht ausreichend motiviert ist. Daher ist eine Kombination aus Haltungszielen und handlungswirksamen Zielen sehr empfehlenswert.

Eine Möglichkeit zur praktischen Umsetzung wird im späteren Verlauf noch mit dem „Rubikon-Prozess" beschrieben. Dort wird dargestellt, wie man sich schrittweise einer Zielformulierung annähert, bis diese schließlich „als konkrete Marschroute und Gepäckliste" für unseren Weg der Veränderung bereitsteht.

2.2.3 Kleine Schritte, große Freude

Wie weich, konkret, smart oder handlungswirksam ein Ziel auch formuliert sein mag: Im Bereich der Persönlichkeitsentwicklung wird es selten mit einem Fingerschnipsen oder von heute auf morgen erreicht werden. Vorhin war bereits vom Marathonlauf die Rede. Ein solcher Lauf besteht aus einer Vielzahl kleiner Schritte. Konkret sprechen wir bei dieser Distanz von 42,195 km von ungefähr 30.000 bis 40.000 Schritten, bis man im Ziel angekommen ist. Und auch wenn es trivial klingt: Es ist wirklich immer ein Schritt nach dem anderen.

Daher ist es – beim Laufen wie beim Wandern und ebenso bei Veränderungen im eigenen Leben – sehr sinnvoll, auch über Meilensteine und Zwischenziele zu sprechen. Gleichzeitig bieten kleine und realistische Ziele noch einen weiteren Vorteil: Man kann sich viel häufiger freuen!

Damit kommen wir zu einem unbeschreiblich wichtigen Nebeneffekt von Zielen: Feiern Sie Erfolge! Natürlich ist es hilfreich, auch immer das große Ganze im Blick zu haben. Gleichzeitig möchte ich Ihnen dringend dazu raten, auch die kleinen Erfolge, das Erreichen von Zwischenzielen als Erfolg wahrzunehmen und sich darüber zu freuen. Es ist wie beim alten Spruch mit dem halb leeren oder halb vollen Wasserglas: Natürlich können Sie sagen, dass Sie am Ende einer Etappe erst zehn Prozent erreicht haben und noch neunzig Prozent vor Ihnen liegen. Aber – hey! – Sie sind losgelaufen und haben dadurch schon ein Teil des Weges erfolgreich absolviert. Wow!

2.2.4 Dranbleiben, freuen und hinschauen

Diese eben beschriebene Freude ist nicht nur eine Momentaufnahme. Vielmehr wird Sie Ihnen auch als wichtige Antriebskraft dienen können, wenn der Weg vielleicht steinig wird und voller Dornenbüsche ist.

Loslaufen ist das A und O. Denn sonst sind Meilensteine lediglich simple Fantasiekonstrukte, die jenseits des Erreichbaren liegen. Vom Fernsehsessel aus hat noch nie jemand wirklich andere Länder bereist oder eine neue Umgebung kennengelernt. Natürlich müssen Sie starten. Dann allerdings gilt es dranzubleiben.

Umso wichtiger ist es, dass das Ziel wirklich attraktiv für Sie ist. Umso entscheidender ist es, dass Sie sich auch über das bisher Erreichte freuen und diese Freude auf den nächsten Wegabschnitt mitnehmen können. Dass die Zeit ausreichend gewählt wurde, sodass Sie in Ihrem eigenen Tempo voranschreiten können. Denn es wird am Wegesrand auch immer wieder ungeplante Dinge geben, die es wert sind, sich mit ihnen zu beschäftigen. Wenn Sie ausreichend Zeit haben, um die Blume neben der Strecke wahrnehmen zu können, bei einer Pause sitzen zu bleiben, um die Wolken am Himmel zu betrachten oder einfach nur in die Ferne zu blicken, ist die Reise zu Ihrem Ziel wahrscheinlich gleich noch mal so schön. Mein Tipp: Nehmen Sie sich diese Zeit. Und schauen Sie hin.

3

Mehr Ruhe, weniger Kopfkarussell

Zusammenfassung Unser Gehirn ist ein großartiges Werkzeug. Allerdings kann es uns auch immer wieder Streiche spielen. Manchmal scheint es fast ein Eigenleben zu führen. Durch achtsamen und ganz bewussten Umgang mit unseren eigenen Gedanken ist es möglich, das Steuer selbst zu übernehmen, wenn sich das Kopfkarussell zu schnell dreht und uns dabei schwindlig wird. Hierzu wird unter anderem das Modell des inneren Teams vorgestellt, auch Caesar, Kleopatra und der Sufi mit dem Apfelgarten spielen wichtige Rollen in diesem Kapitel.

Möglicherweise wissen Sie bereits haargenau, wohin Ihre „Reise der Veränderung" gehen soll. Dieses Ziel haben Sie bereits wie ein gestochen scharfes Foto vor Ihrem inneren Auge und Sie haben sich auch längst exakt und bis ins kleinste Detail über den Weg dorthin und die erforderliche Ausrüstung informiert. Vielleicht aber auch nicht.

Um einen klaren Kopf zu bekommen, kann es sehr hilfreich sein, ihn erst einmal vorübergehend ruhig zu stellen. Was dabei wirklich hilft, ist das Orchester, die Jazzband, das Theaterensemble, die Senatoren oder Minister in Ihrem Kopf für eine Weile auf Pause zu schalten.

3.1 Wer ist hier der Boss?

1,4 kg: So viel wiegt das Gehirn eines Menschen durchschnittlich. Und was ist mit dem Rest? Wie geht es gerade Ihrem Ohrläppchen? Wie viel Aufmerksamkeit schenken Sie üblicherweise Ihren anderen Organen? Leber,

A. Steffen, *Impulse zur eigenen Veränderung*, https://doi.org/10.1007/978-3-662-58279-4_3

Milz, Lunge & Co.? Denen widmen wir uns – zumindest bewusst – in der Regel nur dann, wenn diese eine Störung aufweisen. Vielleicht ist das beim Gehirn ja auch so …? (Abb. 3.1).

Unser Gehirn ist ein Werkzeug. Über den langen Zeitraum der menschlichen Evolution hat es sich zu einem erstaunlichen Instrument entwickelt und es kann sehr produktiv sein. In Kombination mit unserem Ego will es gebraucht werden. Wird es nicht genutzt und herrscht plötzlich einmal echte Stille im Oberstübchen, so reagiert unser Verstand meist mit Panik: „Stille? Oh, nein! Sie machen etwas ohne mich! Ich verpasse etwas! Ich werde nicht gebraucht! Was passiert da gerade? Wieso ist es so ruhig? Hilfe!" Doch verhalten wir uns oftmals so, als hätten wir die Kontrolle für unser Leben komplett an unser Gehirn und unsere Gedanken abgegeben. Sind wir bereits ein autonom fahrendes Fahrzeug? Sitzen wir noch selbst am Steuer oder werden wir schon gefahren?

Wir haben täglich ca. 60.000 „Gedankenbewegungen". Die Spannweite liegt dabei ungefähr zwischen 35.000 und 84.000. Bei wiederum exakt 86.400 verfügbaren Sekunden pro Tag und durchschnittlich sechs bis sieben Stunden täglichem Schlaf ist das ungefähr ein Gedanke in jeder wachen Sekunde. Da, schon wieder einer! Und hier, der nächste … Wie viele Bewegungen führen wir täglich in unserem Gehirn „mit Vorsatz" aus? Wie oft fühlen wir am Tag etwas ganz bewusst? Vermutlich etwas weniger. Wie viele unserer Emotionen werden gespeist aus Gedanken? Wie viele dieser Gedanken denken wir bewusst? Wie viel davon „passiert uns einfach"?

Der tibetische Lama Tenzin Wangyal Rinpoche sagt dazu: *„Doch ist letztlich nicht die Zahl der Gedanken, die in Erscheinung treten, entscheidend, sondern wie wir mit ihnen umgehen. Im Grunde gibt es nur eine einzige Möglichkeit mit ihnen umzugehen, und die ist, sich nicht von ihnen ablenken zu lassen."*[1]

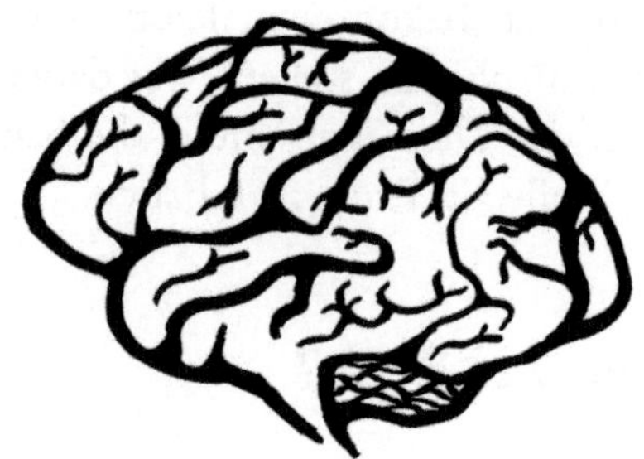

Abb. 3.1 Da, schau … ein Gedanke!

[1] Wangyal, 2010.

Jedoch sind wir meistens derart konditioniert, dass wir unseren Gedanken weitestgehend blind vertrauen, ihnen kritiklos folgen und die Kontrolle über uns geben.

3.1.1 Der fiese Trick des Weckers

Ein Beispiel: Wir wachen morgens auf, möglicherweise fühlen wir uns so richtig wach, sind ausgeschlafen, munter und ausgesprochen gut gelaunt. Doch dann schauen wir auf den Wecker, errechnen ganz fix die Zeitdifferenz zwischen Einschlafen und Aufwachen, beurteilen sie als viel zu kurz – und „erkennen" dann, dass wir ja gar nicht wach und ausgeschlafen sein können. Also sind wir innerhalb von Sekundenbruchteilen müde und schlecht gelaunt. „Dank" unserer Gedanken. Weil wir wieder einmal lieber auf unser Gehirn statt auf unseren Körper und unser Gefühl hören.

Das muss übrigens nicht so sein und bleiben: Je besser Sie Ihr inneres Team im Griff haben – in diesem Fall würde ich bei mir selbst von meinem Wecker-Minister oder dem Uhrzeit-Senator sprechen –, umso häufiger wird es Ihnen gelingen, dieses „herrje, dann kann ich ja gar nicht munter sein!" als das zu erkennen, was es ist: lediglich ein Gedanke. Mehr nicht.[2] Diesem Gedanken müssen Sie nicht folgen und daraus muss auch keine Reaktion Ihres Körpers (sprich: plötzliche Müdigkeit) resultieren. Wenn Sie es wollen.

Aber wie bekommt man nun ein wenig Stille ins Oberstübchen? Brauchen wir dafür ein Zaubermittel – Feenstaub oder etwas Vergleichbares? Denn „einfach so an nichts denken" fällt uns allen meist nicht sonderlich leicht.

3.2 Achtsam abschalten

Wer stört, wird nicht ignoriert, sondern ernst genommen – und bekommt eine Aufgabe. Das klappt wunderbar, beispielsweise in Teammeetings oder bei anderen Versammlungen.[3] Oder eben auch beim Schäfchenzählen. Dadurch hat unser Gehirn etwas zu tun, fühlt sich nicht vernachlässigt und gibt Ruhe.

---

[2] Mehr zum sogenannten inneren Team folgt in Kürze, bitte bleiben Sie noch etwas neugierig.

[3] Ob in einem Projektteam, einer Arbeitsgruppe oder in der Kleingartenkolonie: Häufig gibt es dort eine bestimmte Person, die andere, nämlich eigene Ziele verfolgt und den (Arbeits-)Ablauf durch Störungen unterschiedlichster Art behindert. Oftmals steht dahinter der Wunsch, von den anderem wahrgenommen zu werden. Und auch wenn es seltsam klingen mag: Durch eine Aufgabe, wie das Schreiben des Protokolls oder die Übernahme der Verantwortung für das nächste Sommerfest, fühlt sich diese Person dann meist anerkannt und wertgeschätzt. Häufig handelt es sich hierbei um den Typus des Ablenkers.

Auf den Atem achten: Ist das dann noch Denken oder schon Fühlen? Überhaupt, dieses Atmen … das geht doch normalerweise ganz von selbst. Wer ist eigentlich dafür verantwortlich? (Und nebenbei: Wie geht es gerade Ihrem Ohrläppchen?) Meditation ist zum Abschalten sehr hilfreich. Das kann eine geführte Meditation sein, passiv über ein entsprechendes Hörbuch, oder eine aktive Meditation. Die Möglichkeiten sind hier vielfältig. Leider sind dies meist auch die vielen vermeintlich dagegensprechenden Gründe, die man findet. „Heute bin ich nicht entspannt genug, um mich zu entspannen." Kommt Ihnen dieses Phänomen bekannt vor?

Aber auch andere Aktivitäten, in denen wir voll und ganz aufgehen können – ohne uns wiederum in Gedanken zu verlieren –, wie Gartenarbeit, Kochen, Yoga, Sport, Musizieren oder Malen, können uns beim Ruhigwerden sehr helfen und dabei sogar noch Spaß machen. Im Grunde genommen ist all dies bereits Meditation. Nur eben nicht im Lotussitz, „ganz ohne Om" oder Räucherstäbchen. Aber wie häufig gelingt es uns etwas ganz bewusst zu tun, ohne gleichzeitig an gestern, morgen oder die Mail vom Chef zu denken?

3.2.1 Weniger Karussellfahren

Sehr schön zum Abschalten unseres Verstandes ist es auch, einfach mal wieder („wie ein Kind") zu spielen. Das bringt uns unserem natürlichen Zustand wieder sehr nahe. Der englische Religionsphilosoph und Autor Alan Watts sagte hierzu: „Die Wurzel allen Lebens ist Spielen."

Aber wie häufig machen wir das? Einfach spielen, ohne über die Einkaufsliste, das gestrige Gespräch mit dem Kunden oder die Steuererklärung nachzudenken? (Abb. 3.2).

Abb. 3.2 Wenn sich das Karussell im Kopf dreht

Was akut sehr hilfreich ist, wenn sich das Kopfkarussell vor dem Einschlafen und beim Aufwachen ganz schnell dreht: schnell ein Notizbuch schnappen und die Gedanken aufschreiben. Damit sind sie aus dem Kopf heraus, unser Verstand weiß, dass diese Gedanken gut gesichert sind – und gibt wieder Ruhe. (Am besten liegen Notizbuch und Stift in solch kopfaktiven Phasen bereits neben dem Bett).

Langfristig sehr hilfreich sind Bewusstheit und Achtsamkeit: Was geht in mir gerade vor? (Manchmal möchte man das womöglich gar nicht so genau wissen.) Was spüre ich eigentlich mit allen Sinnen? Welche habe ich überhaupt eingeschaltet?

Es gibt hierfür eine sehr interessante Übung, die auch unter dem englischen Begriff „Inquiry" (engl. für Nachfrage, Überprüfung oder auch Verhör) bekannt ist. Da mindestens die letzten beiden deutschen Übersetzungen nicht sonderlich positiv besetzt sind, verwende ich hierfür eine andere Bezeichnung:

3.2.2 Der dreifache Dialog

Idealerweise führt man diesen dreifachen Dialog zu zweit durch: Zunächst beginnt man mit 15 Minuten gemeinsamer Mediation, danach horcht Person A 15 Minuten lang in sich hinein, in seine/ihre Gedanken und Wahrnehmungen, in den eigenen Körper und die Außenwelt – alles, was man wahrnimmt, wird ohne Filter ausgesprochen. Währenddessen hört Person B aufmerksam und kommentarlos zu. Anschließend werden die Rollen getauscht, B spürt und spricht für 15 Minuten und A hört zu. Im Anschluss folgt der Austausch über das Erlebte – jeweils als Sprecher wie auch als Zuhörer (Abb. 3.3).

Der Ablauf im Überblick, jeweils für 15 Minuten:

Abb. 3.3 Lampe an, Sinne an

1. A und B meditieren gemeinsam
2. A schildert B seine inneren und äußeren Wahrnehmungen
3. B schildert A seine inneren und äußeren Wahrnehmungen

Zu zweit ist das eine sehr interessante Erfahrung, es geht aber auch alleine: Wenn Sie ein Smartphone, ein Tablet, ein Notebook, einen stationären PC mit Mikrofon und Aufzeichnungsmöglichkeit haben, so können Sie die Schritte 1 und 2 auch mit sich selbst durchführen.

Und warum gibt es dann Ruhe? Weil man wirklich im Hier und Jetzt ist. Nicht im Gestern, nicht im Morgen. Weil man wirklich „bei Sinnen" ist, nicht in Gedanken versunken und verloren. Weil man seine bewusste Aufmerksamkeit einschaltet, genau in diesem Moment. So erstaunlich es klingt: Man kann nicht gleichzeitig denken und fühlen. Probieren Sie es gerne aus. Sobald Sie über eine Wahrnehmung nachdenken, ist das echte Spüren schon vorbei.

3.3 Bewusst denken

Was passiert da oben im Gehirn eigentlich? (Keine Sorge, das wird kein Fachartikel über Neurologie.) Aber ist mit uns alles in Ordnung, wenn wir Stimmen hören? Vielleicht sprechen wir besser von „Anteilen unseres inneren Teams".

3.3.1 Das innere Team: Schizophren oder achtsam?

Manchmal ist es schon sehr verwirrend, wenn es mehrere Anteile gibt, die unsere Aufmerksamkeit wollen. Abends finden wir etwas oder jemanden richtig gut – und wenn wir morgens aufwachen, haben wir vielleicht eine ganz andere Meinung. Ist das normal? (Gleich vorweg: Ja, das ist es).

„Das innere Team" ist ein Konzept des Psychologen und Kommunikationswissenschaftlers Friedemann Schulz von Thun[4] und beschreibt unsere verschiedenen Anteile, unsere „Stimmen im Kopf". Dafür kann man sich unterschiedliche Metaphern schaffen; es können die Mitglieder eines Orchesters sein, ein Theaterensemble, eine Mannschaft beim Sport. Bei mir selbst sind es römische Senatoren, manchmal auch Minister. Denn es gibt dabei auch noch eine ganz entscheidende weitere Instanz: jemanden, der das letzte Wort hat. (Bei mir ist das Caesar oder ein Bundeskanzler, somit funktioniert das Zusammenspiel mit den Senatoren oder Ministern ziemlich gut.)

---

[4]Schulz von Thun, 1998.

Jede und jeder in diesem inneren Team hat eine Aufgabe, niemand ist unwichtig oder unnötig. Ganz entscheidend: Niemand will etwas Schlechtes, jeder (!) Anteil des Teams will Ihnen helfen. Selbst der Angstminister oder der Sorgensenator wollen nur Ihr Bestes, Sie schützen und vor Schaden bewahren. Auch der Kritiksenator möchte Sie auf der sicheren Seite wissen. Gelegentlich ist es ratsam, sich der Funktion vermeintlich negativer Anteile bewusst zu werden.

Ob nun Caesar oder Kleopatra, Vorstandsvorsitzende oder Hauptgeschäftsführer, Bundespräsident oder Bundeskanzlerin, Dirigentin oder Orchesterchef – gerne auch ein ganz anderer Titel: Sie selbst sind die im wahrsten Sinne entscheidende Instanz. Sie können sich die Statements ihres inneren Teams anhören und dann – wenn Sie denn wollen – die finale Entscheidung über Ihr resultierendes Verhalten treffen. Oftmals sind wir uns gar nicht bewusst, dass wir diese letzte Instanz innehaben. Häufig fühlen und benehmen wir uns wie „Opfer unserer Impulse". Doch das muss nicht so sein. Wenn wir bewusst wahrnehmen, was in uns passiert. Dann kann es auch vollkommen okay sein, das Stück Schokolade zu essen oder sich über diesen unverschämten Kerl im Straßenverkehr aufzuregen – wenn wir mit vollem Bewusstsein diese Entscheidung treffen. Ein sehr hilfreicher Schritt ist es, insbesondere den vermeintlichen „Störenfrieden" unter unseren Anteilen zu danken, ihnen bewusste Aufmerksamkeit zu schenken. Denn wenn man sie dauerhaft ignoriert oder in eine Schublade wegdrückt, dann … dazu gibt es eine schöne Geschichte.

3.3.2 Die Geschichte vom Sufi mit dem Apfelgarten

Vor langer Zeit lebte im Morgenland ein alter islamischer Gelehrter, ein Sufi. Dieser hatte den schönsten und größten Apfelgarten weit und breit. An jedem seiner Bäume wuchsen Hunderte von Äpfeln. Natürlich kamen immer wieder Kinder aus der Nachbarschaft herbei und versuchten einen der leuchtend roten Äpfel zu stibitzen. Aber der Sufi passte auf und vertrieb die Kinder immer wieder, laut schimpfend über ihre Dreistigkeit. Jedoch gelang es ihnen gelegentlich doch einmal, den einen oder anderen Apfel aus dem Garten zu bekommen, weil der alte Mann nicht immer zu Hause sein und rund um die Uhr wachsam sein konnte. Eines Tages kam sein Nachbar, ein alter Freund, zu ihm und fragte den Sufi: „Sag, nun hast du so viele Äpfel, mehr als du jemals selbst essen kannst. Wieso erlaubst du den Kindern nicht ab und zu, dass sie sich einige davon nehmen?" Daraufhin antwortete der Sufi lächelnd und augenzwinkernd: „Mein Freund, Kinder sind

Abb. 3.4 Äpfel und Gedanken

wie Gedanken. Je lauter du sie vertreibst, umso mehr kommen sie wieder (Abb. 3.4)."[5]

Gedanken und daraus resultierende Emotionen lassen sich nicht dauerhaft wegdrücken. Sie kommen wieder – und meist dann, wenn man sie nicht eingeladen hat. Langfristig hilft es nur, sich diesen Emotionen wie Angst, Sorgen, Ärger oder Wut zu stellen.

Das, was nicht angeschaut wird, sucht sich ein Ventil.

Der Benediktinerpater Anselm Grün sagt dies im Buch „Stark in stürmischen Zeiten: Die Kunst, sich selbst und andere zu führen."[6] Hierzu gibt es eine großartige Übung. Üblicherweise mache ich sie als Coach mit einer Klientin oder einem Klienten zu zweit, für das Selbstcoaching kann man sie jedoch auch allein durchführen.

3.3.3 Dankeschön auf dem Stuhl

Machen Sie sich zunächst ein Bild von Ihren derzeitigen Anteilen. Geben Sie ihnen Namen, seien Sie dabei gerne spontan und kreativ. Jeder Name ist richtig, wenn er für Sie passt. Und lassen Sie sich bitte ein wenig Zeit, zunächst fallen einem vielleicht nur zwei oder drei ein, meist sind es schon ein paar mehr. Nicht immer bleiben diese Anteile konstant in ihrer Zusammensetzung. Manchmal sind einige von ihnen auch „im Urlaub", andere wiederum sind zu bestimmen Zeiten besonders präsent. Es ist Ihre ganz persönliche Momentaufnahme.

---

[5]Verfasser unbekannt.

[6]Grün und Janssen, 2017.

„Bild" ist hierbei tatsächlich wörtlich zu nehmen. Machen Sie idealerweise wirklich eine Zeichnung, in der alle für Sie spürbaren Teammitglieder versammelt sind. Dabei können Sie selbst festlegen, ob jemand oben oder unten, links oder rechts verortet ist, laut oder leise und damit groß oder klein dargestellt wird. Auch „Grüppchenbildung" oder „Koalitionen" können dadurch erkannt und verdeutlicht werden, falls es so etwas in Ihrem Team gibt (Abb. 3.5).

Nun folgt in dieser Übung ein Schritt, der für mich selbst beim ersten Mal eine heftige Herausforderung war: Danken Sie allen Anteilen. Wirklich allen. Also auch denjenigen, die Sie am liebsten für immer aus ihrem inneren Team verbannen würden. (Was übrigens nicht funktioniert.)

Derjenige Anteil, von dem Sie sich unter Druck gesetzt und gehetzt fühlen, Ihr innerer Antreiber. Ebenso dieser eine Anteil, der Ihnen in bestimmten Situationen den Mut raubt, Ihr innerer Hasenfuß. Und auch dem Schokocharmeur, der Sie immer zu Vollmilch-Nuss oder Ganzer Mandel verführt. (Natürlich nur, falls es solche Teammitglieder bei Ihnen geben sollte).

Danken Sie ihnen. Ganz ehrlich. Und herzlich. Forschen Sie dazu nach den Gründen, warum diese sich in ihrem Team befinden. Möchte der Antreiber vielleicht, dass Sie Ihre Potenziale ausschöpfen? Will der Hasenfuß Sie vor Schaden und unnötigen Risiken bewahren? Und möchte der Schokocharmeur, dass es Ihnen gut geht?

Stellen Sie hierfür zwei Stühle auf: Auf dem einen sitzen Sie, auf den anderen setzen Sie jeweils den Anteil, dem Sie erklären, warum Sie ihm dankbar sind. Machen Sie das, wirklich. Nicht nur in ihrem Kopf oder auf einem Blatt Papier. Genauso, wie ich Ihnen versichern kann, dass diese Übung Sie einige Überwindung kosten wird, werden Sie danach auch einen erstaunlichen Effekt verspüren: inneren Frieden.

Abb. 3.5 Danksagung an das innere Team

Gerade diese ungeliebten Anteile werden durch diese Übung endlich einmal gesehen. Dann wird auch noch laut ausgesprochen, dass sie einen Sinn haben. Und schlussendlich bekommen sie auch Dank. Wie schön ist das denn?! Danach können sich vor allem genau diese Anteile viel entspannter zurücklehnen. Sie müssen nicht mehr ständig brüllen, damit sie wahrgenommen werden.

3.4 Reize und Wahrnehmungen

Doch natürlich sind Gedanken bei weitem nicht nur störend oder negativ. Wir alle haben tagtäglich eine Vielzahl erforderlicher Denkprozesse und sollten unser Hirn nicht dauerhaft auf Pause stellen. (Es sei denn, Sie haben einen wirklich sehr entspannten Job.)

Und auch in Veränderungssituationen sind Gedanken absolut wichtig. Insbesondere im Mentalen Training oder auch bei der Selbsthypnose können Gedanken in Form von Suggestionen sehr hilfreich sein – wenn sie bewusst und zielgerichtet eingesetzt werden. Jedoch „passieren" sie uns oftmals „irgendwie". Sie sind einfach da, ohne dass wir sie bewusst eingeladen haben. Wie kommt das?

Unser Gehirn hat sich im Laufe der Evolution zu einem sehr effizienten und großartigen Werkzeug entwickelt. Unser bewusstes Denken ist in der Lage ungefähr 40 äußere Reize pro Sekunde zu verarbeiten. Nun sind wir, gerade als Bewohner von Großstädten und fleißige Internetnutzer, weitaus mehr Einflüssen ausgesetzt. Daher ist es praktisch, dass unser Unterbewusstsein ein wenig mehr dieser äußeren Reize verarbeiten kann, nämlich ca. 20 Mio. pro Sekunde. Das ist sehr erfreulich, denn dadurch können wir uns auf diejenigen Dinge konzentrieren, die uns wichtig erscheinen.

Wer entscheidet eigentlich, was bewusst und was un(ter)bewusst abläuft, was wichtig und was weniger wichtig ist? Mehr über die Frage nach dem freien Willen finden Sie im weiteren Verlauf des Buches.

Zum Abschluss dieses Abschnitts folgt hier noch ein kurzes Übungsangebot, wenn Sie merken, dass die Gedanken gerade wieder einmal Überhand nehmen.

Vielleicht erinnern Sie sich noch, dass man nicht gleichzeitig denken und fühlen kann. Diesen Mechanismus können Sie nutzen. Wenn Sie in diesem Moment sitzen, spüren Sie den Stuhl, die Couch oder das Bett unter sich. Falls Sie stehen, bemerken Sie das Gewicht Ihrer Füße auf dem Boden. Sollten Sie gerade im Auto sitzen, können Sie auch einfach das Lenkrad in Ihren Händen wahrnehmen. Ihr Unterbewusstsein wird Ihnen dabei helfen, dass in diesem Augenblick kein Unfall geschieht. Vertrauen Sie darauf. Schließlich sorgt es ja auch dafür, dass Sie beim Lesen nicht das Atmen vergessen.

Sie können auch einfach Ihr Ohrläppchen oder Ihre Nase zwischen die Finger nehmen. Noch besser: Nehmen Sie nacheinander Ihren Körper wahr, von der Schädeldecke bis zum kleinen Zeh. Bleiben Sie dabei, spüren Sie, mehr nicht. Wenn Sie sich voll und ganz darauf einlassen können, ist das großartig. Sollte sich Ihr Gehirn dabei einmischen und Ihnen zwischendurch einige frische Gedanken schicken wollen – das ist okay. Lassen Sie diese Gedanken da sein, schieben Sie sie nicht weg. Und gehen Sie danach direkt wieder ins Spüren. Eine halbe Minute kann schon ausreichen. Damit haben Sie sich schon eine echte Ruhepause und einen Moment der Achtsamkeit gegönnt.

Literatur

Grün A, Janssen B (2017) Stark in stürmischen Zeiten: die Kunst, sich selbst und andere zu führen, 2. Aufl. Ariston, München

Schulz von Thun F (1998) Miteinander reden, Bd. 3: das „Innere Team" und situationsgerechte Kommunikation. Rowohlt Taschenbuch, Berlin

Wangyal TR (2010) Der direkte Weg zur Erleuchtung: Dzogchen-Meditation nach den Bön-Lehren Tibets. O. W. Barth, München

4

Weniger Wahrheit, mehr Verständnis

Zusammenfassung Stiere, Stühle, Elefanten und Orangen: Sie alle können uns dabei helfen, die Wahrheit zu verstehen. Dass es sie nämlich gar nicht gibt, die eine einzige Wahrheit. Die eigene Wahrnehmung als Grundlage unserer ganz individuellen Wahrheit ist nicht normiert. Allein schon die Sprache kann Menschen komplett unterschiedlich prägen. Auch die Quantenphysik zeigt ganz wissenschaftlich fundiert, dass Wahrheit immer im Auge des Betrachters liegt. Dies zu verstehen und es im Alltag anzuwenden, kann die Grundlage für friedlichen Umgang und Verständnis sein – mit anderen Menschen ebenso wie mit sich selbst.

> Wenn es nur eine Wahrheit gäbe, könnte man nicht hundert Bilder über dasselbe Thema malen.

Dieses Zitat stammt von Pablo Picasso. Und der spanische Maler, Grafiker und Bildhauer hat seine These insoweit bestätigt, als dass er in seinem Leben (1881–1973) mehr als 50.000 Kunstwerke geschaffen hat.

4.1 Stiere, Stühle, Elefanten und Orangen

In einem kurzen Filmausschnitt kann man bei YouTube sehen, wie der spanische Maler mit nur wenigen Pinselstrichen einen Stier skizziert.[1] Schon nach wenigen Sekunden erkennen wir sofort einen Stier (Abb. 4.1). Aber würden wir alle haargenau denselben Stier malen?

[1]Vgl. Picasso, 2011.

A. Steffen, *Impulse zur eigenen Veränderung*, https://doi.org/10.1007/978-3-662-58279-4_4

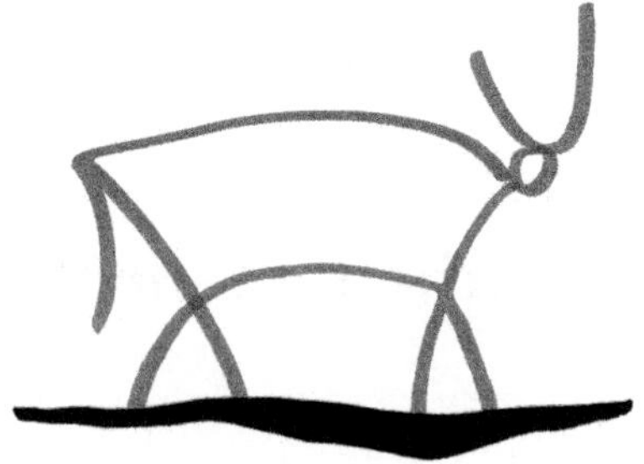

Abb. 4.1 Wäre das auch Ihr Stier gewesen?

Selbst bei etwas vermeintlich Simplem wie einem Stuhl werden wir alle etwas Unterschiedliches vor dem inneren Auge haben. Mit oder ohne Armlehne? Aus Holz oder aus Metall? Praktisch zum Stapeln oder richtig bequem? Welche Farbe hat das Polster und gibt es überhaupt ein Polster?

Auch wenn wir mit unserer Sprache zu sehr präzisen Beschreibungen in der Lage sind: Unsere Wahrnehmung ist nicht genormt, sie ist hochgradig individuell. Die nachfolgende Geschichte verdeutlicht es:

4.1.1 Die fünf Blinden und der Elefant

Fünf blinde Gelehrte werden von ihrem König ausgeschickt, um herauszufinden, was ein Elefant ist. In Indien werden sie fündig und machen sich durch Ertasten ein Bild. Als sie zurück zu ihrem König kamen, sollten sie ihm nun über den Elefanten berichten. Der erste Weise hatte am Kopf des Tieres gestanden und den Rüssel des Elefanten betastet. Er sprach: „Ein Elefant ist wie ein langer Arm." Der zweite Gelehrte hatte das Ohr des Elefanten ertastet und sprach: „Nein, ein Elefant ist vielmehr wie ein großer Fächer." Der dritte Gelehrte sprach: „Aber nein, ein Elefant ist wie eine dicke Säule." Er hatte ein Bein des Elefanten berührt. Der vierte Weise sagte: „Also ich finde, ein Elefant ist wie eine kleine Strippe mit ein paar Haaren am Ende", denn er hatte nur den Schwanz des Elefanten ertastet. Und der fünfte Weise berichtete seinem König: „Also ich sage, ein Elefant ist wie ein riesige Masse, mit Rundungen und ein paar Borsten darauf." Dieser Gelehrte hatte den Rumpf des Tieres berührt. Nach diesen widersprüchlichen Äußerungen fürchteten die Gelehrten den Zorn des Königs, konnten sie sich doch nicht darauf einigen, was ein Elefant wirklich ist. Doch der König lächelte weise: „Ich danke Euch, denn ich weiß nun, was ein Elefant ist: Ein Elefant ist ein Tier mit einem Rüssel, der wie ein langer Arm ist, mit Ohren, die wie Fächer sind, mit Beinen, die wie starke Säulen sind, mit einem Schwanz, der einer kleinen Strippe mit ein paar Haaren daran gleicht und mit einem Rumpf, der wie eine große Masse mit Rundungen und ein paar Borsten ist." Die Gelehrten senkten beschämt ihren Kopf, nachdem sie erkannten, dass jeder von ihnen nur einen Teil des Elefanten ertastet hatte und sie sich zu schnell damit zufriedengegeben hatten.[2]

4.1.2 Orange, orange oder orange?

Die Geschichte vom Elefanten zeigt sehr plakativ: Wahrheit ist stets relativ. Sie hängt vom jeweiligen Kontext der betrachtenden Person und ihrer individuellen Wahrnehmung ab. Und wenn wir uns über sie unterhalten möchten, hängt die (vermeintliche) Wahrheit allein schon von der Sprache ab, die oft nicht ganz eindeutig ist – oder verwendet wird. Was genau „orangefarben" bedeutet, wird häufig sehr unterschiedlich beschrieben. Gleichzeitig gibt es Sprachen, in denen manch eine Farbe gar nicht definiert ist. Und können wir überhaupt sicher sein, dass wir dieselbe Sprache sprechen?

Ein eigenes Beispiel: In einem Kreativprozess mit einer Designagentur sollte ich mir einen Orangeton als sogenannte Akzentfarbe für eine Website aussuchen. Schnell am PC den Browser geöffnet, schon hatte ich eine normierte RAL-Farbskala vor mir. Die Bandbreite der Farben mit dem Namen Orange war faszinierend. Doch noch beeindruckter war ich bei deren engem Verwandten, dem Gelb. „Das ist doch Ocker! Und das da? Niemals ist das Gelb, eindeutig Oliv." Und so ging es munter und bunter weiter. Wäre ich in diesem Moment nicht so farblich-emotional involviert gewesen, hätte ich mir beim Staunen, Lamentieren und Argumentieren amüsiert zuschauen können. Und dabei ging es lediglich um eine Farbe. Selbst wenn etwas vermeintlich „normiert" ist, so kann man sich ziemlich sicher sein, dass zwei Menschen darunter nicht immer dasselbe verstehen.

Woher auch? Wer bringt einem Kind bei, wann Gelb nicht mehr Gelb, sondern Orange heißt? Und wann dies dann wiederum längst – gemäß normierter Farbskala – ins Rot übergegangen ist? Wem ist klar, dass ein in einer bestimmten Wellenlänge reflektiertes Licht bei allen Menschen in derselben Art auf deren Netzhaut trifft? Sind unsere Netzhaut und deren Farbrezeptoren standardisiert? Und wer sagte als Erstes, wie eine Farbe überhaupt heißt? Wann hat sich der erste Neandertaler eine Wiese angesehen und freudig „Grün!" gerufen?

[2] Verfasser unbekannt.

In den Werken von Homer wie der „Ilias" oder der „Odyssee" findet man nirgends einen Verweis auf die Farbe Blau. Meer oder Himmel sind damals lediglich als „dunkel" oder „hell" beschrieben. Auch im Alten Testament findet Blau noch nicht statt. Seine Bedeutung als „heilige Farbe" erhält es erst später – und sie wird auch erst mit einigem zeitlichem Versatz in biblischen Texten verwendet.

Hier können wiederum auch biologische und evolutionsgeschichtliche Aspekte eine Rolle spielen, wie es der Sprachforscher Guy Deutscher beschreibt[3]: *„Selbstverständlich war der Himmel über dem Mittelmeer in den Tagen Homers ebenso saphirblau wie heute und die Côte nicht weniger azuren. Während jedoch unsere Augen von allen möglichen greifbaren Objekten gesättigt sind, die blau sind, in allen nur denkbaren Schattierungen vom blassesten Eisblau bis zum dunkelsten Marineblau, kann es sein, dass ein Mensch zu Homers Zeiten durchs Leben ging, ohne je einen einzigen blauen Gegenstand zu Gesicht zu bekommen."*

Wer weiß also schon, welche Farben unsere Nachkommen sehen werden? Vielleicht gibt es auch darüber hinaus noch ganz andere Dinge, die Menschen zukünftig wahrnehmen werden, und die uns jetzt einfach nicht ersichtlich sind. Darüber hinaus bieten unterschiedliche Sprachsysteme und Kulturen eine Vielzahl von „Wahrheitsvarianten". Allein schon nonverbale Aspekte können für viel Verwirrung sorgen, wenn beispielsweise ein Nicken plötzlich „nein" bedeutet und ein Kopfschütteln für Zustimmung steht. Andere Länder, andere Sitten – das sagen wir zwar häufig, aber die (oder besser: deren möglicherweise) wahre Bedeutung vergessen wir gerne immer wieder.

Für eine umfangreiche Analyse kann ich das Buch „Im Spiegel der Sprache" des oben bereits genannten Linguisten Guy Deutscher hierzu sehr empfehlen. Für Science Fiction-Fans bietet der Film „Arrival" ein faszinierendes Szenario[4], das wiederum auf der Short Story „Geschichte deines Lebens" von Ted Chiang beruht.[5] Darin wird beschrieben, wie der Begriff der Zeit plötzlich eine ganz andere Rolle spielt, wenn man aufgrund eines komplett andersartigen Verständnisses von Sprache auch eine komplett unterschiedliche Wahrnehmung der Realität hat. Oder ist es vielleicht auch andersherum? Wenn man die Welt komplett unterschiedlich wahrnimmt, drückt sich dies dann auch in einer vollständig anderen Art der Kommunikation aus?

---

[3]Vgl. Deutscher, 2013.

[4]Arrival, 2016.

[5]Chiang, 2017.

4.2 Wahr oder unwahr? Oder beides?

In der Philosophie kann man mindestens acht verschiedene Grundsatztheorien finden, was Wahrheit denn sei und wie sie sich betrachten und ermessen lässt. Von der ontologisch-metaphysischen Korrespondenztheorie über die dialektisch-materialistische Widerspiegelungstheorie bis logisch-empiristische Bildtheorie – und weit darüber hinaus werden mögliche Modelle zur Erklärung dessen angeboten, was Wahrheit und damit wahr ist. Oder sein könnte.

Acht, wow. Welche davon stimmt nun? Oder sind vielleicht alle wahr? Darauf gestoßen bin ich unter anderem bei Wikipedia. „Das ist doch nun wirklich überhaupt keine auch nur ansatzweise verlässliche Quelle!", höre ich jetzt nicht nur Menschen aus der Wissenschaft empört rufen. Doch welche Rolle spielt hierbei und in anderen Betrachtungen der Wahrheit die Weisheit der Vielen, die Schwarmintelligenz? Ist etwas wahr, sobald möglichst viele Menschen davon überzeugt sind? In Zeiten von Fake News ist dies womöglich nicht nur eine rein akademisch-philosophische Frage.

4.2.1 Griechische Philosophen, isländische Damen und frierende Beduinen

Eben waren wir schon kurz bei Homer gelandet. Natürlich gab es auch noch andere Zeitgenossen im alten Griechenland, die sich über die Wahrheit den Kopf zerbrochen haben. Ob man das nachfolgende Zitat von Aristoteles als wahr empfindet (oder überhaupt verstehen möchte), bleibt Ihnen als Leser selbst überlassen: *„Zu sagen nämlich, das Seiende sei nicht oder das Nicht-Seiende sei, ist falsch, dagegen zu sagen, das Seiende sei und das Nichtseiende sei nicht, ist wahr. Wer also ein Sein oder Nicht-Sein prädiziert, muss Wahres oder Falsches aussprechen."*

Etwas verständlicher und kürzer übersetzen könnte man dieses Statement vielleicht mit „Wenn's wahr ist, ist's wahr. Und wenn nicht, dann nicht." Aber herrje, wann *ist* etwas denn? Und wann *ist es nicht?*

Im März hatten wir in Berlin den ersten echten Frühlingstag dieses Jahres. Achtzehn Grad! Selbst hier in der Hauptstadt liefen plötzlich erstaunlich viele Menschen mit einem Lächeln im Gesicht herum. Sind achtzehn Grad warm? Bestimmt, sagt die blonde Dame in Reykjavik, wenn wir ihr diese Frage stellen. Auf keinen Fall, antwortet der Beduine in der Wüste, der bei dieser Temperatur fröstelnd bibbert. Möglicherweise sind Sein oder Nichtsein manchmal auch eine Frage des Standpunkts ihrer Betrachtung.

4.2.2 Alles gleichzeitig?

Kann etwas sogar womöglich wahr und unwahr sein? Also wirklich gleichzeitig? Hier gönnen wir uns einen kurzen Ausflug in die Quantenphysik, in die Welt der allerkleinsten Teilchen. Gedankenexperimente wie „Schrödingers Katze" helfen uns jedoch bei der Suche nach der einen Wahrheit auch nicht richtig weiter, im Gegenteil. Wo Makrokosmos und Mikrokosmos aufeinandertreffen, da herrscht womöglich nur noch mehr Verwirrung. Denn die Katze im rein theoretischen Experiment von Erwin Schrödinger ist wissenschaftlich betrachtet sowohl tot als auch lebendig – zum selben Zeitpunkt.[6] Die gute Nachricht für alle Katzenfreundinnen und -freunde: Dies ist lediglich ein theoretischer Versuchsaufbau. Zumindest ist mir niemand bekannt, der eine Katze in eine Schachtel zusammen mit einem radioaktiven Teilchen und einer Portion Gift gesteckt hätte.

Was wir dennoch (auch ohne Quantenphysik studiert zu haben) hieraus mitnehmen können: Die Wahrheit hängt vom Betrachter ab (Abb. 4.2). Und noch darüber hinaus: Der Beobachter beeinflusst das beobachtete

Abb. 4.2 Einfach wirklich alles ist relativ

[6] Der österreichische Physiker und Nobelpreisträger Erwin Schrödinger (1887–1961) beschrieb 1935 in einem Gedankenexperiment, wie eine – hypothetische – Katze mitsamt einem instabilen Atomkern, einem Detektor für Radioaktivität und einer Flasche Gift in einer undurchsichtigen Kiste sitzt. Sobald der Atomkern mit einer gewissen Wahrscheinlichkeit zerfällt und Radioaktivität entsteht, wird das Gift verströmt, wodurch die Katze sterben würde. Das Paradoxe der Quantenphysik: Von außen ist nicht klar, ob der Atomkern in der verschlossenen Kiste zerfallen ist oder nicht. Lediglich die beschriebene Wahrscheinlichkeit besteht. Dadurch befindet sich die Katze – von außen betrachtet – in einem Zwischenzustand. So etwas kommt dabei heraus, wenn die Gesetze der Quantenphysik, die eigentlich nur für die allerkleinsten Teilchen gelten, auf unsere Welt übertragen werden.

System. Selbst auf Ebene der allerkleinsten Teilchen scheint eine „objektive Wahrheit" also nicht zu existieren. Es gibt viele Wahrscheinlichkeiten, jedoch kaum Gewissheiten.

Genau das ist auch die Kernaussage im Konstruktivismus. Dieses Konzept der Erkenntnistheorie behauptet, „dass Wissen nicht das Ergebnis eines Abbildes im Sinn eines Entdeckens der objektiv vorliegenden Wirklichkeit ist, sondern das Ergebnis eines Erfindens der Wirklichkeit. Das menschliche Gehirn erzeugt kein fotografisches Abbild von Wirklichkeit, sondern es schafft mithilfe von Sinneswahrnehmungen ein eigenes Bild der Welt. Wahr ist, was wahr-genommen wird. Der Konstruktivismus verleugnet die Wirklichkeit selbst nicht. Er behauptet nur, dass die Aussagen über die Wirklichkeit dem eigenen Erleben, der eigenen Geschichte, der eigenen Entwicklung und den eigenen (beschränkten) physischen Möglichkeiten der Wahrnehmung entspringen."[7]

Der österreichisch-US-amerikanische Kommunikationswissenschaftler, Psychotherapeut, Soziologe, Philosoph und Autor Prof. Dr. Paul Watzlawick (1921–2007) sagte 1997 in einem Interview[8] zu den Themen Wirklichkeit und Wahrheit: *„Es ist eine Frage der Ansicht."* Prägnanter lässt es sich wohl kaum formulieren. Weiterhin verweist Watzlawick dort auf das altbekannte Beispiel vom Wasserglas: halb voll oder halb leer.[9] Genau, alles ist eine Frage der Perspektive, auch der inneren Haltung. Ein weiteres Indiz, dass diese Wahrheit eine ganz schön subjektive Angelegenheit zu sein scheint.

4.3 Mehr Frieden und Verständnis

Wieso nun kann „weniger Wahrheit" zu mehr innerem Frieden und mehr Verständnis in zwischenmenschliche Beziehungen führen?

Wenn man bereit ist anzuerkennen, dass die eigene Wahrheit eben wirklich nur die eigene Sicht ist, dann kann sich dadurch eine grundsätzliche

[7]Quelle: Gabler Wirtschaftslexikon.

[8]Vgl. Gertler, 2009.

[9]Dieses Thema ist vielleicht noch etwas komplexer, als es Paul Watzlawick betrachtet hatte. Ist das Glas halb leer, kann es bedeuten, dass man schon daraus getrunken hatte. Damit hat man sich also mittels Wasser bereits etwas Gutes getan, bravo! Eine weitere Lesart in diesem Sinne: „Oh, erst halb leer. Ich habe noch nicht alles getrunken, dabei ist Wasser doch wichtig für mich." Andere Menschen schätzen vielleicht Leere so sehr, dass sie erst bei einem vollständig leeren Glas glücklich sind. Man kann hier also wieder feststellen: Die Wirklichkeit ist ganz schön relativ und individuell.

Offenheit einstellen. Dass der oder die Andere eben auch eine ganz eigene Wahrheit besitzt. Dass die eigene Wahrheit für den Anderen vielleicht ganz anders aussieht. Die Farbe Orange ist eben nicht immer für jeden orangefarben. Und wenn man nun nicht mehr (so oft) auf der eigenen Wahrheit beharrt – ja, das kann total entspannend sein. Man muss nicht mehr darum kämpfen, dass man (als Einziger) recht hat. Dass jemand diesen schrecklichen Krach da draußen vielleicht gar nicht als störend wahrnimmt? Dass jemand diese wunderschöne Musik als schlimme Tortur empfindet? Dass jemand möglicherweise keine Schokolade mag? (Okay, das kommt nun wirklich sehr, sehr selten vor.) Der portugiesische Schriftsteller Fernando Pessoa hat es mit diesen Worten ausgedrückt: *„Was wir sehen, ist nicht, was wir sehen, sondern was wir sind."*[10]

Man kann dieses Zitat auch leicht umformulieren: Meine Wahrheit ist nicht deine. Und deine ist nicht meine. Wenn uns das gemeinsam klar ist, müssen wir uns weniger streiten, wer nun mehr von der einzig wirklichen Wahrheit besitzt. Dann können wir uns über die Schnittmengen und Unterschiede unserer Wahrheiten austauschen. Und dann? Dann können vielleicht ganz seltsame und grandiose Sachen wie Perspektivwechsel oder Toleranz passieren. Das können Sie gerne einfach mal ausprobieren!

Entscheidend dafür ist zunächst, dass man die (eigene) Wahrheit auch wirklich wahrnehmen will. Das, was (für einen selbst) wirklich ist. Mit allen Sinnen, also nicht (nur) mit dem Gehirn. Der Arzt und Autor Ron Smothermon, dessen „Drehbuch für Meisterschaft im Leben" ich allerwärmstens empfehlen kann[11], beschreibt den Umgang mit der vermeintlichen Wahrheit wie folgt: *„Nur wenn Sie Wahrheit wahrnehmen und ihr Raum geben zu sein, ist sie offensichtlich. Der Verstand ist nicht dafür ausgestattet, das zu tun, da er eine Richtig/Falsch-Maschine ist, die nur an Rechthaben und Überleben interessiert ist. Wenn Sie Ihrem Verstand das Zepter überlassen, wird er einen Zustand der Unwirklichkeit erschaffen, um recht zu haben."*

Viel Vergnügen mit all den vielen Wahrheiten da draußen!

---

[10]Vgl. Pessoa, 2006. Pessoa hat diesen Ansatz übrigens sehr konsequent auch beim Schreiben, vielmehr: beim Veröffentlichen umgesetzt. Möglicherweise, um viele unterschiedliche Blickwinkel einzunehmen, hat er seine Werke unter vielen verschiedenen Pseudonymen veröffentlicht. Dazu gehören die Namen Alberto Caeiro, Ricardo Reis, Álvaro de Campos und Bernardo Soares. Einige Bücher hat Pessoa auch als „die Gebrüder Charles James und Alexander Search" publiziert.

[11]Vgl. Smothermon, 2005.

Literatur

Arrival (2016) von Denis Villeneuve. http://www.imdb.com/title/tt2543164

Chiang T (2017) Arrival – die Hölle ist die Abwesenheit Gottes. Golkonda, München

Deutscher G (2013) Im Spiegel der Sprache: warum die Welt in anderen Sprachen anders aussieht, 2. Aufl. dtv, München

Gertler M (2009) Wirklichkeit und Wahrheit – Paul Watzlawick. https://www.youtube.com/watch?v=LEmZ2GOxzo8. Zugegriffen: 1. Okt. 2018

Pessoa F (2006) Das Buch der Unruhe. Ammann, Zürich (Jubiläumsausgabe)

Picasso at work (2011) https://www.youtube.com/watch?v=X59U4mUqWtw

Smothermon R (2005) Drehbuch für Meisterschaft im Leben, 17. Aufl. J. Kamphausen, Bielefeld

5

Weniger Ärger und Sorgen, deutlich mehr Glück

Zusammenfassung Das japanische Reiki bietet neben Handauflegen noch einiges mehr: unter anderem den „geheimen Weg das Glück einzuladen". Dahinter stehen fünf ganz simple Prinzipien, die sich mit Ärger, Sorgen, Aufrichtigkeit, Freundlichkeit und Dankbarkeit beschäftigen. Und daraus kann man viele Anregungen für den eigenen Veränderungsprozess in den Alltag übernehmen.

Das Wort „Reiki" stammt aus dem Japanischen und ist zusammengesetzt aus den beiden Bestandteilen „Rei" und „Ki". Rei bedeutet „Geist" oder „Seele", Ki bedeutet Energie oder Kraft und ist mit dem chinesischen Chi oder Qi (wie in Tai Chi oder Qigong) und dem hinduistischen Prana (Lebensenergie, Lebensatem) vergleichbar.

5.1 Gerade heute

Zusammengefügt wurden die beiden Begriffe zu Reiki (Abb. 5.1) in den 1920er Jahren von Mikao Usui, der damit eine bestimmte Behandlungs- und Ausbildungsform für ein zufriedenes und gesundes Leben begründete. Darin versammelte er verschiedene Aspekte, auf die bereits andere kluge Köpfe vor ihm in früheren Zeiten gestoßen waren, zu einer kompakten Lehre, der sogenannten Usui Reiki Ryōhō, auf Japanisch: 臼井靈氣療法.

Ob man nun an Handauflegen und Energieübertragung glaubt: Neben den physischen Behandlungsformen bezieht sich Usui in seinem Reiki-Konzept auch auf fünf Prinzipien, die ursprünglich vom japanischen Kaiser

A. Steffen, *Impulse zur eigenen Veränderung*, https://doi.org/10.1007/978-3-662-58279-4_5

Abb. 5.1 Rei und Ki als Kanji-Schriftzeichen

Mutsuhito[1] stammen, und nannte sie „den geheimen Weg das Glück einzuladen". Das wirklich Gute daran: Dieser Weg ist überhaupt nicht geheim. Er umfasst auch keine starren Regeln oder „Gebote", gegen die man eventuell verstößt, die man sklavisch einhalten muss oder die furchtbar kompliziert und umfangreich sind. Es sind lediglich fünf Prinzipien, man könnte sie auch Leitsätze nennen. Sie alle beginnen mit den Worten „gerade heute", denn man kann sich jeden Tag aufs Neue fragen, ob man sich für genau den heutigen Tag diese Leitsätze erneut vornehmen und mit in den Alltag nehmen möchte. Man muss sich das nicht „für immer und für alle Ewigkeit" auf die eigene Agenda setzen, jeden Tag kann man sich bewusst wieder neu entscheiden – wenn man will. Die Übersetzung aus dem Japanischen ist aufgrund der Interpretationsmöglichkeiten der sogenannten Kanji-Schriftzeichen ziemlich variabel; so gibt es viele Fachartikel und Lehrbücher über diese Glücksprinzipien, die alle immer ein wenig unterschiedlich formuliert sind. Meine Lieblingsübersetzung ist diese:

1. Gerade heute ärgere dich nicht.
2. Gerade heute sorge dich nicht.
3. Gerade heute sei erfüllt von Dankbarkeit.
4. Gerade heute arbeite aufrichtig.
5. Gerade heute sei freundlich zu allen Lebewesen.

[1]Der japanischen Kaiser Mutsuhito (1852–1912) regierte in der Zeit von 1867–1912. Er war für die sogenannte Meijireform mitverantwortlich, die in Japan zu einer Öffnung gegenüber dem Westen führte. Mit dem Sturz des zuvor herrschenden Shogunats wurde Mutsuhito Kaiser von Japan und bezeichnete seine Regierung als Meiji („Erleuchtete Regierung").

5.2 Der geheime Weg das Glück einzuladen

Die konkreten Auslegungsmöglichkeiten dieser fünf Prinzipien für den eigenen Alltag sind umfangreich und können individuell sehr unterschiedlich ausfallen. Und das dürfen sie auch. Hier sind einige meiner eigenen Gedanken dazu:

Gerade heute ärgere dich nicht. Soll man sich über nichts mehr ärgern und alles demütig ertragen? Keinesfalls. Jedoch kann man sich bewusst machen, dass man selbst es ist, der sich ärgert. Genau: Ich ärgere mich. Da steckt es klar und deutlich drin … man selbst ärgert sich. Über das Verhalten der anderen Autofahrer, über das Wetter, über Lärm oder andere Dinge. Man selbst kann also auch beschließen, sich nicht (selbst) zu ärgern. Die eigene Reaktion auf einen externen Umstand liegt immer in der eigenen Verantwortung. Und meist ärgern wir uns über Dinge, die bereits geschehen sind und in der Vergangenheit liegen. Dieses Prinzip kann also dazu dienen, Ärger aus der Vergangenheit loszulassen und ihn nicht im eigenen emotionalen Rucksack mit sich herumzuschleppen.

Gerade heute sorge dich nicht. Wenn wir permanent darüber nachdenken und uns sorgen, was morgen alles Schlimmes passieren könnte … puh. Natürlich kann und sollte man Risiken vermeiden und Gefahren aus dem Weg gehen. Und natürlich ist es nicht immer sinnvoll so zu tun, als ob „irgendwie" und „einfach so" alles schon gut werden wird. Jedoch ist es oftmals die Angst vor der Angst, die uns lähmt. Wie oft haben wir alle uns schon vor dem nächsten Tag gesorgt? Und wie oft ist es dann doch bei weitem nicht so schlimm gewesen, wie wir vorher befürchtet hatten? Und vor allem: Was können wir heute, also hier und jetzt tun? Können wir ein Risiko genau heute ausschließen? Wenn wir es genau in diesem Moment tun können: nur zu! Aber erstarrt dazusitzen, weil morgen vielleicht, möglicherweise, eventuell etwas Schreckliches passiert – so hören wir definitiv auf wirklich zu leben. Sich den eigenen Sorgen und Ängsten zu stellen, ist eine hervorragende Idee. Wenn man es auch wirklich tut, hier und jetzt. Ansonsten gilt: loslassen. Sich befreien von dem, was vielleicht morgen oder eines Tages oder irgendwann kommen könnte. Raus damit aus dem Kopf und raus aus dem emotionalen Rucksack.

Gerade heute sei erfüllt von Dankbarkeit. Wie oft haben Sie heute schon „danke" gesagt und es von ganzem Herzen so gemeint? Wenn man seine Dankbarkeit ausdrückt – gegenüber seiner Partnerin oder seinem Partner, seinen Freunden, seinen Verwandten wildfremden Menschen auf der Straße, jemandem, der einem die Tür aufhält oder insgesamt dem Leben gegenüber –, so wird dadurch gleichzeitig der eigene Akku mit einem richtig schönen Gefühl aufgeladen. Immer kritisch sein, das können gerade wir Deutschen besonders gut. Aber so richtig dankbar sein? Das geht. Ehrlich. Es tut nicht einmal weh. Im Gegenteil.

Gerade heute arbeite aufrichtig. Dieses vierte Glücksprinzip hat eine große Bandbreite in der Übersetzung und Interpretation. „Sei ehrlich und arbeite fleißig an Dir." oder „Widme Dich Deiner Arbeit." oder „Arbeite aufrichtig an deinem Karma." Hierbei ist nicht der Arbeitgeber als Auftraggeber im Hintergrund gemeint. Es geht vor allem darum, ehrlich zu sich selbst zu sein und aufrichtig an seinem Leben zu arbeiten. Aktiv zu sein und das Leben nicht einfach nur „geschehen zu lassen". Es wirklich bewusst zu leben. Nicht einfach nur irgendwie anwesend zu sein.

Gerade heute sei freundlich zu allen Lebewesen. „Wirklich zu allen?" Das ist die häufige Reaktion auf dieses fünfte Prinzip. Jawoll, zu allen. Nicht nur zu Menschen. Und selbst zu denen, die es vielleicht auf den ersten Blick nicht verdient haben. Doch wer bestimmt, wer Freundlichkeit verdient hat? Achtung: Freundlichkeit ist ein Bumerang, sie kommt zurück. Irgendwann. Versprochen.

5.2.1 Anregungen für das tägliche Leben

Diese fünf Lebensprinzipien lesen sich recht simpel und flüssig. Und man kann gleichzeitig auch viel davon in den eigenen Alltag integrieren. Mir selbst ist irgendwann klar geworden: Wenn ich mich ärgere, dann – man achte bitte sehr genau auf diese Formulierung – ärgere ich mich selbst. Mich selber ärgern? Ich mich selbst? Das klang für mich nicht besonders clever. Daher kam ich zu dem Schluss: Das lasse ich einfach mal. Es gelingt mir nicht jeden Tag. Ärger kommt auf. Doch mittlerweile gelingt es mir, ihn schneller wahrzunehmen und zu erkennen. Und ihn dadurch auch deutlich schneller wieder loszulassen.

Auch Sorgen sind für mich – vielleicht auch für Sie – kein sonderlich wünschenswerter Ausrüstungsgegenstand, den ich in meinem emotionalen Rucksack gerne mit mir herumtragen möchte. Ist es ein Thema, dem ich mich hier und jetzt widmen kann, um sofort ein Risiko auszuschließen? Kann ich genau in diesem Moment – im besten Sinne: vorsorglich – etwas unternehmen oder ändern? Wenn diese Fragen nicht bejaht werden, kommt die Sorge nicht ins Gepäck. Falls doch, dann ran ans Problem. Genau jetzt, gerade heute. Das sagt und schreibt sich natürlich weitaus leichter, als es im täglichen Leben dann der Fall ist. Doch auch hier ist ein Bewusstsein für das Aufkommen von Sorgen sowie für das Anhaften an ihnen ein wichtiger Schritt, um mit möglichst leichtem Rucksack durchs Leben zu wandern.

Und Dankbarkeit? Die kann – um im Bild des „Wanderrucksacks fürs Leben" zu bleiben – wahres Helium sein, um Leichtigkeit zu finden. Bereits mit einer kleinen, aber spürbaren Portion Dank bewegt man sich weitaus leichter und beschwingter durch den Tag. Oftmals sind wir jedoch gar nicht sonderlich gut darin, auf diejenigen Dinge zu achten, für die man dankbar sein kann. Das müssen keine Geburtstagsgeschenke oder Lottogewinne sein, schon über vermeintliche Kleinigkeiten kann man sich freuen und dafür Dank empfinden. Ein „Notizbuch der Dankbarkeit" kann dabei helfen, eine gewisse Sensibilität dafür (wieder) zu finden, denn viele von uns sind es weitaus mehr gewohnt, ihre Aufmerksamkeit auf die Dinge zu richten, die nicht gut laufen, die vermeintliche Fehler haben und insgesamt besser sein könnten. Sich täglich abends vor dem Schlafengehen zu erinnern, wofür man heute dankbar sein kann: Damit lenkt man schrittweise den eigenen Blick immer mehr auf vieles, das wir in der Hektik unseres Alltags häufig übersehen und manchmal auch als selbstverständlich ansehen. Doch es lohnt sich. Währenddessen und ebenfalls im abendlichen Rückblick können das freundliche Lächeln eines Unbekannten, ein Sonnenstrahl zwischen Regenwolken, das Lachen eines Kindes oder vielleicht eine aufgehaltene Tür Momente sein, die uns ein kleines Stück Glück schenken. Ob wir diese bemerken und wertschätzen möchten, das liegt ganz bei uns.

„Aufrichtig arbeiten": Wie vorab bereits beschrieben ist hiermit nicht ausschließlich derjenige Bereich unseres Lebens gemeint, mit dem wir Geld verdienen. Vielmehr bezieht sich das vierte Prinzip auf unser gesamtes Leben, auf die Arbeit an uns selbst, an unserer Selbstverwirklichung. In manchen Übersetzungen der fünf Prinzipien heißt es hier auch „arbeite hart". Allerdings muss es nach meinem persönlichen Geschmack nicht immer hart zugehen in dem Sinne, dass es anstrengend sein muss, dass Schweiß und möglicherweise sogar Tränen fließen. Arbeit darf (und sollte vielleicht sogar) auch Spaß machen. Der Aspekt der Aufrichtigkeit bringt allerdings eine weitere Nuance mit sich: Tue ich das, was für mich gut ist? Bin ich dabei ehrlich und aufrichtig sowohl zu meinen Mitmenschen als auch zu mir selbst?

In der Physik wird Arbeit definiert als Produkt aus „Kraft mal Weg". Welchen Weg wollen wir beschreiten und welche Kraft wollen wir dafür aufwenden? Hier kommt wieder der Rucksack zum Vorschein. Je schwerer dieser beladen ist, umso mehr Kraft muss aufgewendet werden. Oder andersherum: Je schwerer er ist, umso kürzer ist vermutlich die Strecke, die wir damit bewältigen können. Noch ein anderer Aspekt spielt hier „aus dem Lehrbuch" mit hinein. In Definitionen zur physikalischen Arbeit findet man die Beschreibung, dass physikalische Arbeit dann verrichtet wird, wenn Kraft auf einen Körper einwirkt, beispielsweise dessen Beschleunigung oder Verformung bewirkt.

Da es beim Objekt einer Veränderung ja nun mal ausschließlich um uns selbst gehen kann (auch wenn wir es bei anderen immer wieder gerne versuchen), wirken wir also durch Arbeit mittels einer (unserer) Kraft auf unseren eigenen Körper ein. Wahrscheinlich nicht nur auf unseren physischen Körper, denn es geht ja im Kontext von Selbstcoaching nicht ausschließlich um rein physikalische Kräfte. Und wenn wir dabei nicht sorgsam, achtsam und vor allem ehrlich und aufrichtig mit uns sind? Dann kann laut der oben genannten Beschreibung ein Anheben in eine Richtung erfolgen, die uns gar nicht behagt. Eine Beschleunigung tritt vielleicht auf, die wir gar nicht wollen. Und eine Verformung? Da möchte man ja doch schon gerne mitbestimmen, wie diese vonstattengehen soll, oder? Positiv und freundlicher formuliert: Wenn wir mit einer angemessenen Portion von Bewusstheit und Aufrichtigkeit an uns arbeiten, dann sind wir auch in der Lage, die Art der Veränderung (Anheben, Umformung, Beschleunigung) zu bestimmen.

Vielleicht fällt es nicht jedem von uns jederzeit leicht, zu wirklich allen anderen Menschen und jeglichen Lebewesen ständig freundlich zu sein. Manche mögen keine Katzen, andere keine Hunde, Spinnen, Enten, Krokodile oder Tauben. Es soll auch Abneigungen gegen bestimmte Pflanzenarten oder Steine geben. Bei Menschen ist die Vielfalt ja mindestens genau so groß, also auch die Möglichkeiten für Missfallen oder Vorurteile. Nicht selten werden diese Einstellungen und Verhaltensweisen durch einschränkende Glaubenssätze beeinflusst, dazu folgt später noch mehr. Hier sei zunächst schon so viel verraten: Diese Glaubenssätze kann man erkennen und auch verändern.

5.2.2 Sharing is caring

Weiterhin haben wir oftmals Abneigungen gegenüber anderen Menschen und deren Verhaltensweisen bei Themen, mit denen wir bei uns selbst auch ein Problem haben. Die anderen stoßen uns dann – meist unbewusst – auf ein unangenehmes Thema und schon geht eine Alarmlampe an, wird ein Reflex von Angst oder Wut ausgelöst, der eigentlich gar nichts mit der anderen Person zu tun hat. Dies ist in diesem Moment vielmehr ein Spiegel, in den wir schauen.

Falls wir selbstkritisch feststellen sollten, dass wir möglicherweise noch so einiges Potenzial für Freundlichkeit gegenüber anderen haben, kann dies außerdem noch an einem weiteren Umstand liegen. Wir nehmen unsere Mitmenschen oftmals gar nicht als echte Menschen wahr. Der Mann, der im Supermarkt mit seinem Wagen mitten im Weg steht? Das ist kein Mensch, das ist ein Hindernis. Ob nun Hindernis, Ärgernis, vielleicht auch Mittel zum Zweck: In vielen Alltagssituationen sind es keine echten Menschen, sondern vielmehr Objekte, als die wir sie betrachten.

In der Umsetzung wäre es wahrscheinlich angesichts von Datenschutz und anderen Aspekten nicht ganz einfach: Jedoch bin ich fest davon überzeugt, dass alleine schon Namensschilder zu einem besseren Miteinander führen würden. Wer einen Namen hat, der ist kein Ding.

Kurzum, hier ist mein Vorschlag: Seien Sie freundlich zu Ihren Mitmenschen. Es lohnt sich. Ein Lächeln wird sehr häufig erwidert. Auch Tiere freuen sich, wenn sie gut behandelt werden. Selbst ihre Tapete können Sie anlächeln. Ob sie Ihnen dafür dankt, sei dahingestellt, das spielt auch keine Rolle. Denn im Endeffekt tun Sie sich alleine durch das Lächeln schon selbst etwas Gutes.

Um es mit den Worten von Albert Schweitzer zu sagen: „Glück ist das einzige, was sich verdoppelt, wenn man es teilt.“ Dafür ist es sehr praktisch, wenn man selbst möglichst viel davon hat. In diesem Sinne: Viel Glück!

6

Weniger denken, mehr Bauchgefühl

Zusammenfassung „Das schlägt mir auf den Magen." Oder: „Das muss ich erstmal verdauen." Ganz häufig sprechen wir genau das aus, was unser Körper uns mitteilen will. Aber jenseits der Worte ist es uns meist gar nicht recht bewusst, was da gerade ins uns passiert. Dabei ist unsere Intuition ein großartiges Werkzeug. Das Prinzip der somatischen Marker wird hier ebenso vorgestellt wie auch das emotionale Erfahrungsgedächtnis, das wir alle in uns tragen – und oft nur spärlich nutzen. Unsere Intuition kann ein wertvoller Ratgeber in Entscheidungssituationen sein. Hier kommt auch die Frage ins Spiel, welcher Entscheidungstyp wir sind – und sein wollen. In diesem Kapitel haben auch ein amerikanischer Eisenbahnarbeiter und der Rennfahrer Juan Manuel Fangio einen Gastauftritt.

„Der Körper ist die einzige Chance für die Seele, auf sich aufmerksam zu machen." Das hat Per Mertesacker gesagt.[1] Und der muss es wissen, er ist immerhin 2014 Weltmeister geworden.

Doch wie häufig hören wir heute beispielsweise noch auf unseren Bauch? Nur dann, wenn er so richtig Probleme bereitet und schmerzt? Vielen Menschen ist das Bauchgefühl fast komplett abhandengekommen. Außer vielleicht, wenn sie Hunger haben. Doch selbst dann … oft essen wir aus Langeweile. Oder weil die Uhr uns sagt, dass wir jetzt Hunger haben müssen. Weil eben gerade etwas auf dem Tisch steht. „Intuition? Das hat

[1]Mertesacker, 2018.

A. Steffen, *Impulse zur eigenen Veränderung*, https://doi.org/10.1007/978-3-662-58279-4_6

man oder hat man nicht. Lernen kann man das nicht!" Falsch gedacht. Vielmehr können wir das lernen, was wir oft verlernt haben, seitdem wir Kinder waren. Wir müssen uns lediglich erinnern. Dass unser Körper mit uns spricht.[2]

Sehr viele Redewendungen mit Bezug auf unseren eigenen Körper sind nicht bloß irgendwie daher gesagt, sondern absolut präzise Beschreibungen. Nur achten wir häufig gar nicht darauf, was wir da eigentlich sagen. Typische Beispiele sind:

- Das schlägt mir auf den Magen.
- Da ist mir die Luft weggeblieben.
- Das muss ich erst mal verdauen.
- Da hatte ich richtig weiche Knie.
- Dabei habe ich kalte Füße bekommen.
- Jetzt habe ich die Nase voll.
- Dabei hat's mir die Sprache verschlagen.
- Da ist mir ganz schwindlig geworden.
- Das ging mir wirklich unter die Haut.
- Da habe ich mit den Zähnen geknirscht.
- Das hat mir Kopfzerbrechen bereitet.

Die Wahrnehmung dessen, was unser Körper, unsere innewohnenden Funktionsbereiche uns damit denn eigentlich sagen und mitteilen möchten, können wir trainieren.

6.1 Erdbeeren, Bibliotheken und somatische Marker

Sie können sie sehen. Sie können sie riechen, sie in Ihre Hand nehmen und spüren, sie möglicherwiese sogar hören, wenn Sie darüberstreichen. Und das Beste: Sie können eine Erdbeere auch noch schmecken. Dieses rote Früchtchen können Sie mit allen Sinnen wahrnehmen und genießen. Allerdings können Sie eins nicht: Sie können den Geschmack einer Erdbeere nicht aus einem Buch lernen.

---

[2]So ganz stimmig ist diese Formulierung wohl nicht. Denn ist unser Körper getrennt von uns? Vielmehr ist es eine innere Stimme, die wir über unseren „Resonanzkörper" wahrnehmen.

Das gilt übrigens für das Meiste hier in diesem Buch. Sie können den Text lesen und über den Inhalt nachdenken. Um wirklich eine Veränderung zu erfahren, ist es zwingend ratsam, diese vielen Buchstaben mit hinaus ins echte Leben zu nehmen und die entsprechenden Erfahrungen mit all Ihren Sinnen zu machen.

6.1.1 Ladenhüter und Bestseller

Wie schon vorab dargestellt, haben wir einen bewussten und einen un(ter) bewussten Teil in uns. Die sogenannten somatischen Marker sind im präfrontalen Cortex, dem Stirnlappen, lokalisiert und damit Teil unseres Emotionalen Erfahrungsgedächtnisses (EEG). Genau so, als EEG, kann unser Unterbewusstsein oder treffender: der unbewusste Teil bezeichnet werden. Sie können es sich als eine riesige Bibliothek vorstellen.

Die Hypothese der somatischen Marker beruht auf Forschungen des portugiesischen Neurowissenschaftlers António Damásio, der 1992 hierzu erste Studien veröffentlichte. Damásio beschäftigt sich seit vielen Jahrzehnten vorrangig mit Bewusstseinsforschung und hierbei insbesondere mit den Wechselwirkungen, die zwischen unserem Körper und unserem Bewusstsein bestehen. In seinem Buch „Descartes' Irrtum: Fühlen, Denken und das menschliche Gehirn"[3] stellt er anhand zahlreicher empirischer Studien eindrucksvoll dar, dass der französische Philosoph René Descartes nicht richtiglag, als er den Dualismus, also die Trennung von Körper und Geist, seinerzeit als Fakt beschrieb.

Vielmehr sind Körper und Geist/Bewusstsein direkt miteinander verbunden und beeinflussen sich gegenseitig. Wie schon oben mit den „körperlichen Redewendungen" verdeutlicht, nehmen wir unsere Emotionen körperlich wahr. Entweder „unspezifisch irgendwo in unserem Körper" oder als Resonanzpunkt an einer konkreten Stelle, als somatischen Marker. Häufig wahrgenommene Marker werden damit als „Bestseller in unserer Erfahrungsbibliothek" gespeichert, sie stehen sozusagen direkt im Schaufenster. Seltene angesprochene Marker werden als „Ladenhüter im Keller" abgelegt. Auch wenn sie damit in der hintersten Ecke unseres Emotionalen Erfahrungsgedächtnisses abgelegt sind, bleiben sie dennoch immer erreichbar. Und das Schöne: Wir können unsere somatischen Marker trainieren.

[3]Damásio, 2004.

Indem wir immer wieder in bestimmten Situationen darauf achten, ob sie mit uns kommunizieren. Sie suchen ein Restaurant und laufen eine Straße mit mehreren Lokalen entlang? Lassen Sie Ihr Bauchgefühl entscheiden! Schenken Sie Ihrer eigenen Erfahrungsbibliothek immer wieder Vertrauen.

Ganz pragmatisch „für den Hausgebrauch" ist die nachfolgende Übung. Diese funktioniert allerdings nur zu zweit. Suchen Sie sich dafür jemanden, der/die Lust auf ein kleines Spiel hat. Setzen Sie sich dazu entspannt hin. Gegenüber oder nebeneinander, das ist hierbei nicht entscheidend. Hören Sie sich nun vom Ihrem Spielpartner nacheinander mehrere Aussagen an – und spüren Sie dann kurz in sich hinein, ob es eine „innere Reaktion" gibt. (Das sind dann Ihre somatischen Marker, die mit Ihnen kommunizieren.)

Diese Statements dürfen gerne auch lustig, absurd und albern sein. Wichtig ist jedoch, dass auch genug Aussagen dabei sind, die ein „ja, das stimmt" in Ihnen hervorrufen. Entweder denken Sie sich diese Formulierungen spontan aus oder Sie bereiten sie mit Ihrem Trainingspartner vor.

- Du bist ein Mann.
- Du bist eine Frau.
- Deine Haare sind sehr lang.
- Du hast überhaupt keine Haare.
- Der Himmel ist wunderschön kariert.
- Heute ist Dienstag.
- Gestern war Freitag.
- Weihnachten wird am 1. Mai gefeiert.
- Es hat heute geschneit.
- Gestern schien die Sonne.

… und so weiter und so fort. Bitte beobachten Sie sich dabei selbst: Gibt es einen Unterschied in der eigenen Wahrnehmung bei den Reaktionen auf wahre, falsche oder sogar sehr absurde Aussagen? Dabei können Sie feststellen, dass es zwei grundsätzliche Arten von Markern gibt: Diejenigen, die in Ihnen lautstark „Jawoll!" rufen. Und die anderen, bei denen Sie ein deutliches „Nein, danke" bemerken. „Stop" und „Go" sind dafür ebenfalls passende Bilder, gerne auch „rot" und „grün", wenn Sie Ampeln mögen. Wenn Sie dies üben, dabei immer differenzierter spüren, was Ihnen Ihr Körper und das Erfahrungsgedächtnis mitteilen möchten, so werden Sie schrittweise immer feinfühliger in Bezug auf Ihre somatischen Marker und können sie als wertvolles Potenzial nutzen, das ohnehin in Ihnen schlummert.

6.1.2 Unbewusster Tunnelblick

Somatische Marker sind elementar für unsere Intuition. Sie treffen viele unserer Entscheidungen – ohne dass wir es merken – und sind sozusagen unser internes (und meist unbewusstes) Ampelsystem.

Dazu passt auch hervorragend die Geschichte vom Grand Prix von Monaco aus dem Jahr 1950. Der argentinische Formel Eins-Pilot Juan Manuel Fangio (1911–1995) war gerade mit ordentlichem Tempo auf dem Weg in den Tunnel unter dem Fairmont Hotel. Üblicherweise fährt man dort mit einer sehr hohen Geschwindigkeit hinein. Doch Fangio setzte seinen Fuß auf die Bremse statt aufs Gaspedal. Und das war gut so. Direkt hinter dem Tunnel hatte sich ein schwerer Unfall ereignet. Fangio, der mit deutlich geringerer Geschwindigkeit als üblich unterwegs war, konnte gerade noch rechtzeitig an den rauchenden Wracks vorbeisteuern. Aber wieso?

Zunächst konnte sich auch Fangio selbst nicht erklären, warum er so langsam in den Tunnel hinein und wieder daraus hinausgefahren war. Glückliche Fügung? Später jedoch, mit einigem zeitlichem Abstand, kam die Erklärung ans Tageslicht: Komplett un(ter)bewusst hatte Fangio auf einer Abweichung vom normalen Streckenbild an dieser Stelle reagiert. Üblicherweise standen oben auf dem Tunnel zahlreiche Zuschauer, die erwartungsvoll auf die heranbrausenden Rennwagen schauten. Diesmal jedoch, weil sich alle Zaungäste umgedreht hatten und auf den Unfall am Ausgang des Tunnels starten, hatte der Argentinier statt vieler heller Punkte (die Gesichter) eine Menge dunkler Flecken (die Hinterköpfe) wahrgenommen. Sein Unterbewusstsein hatte dies in Sekundenbruchteilen registriert und die Botschaft „Achtung: etwas ist anders als sonst!" ins Gesamtsystem des Rennfahrers eingespielt. Daraufhin hatte er – jenseits seiner bewussten Wahrnehmung – automatisch die Geschwindigkeit reduziert und dadurch vermutlich sein Leben gerettet.

6.1.3 Eine einschneidende Veränderung

Am 13. September 1848 hatte der amerikanische Vorarbeiter Phineas Gage im Alter von 25 Jahren ein Erlebnis, das sein Leben dramatisch verändern sollte. Während er beim Bau einer Eisenbahnstrecke zu Gange war, kam es zu einem fürchterlichen Arbeitsunfall.

Bei einer vom ihm selbst ausgelösten Explosion wurde eine Eisenstange von unten durch den Kopf von Mr. Gage getrieben und kam durch seine Schädeldecke oben wieder heraus (Abb. 6.1). Das Erstaunliche: Er überlebt diesen Unfall, stand nach kurzer Bewusstlosigkeit sogar aus eigenen Kräften wieder

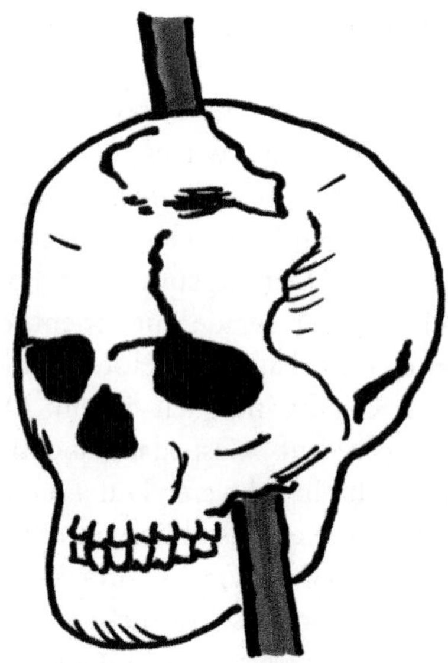

Abb. 6.1 Bitte nicht nachmachen: Phineas Gage

auf. Lediglich sein linkes Auge war zerstört, alle anderen Wunden verheilten zügig. Auch sein Sprachvermögen sowie seine motorischen und intellektuellen Fähigkeiten hatten keinerlei Schaden genommen. Ein wahres Wunder.

Auch wenn bis auf den Verlust seines Auges äußerlich keinerlei weitere Einschränkungen zu bemerken waren – bald wurde seinen Mitmenschen klar, dass sich doch etwas Entscheidendes bei Phineas Gage verändert hatte: seine gesamte Persönlichkeit. Aus dem vormals friedlichen, ausgeglichenen und freundlichen Vorarbeiter war nach dem Unfall ein Ausbund an Sprunghaftigkeit, respektlosem Verhalten, Unzuverlässigkeit, Unvernunft, Wut und Zorn geworden. Sein behandelnder Arzt John D. Harlow wird mit folgender Beobachtung zitiert: „Die Eisenstange zerstörte die Regionen von Mitgefühl und Autoritätsgefühl, nun beherrschten animalische Leidenschaften seinen Charakter." Und genau dafür machte Harlow die massive Verletzung des Frontalhirns von Gage verantwortlich. Exakt dort, im präfrontalen Cortex, sind wie bereits beschrieben die somatischen Marker und auch weitere Funktionsbereiche angesiedelt, die für unseren Umgang mit Emotionen, für unser soziales Verhalten und die Antizipation der Konsequenzen unserer Handlungen angesiedelt. Wird der sogenannte Stirnlappen beschädigt, kann uns das zu einem gänzlich anderen Menschen mit einer deutlich veränderten Persönlichkeit werden lassen.

6.2 Spieglein, Spieglein in uns drin

Vielleicht reicht es bereits aus, wenn Sie sich jetzt einen gähnenden Menschen vorstellen: Na, schon angesteckt? Spätestens, wenn Ihnen jemand mit einem herzhaften Gähnen gegenübersitzt, wird es vermutlich so weit sein.

Auch Lächeln wirkt immer wieder ansteckend. Lautes Lachen, vor allem, wenn es einem sympathisch ist, hat denselben Effekt. Vielleicht gehören Sie zu der Zielgruppe von Filmen, die immer eine Packung Taschentücher parat hat, falls es auf der Leinwand traurig wird. Dass wir immer wieder auf die Emotionen unserer Gegenüber – real, im Film oder manchmal auch nur in unserer Fantasie – reagieren, liegt an den Nachbarn der somatischen Marker: den Spiegelneuronen. Diese sind ebenfalls im Stirnlappen, beim präfrontalen Cortex angesiedelt. Diese Spiegelneuronen bilden ein Resonanzsystem, das uns in vielen Situationen nicht vollkommen bewusst ist. Allein durch Beobachtung einer Handlung oder Emotion verhalten sich die damit verbundenen Nervenzellen, als würden wir dies selbst erleben. Auch hierdurch werden wir zu mitfühlenden Wesen.

Die Forschergruppe um den Italiener Giacomo Rizoletti[4] stieß im Jahr 1992 weitestgehend zufällig auf diese Spiegelneuronen, als sie das Verhalten von Schimpansen erforschte. Spiegelneuronen helfen uns immens im Alltag. So können wir in den unterschiedlichsten Situationen bereits intuitiv vorausahnen, was jemand als nächstes tun wird. „Wir verstehen uns ohne Worte“: Genau solch eine Fähigkeit wird durch diesen Systembereich unseres Gehirns ermöglicht.

Und auch unsere Spiegelneuronen können trainiert werden (Abb. 6.2). Allerdings geschieht dies meist unbewusst. Schon von Kindesbeinen an merkt sich unser dort verortetes Resonanzsystem, wie genau solch ein Feedback auf unser gespiegeltes Mitfühlen ausfällt. Erhalten wir positive Rückmeldungen, wird dies ebenso entsprechend verankert, wie es bei negativen Reaktionen ausfällt und gespeichert wird. Lächelt uns jemand zunächst an, um uns anschließend übers Ohr zu hauen, wird dies in unserem emotionalen Erfahrungsgedächtnis vermerkt. Und auch andersherum: Vermeintliche

---

[4]K(l)eine Scherze: Giacomo Rizoletti, António Damásio … ist es ein Zufall, dass zwei Menschen mit so wohlklingenden Namen sich mit der Erforschung von Emotionen beschäftigen? Nun ist es nicht nur eine journalistische Regel, dass man keine Scherze mit Namen macht („no jokes with names“). Ist es jedoch ein weiterer Zufall, dass es einen amerikanischen Psychologen und Motivationsforscher gibt, der den Namen Martin Seligman trägt?

Abb. 6.2 Was sagt uns unser Gegenüber?

Griesgrame, die uns Gutes tun, bekommen ebenfalls einen Eintrag in der Bibliothek hinter unserer Stirn.

Noch nicht vollständig wissenschaftlich bewiesen ist die These, dass genau diese Funktionsweisen auch bei Zugvögeln oder Fischschwärmen für ein koordiniertes Verhalten großer Gruppen sorgen. Möglicherweise ist es derselbe Effekt, der Menschen reihenweise zu rhythmischem Klatschen und ähnlichen Verhaltensweisen animiert.

Ebenfalls bisher nicht vollständig geklärt ist die Frage, ob solche Reaktionen nun echte Empathie oder lediglich reine Imitation darstellen. So bestätigte der deutsch-französische Neurowissenschaftler Christian Keysers 2007 bei einem Experiment im italienischen Parma, dass Menschen auch auf die Bewegungen eines Roboterarms reagieren. Hier von echtem Mitgefühl zu sprechen, ist dann schon mutig. Eine Bewegung oder Gefühlsregung wahrzunehmen und nachzuahmen heißt jedoch noch nicht, sie emotional auch wirklich zu verstehen.

Ganz eng mit den Spiegelneuronen verbunden ist der sogenannte Carpenter-Effekt, der beschreibt, wie entsprechende Muskelreize bei uns ausgelöst werden, sobald wir eine Bewegung beobachten – oder auch nur an sie denken.

An all diese Phänomene kann man eine durchaus wichtige Frage anschließen: Haben wir überhaupt einen freien Willen?

6.3 Intuition und freier Wille

Wir werden traurig, wenn wir einen trübsinnigen Film sehen oder einen echten Menschen beim Weinen beobachten. Wir heben unseren Arm, wenn es ein Roboter tut. Somatische Marker steuern viele unserer Entscheidungen – was tun wir denn eigentlich bewusst? Und tun wir überhaupt etwas wirklich mit vollem Bewusstsein und voller Entscheidungsfreiheit?

6.3.1 Wer entscheidet?

Bedingte und unbedingte Willensfreiheit, Kompatibilismus und Inkompatibilismus, Kausalität und Selbstbestimmungstheorie, Karma und Vorhersehung, Prädestination und Chaostheorie, Schicksal und Zufall, Determinismus und Indeterminismus, Genetik und Quantenphysik – ob auf philosophischer, religiöser, psychologischer oder neuromedizinischer Ebene: Die Diskussion um die Frage des freien Willens ist uralt – und wird vermutlich niemals komplett enden.

Auf rein juristischer Ebene ist diese Fragestellung jedoch direkt im deutschen Grundgesetz beantwortet. Gemäß Artikel 1 Absatz 1 liegt dem Schutz der Menschenwürde laut Entscheidung des Bundesverfassungsgerichts vom 21.06.1977 „die Vorstellung vom Menschen als einem geistig-sittlichen Wesen zugrunde, das darauf angelegt ist, sich in Freiheit selbst zu bestimmen und zu entfalten."

Was wiederum nun „geistig-sittlich" ganz genau bedeuten mag? Damit können wir eine erneute und ebenfalls wohl endlose Diskussion auf vielfältigen Ebenen beginnen.

Die wirklich gute Nachricht: Sowohl unsere Intuition als auch die Wahrnehmung und Handhabung unserer Impulse, der Umgang mit unserem inneren Team, ebenso die Art und Weise unserer emotionalen Reaktionen und das Vertrauen in deren Richtigkeit lassen sich trainieren. Damit wiederum haben wir eine weitgehend freie Wahl hinsichtlich unserer Handlungen – und somit schließlich auch einen eigenen Gestaltungsspielraum für bewussten und freien Willen.

6.3.2 Welcher Typ sind Sie?

Es ist Juni 1991, ich nehme Sie mit auf eine kurze Reise in meine Vergangenheit: Ich bin vor kurzem gerade volljährig geworden und stehe das erste Mal in einem US-amerikanischen Supermarkt. Und zwar vor dem

Milchregal. Es müssen Millionen verschiedener Arten und Größen von Milchverpackungen sein, die mich dort erwartungsvoll anschauen. Mindestens. „Na, wie wär's mit uns?", rufen sie mir entgegen. Und ich bin komplett überfordert. Diese Erinnerung schleicht sich jedes Mal in mein Hirn, wenn es um die Qual der Wahl geht. Damals war ich schlichtweg wie gelähmt. Vollmilch, vollkommen fettfrei oder mit 0,1 oder 0,2 oder 0,5 % Fettanteil? Eine Gallone oder zwei? Etwas weniger oder doch lieber etwas mehr? Mit hellblauem, türkisfarbenem oder grünem Deckel? Jede einzelne Kuh der Vereinigten Staaten von Amerika schien ihre eigene Marke zu besitzen und direkt vor mir im Kühlregal platziert zu haben. Land of the Free? Für mich war es in diesem Moment definitiv das Land of too much.

Es gibt zwei grundsätzliche Typen, wenn es um Entscheidungen geht: Maximizer und Satisficer.

1. Die Gruppe der Maximizer (oder: Maximierer) betrachtet alle verfügbaren Optionen. Wirklich alle, ausnahmslos. Dann werden die jeweiligen Vor- und Nachteile anhand einer ausgeklügelten Tabelle verglichen. Anschließend können bestimmte Faktoren noch individuell gewichtet werden. Man will sich schließlich sicher sein, dass keinesfalls die falsche Wahl getroffen wird. Das typische Statement eines Maximizers lautet: „Ich kenne jetzt die Vor- und Nachteile aller verfügbaren Optionen und habe damit die perfekte Lösung."
2. Anders der Satisficer: Sobald ein Kriterium so richtig passt, ist die Entscheidung bereits gefällt. Sein Credo lautet: „Ein einziger guter Grund reicht mir." Die verfügbare Menge an Optionen hat selten Einfluss auf seine Wahl. Mehrere Hundert Sorten Waschmittel, Zahncreme oder Milch? Egal. Der Satisficer braucht nur wenig Zeit und betreibt einen sehr geringen Aufwand, um eine Entscheidung zu fällen.

6.3.3 Und welcher Typ möchten Sie sein?

Nun soll hier keine moralische Beurteilung eines dieser beiden Verhaltensmuster erfolgen. Die Stiftung Warentest und Onlineportale für Nutzerbewertungen leben vom Typus des Maximizers. Und gleichzeitig kann der ein oder andere Satisficer seine Entscheidung anschließend durchaus bedauert haben. Jemand, der sich mit beiden Typen ausgiebig beschäftigt, ist Gerd Gigerenzer, Direktor am Max-Planck-Institut für Bildungsforschung in Berlin. Wie sich die beiden Entscheidertypen unterscheiden, beschreibt er anhand der Ergebnisse eines Experiments.

„Laut der Studie zeigten die Satisficer größeren Optimismus, höhere Selbstachtung und Lebenszufriedenheit, während die Maximierer bei Depressionen, Perfektionismus, Reue und Selbstvorwürfen vorne lagen."[5]

Gigerenzers Forschungsschwerpunkte beinhalten Modelle begrenzter Rationalität, soziale Intelligenz, ökologische Rationalität, Risikoverhalten und Entscheidungstheorie. Und vermutlich hat er genau deshalb seine Worte sehr bewusst gewählt.

6.3.4 Möchten Sie glücklich sein? Entscheiden Sie sich.

Zum Abschluss dieses Kapitels folgt jetzt noch eine weitere wirklich gute Nachricht: Entscheidungen machen glücklich.

Der Psychologe Mauricio Delgado forscht an der Rutgers Universität im US-Bundesstaat New Jersey seit vielen Jahren über die Neurobiologie der Entscheidungen. Durch eine Vielzahl von Experimenten und insbesondere in seiner Studie aus dem Jahr 2011 „The Inherent Reward of Choice" (frei übersetzt: die der Entscheidung innewohnende Belohnung) ist Delgado zu folgender Erkenntnis gekommen: Sobald wir die Freiheit der Wahl empfinden und aus diesem Zustand heraus eine Entscheidung treffen können, werden unmittelbar unsere für Belohnung zuständigen Hirnareale aktiviert. Ganz unabhängig vom finalen Ergebnis unserer Selektion: Wir sind sofort glücklich, mindestens kurzfristig.

Sie müssen sich entscheiden? Viel besser: Sie dürfen sich entscheiden!

Jan Becker ist Autor, Hypnosetrainer und steht als Wundermacher auf vielen großen Bühnen. Bauchgefühl und Einfühlungsvermögen sind dabei seine wichtigsten Werkzeuge. Seine Spiegelneuronen befinden sich auch laut Untersuchungsergebnissen mittels eines Kernspintomografen im Social Brain Lab in Groningen (Niederlande) in einem bemerkenswert gut trainierten Zustand. In seinem Buch „Das Geheimnis der Intuition" schreibt Becker: *„Wenn Sie intuitive Entscheidungen treffen, lernen Sie sich besser kennen. Sie merken, was zu Ihnen passt und was nicht. Mit jeder Entscheidung werden Sie treffsicherer."*[6]

Sicherer und vertrauensvoller beim Umgang mit seinem Bauchgefühl werden, die eigenen Impulse und Signale deutlich differenzierter verstehen und immer intuitiver mit ihnen umgehen können – und dann auch noch durch die getroffenen Entscheidungen Glücksgefühle erleben. Besser geht's wohl kaum.

---

[5]Vgl. Gigerenzer, 2008.

[6]Becker, Bongertz (2017).

Literatur

Becker J, Bongertz CS (2017) Das Geheimnis der Intuition: Wie man spürt, was man nicht wissen kann, 7. Aufl. Piper Verlag, München

Mertesacker P (2018) Weltmeister ohne Talent. Ullstein, Berlin

Damásio A (2004) Descartes' Irrtum: Fühlen, Denken und das menschliche Gehirn. List Taschenbuch, Berlin

Gigerenzer G (2008) Bauchentscheidungen, 14. Aufl. Goldmann, München

7

Viel mehr fließen und genießen

Zusammenfassung So kompliziert der Name seines Erfinders (Csíkszentmihályi, ausgesprochen wird dieser ungarische Name als „Tschick Sent Mihaji"), so simpel und schön ist der Gedanke dahinter: Flow („Fließen, Strömen") beschreibt einen Zustand der vollständigen Vertiefung in einer Tätigkeit, sozusagen komplette Hingabe voller Konzentration plus Glücksgefühl.

7.1 Voll im Flow

Mihály Csíkszentmihályi, Professor für Psychologie an der University of Chicago, führte im Rahmen einer Studie eine umfangreiche Befragung durch, unter welchen Bedingungen Menschen am glücklichsten sind und ihre beste Leistung erbringen. Dabei begann er bei sogenannten „Top-Performern" wie Chirurgen und Spitzensportlern. Später erweiterte Csíkszentmihályi diese Studie auch auf „normale Menschen" aus allen Altersklassen und Gesellschaftsschichten. Dieses Flow-Gefühl spielt eine wichtige Rolle beim Ankern und dem Mentalen Training.

7.1.1 Hohe Anforderungen treffen auf große Fähigkeiten

„Ich habe eine sehr einfache und elementare Art, mich den Dingen des Lebens anzunähern. Ein ekstatisches Leben zu führen, heißt für mich also nicht, ständig etwas Außergewöhnliches zu erleben, sondern es heißt schlichtweg sein individuelles

A. Steffen, *Impulse zur eigenen Veränderung*, https://doi.org/10.1007/978-3-662-58279-4_7

Leben zu gestalten und das wiederum heißt, stets zu entscheiden, worauf ich meine Aufmerksamkeit richten will.“ Mit diesen Worten beginnt Csíkszentmihályi sein Buch „Flow – der Weg zum Glück“[1]. Mit Ekstase meint er keine „wilde Ekstase“, bei der wir unsere Sinne verlieren und in einen Rausch geraten. Sie ist für ihn also nichts Mystisches, jedoch durchaus etwas Außergewöhnliches.

Wenn wir hoch konzentriert bei einer Sache sind, die unsere gesamte Aufmerksamkeit erfordert. Wenn wir dabei gleichzeitig voller Freude sind und all unsere vorherigen Erfahrungen zu dieser Sache in genau diesen einen Moment einbringen können. Wenn wir bei vollen Bewusstsein in diesen Augenblick eintauchen: das ist ein echter Flow-Moment.

Damit ist nicht gemeint, dass solch ein Erlebnis mühelos oder trivial ist, im Gegenteil. Wenn man etwas mit einem Fingerschnipsen erledigen kann, wird man kaum dieselbe Form der Befriedigung und des Erfülltseins erleben, als wenn sich man lange für etwas geübt hat und nun voller Vertrauen in die eigenen Fähigkeiten instinktiv agieren kann.

Die hohen Ansprüche einer solchen Situation treffen also auf eine gute Vorbereitung und daraus resultierende Kompetenzen. Wären die Anforderungen sehr niedrig, nachdem man sich ausgiebig auf eine besonders herausfordernde Aktivität vorbereitet hatte, könnten Langeweile oder gar Apathie daraus hervorgehen. Und wären die eigenen Fähigkeiten für eine solche Situation nicht ausreichend ausgeprägt, so würden Sorgen oder Ängste das Ergebnis sein.

7.2 Magische Momente

Ein Rennfahrer kann Flow-Momente erleben, wenn er vollkonzentriert und mit ganzem Körpereinsatz bei Höchstgeschwindigkeit in eine Kurve einbiegt und spürt, dass sowohl sein Wagen als auch die auf ihn wirkenden Kräfte haargenau zusammenpassen, während er entlang der Ideallinie rast.

Eine Chirurgin befindet sich im Flow, wenn ihre Hände während einer Operation fast von alleine arbeiten, alle Ihre Assistentinnen und Assistenten derweil als perfekt abgestimmtes Team arbeiten und sie alles wie in Zeitlupe und durch ein Vergrößerungsglas wahrnimmt.

---

[1]Csíkszentmihályi, 2006.

Beide werden hinterher von einem hochintensiven Erlebnis sprechen, bei dem es ihnen möglich war, alle relevanten Fähigkeiten abzurufen, ohne bewusst darüber nachzudenken. Und sie werden beide mit großer Sicherheit von einem Gefühl tiefer Dankbarkeit berichten.

Vielleicht haben Sie selbst schon einmal einen vergleichbaren Moment erlebt. Wenn ja, freue ich mich sehr für Sie, das sind großartige Erfahrungen, die wir auch später immer wieder auf eine gewisse Weise abrufen können, sodass sie als echte Kraftquelle dienen und uns Zuversicht für neue Herausforderungen schenken können. Falls nicht, kann ich Sie beruhigen: Sie können solche Erlebnisse haben, ohne dass Sie sich in einen Rennwagen setzen oder in einen Operationssaal begeben müssen.

7.2.1 Selbst ist der Flow

Die damit verbundenen Glücksempfindungen in einem Flow-Moment sind umso intensiver, weil wir sie selbst verursacht haben. Solch eine Situation „passiert" uns nicht einfach, wir haben sie ganz bewusst hervorgerufen.

Wie man in solche Zustände gelangen? Csíkszentmihályi beschreibt es so: *„Die Antwort liegt auf der Hand: indem man neue Fähigkeiten, Fertigkeiten erwirbt."*[2]

Es muss also bei weitem keine Notoperation im Unfallkrankenhaus oder ein Grand Prix-Rennen in Monaco sein, wenn man in den Zustand des Flows eintauchen möchte.

Wenn Sie Ihren Garten neu gestalten, dabei vielleicht einige bisher unbekannte Blumen einpflanzen, zu denen Sie sich vorher Wissen angeeignet haben und nach einigen Stunden feststellen, dass Sie mit allem fertig sind – und gar nicht wissen, wo die Zeit geblieben ist, weil Sie währenddessen wie in einer „Garten-Trance" gewesen sind: das ist Flow. Falls Sie in einem Chor singen, können Sie vielleicht eine ähnliche Erfahrung machen. Die Töne kommen dann „wie von selbst" aus Ihnen heraus und Ihnen wird plötzlich bewusst, dass das Lied schon bis zur letzten Note fortgeschritten ist, während Sie doch gerade eben erst …

Und das können Sie in ganz vielen anderen Momenten ebenso erleben. Ganz entscheidend ist, dass Sie an sich glauben, eine anspruchsvolle Situation bewältigen zu können. Und dass Sie solche Herausforderungen annehmen wollen und aktiv auf genau diese Art von Momenten zugehen.

---

[2] Csíkszentmihályi, 1999.

Literatur

Csíkszentmihályi M (1999) Lebe gut! Wie Sie das Beste aus Ihrem Leben machen, 3. Aufl. Klett-Cotta, Stuttgart

Csíkszentmihályi M (2006) Flow – der Weg zum Glück. Herder, Freiburg im Breisgau

8

So und nicht anders? Weniger Sätze, mehr Glauben

Zusammenfassung Glaubenssätze können unser Leben immens beeinflussen. Insbesondere diejenigen, die uns einschränken. Davon haben wir alle weit mehr, als wir meist ahnen. Selbst erarbeitet oder von Freunden, Verwandten oder anderswo her übernommen. Diese Glaubenssätze zu erkennen und einen neuen Umgang mit ihnen zu entwickeln, kann Menschen ein hohes Maß an Freiheit schenken. Das sogenannte „Reframing" ist dafür eine wirksame Methode, die hier anhand verschiedener Anwendungsfälle vorgestellt wird. Und es gibt auch positive und förderliche Glaubenssätze, „Affirmationen" werden sie genannt. Auch hierzu wird durch praktische Beispiele gezeigt, wie man sie in den Alltag integrieren kann.

„Das Problem ist nicht das Problem. Das Problem ist deine Einstellung zum Problem." Das sagt Johnny Depp als Captain Jack Sparrow in „Fluch der Karibik". Der frühere Sklave und spätere Philosoph Epiktet (um 50–138 n. Chr.) hat es vor knapp zweitausend Jahren ziemlich ähnlich formuliert: *„Es sind nicht die Dinge, die uns beunruhigen, sondern die Meinung, die wir von den Dingen haben."* Und auch Henry Ford (1863–1947), der nicht nur Autos bauen und Industrieprozesse optimieren konnte, sondern auch eine Menge kluger Sachen sagte, hat es treffend beschrieben: *„Ob Du denkst, Du kannst es oder Du kannst es nicht: Du wirst in jedem Fall recht behalten."*

A. Steffen, *Impulse zur eigenen Veränderung*, https://doi.org/10.1007/978-3-662-58279-4_8

8.1 Elefanten und Glaubenssätze

Mögen Sie Elefanten? Dann waren Sie möglicherweise nicht nur auf Safari oder im Zoo, sondern haben die Dickhäuter auch schon in einem Zirkus gesehen. Ist Ihnen dabei vielleicht aufgefallen, dass einige der grauen Riesen lediglich mit einem dünnen Seil angebunden sind, das wiederum mit einem kleinen Holzpflock in der Erde verankert ist? Angesichts der Kraft von Elefanten ist dies schon sehr verwunderlich. Aber es hat einen Grund: Wenn die Elefanten noch sehr jung sind, werden sie auf genau diese Weise angebunden. In diesem Alter reichen das Seil und der Holzpflock noch vollkommen aus. Die Zirkusleute machen sich dabei etwas sehr Spezielles zu nutzen: das Elefantengedächtnis. In die Erinnerung der gutmütigen Rüsseltiere hat sich diese Erfahrung aus frühester Kindheit fest und tief eingegraben. Irgendwann, nach den ersten Malen des Rüttelns, Ziehens und Zerrens hatte der junge Elefant den Widerstand aufgegeben. Und seitdem nie wieder infrage gestellt, ob das Seil und der Holzpflock ihn immer noch aufhalten können.

Genau so verhalten wir uns auch. Sehr oft. „Was Hänschen nicht lernt, das lernt Hans nimmermehr“, heißt es in einem Sprichwort. Und das ist Unfug.

Wenn Sie vielleicht bei einer Aufgabe im Matheunterricht an die Tafel mussten und dort keine gute Figur abgaben, dann bedeutet das noch lange nicht, dass Ihnen Algebra oder Geometrie für immer verschlossen bleiben. Man wird nicht immer als Genie geboren. Aber wenn Sie etwas wirklich wollen und mit dem Herzen dabei sind, dann können Sie etwas schaffen, an das Sie früher nicht geglaubt haben. Es gibt so viele Präzedenzfälle hierfür, warum sollten ausgerechnet Sie eine Ausnahme davon sein?

Oftmals stehen wir uns jedoch selbst im Weg. Oder vielmehr: Die selbst gebauten Mauern und Hürden, die wir im Kopf haben. Oder die uns dort von anderen hineingesetzt wurden und die – wie beim kleinen Elefanten – vielleicht sogar früher mal wahr waren. Aber Sie sind kein kleines Kind mehr. Sie können am Seil ziehen und am Holzpflock rütteln.

8.2 Was alles im emotionalen Rucksack liegt

Was schleppen wir nicht alles mit uns herum. So richtig aussortiert wird ja selten etwas, wenn man nicht einen neurologischen Unfall hat wie der bedauernswerte Phineas Gage.

8.2.1 Was muss rein und was darf raus?

Unser Emotionales Erfahrungsgedächtnis kann unglaublich hilfreich sein, wenn wir auf ein ewig lang zurückliegendes Erlebnis und die damit verbundene Emotion zurückgreifen wollen. Aber manchmal wäre es schon schön, wenn man das eine oder andere auch mal aus dem emotionalen Rucksack herauskippen könnte.

Und das können wir. Wenn wir es wollen.

Diesen Groll auf den Burschen damals in der dritten Klasse, der Sie immer wieder mit Kreide beworfen hat: Brauchen Sie ihn noch? Bitte antworten Sie jetzt nicht vorschnell. Denn es könnte sein, dass Sie genau aus dieser Situation vor vielen Jahren in Ihrem Klassenzimmer einen Antrieb entwickelt haben, der ihnen vielleicht fehlen würde.

Haben Sie genau hingeschaut? Möchten Sie den Ärger loswerden, den Sie bereits seit mehreren Jahrzehnten mit sich herumtragen? Vermutlich ist dieses Gefühl nicht tagtäglich präsent. Aber immer, wenn Sie Kreide sehen …

Wie Sie in der Abb. 8.1 erkennen, kann aus dem Rucksack nicht nur etwas herausgenommen werden. Spätestens dann ist ja auch wieder Platz für Neues.

Abb. 8.1 Was soll alles im Rucksack sein?

8.3 Mauern und Berge

Das macht man nicht.

Das kannst du nicht.

Das schaffst du niemals.

Abb. 8.2 Wenn wir uns wie zugemauert fühlen

Das sind typische Beispiele für negative beziehungsweise einschränkende Glaubenssätze.[1] Aber diese müssen bei weitem nicht immer einschränkend sein und bis zur Ewigkeit wie unüberwindbare Mauern oder Bremsklötze wirken (Abb. 8.2).

Grundsätzlich sind Glaubenssätze fest verwurzelte Überzeugungen, die wir über uns selbst oder die Welt im Allgemeinen haben. Sie sind tief in uns verankert und die unsere eigene Wahrnehmung der Wirklichkeit stark beeinflussen. Zunächst wird der einschränkende Glaubenssatz betrachtet – und wie man diesen verändern kann. Womit sich gleichzeitig auch unsere Wahrnehmung von uns selbst und der Welt um uns herum verwandeln kann.

Mit einer ebenso einfachen wie effektiven Methode namens „Reframing" können Sie solche erlernten, langjährig antrainierten und tief verinnerlichten Blockaden umformulieren.

8.3.1 Andere Betrachtungsmöglichkeiten durch Reframing

Dieses Reframing oder „die Umdeutung durch Perspektivwechsel" ist einfach. Aber nicht leicht. Sie müssen lediglich einen Schritt zur Seite machen und ihre Situation aus einer geringfügig anderen Perspektive betrachten. Ganz ehrlich: Genau dieser eine Schritt kann durchaus anspruchsvoll und herausfordernd sein. Wie ein Magnet verspüren Sie möglicherweise eine

[1]Solche Glaubenssätze werden auch als „Beliefs" bezeichnet. Im weiteren Verlauf dieses Kapitels werden nicht nur einschränkende und hinderliche, sondern auch positive und förderliche Glaubenssätze vorgestellt (Abb. 8.2).

Art von innerem Sog oder eine Stimme, die Ihnen zuruft: „Bleib hier! Geh nicht. Auch nicht einen einzigen Schritt. Nur hier ist es richtig. Denn hier kennst du dich aus. Wer weiß schon, wie es da drüben ist?!"

Wenn Sie sich in der Situation von „ich kann das nicht" und „das geht nicht" absolut wohlfühlen – hey, großartig! Dann bleiben Sie dort. Es ist schließlich Ihr Leben. Falls nicht, falls Sie daran etwas ändern wollen, trauen Sie sich. Machen Sie diesen einen Schritt zur Seite. Und schauen Sie von dort aus hin, ob Ihre Situation oder ein bestimmtes Ereignis vielleicht auch ein kleines bisschen anders betrachtet werden können.

8.3.2 Perspektivwechsel: ein Schritt zurück oder zur Seite

Manchmal stehen wir vor einem Berg. Vor einem wirklich riesigen Berg, der auch noch einen mächtigen Schatten wirft und uns komplett im Dunkeln stehen lässt. Dieser Felsen ist so massiv und groß, nichts Anderes können wir sehen, er überragt alles und hat unsere gesamte Wahrnehmung eingenommen. Dort steht er also. Ein gigantischer Monolith, zwischen uns und … ja, was könnte wohl dahinterliegen? Das gelobte Land? Unser Glück? Etwas Neues, zumindest irgendetwas Anderes? Wir wissen es schlicht nicht, weil dieser Berg eben so gewaltig ist.

Doch etwas in uns sagt, dass wir nicht länger andachtsvoll, schweigend und beeindruckt, ja fast schon gelähmt und willenlos vor ihm stehen bleiben sollten. Aber wohin? Wie gesagt, dieser Felsklotz ist einfach riesengroß. „Ich kann nicht darüber hinweg. Auf keinen Fall. Er ist zu groß. Das schaffe ich nicht. Niemals." Die Varianten von Glaubenssätzen sind mindestens ebenso groß wie der Berg selbst. Möglicherweise kommt uns der Verdacht, dass wir dieses unüberwindbare Gebirgsmassiv dort selbst platziert haben. Oder zumindest jemand, den wir kennen. Das macht es jetzt aber überhaupt nicht besser, im Gegenteil (Abb. 8.3).

Immer lauter nehmen wir den Ruf in uns wahr: „Ich will auf die andere Seite!" Wieder geht unser Blick hinauf zum Gipfel. Wir können ihn kaum erkennen, so hoch liegt er, teils verborgen zwischen den Wolken.

Und dann passiert es. Eventuell durch einen eigenen inneren Impuls, eine Art von Eingebung. Möglicherweise aufgrund eines Gesprächs. Vielleicht wegen eines Ereignisses, das überhaupt nicht mit unserem Berg im Zusammenhang steht: Wir machen einen Schritt zurück oder zur Seite. Wir erkennen in diesem Moment, dass der Berg nicht unendlich ist. Zwar ist er weiterhin riesengroß und reicht nach oben bis hinein in den Himmel, aber links und rechts … mindestens auf einer der beiden Seiten endet er.

Abb. 8.3 Der Berg im Kopf – kein Weg vorbei?

Dieser plötzlich entstandene Blickwinkel bietet eine vollkommen neue Perspektive: Man kann um diesen eben noch unüberwindlich erscheinenden Berg außen herumgehen! Manchmal steht man eben sehr nah, viel zu nah vor seinem Problem, um diese Möglichkeit zu erkennen.[2]

8.3.3 Das kann ich nicht, das geht nicht. Doch.

Auslöser für den Wunsch nach Veränderung von Glaubenssätzen, also für das sogenannte Reframing, ist meist ein Gefühl von „da stimmt etwas nicht". Man spricht von einer „kognitiven Dissonanz", wenn unsere Wahrnehmung nicht zu unseren Glaubenssätzen passen will. Denken Sie zurück an den Elefanten. Jahrelang hat er mit dem festen Glauben angebunden herumgestanden, dass das dünne Seil und der kleine Holzpflock ihn am Weglaufen hindern würden. Nun hat er möglicherweise aus Versehen eine „falsche Bewegung" gemacht, bei der sich der Pflock aus der Erde gelockert hat. „Nanu?", sagt der nun ausgewachsene Elefant. „Da stimmt doch etwas nicht."

Und genau solche Momente können es sein, wenn Ihnen Ihr Un(ter) bewusstsein mitteilen möchte, wenn es an der Zeit ist, einen Glaubenssatz abzulegen oder ihn der aktuellen Zeit anzupassen. Wie geht das nun? Das Reframing hat zunächst zwei grundsätzliche Schritte.

---

[2]Mit Ausblick auf das Kapitel zum Tetralemma sei hier vorab schon gesagt: Neben den beiden Alternativen (A) vor dem Berg stehen bleiben und (B) darüber hinweg steigen gibt es auch hier noch weitere Varianten: (C) links vorbei, (D) rechts vorbei. Auch (E) drunter durch und (F) umdrehen und wieder zurück zum Start oder zur letzten Kreuzung wären weitere Möglichkeiten.

Abb. 8.4 Wer sagt wann was?

(1) Nehmen Sie den Glaubenssatz sprachlich auseinander

- Wer spricht diesen Satz? In welchen Situationen wird er gesprochen?
- Ist der Satz immer gültig? Oder nur in ganz bestimmten Situationen?
- Was genau ist eigentlich die Kernaussage des Satzes?

Viele unserer Glaubenssätze haben wir zwar voll und ganz verinnerlicht, sie stammen ursprünglich jedoch von anderen Personen. Vielleicht von Mitschülerinnen und Mitschülern, Lehrern, von Eltern, Großeltern, Onkeln oder Tanten. Im beruflichen Kontext möglicherweise von Vorgesetzten oder Kolleginnen und Kollegen. Beim Sport sind es gegebenenfalls Trainer oder Mannschaftskameraden gewesen, die uns eine ungewollte Überzeugung mitgegeben haben. Manch einschränkender Glaubenssatz kommt auch direkt von uns selbst. Vielleicht von einem Mitglied unseres inneren Teams.

Negative Überzeugungen werden gerne generalisiert. „Immer", „niemals" oder „auf gar keinen Fall" sind typische Bestandteile. Jedoch kann es durchaus sein, dass ein „das darf man nicht" oder „ich kann das nicht" eben nur auf spezifische Momente bezogen ist. Schauen Sie daher bitte sehr genau hin (Abb. 8.4). Analysieren Sie den Glaubenssatz hinsichtlich seiner Gültigkeit so, wie Sherlock Holmes oder Miss Marple es tun würden. Manche dieser Aussagen hatten vielleicht früher einmal einen Sinn, jetzt jedoch nicht mehr. Nur haben wir irgendwie vergessen, diese Sätze dem Heute anzupassen.

Gleichzeitig nehmen wir manche Glaubenssätze „einfach irgendwie hin" – ohne richtig zu verstehen, was deren wirkliche Aussage ist. Auch hier: Bitte nehmen Sie Ihren Satz unter die Lupe. Hier dürfen und sollen Sie sogar sehr haarspalterisch und kleinkariert vorgehen: Was genau ist der Inhalt des Glaubenssatzes?

Auch hier hat die Sprache eine zentrale Rolle. In einschränkenden Glaubenssätzen kommt bevorzugt das Wort „müssen" vor. Auch „dürfen" oder „können" – dann jeweils in Kombination mit „nicht" – sind häufig anzutreffen. Insbesondere auf das „Müssen" geht später auch noch das Kap. 9 ein.

(2) Prüfen Sie anschließend, was Gutes darin steckt

- Welchen Zweck erfüllt der Glaubenssatz für Sie?
- Ergeben sich durch diesen Satz vielleicht auch Vorteile?
- Gibt es bestimmte Momente, in denen der Satz hilfreich ist?

Diese Aussage, die Sie im ersten Schritt analysiert haben: Wozu dient sie? Ist es Selbstbeschränkung? Wird dadurch Ihr Handlungsspielraum eingegrenzt? Möchte Sie der Glaubenssatz vielleicht dadurch vor Schaden bewahren und schützen? Vielleicht nicht rund um die Uhr, aber ist der Satz in bestimmten Situationen möglicherweise sogar eine echte Hilfe? Kann Sie ein „ich kann nicht" davor bewahren, dass andere Menschen Sie permanent um eine bestimmte Art von Arbeit bitten, auf die Sie keine Lust oder für die Sie keinerlei Zeit haben? Hier kann es eine Vielzahl von Möglichkeiten geben. Diese sind garantiert nicht immer bei jedem Glaubenssatz vorhanden. Aber ausgeschlossen ist das nicht (Abb. 8.5).

Anschließend können Sie Ihren Blick darauf ausrichten, worauf Sie beim Reframing des Glaubenssatzes denn überhaupt schauen wollen: auf seinen Kontext oder auf dessen Bedeutung (Abb. 8.6)?

Kontext: Wenn Sie eben vielleicht herausgefunden haben, dass ein bestimmter Glaubenssatz nicht immerzu und an jedem Ort gültig ist: Können Sie in Ihrer Vergangenheit oder Fantasie bestimmte Situationen finden, in denen sich ein Satz wie „ich kann nicht" oder „das muss (immer) so sein" in Luft auflöst und gar nicht existiert?

Abb. 8.5 Vielleicht hilfreich?

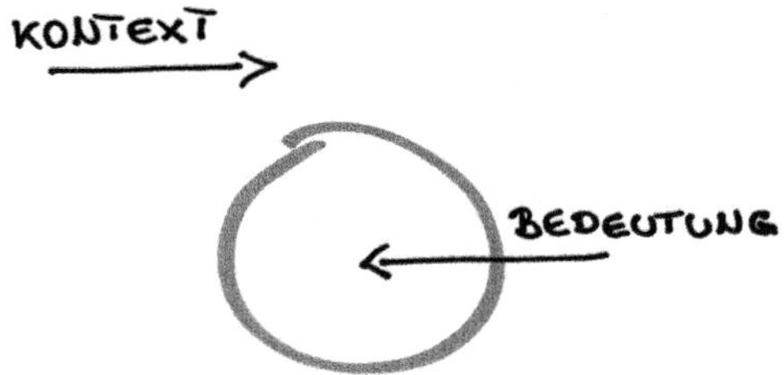

Abb. 8.6 Worauf genau schauen wir?

Sind für Sie möglicherweise Ordnung und Sauberkeit total wichtig? Zu Hause, insbesondere in der Küche, und vor allem auch bei der Arbeit? Und sieht das beim Camping vielleicht ganz anders aus? Können Sie im Urlaub „Fünfe gerade sein lassen"? Und ist gegebenenfalls Pünktlichkeit für Sie eine entscheidende Tugend? Können Sie sich so richtig darüber aufregen, wenn sich jemand verspätet? Und sind Sie andererseits in südlichen Gefilden hierbei viel entspannter, weil man dort eben anders mit Zeit, Terminen und Verabredungen umgeht?[3] Sind Sie möglicherweise im Job immer auf die Minute pünktlich, bei privaten Verabredungen aber nehmen Sie es mit Termintreue selbst nicht so ganz genau?

Bedeutung: Falls Sie den tieferen Sinn des entsprechenden Glaubenssatzes bereits analysiert und durchschaut haben: Ist die Bedeutung dieses Satz absolut eindeutig? Würde wirklich jeder Mensch auf der Welt diesem Satz dieselbe Bedeutung zumessen?

Natürlich nicht. Die Bedeutung eines Satzes kann selbstverständlich komplett individuell sein. „Da ist eine Spinne", das kann zu großer Panik führen, bei einem Zoologen jedoch für absolute Begeisterung sorgen. Wir sind gleichzeitig die Produzenten sowie auch die Konsumenten unserer eigenen Sätze und ihrer inhaltlichen Ausprägung. Wenn wir diesen Aussagen einmal eine ganz bestimmte Auslegungsvariante zugeschrieben haben, so stellen wir sie später nur sehr selten infrage. Oftmals steht diese eine Variante fest in Fels gemeißelt unverrückbar vor uns. Doch gibt es immer mehr als eine Wahrheit. Und so steht es auch um Glaubenssätze. Sie können verschiedene Bedeutungen haben.

[3]Mich selbst hat es übrigens komplett überrascht, dass es hoch im Norden, nämlich in Island, als sehr unhöflich gilt, wenn man zur verabredeten Zeit erscheint. Wird 20 Uhr als Zeitpunkt für den Start einer Feier ausgegeben, so wird dort wirklich niemand vor halb neun erwartet. So viel also zu „südlichen Gefilden".

8.3.4 Was bedeutet es, wenn Sie jemand unfreundlich und griesgrämig anschaut?

Bedeutet es, dass alle Menschen immer negativ auf Sie reagieren?
Bedeutet es, dass genau dieser Mensch Sie nicht mag?
Bedeutet es, dass diese Person immer schlecht gelaunt ist?
Bedeutet es, dass dieser Mensch heute vielleicht einen schlechten Tag hat?
Bedeutet es, dass dieser Mensch möglicherweise Migräne hat?
Bedeutet es, dass diese Person Sie nicht erkannt hat, ansonsten hätte der Mensch ja ganz sicher gelächelt?
Bedeutet es, dass es dieses Verhalten überhaupt nichts mit Ihnen zu tun hat?
Bedeutet es, dass es keinerlei Bedeutung für Sie hat?

Sie sehen jetzt schon: Ein simpler Satz kann sehr viele verschiedene und stark voneinander abweichende Bedeutungen haben.

8.3.5 … und jetzt mal umgedreht

Wenn es darum geht, einen einschränkenden Glaubenssatz zu verwandeln, dürfen Sie gerne sehr kreativ sein. Manchmal kann es ein hilfreicher Ansatz sein, ihn vollständig auf den Kopf zu stellen und um 180 Grad zu drehen (und dann zu prüfen, wie sich die neue Aussage anfühlt). Und in anderen Fällen reicht schon eine leichte Drehung, um ein neues Gefühl für das Thema zu erhalten, einen anderen Blick auf die eigene Welt.

Hier sind einige typische einschränkende Glaubenssätzen aus unterschiedlichen Kontexten. Dazu sind jeweils verschiedene Varianten für mögliche neue Umformulierungen dargestellt. Ergänzen Sie diese gerne durch eigene Sätze.

Ich bin zu alt für den Arbeitsmarkt.

- Ich bringe sehr viel Erfahrung mit.
- Im Job kann mich nichts erschüttern.
- Ich bin nicht zu alt für den Arbeitsmarkt.
- Es gibt Unternehmen, die ich noch nicht kenne, die auf einen gesunden Mix aus jungen und alten Beschäftigten setzen. Diese werde ich finden.
- *[Ihr eigenes Reframing-Beispiel]*

Ich kann nicht kochen.

- Das für mich passende Kochbuch habe ich bisher noch nicht gefunden.
- Ich möchte kochen lernen. Und werde das auch tun.
- Bis heute wollte ich nie kochen. Jetzt will ich es.

- Ich will nicht kochen.
- Ab jetzt lerne ich kochen.
- *[Ihr eigenes Reframing-Beispiel]*

Man muss immer brav sein.

- Man kann brav sein. Wenn man will.
- Bravsein ist eine Option.
- Ich muss nicht immer brav sein.
- Ich kann auch wild und widerspenstig sein.
- *[Ihr eigenes Reframing-Beispiel]*

Ich werde nur geliebt, wenn ich erfolgreich bin.

- Auch wenn ich nicht erfolgreich bin, werde ich geliebt.
- Liebe ist unabhängig von Erfolg.
- *[Ihr eigenes Reframing-Beispiel]*

Ich darf keine Fehler machen.

- Auch ich darf Fehler machen.
- Ich kann meine eigenen Fehler tolerieren.
- Andere machen auch Fehler.
- Aus Fehlern kann man lernen.
- Nur wer möglichst frühzeitig möglichst viele Fehler macht, kann die besten Lernerfolge und Ergebnisse erzielen. Denn so werden Probleme schon rechtzeitig entdeckt.[4]
- *[Ihr eigenes Reframing-Beispiel]*

Ich bin zu jung für diese Führungsposition.

- Ich bin absolut motiviert für diese Position.
- Großartig, da kann ich richtig viel lernen.
- Ich möchte Verantwortung übernehmen.
- Ich bringe Frische und neuen Elan mit.
- Führungsstärke ist keine Frage des Alters.
- *[Ihr eigenes Reframing-Beispiel]*

---

[4]Der Ansatz von „fail early and often" (mache Fehler früh und oft) ist inzwischen in modernen Methoden des agilen Projektmanagements wie Scrum stark verbreitet. Auch im Design Thinking (siehe Glossar) wird dieses Vorgehen nicht nur toleriert, sondern sogar bewusst provoziert.

Nur wenn die anderen glücklich sind, kann ich selbst auch glücklich sein.

- Mein Glück ist unabhängig von dem der anderen.
- Ich kann meine eigenen Prioritäten setzen.
- Ich nehme mich selbst wichtig.
- *[Ihr eigenes Reframing-Beispiel]*

Nur wenn ich es selbst mache, wird es gut.

- Auch andere können gute Ergebnisse erzielen.
- Ich kann anderen Menschen vertrauen.
- Wenn wir es zusammen machen, können wir den Erfolg hinterher gemeinsam feiern.
- Ich kann Aufgaben auch abgeben.
- *[Ihr eigenes Reframing-Beispiel]*

Auch bestimmte Redewendungen und harmlos wirkende Sprichwörter können zu Glaubenssätzen mutieren, die einschränkend wirken können.

Wer rastet, der rostet.

- Pausen sind wichtig. Erholung ist entscheidend für Erfolg.
- Wer zwischendurch auch immer wieder rastet, ist clever und gut ausgeruht für die nächsten Etappen.
- Rost entsteht durch Korrosion, nicht durch Pausen.
- Bitte nicht hetzen.
- *[Ihr eigenes Reframing-Beispiel]*

Was mich nicht umbringt, macht mich nur stärker.

- Mich können auch angenehme Erfahrungen stark machen.
- Ich möchte keine Verletzungen erleiden.
- Ich muss gar nicht unbedingt stark sein.
- *[Ihr eigenes Reframing-Beispiel]*

Indianer kennen keinen Schmerz.

- Ich bin kein Indianer.
- Auch Indianer kennen Schmerzen.

- Winnetou hatte häufig Rückenschmerzen vom Reiten.
- *[Ihr eigenes Reframing-Beispiel]*

Wie schon im Kapitel über Wahrheit und Wirklichkeit beschrieben: Es gibt nicht nur die eine einzige Wirklichkeit. Jeder dieser vorab genannten Sätze kann verändert und für sich selbst in einen anderen (idealerweise: besseren) Kontext gebracht und mit neuem Sinn versehen werden. Und wenn dem sprichwörtlichen Hänschen einst etwas in den Kopf gepflanzt wurde, so kann Hans dies später jederzeit neu deuten.

Dieses Reframing eines einschränkenden Glaubenssatzes können Sie üben. Nicht nur in Ihrem Kopf, der dreht sich sonst irgendwann vielleicht zu sehr. Die nachfolgende Übung könnte für Sie hilfreich sein, wenn Sie den einen oder anderen lang gehegten Satz neu formulieren möchten.

8.3.6 Wie fühlt sich das jetzt an?

Sammeln Sie Ihre Glaubenssätze! Nehmen Sie sich ein Notizbuch nur für diesen Zweck. Seien Sie achtsam mit sich selbst und schreiben Sie ihn, wenn Ihnen ein solcher Satz in einer negativen Variante auffällt, in das Notizbuch. Immer nur ein Satz pro Seite. Sobald Sie anfangen, wirklich aufmerksam auf diese Formulierungen zu achten, wird Ihnen auffallen, mit welcher Vielzahl von Glaubenssätzen wir tagtäglich hantieren. Bitte stellen Sie sich dann diese drei Fragen:

- Fühlt sich der einzelne Glaubenssatz für Sie sinnvoll und hilfreich an?
- Wenn Sie diesem Glaubenssatz folgen, wird Ihr Leben dadurch schöner, besser oder einfacher?
- Trägt der Glaubenssatz dazu bei, Sie glücklich und zufrieden zu machen?

Falls Sie als Antworten nicht durchgängig ein „ja“ erhalten: Anhand der vorherigen Beispiele haben Sie vielleicht schon erste Ideen für ein Reframing der von Ihnen gesammelten eigenen Glaubenssätze. Nehmen Sie sich regelmäßig, vielleicht am Wochenende oder zum Monatsende bewusst Zeit, um für diese Sätze Umformulierungen zu finden.

Diese Übung können Sie auch mit einem guten Freund (m/w) oder Ihrem Partner bzw. Ihrer Partnerin gemeinsam durchführen. Schreiben Sie dazu zunächst eigene Reframings der relevanten Glaubenssätze auf und lassen Sie noch Platz für zusätzliche Vorschläge Ihres Übungspartners.

Sprechen Sie die neu formulierten Aussagen laut aus! Und lassen Sie die Sätze in sich wirken. Idealerweise versetzen Sie sich dazu in eine Situation, in welcher der alte Glaubenssatz häufig präsent war. Wie fühlt sich diese Situation nun mit dem positiv veränderten Satz an? Spüren Sie das neue Erlebnis mit allen Sinnen: Wie klingt dieser neue Satz? Was genau sehen Sie? Was riechen oder schmecken Sie? Wie fühlt es sich an, bei diesem neuen Satz fest auf dem Boden zu stehen oder auf einem Stuhl zu sitzen?

8.3.7 Keine Wunderpille

Bitte seien Sie beim Reframing geduldig. Manchmal macht es sofort „klick", wenn ein Glaubenssatz erkannt und dann umgedeutet wurde. „Jawoll!" Das kann eine sofortige Reaktion sein. Gleichfalls ist es möglich, dass Sie auf eine breite Palette neuer Formulierungen schauen, die alle total anders und weitaus positiver klingen – oder keiner dieser Sätze fühlt sich richtig an und spricht Sie an.

Auch hier gilt, dass weder Coaching noch Selbstcoaching Zauberei sind und wie eine Wunderpille wirken. Häufig tendiert unser Bewusstsein dazu, an erlernten und manchmal auf seltsame Weise „lieb gewonnenen" Glaubenssätzen kleben zu bleiben. Unser Verstand ist eben ein Gewohnheitstier, wie der Elefant. Wenn Sie jedoch etwas ändern wollen und mit Ausdauer und vor allem Geduld dabeibleiben, dann stehen die Chancen für eine nachhaltige Veränderung jedoch sehr gut. Selbst bei Elefanten. Und wenn man schon mal damit angefangen hat, sich nach Chancen für positive Veränderung umzuschauen, gibt es darüber hinaus einen weiteren sehr angenehmen Effekt. Um es mit den Worten des chinesischen Strategen und Philosophen Sunzi[5] zu sagen: *„Chancen multiplizieren sich, wenn man sie ergreift."*

8.4 Positiv geht's auch

Affirmationen sind positive Glaubenssätze, denn die gibt es ja auch. Sozusagen als Überleitung aus dem vorangegangen Abschnitt kommt hier gleich erst einmal die folgende Einschränkung:

---

[5]Sunzi (ca. 545 bis 470 v. Chr.), der auch Sun Zi, Sun Tsu oder Sun Tzu genannt wird, ist vor allem durch sein Werk „Die Kunst des Krieges" bekannt. Man kann jedoch Chancen auch ohne kriegerische Absichten ergreifen.

Bei einem generalistischen Satz wie „ich kann alles schaffen, was ich will" sollte man etwas vorsichtig sein und sich bitte daran erinnern, nicht mit selbst gebastelten Flügeln auf den Balkon oder das Hausdach zu steigen. Skeptisch kann man auch bei solchen Sätzen sein, die unglaublichen Reichtum, umgehenden beruflichen Erfolg oder ununterbrochene Zustände von Freude versprechen sollen. Wenn Sie an eine solche Affirmation jedoch halbwegs smart herangehen, also sich zumindest in der Nähe der Realität aufhalten, dann spricht absolut nichts dagegen, solche positiven und motivierenden Formulierungen zu verwenden.

Eine positive Grundhaltung und das Vertrauen in die eigenen Fähigkeiten zur Veränderung sind hierbei hilfreich. Ebenfalls entscheidend ist darüber hinaus auch die Frage, ob Sie sich im Bereich Ihrer eigenen Selbstwirksamkeit bewegen. Liegt die Veränderung Ihres Denkens, und damit Ihres Verhaltens und Ihrer Emotionen, mindestens teilweise in Ihren eigenen Händen? Dann steigen die Chancen deutlich, dass eine solche Affirmation einen Erfolg bringt.

Auch Affirmationen sind kein Schalter, der lediglich umgelegt werden muss. Vielmehr sollten sie als Training verstanden werden, bei dem wieder Ausdauer und Geduld gefragt sind. Unser Bewusstsein mag Veränderungen nun mal nicht sonderlich gern, es will überzeugt werden. Dazu gehört nun, dass wir kontinuierlich mit den Affirmationen arbeiten und die entsprechenden Sätze wieder und wieder aussprechen. Akzeptieren Sie aufkommende Zweifel, denn unser Ego lehnt Veränderungen häufig zunächst ab. „Du machst dir doch nur etwas vor", könnte solch eine Reaktion als innerer Dialog sein. Oder: „Das ist doch alles albern." Akzeptieren Sie diese Reaktionen. Nehmen Sie sie wahr, ohne sie zu bewerten. Sie werden kommen, versprochen. Und genauso werden sie auch wieder verschwinden, wenn Sie geduldig weitermachen.

Als Ergebnis dieser Konstanz können Sie Ihr Selbst-Bewusstsein dauerhaft neu programmieren und spürbare Veränderungen erreichen.

8.4.1 Wie kann's gehen?

Der Begriff „Affirmation" kann übersetzt werden mit „selbstbejahender Glaubenssatz". Das bedeutet für die praktische Umsetzung, dass

- diese Aussage klar, einfach und verständlich formuliert ist,
- der Satz in der Ich-Form beschrieben ist (weiterhin gilt, dass Sie nur sich selbst verändern können, nicht Ihren Partner oder Vorgesetzten; jedoch können Sie Ihre eigene Haltung diesen Personen gegenüber verändern),

- er positiv formuliert ist, als frei von „nicht“, „niemals“, „kein“ oder ähnlichen Begriffen (im Bereich der Logik ist die Affirmation das Gegenteil einer Negation, dementsprechend zuversichtlich, positiv und bejahend möchte der Satz auch klingen),
- Formulierungen wie „erlauben“, „ich darf“, „genießen“, „jeden Tag mehr und mehr“ oder „es ist gut für mich“ sehr hilfreich und willkommen sind und
- Sie ein deutliches „Ja“ in sich spüren, wenn Sie den Satz laut aussprechen.

Über die rein sprachliche Ebene hinaus gibt es noch weitere Hinweise zum Entwickeln einer Affirmation.

Voraussetzungen, damit es klappt

- Ihre Affirmation sollte zum Thema/Problem passen, das Sie verändern möchten.
- Es ist sehr wichtig, dass Sie motiviert und dafür bereit sind, um dieses Thema anzugehen und sich selbst dafür zu verändern. (Zweifel sind immer erlaubt, der grundsätzliche freie Wille sollte vorhanden sein.)
- Sie sollten sich darauf gefasst machen, dass die Veränderung früher oder später auch wirklich erfolgt.

Jetzt soll auch endlich Butter bei die Fische kommen. Möglicherweise haben Sie bereits eigene Formulierungsideen für Affirmationen im Kopf. Sollte dies nicht der Fall sein, können die nachfolgenden Vorschläge Ihnen vielleicht Anregungen bieten. Die Bandbreite an stilistischen Varianten möchte zeigen, dass Sie auch hier spielerisch herangehen können – und sollen. Eine gesunde Leichtigkeit ist hierbei absolut wünschenswert.

Beispiele für Affirmationen

- „Ich nehme mir immer ausreichend Zeit für die wichtigen Menschen und Dinge in meinem Leben.“
- „Ich bin in jedem Augenblick selbst verantwortlich und dankbar für die schönen Momente meines Lebens.“
- „Ich bin stets gelassen und ruhig. Auf Probleme kann ich mit Zuversicht reagieren.“
- „Ich erlaube mir, mit jedem Tag mehr und mehr darauf zu vertrauen, dass sich alles gut entwickeln wird.“

- „Ich bin mit jedem Tag immer selbstbewusster und stolz auf die Dinge, die ich erreiche."
- „Ich kann mich so akzeptieren und respektieren, wie ich bin."
- „Ich genieße es, friedlich mit mir selbst und meinen Mitmenschen umzugehen."
- „Ich bin glücklich, dass ich dieses Leben habe."
- „Ich erlaube mir auf mein Denken zu achten und sehr bewusst positive und gesunde Gedanken zu wählen."
- „Ich kann mich über Herausforderungen freuen, die mir das Leben schenkt, und habe immer ausreichend Kraft, um diese zu meistern."
- „Ich vertraue darauf, dass mein Affirmationstraining gut für mich ist."
- „Ich genieße mein tägliches Affirmationstraining und freue mich jeden Tag darauf."

8.4.2 Für den Hausgebrauch: Wie können Sie mit Affirmationen arbeiten?

Wenn Sie nach einigem Ausprobieren einen oder mehrere Sätze gefunden haben, zu denen Ihr Bauchgefühl ein grünes Licht gibt, können Sie damit auf vielfältige Art umgehen. Schaffen Sie sich Ihre ganz eigenen Affirmations-Rituale. Nutzen Sie möglichst viele Ihrer Sinne. Mindestens Augen und Ohren können dabei sehr hilfreich sein. Nehmen Sie sich Zeit und seien Sie auch hier bitte geduldig.[6]

- Sprechen Sie Ihren Satz abends vor dem Schlafengehen. Oder morgens nach dem Aufwachen. Laut oder leise, so wie es passt.
- Schreiben Sie ihn auf Haftnotizen und platzieren Sie diese in Ihrer Wohnung, im Badezimmer, auf dem Kühlschrank, an der Wohnungstür usw.
- Tragen Sie sich regelmäßige Affirmations-Termine in Ihren Kalender ein. Zwei bis drei Mal pro Woche, gerne auch täglich. (Aber seien Sie bitte gnädig zu sich, falls Sie dann mal einen dieser Termine versäumen.)
- Wenn Sie ein Smartphone haben, von dem Sie sich wecken lassen: Benutzen Sie Ihren Satz, sodass er morgens auf dem Display erscheint.
- Verwenden Sie den Satz als Bildschirmschoner Ihres Notebooks oder PCs.
- Drucken Sie sich den Satz auf ein T-Shirt oder eine Kaffeetasse.

---

[6]Jeder Mensch reagiert unterschiedlich auf Affirmationen, abhängig beispielsweise von Thema, Inhalten und Umständen. Als Faustregel geht man von einem Zeitraum von 5–10 Wochen bei täglicher Übung aus, bis deutliche Veränderungen spürbar werden.

- Singen Sie den Satz mit einer Melodie Ihrer Wahl. Variationen sind erlaubt und willkommen.
- Schreiben Sie Ihren Satz auf, stecken Sie ihn in einen Umschlag und schicken Sie ihn sich selbst per Post.
- Wenn Sie schon dabei sind: Schreiben Sie Ihre Affirmation mehrfach mit der Hand auf. Die damit aktivierten Gehirnbereiche helfen bei der Überzeugung Ihres Bewusstseins und verstärken den Satz, der jetzt 20 bis 30 Mal vor Ihnen steht. Glückwunsch!
- Entwickeln Sie innere Bilder zu Ihrem Satz. Auch dadurch wird das Gehirn zusätzlich aktiviert und die Wirkung gesteigert.

Ihrer Kreativität werden hierbei keinerlei Grenzen gesetzt. Positiv formuliert: Sie können vollkommen frei, spielerisch und mit Leichtigkeit Ihre eigenen Affirmations-Rituale finden und ausprobieren. Haben Sie Spaß mit Ihren Affirmationen!

9 Weniger müssen müssen und viel mehr dürfen

Zusammenfassung Sie haben es im vorangegangenen Kapitel schon deutlich gemerkt: Sprache und vor allem, wie wir mit uns selbst sprechen, hat einen großen Einfluss darauf, wie wir uns fühlen und verhalten. Mit unserer Sprache programmieren wir uns selbst – im Guten wie im Schlechten. Das kann uns „einfach irgendwie passieren" oder wir nehmen unsere Wortwahl selbst in die Hand. Das auf den ersten Blick so harmlos wirkende Wort „müssen" nimmt hierbei eine ganz zentrale Position ein, wenn es darum geht, sich selbst weitaus weniger einzuschränken und neue Freiheit zu spüren. Die Macht von Worten ist beeindruckend. Und wir können selbst entscheiden, wie wir sie einsetzen. Gleichfalls ist es immer wieder erstaunlich, wie wenig wir anderen doch eigentlich durch unsere Sprache übermitteln und welche Aspekte darüber hinaus entscheidend sind.

9.1 Muss ja

„Weniger müssen müssen". So lautete vor einigen Jahren der Claim einer Werbung für ein pflanzliches Prostata-Mittel. Nun soll es hier weniger um Harndrang gehen, als vielmehr um die Frage, wie sehr wir uns mit der eigenen Wortwahl an die Leine nehmen und uns Fesseln anlegen – oder uns

A. Steffen, *Impulse zur eigenen Veränderung*, https://doi.org/10.1007/978-3-662-58279-4_9

Freiheit verschaffen.[1] Wie häufig verwenden Sie die Formulierung „ich muss"? Kommt Ihnen einer dieser Sätze bekannt vor?

- Nachher muss ich noch die Wäsche aufhängen.
- Morgen muss ich um halbsieben aufstehen.
- Ich muss nur noch schnell etwas einkaufen.
- Danach muss ich bald ins Bett.

9.1.1 Müssen Sie wirklich?

Mit unserer Sprache programmieren wir uns selbst. Das haben die Abschnitte über einschränkende Glaubenssätze und Affirmationen deutlich demonstriert. Doch auch abseits dieser beiden Themen gibt es immer wieder vermeintliche Kleinigkeiten, mit denen wir uns selbst Stolperfallen oder Antriebsmöglichkeiten erschaffen können.

„Muss ja." Diese Antwort auf die Frage, wie es jemandem geht, kennen wir alle. Meist ruft diese Formulierung ein kurzes müdes Lachen oder Schmunzeln hervor. Aber mal ehrlich: Eigentlich ist das doch ziemlich traurig. Wie häufig hören Sie wiederum ein von Herzen kommendes „sehr gut"?

Wenn es sich für Sie in solch einem Moment genau richtig und stimmig anfühlt, dann sagen Sie es bitte. Sprechen Sie es aus, wenn es Ihnen sehr gut geht. Sie werden staunen, wie andere darauf reagieren. „Leading by example", also mit gutem Beispiel vorangehen: Plötzlich werden Sie vielleicht feststellen, dass andere es genauso formulieren. Weil Sie sich trauen, damit auf eine gewisse – nämlich positive und erfreuliche – Weise aus der grauen Masse hervorzustechen.

Ebenso möchte ich Sie motivieren, das Müssen in Ihrem Wortschatz kritisch zu hinterfragen. Müssen wir denn all die Dinge tun, bei denen wir uns angewöhnt haben, diese damit zu beschreiben? Müssen wir arbeiten – oder haben wir uns mit freiem Willen dazu entschieden? Muss die Wäsche gewaschen und aufgehängt werden oder finden wir es gut so? In seinem Aufsatz „Was wäre, wenn …" anlässlich der Konferenz *#staatsmodernisierung2016* hat der Wissenschaftler und Germanist Gerald Swarat dazu treffend diese rhetorische Frage formuliert: „Was wäre, wenn wir wollen wollen und nicht warten, bis wir müssen müssen?"[2]

[1]Übrigens lautet der aktuelle Slogan des eingangs genannten Medikaments mittlerweile „Weniger müssen, besser können". Das klingt im Kontext dieses Buches gleich deutlich charmanter.

[2]Swarat, 2016.

Mehr und häufiger wollen und weniger oft müssen? Wenn das im Kontext der Modernisierung eines Staates gelten sollte, kann es für uns selbst und unsere Mitmenschen ja vielleicht auch durchaus sinnvoll sein. Das Müssen impliziert – anderen wie auch sich selbst –, dass etwas unausweichlich ist. Als wenn es ein Gesetz inklusive Strafregelung geben würde, das ein bestimmtes Vorgehen zu einem festgelegten Zeitpunkt vorschreibt. Werfen Sie bitte noch mal einen Blick auf die vorab genannten Anwendungsfälle: Fühlen sich diese Sätze anders an, wenn Sie „müssen" durch ein anderes Verb ersetzen?

Nachher werden Sie noch die Wäsche aufhängen. Morgen möchten Sie um halbsieben aufstehen. Danach wollen Sie nur noch schnell etwas einkaufen. Anschließend werden Sie bald ins Bett gehen. Wie klingt das?

Wenn die Unausweichlichkeit eines „Muss" durch die Wahlfreiheit eines anderen Wortes ersetzt wird, wirkt sich das nicht nur auf den Satz an sich aus. Seine Wirkung kann dadurch eine deutlich andere werden. Es kann sich sehr positiv auf unsere eigene innere Haltung und die Akzeptanz einer Situation auswirken. Anstatt sich der Muss-Opferrolle hinzugeben, können Sie mit einer alternativen Formulierung wieder zurück in die Selbstverantwortung gelangen.

Insbesondere bei Formulierungen für uns selbst, die sich auf anstehende Aufgaben beziehen, kann es stressreduzierend und gleichzeitig weitaus motivierender wirken, wenn wir auf das Müssen verzichten. Und es gibt noch viele andere Bereiche, in denen wir sorgfältig mit unserer Sprachwahl sein können.

9.1.2 Aber bei Game of Thrones ...

In der Fantasy-Fernsehserie „Game of Thrones" gibt es von Eddard „Ned" Stark, dem Lord von Winterfell, zum Wort „Aber" eine schöne Aussage: *„Alles, was nach einem Aber kommt, hat keinerlei Bedeutung".*[3] Und eben genau diesen Effekt erzielen wir sehr oft durch den Gebrauch eines Abers.

Diese so harmlos klingenden vier Buchstaben A, B, E und R können in Kombination ein wahrer Kommunikationskiller sein. Eine naheliegende Alternative, die deutlich einfacher von unserem Gesprächspartner aufgenommen werden kann, ist das Und.

---

[3]In einer späteren Folge von „Game of Thrones" formuliert es Neds Sohn Jon Snow etwas deutlicher: „Alles, was nach einem Aber kommt, ist für'n Arsch." Verzeihung für diese Ausdrucksweise, aber gesagt ist gesagt.

Schreiben Sie jetzt gerne eine Reihe von Formulierungen auf, die ein „Aber" enthalten. Ersetzen Sie diese im nächsten Schritt durch ein „Und". Sie werden mit hoher Wahrscheinlichkeit feststellen, dass diese Aussagen nichts von ihrem Sinn verlieren. Jedoch fühlen sie sich möglicherweise weitaus offener, freier und vor allem: viel verbindender an. Manchmal reicht es auch schon, wenn man einfach das Aber weglässt. Diesen simplen Trick können Sie üben und ihn für Ihre Kommunikation verwenden – mit anderen ebenso wie mit sich selbst.

Falls Sie Lust am sprachlichen Ausprobieren haben, können Sie auch gleich noch Ich-Botschaften integrieren und zusätzlich üben, wie sich solche „Und-statt-Aber-Sätze" anfühlen, wenn Sie dabei auch gleichzeitig weniger müssen müssen. Hier sind einige Beispiele:

- Bisher war dieser Tag richtig schön, aber jetzt muss ich noch den Abwasch machen.
- Bisher war dieser Tag richtig schön, und jetzt werde ich noch den Abwasch machen.
- Das Bild gefällt mir, aber der Rahmen ist gar nicht schön.
- Das Bild gefällt mir, für den Rahmen würde ich mir eine andere Variante wünschen.
- Das musst du doch endlich verstehen. Aber wahrscheinlich kapierst du es ja doch wieder nicht.
- Ich würde mir wünschen, dass du dies verstehst. Es liegt mir viel daran, Dir meine Gefühle und Bedürfnisse zu erklären.

Sofern in Ihrer Wahrnehmung gewisse Unterschiede bei diesen Formulierungen spürbar geworden sind, können Sie diese recht einfachen Veränderung immer mehr in Ihren Sprachgebrauch übernehmen. Damit werden Sie in diesem Thronsaal zwischen Ihren Ohren schlussendlich zu Königin oder König.

Aber Achtung: Es kann gut sein, dass dabei zwei Dinge passieren. Ihnen wird womöglich auffallen, wie häufig Sie selbst die Worte „Müssen" und „Aber" verwenden. Seien Sie daher bitte nicht zu selbstkritisch. Gleichzeitig wird Ihnen dies vielleicht ebenso bei Ihren Mitmenschen auffallen. Auch hier gilt: Seien Sie bitte gnädig. Ein ständiges Korrigieren der anderen macht langfristig weder Freude noch Freunde.

9.2 Die Macht von Worten

Vielleicht haben Sie schon von „NLP" gehört. Das sogenannte Neuro-Linguistische Programmieren wurde in den 1970er Jahren vom Mathematiker, Informatiker und Psychologen Richard Bandler und dem Anglisten und Linguisten John Grindler als Konzept zusammengestellt. Mit ihren Berufsbezeichnungen ist auch schon die Bandbreite dieses Methodenkoffers skizziert. Dabei haben Bandler und Grindler wenig neu erfunden, vielmehr wurde von ihnen aus unterschiedlichen Bereichen – von Hypnose über Gestalttherapie und Konstruktivismus bis zu verschiedenen Kommunikationstechniken – eine Art „Best of" an Methoden und Werkzeugen zusammengestellt und mit dem Label „NLP" offensiv vermarktet.

Das L verrät es schon: Es geht hierbei insbesondere um Sprache (Linguistik). Diese hat wiederum einen immensen Einfluss auf unser Hirn (Neuro). Und viele dieser Einflüsse lassen sich entsprechend strategisch steuern (Programmieren). Idealerweise erfolgt dies bewusst und mit einer positiven Absicht (Abb. 9.1).[4]

9.2.1 Manipulation oder Motivation?

Sich selbst manipulieren? Geht das? Und was ist eigentlich der Unterschied zwischen Manipulation und Motivation? Der Duden definiert Manipulation als „undurchschaubares, geschicktes Vorgehen, mit dem sich jemand einen Vor-

Abb. 9.1 Wer programmiert uns eigentlich?

[4]In mancherlei Bereichen wurde mit NLP durchaus Schindluder getrieben: Ohne auf die für diese durchaus mächtigen Werkzeuge erforderliche innere Haltung und moralische Einstellung der späteren Anwender großen Wert zu legen, wurden insbesondere viele Verkäufer oftmals an einem einzigen Wochenende durch radikal kompakte Seminare getrieben. Gleichzeitig wurde gerade bei dieser Anwendergruppe eher der Fokus auf Manipulation (ihrer Kunden) gelegt statt auf die Motivation (im Einklang mit den Zielen dieser Kunden). Auch wenn die im NLP gebündelten Werkzeuge an sich neutral sind, hat durch diese Art der Vermittlung und die ethisch häufig fragwürdige Nutzung der Ruf von NLP an einigen Stellen deutlich gelitten.

teil verschafft, etwas Begehrtes gewinnt". Motivation wiederum wird an selber Stelle beschrieben als „Gesamtheit der Beweggründe, Einflüsse, die eine Entscheidung, Handlung o. Ä. beeinflussen, zu einer Handlungsweise anregen".

Mit Sprache können wir beides: andere manipulieren und sie auch motivieren. Uns selbst können wir natürlich ebenfalls motivieren; allerdings können wir uns – zumindest nicht bewusst – selbst manipulieren. Oder doch?

Zunächst zu uns selbst: Das Beispiel von „Muss" und „Aber" hat gezeigt, dass wir sehr wohl in der Lage sind, uns zu manipulieren. Dass Sie den Abwasch heute noch machen müssen, verschafft möglicherweise einen Vorteil. Ihr Belohnungssystem wirft danach vielleicht Konfetti in die Luft. Weil die Küche dann sauber ist. Oder der Vorteil besteht in „hypothetischem Schutz", weil Freunde und Bekannte – die eventuell vorbeischauen – dann nicht über das schmutzige Geschirr meckern. Ist das nun Motivation oder Manipulation? Die ganz konkrete Antwort lautet: Es kommt drauf an.

Ist Ihnen die Situation voll und ganz bewusst? Wissen Sie, wie Ihr Belohnungssystem („saubere Küche") und Ihr Schutzmechanismus („kein Meckern") funktionieren? Wenn Ihre Antwort „ja" lautet, dann ist es keine Manipulation. Falls Ihnen jetzt vielleicht gerade bewusst wird, dass hier geheime Mächte namens Glaubenssätze („eine Küche muss immer aufgeräumt sein", „man darf anderen keinen Grund zum Meckern geben" etc.) oder Ego („ich will keinesfalls derjenige sein, über den gelästert wird") eine Rolle spielen, geht hier möglicherweise etwas über reine Motivation hinaus.

Und bei anderen? Je sensibler Sie hinsichtlich der motivierenden oder auch manipulierenden Wirkung von Worten (und auch Bildern, Düften oder Musik) werden, umso mehr kann Ihnen auffallen, dass dies ganz schön oft um Sie herum geschieht oder versucht wird.

Supermärkte arbeiten gelegentlich mit zusätzlichen Duftstoffen, die Ihnen unterschwellig Lust auf Äpfel oder Brot machen sollen. Oder Sie stellen an der Kasse plötzlich fest, dass Camembert, eine Flasche Bordeaux, Croissants und ein Baguette in Ihrem Einkaufskorb liegen. Dann könnte es daran gelegen haben, dass während Ihrer Shoppingtour mehrere Chansons oder anderes französisches Liedgut zu Ihrem emotionalen Erfahrungsgedächtnis durchgedrungen und dort auf positive Resonanz gestoßen sind.

Werbebotschaften sind ein ebenso typischer wie häufiger Anwendungsfall dafür, wie die Grenzen von Motivation und Manipulation verschwimmen können. Wollten Sie genau dieses Waschmittel kaufen? Oder ist möglicherweise der Spot im Fernsehen, während der Pause des Spielfilms gestern Abend, in ihrem Gedächtnis hängen geblieben? Ist es genau dieses Gefühl von Freiheit, Unabhängigkeit und großer, weiter Welt, das Sie jetzt spüren, nachdem Sie dieses neue Parfum erstanden haben?

Waschmittel sind ein wunderbares Musterbeispiel. In früheren Zeiten wurde wenig subtil auf der Glaubenssatzebene argumentiert: „Nur wenn Sie genau dieses Waschmittel verwenden, wird Ihre Wäsche wirklich strahlend weiß. Und dann, aber wirklich auch nur dann, wird Ihre Familie Sie (in Ihrer Rolle als Hausfrau) lieben."

Mittlerweile wird dann doch etwas subtiler und weniger mit dem Zeigefinger argumentiert. Bei einem Werbespot im Fernsehen sollte man dem Zuschauer ein Mindestmaß an (zumindest theoretischer) Eigenverantwortung und -wahrnehmung zusprechen. Bei Werbeplakaten, die täglich an einem vorbeirauschen, oder entsprechenden Bannern, Pop-ups & Co. im World Wide Web ist es teilweise schwierig zu beurteilen, ob man sie wirklich noch halbwegs bewusst wahrnimmt. Wenn man, speziell beim Einsatz von Düften wie im Supermarkt, die sofort und ungefiltert den Weg in unser Gehirn und Entscheidungszentrum finden, als Kunde, User oder sonstiger Zielgruppenvertreter gar keine Chance mehr hat, die Werbung als solche auch nur ansatzweise wahrzunehmen, kommt man schon sehr deutlich in den Bereich der Manipulation.

9.2.2 Voll mit Absicht

Suggestive Sprachmuster verwenden wir alle – manche bewusst, viele unbewusst. Insbesondere im bewussten Bereich ist es nicht wie üblich der Ton, der die Musik macht: Die Absicht ist es, die hier zählt, und den Unterschied zwischen Manipulation und Motivation ausmacht. Wenn Sie sich mit einer bestimmten Botschaft einen Vorteil verschaffen wollen: Nur zu! Sofern der Andere dabei die ehrliche Chance hat, Ihre Absicht zu erkennen und zu verstehen, ist moralisch und ethisch alles im Lot. „Übervorteilen" wiederum ist nicht so nett und liegt definitiv im Bereich der Manipulation. Falls Sie dem Anderen einen Vorteil verschaffen möchten, ihn oder sie möglicherweise motivieren und zum eigenen Glück (also das des anderen, nicht Ihr eigenes) verhelfen wollen, wäre es zumindest nett, ihn oder sie vorher um Erlaubnis zu fragen. Auch sind Ihre Ansichten über den zukünftigen Vorteil Ihres Gegenübers möglicherweise nicht dieselben, wie die des „Bevorteilten".[5]

[5]„Kein Coaching ohne Auftrag" ist eine der wichtigsten Regeln, die auch für andere, angrenzende Bereiche des „Helfens und Beratens" gilt. Diese innere Haltung und Moral ist nicht immer und überall zu finden. Auch jenseits des professionellen Einsatzbereichs ist ein „ich hab's doch nur gut gemeint" leider viel zu häufig anzutreffen.

Wie in so vielen anderen Bereichen auch ist es hier wieder ratsam, seine Mitmenschen über die eigenen Absichten, Wünsche und Ziele zu informieren. Reden Sie miteinander. Und bedenken Sie dabei, dass der reine Inhalt gar nicht so relevant ist. Vieles von dem, was Sie sagen – oder vielleicht auch gerade nicht sagen wollen – wird ohnehin durch Gestik, Mimik, Tonfall & Co. transportiert. Mehr dazu direkt im Anschluss.

9.2.3 Über die Wirkung von Formulierungen

Wieder zurück zum Geschriebenen: Der Sprach-Stilist, Journalist und Schriftsteller Wolf Schneider bringt es in seinem Buch „Wörter machen Leute" auf den Punkt. *„Der Urquell aller Verführung ist die Art, wie wir Begriffe bilden, um die Außen- und Innenwelt zu ordnen, zu verschönern und mit Etiketten zu versehen."*[6]

Unser Gehirn lässt sich – ganz grob, in diesem speziellen Betrachtungswinkel – in zwei Bereiche unterteilen: unser Bewusstsein und der unbewusste Teil das Emotionale Erfahrungsgedächtnis (EEG). Beide sind Ihnen unter anderem bereits im Kap. 6 begegnet. Das Erfahrungsgedächtnis arbeitet mit somatischen Markern und Sinneseindrücken. Der bewusste Teil unseres Verstandes wiederum agiert ausschließlich verbal. Die kommunikative Brücke zwischen diesen beiden Bereichen wiederum sind Bilder und Metaphern.

Mit der Sprache wenden wir uns also demjenigen Areal in uns selbst zu, das Logik bevorzugt und in den Kategorien „richtig" oder „falsch" agiert. Im Gegensatz zum uns unbewussten Teil, dem EEG, das immer „online" ist, schaltet sich unser Bewusstsein erstaunlicherweise nur im Bedarfsfall ein. Wie schon bei den somatischen Markern beschrieben, können wir auch hinsichtlich unserer Sprache und deren Wirkung feinfühliger, sensibler und achtsamer werden. Somit steigt auch unsere Aufmerksamkeit gegenüber möglicher Manipulation durch Worte: der von anderen und unserer eigenen. In seiner „Logisch-Philosophischen Abhandlung (Tractatus logico-philosophicus)"[7] von 1918 schreibt der österreichisch-britische Philosoph Ludwig Wittgenstein (1889–1951): *„Die Grenzen meiner Sprache bedeuten die Grenzen meiner Welt."*

[6]Schneider, 2000.

[7]Wittgenstein, 2003.

Sehr wahrscheinlich gibt es auf der Welt noch etwas mehr als das, was wir mittels unserer Worte beschreiben, definieren und kategorisieren können. Auch soll an dieser Stelle darauf hingewiesen werden, dass gesprochene Sprache lediglich einen Bruchteil unserer Kommunikation ausmacht.

Die Gelehrten sind sich nicht ganz eins, wie hoch genau nun der Anteil der verbalen Kommunikation liegt. Nach zwei Studien[8] des iranisch-amerikanischen Psychologen Albert Mehrabian aus dem Jahr 1967 besteht das folgende Verhältnis (Mehrabian-Regel):

- 55 % der Information werden durch Mimik und Gestik transportiert,
- 38 % der Information über den Klang der Stimme,
- 7 % der Information werden verbal vermittelt.

Die reine Information des gesprochenen Wortes scheint also beinahe vernachlässigbar. Und dennoch: Je mehr Sie sich selbst der Wirkung Ihrer eigenen Sprache bewusst werden und derjenigen, die Sie lesen und hören, umso größer und weiter können Sie auch die Grenzen Ihrer Welt stecken und sich gut in ihr bewegen.

Im Talmud heißt es: „*Achte auf Deine Gedanken, denn sie werden Worte. Achte auf Deine Worte, denn sie werden Handlungen. Achte auf Deine Handlungen, denn sie werden Gewohnheiten. Achte auf Deine Gewohnheiten, denn sie werden Dein Charakter. Achte auf Deinen Charakter, denn er wird Dein Schicksal.*"

Literatur

Schneider W (2000) Wörter machen Leute: Magie und Macht der Sprache, 9. Aufl. Piper, München

Swarat, Gerald et. al. (2016) Dokumentation der NEGZ-Herbsttagung #staatsmodernisierung2016. Nationales E-Government Kompetenzzentrum, Berlin

Wittgenstein, L (2003) Tractatus logico-philosophicus: Logisch-philosophische Abhandlung (edition suhrkamp, Bd 12). Suhrkamp, Frankfurt a. M.

[8]Vgl. Albert Mehrabian, Morton Wiener: Decoding of Inconsistent Communications. In: Journal of Personality and Social Psychology. 6, (1967) sowie Albert Mehrabian, Susan Ferris: Inference of Attitudes from Nonverbal Communication in Two Channels. In: Journal of Consulting and Clinical Psychology. 31, (1967).

Literatur

10
Weniger Jake, mehr Sie selbst

Zusammenfassung Authentizität ist ein ganz entscheidender Faktor für den ehrlichen Umgang mit sich selbst und auch mit anderen Menschen. Allerdings neigen wir immer wieder dazu – bewusst wie unbewusst – in bestimmte Rollen zu schlüpfen. Der Begriff des „Method Actings" dient hierbei zur Veranschaulichung. Dabei haben auch Robert de Niro und ein ehemaliger Boxweltmeister Nebenrollen in diesem Kapitel.

Kennen Sie Jake LaMotta?

Der auch als „The Raging Bull" bekannte italo-amerikanische Boxer Giacobbe „Jake" LaMotta (1922–2017) war in den Jahren von 1949 bis 1951 Weltmeister im Mittelgewicht. Sein durchaus veränderungsreiches, ungezügeltes und komplexes Leben – unter anderem mit sieben Ehen, mysteriösen Mafiaverbindungen und Alkoholproblemen – wurde 1980 mit Robert De Niro in der Hauptrolle unter dem Titel „The Raging Bull" („Wie ein wilder Stier") verfilmt.[1] LaMotta selbst instruierte De Niro während der Dreharbeiten als Berater so detailliert, dass dieser 1981 für seine beeindruckende Darstellung einen Oscar als bester Hauptdarsteller gewann.

Für diese Rolle nahm Robert De Niro im wahrsten Sinne so einiges auf sich: Nachdem er sich zu Beginn der Dreharbeiten in körperliche Bestform gebracht hatte und den boxenden LaMotta überzeugend verkörpern

[1]Da haben wir ihn wieder: den Stier aus dem Kapitel über Wahrheit, Wirklichkeit und Verständnis. Auch hier steht er sinnbildlich dafür, dass Wahrheit immer mehrere Interpretationsmöglichkeiten haben kann.

A. Steffen, *Impulse zur eigenen Veränderung*, https://doi.org/10.1007/978-3-662-58279-4_10

konnte, ging die Transformation danach erst richtig los: Dreißig Kilo wollten zugenommen werden, um auch den vom Alkohol aufgeschwemmten Ex-Weltmeister mit Leib und Seele und wirklich jeder Zelle des eigenen Körpers darzustellen – und das innerhalb von lediglich vier Wochen. Eine wahre Tortur, der sich De Niro damals mit vollem Körpereinsatz widmete. Als Methode werden hierfür viele Mahlzeiten und ein intensiver kulinarischer Frankreichaufenthalt mit diversen Restaurantbesuchen genannt. In jeglicher Hinsicht: wie ein wilder Stier, vor allem auch hinsichtlich der Konsequenz und Hingabe bei der Vorbereitung auf eine Rolle.

10.1 Wie ein wilder Stier

Dieses Vorgehen von De Niro wird immer wieder als Paradebeispiel für das sogenannte „Method Acting" angeführt. Das am *Lee Strasberg Theatre & Film Institute* mit Hauptsitz in Manhattan, New York City, entwickelte Konzept beruft sich auf den russischen Schauspieler und Regisseur Konstantin Sergejewitsch Stanislawski, der wiederum ein Anhänger des sogenannten „Naturalismus" in der Ausbildung von Schauspielern war. Neben teilweise gesundheitsgefährdenden Gewichtsveränderungen nach oben oder unten sind das Zufügen echter Schnittwunden, Glasscherben, die man sich in die Schuhe legt, um eine humpelnde Figur authentisch darzustellen, und massiver Schlafentzug reale Vorgehensweisen von Verfechtern dieser Methode, die vollständig mit ihrer Rolle verschmelzen wollen. Viele dieser Akteure gehen dabei teilweise weit über ihre eigentlichen Grenzen hinaus – und manche finden nicht mehr zurück.

Robert De Niro soll einmal geäußert haben, er könnte sogar einen Truthahn oder eine Ampel spielen und wäre dabei wahrscheinlich sehr überzeugend. Viel schwerer erschien es ihm allerdings, ganz normale Menschen darzustellen, die in Extremsituationen geraten und damit umgehen müssen.

Und damit kommen wir zu einem wichtigen Punkt: Method Acting funktioniert im echten Leben nur bedingt. Und dennoch tun es so viele von uns. Jeden Tag aufs Neue. Und oft ebenfalls mit unschönen Konsequenzen. Während manche Method Actors für ihren Einsatz gelobt werden, geht selbst bei besonders ehrgeizigen Schauspielerinnen und Schauspielern der Trend mittlerweile weg vom Method Acting. Denn Drogensucht, Schizophrenie und andere Ausfallerscheinungen sind immer wieder zu beobachtende Ergebnisse, wenn Darsteller ihren eigenen Charakter beiseiteschieben, um sich für eine Rolle voll und ganz in jemand anderes zu verwandeln. „Besessenheit“ ist eine Vokabel, die immer wieder mit Künstlern in Verbindung gebracht werden, die mit Leib und vor allem Seele in ihre Rollen eintauchen.

10.2 Vergessen Sie sich bitte nicht

> Wir bekommen selten das, was wir verdienen, wenn wir uns für jemanden anderen ausgeben (Illute im Song „Wald vor Bäumen“[2]).

Ob es der immer gut gelaunte Verkäufer ist, die ständig souveräne Vorgesetzte, die stets fürsorgliche Mutter, der immer starke und motivierte Sportler oder die jederzeit empathische Ärztin: Niemand kann ohne Unterlass auf höchstem Energielevel aktiv sein. Wirklich jeder braucht einmal eine Pause. Sofern Sie nicht Schauspielerin oder Schauspieler von Beruf sind, besteht nur wenig Notwendigkeit, permanent eine Rolle zu spielen.

Häufig tun wir dies jedoch. Oder wir versuchen es zumindest. Um einer Erwartungshaltung gerecht zu werden – der von anderen oder unserer eigenen. Oftmals ist es der Wunsch nach Anerkennung, gelobt, bewundert und geliebt zu werden. Der Antrieb dahinter ist zumeist ein Mangel an genau dieser Form der Zuwendung. Allerdings werden wir schlussendlich immer wieder feststellen, dass wir selbst es sind, die uns wertschätzen und unser wahres Selbst anerkennen sollten.

Verstecken und Rollenspiele können viel Spaß machen. Wenn es ein bewusstes Spiel ist und beendet werden kann. Als Dauerzustand ist es wenig empfehlenswert. Wer eine Rolle spielt und sich nicht selbst zeigt, wird auch nie das erhalten, was er/sie wirklich verdient. Der Weg zum gesunden Selbst-Bewusstsein, zu authentischer Selbst-Darstellung aufgrund von ehrlicher Selbst-Achtung und einem liebevollen Umgang mit uns selbst verspricht weitaus mehr Harmonie, äußeren und inneren Frieden als Glasscherben im Schuh.

---

[2]Diesen und weitere Songs finden Sie im Anhang in der „Playlist: 100 Songs“.

11

Weniger Harmonie, mehr Streit

Zusammanfassung Mehr streiten? Nein, besser. Dieses Kapitel ist „ein Plädoyer für Zoff und Zunder". Es blickt auf Begriffe wie Provokation und Aggression und beleuchtet die Frage, wie man Streitigkeiten nicht einfach ignoriert und unter den Teppich kehrt, sondern konstruktiver mit ihnen umgeht. Dazu dienen auch frühere Staatsmänner wie Churchill, Roosevelt und de Gaulle als Anschauungsbeispiele.

Streitaxt, Streitmacht, Streithammel: Es ist unstrittig, dass Streiten kein allzu positives Image besitzt. Jemand, der sich gerne und viel streitet, ist selten sehr willkommen. Außer vielleicht in einem Rhetorikklub oder einer Talkshow.

11.1 Was so alles unterm Teppich liegt

„Ach, darüber müssen wir jetzt doch nicht diskutieren. Komm, wir schauen uns einen Film an, dann ist das alles wieder vergessen." Kennen Sie solche Aussagen in dieser oder einer ähnlichen Form? Harmonie ist wunderbar. Wenn sie nicht dazu führt, dass irgendwann die Beulen unter der Auslegware so groß sind, dass man ständig darüber stolpert. Wenn immer alles mit dem Ziel von permanenter Harmonie unter den Teppich gekehrt wird, wird sich dies eines Tages sehr wahrscheinlich rächen. Das berühmte „Rabattmarkenkleben" hat hier eine enge Verwandtschaft. „Dreihundertsiebzehnmal habe ich die Augen zugedrückt und nichts gesagt … Aber jetzt reicht es mir! Schluss damit! Hör endlich auf!" Womit auch immer. Der Druck im Kessel

A. Steffen, *Impulse zur eigenen Veränderung*, https://doi.org/10.1007/978-3-662-58279-4_11

ist so groß geworden, dass man irgendwann ohne Vorwarnung platzt. Und der andere Mensch ist völlig perplex: „Nanu, wieso denn jetzt auf einmal? Du hast dich doch vorher nie beschwert … warum denn plötzlich heute?"

Emotionen wollen ausgelebt werden. Dazu sind sie da. Vielleicht nicht immer in vollstem und ungefiltertem Umfang und selten nur aus dem Affekt heraus – aber sie möchten an die frische Luft. Denn heruntergeschluckte Emotionen sind der „beste" Nährboden für Sorgen, Probleme und Krankheiten.

11.2 Ein Plädoyer für Zoff und Zunder

Doch neben den eingangs genannten Begriffen gibt es auch den Begriff der Streitkultur (Abb. 11.1). Und diese ist in unseren Breitengraden wenig ausgeprägt. Streiten? Das tut man nicht. Man findet einen Kompromiss und schafft zwecks umgehender Wiederherstellung der Harmonie die strittigen Themen aus der Welt. Punkt.

Eng mit Streit verbunden ist auch der Begriff „Provokation". Dieses Wort geht zurück auf die antike römische Rechtsprechung. *Provocatio* (lat.) bezeichnete damals das Recht eines jeden Bürgers, die Volksversammlung anzurufen, wenn er oder sie zur Todes- oder Prügelstrafe verurteilt worden war. Eine durchaus legitime Möglichkeit zur Verteidigung des eigenen Lebens und des seelischen und körperlichen Wohlbefindens, die jedoch seitdem eine weitgehend negative Bedeutung in unserem Sprachgebrauch erhalten hat.

11.2.1 Bitte mehr Streit, aber richtig

Streiten will gelernt sein. Und geübt. Doch wo kann man dies tun, ohne gleich als streitlustig oder Streithammel verschrien zu sein? Sich streitende Kinder werden heutzutage häufig sofort von ihren Eltern, Lehrern oder Erziehern auseinandergerissen. „Vertragt euch sofort!", lautet dann meist die

Abb. 11.1 Ausgesprochen heilsam zwischendurch

Devise. Damit lernen wir schon von früh auf: Streit ist falsch. Das tut man nicht. Ein weiterer „wunderbarer" Glaubenssatz, der sich tief in uns eingräbt.

Sollte uns dann eines Tages jemand mit einer gewissen Streitlust gegenüberstehen, so wissen wir sofort: Der hat Unrecht. (Und wir sind dann natürlich im Recht.) Damit nehmen wir uns, unseren Kindern und auch anderen Menschen die Chance, mit einem Streit etwas Konstruktives anzufangen. Den eigenen Emotionen eine Möglichkeit zum Erscheinen und An-die-Oberfläche-treten zu geben.

Natürlich liegt ein bedeutender Aspekt darin, wie man sich streitet. Anschreien, Beleidigungen, verbale Gewalt oder gar Handgreiflichkeiten haben hierbei nichts zu suchen. Doch genau damit wird Streit so häufig assoziiert. Und eben nur damit. Nicht mit der Gelegenheit, die eigenen und vom anderen vernachlässigten Wünsche und Bedürfnisse auszudrücken, ebenso die damit verbundene Unzufriedenheit. Und schon kleben wir eine weitere Rabattmarke.

Ein weiterer Grund neben der Sorge, den Stempel des Streitsüchtigen zu tragen, ist Verlustangst. Eben weil wir gelernt haben, dass Streiten falsch ist. „Wenn ich mich streite, dann mache ich etwas falsch. Streiten tut man nicht, sonst wird man bestraft." Und hinterher – vielleicht auch nur vorübergehend – mit Verlassen oder Isolation bestraft. „Geh in dein Zimmer!" Das kann auf unterschiedliche Art und Weise, verbal wie nonverbal ausgedrückt werden. Übrigens ist dies ein „großartiges" Beispiel für Situationen, in der das Eltern-Ich mit dem Kind-Ich in Form einer Einbahnstraße kommuniziert.[1] Also nicht als Dialog auf Augenhöhe, sondern durch eine strikte Anweisung, einen Befehl, der eine Antwort nicht nur nicht will, sondern diese ausschließt und ablehnt. Ein derartiges Verhalten ist natürlich keine Basis für einen konstruktiven Streit.

In den frühen Tagen von Videokonferenzsystemen, also den Vorläufern von Facetime & Co., als diese Geräte noch Schrankformat hatten und mehrere zehntausend D-Mark kosteten, gab es bei diesen für die Distanz-übergreifende zwischenmenschliche Kommunikation ausgelegten Systemen häufig eine bemerkenswerte Funktion: Speziell für sogenannte „Multipointkonferenzen", bei denen also mehrere Teilnehmer an verteilten Orten saßen und mittels Austausch von Ton und Bild miteinander sprechen wollten, musste ja irgendwie geregelt werden, wessen Sprachsignal gerade übertragen wird, damit es nicht ein komplettes Durcheinander wird. Und eine Variante

[1]Mehr zu diesen beiden Ich-Formen und auch noch zum ebenfalls vorhandenen Erwachsenen-Ich folgt im Kap. 17.

dieser Systeme, die sich erfreulicherweise nicht durchgesetzt hat, war es, den Wortbeitrag desjenigen Teilnehmers an die anderen zu senden, der am lautesten gesprochen hat.

Wer am lautesten schreit, hat bei weitem nicht am meisten Recht. Und so gilt auch in einem Streit, dass insbesondere die Fähigkeit zum Zuhören elementar ist, wenn dieser Meinungsaustausch tatsächlich konstruktiv sein soll.

Vom früheren französischen Staatsmann Charles de Gaulle (1890–1970) ist folgendes Zitat überliefert: *„Mit Churchill habe ich mich viel und bitter gestritten, aber wir sind immer miteinander ausgekommen. Mit Roosevelt habe ich mich niemals gestritten, aber ich bin niemals mit ihm ausgekommen."*

11.3 Mehr Aggression?

Angesichts des häufig negativen Images des Streitens sollen in diesem Kontext auch ein paar Worte zum direkt angrenzenden Thema „Aggression" kommen. Sie hat einen wirklich schlechten Ruf. Möglicherweise zu Unrecht.

Neben der Bedeutung eines Angriffs (lat. *aggressio*) hat Aggression auch noch andere sprachliche Ursprünge und Einflüsse: Ebenfalls im Lateinischen gibt es *aggredi,* was wiederum ganz neutral „sich nähern" heißt. Die Vorsilbe *ag* steht für „zu" oder „nach hin". Außerdem bedeutet *gradi* „festen Schrittes gehen". Damit kann ein „aggressives Verhalten" auch weitgehend neutral als „eine entschlossene Annäherung" beschrieben werden. Diese Entschlossenheit kann uns bedrohlich erscheinen, sie muss es jedoch keineswegs immer sein. Vielleicht ist sie wirklich nur ein Verringern des Abstands zwischen zwei Menschen. Und genau dies kann ja auch das Ziel eines konstruktiven Konflikts sein: sich von sehr weit auseinanderliegenden Standpunkten aus anzunähern.

Manchmal kann es hilfreich sein, beim Gegenüber ein als „aggressiv" im Sinne von „feindselig" oder „ablehnend" empfundenes Verhalten zuzulassen. Natürlich ist es hierbei häufig eine instinktive Reaktion, wenn sich dann unsere Abwehrsysteme regen. Doch kann es vielleicht auch sein, dass wir auf diese Form der Annäherung einfach nicht vorbereitet waren. Dass sich dieses Näherkommen für uns wie eine Bedrohung anfühlt, weil sie von der anderen Person nicht vorher angekündigt war.

Hier spielt wiederum auch die Frage mit hinein, wie gut oder weniger gut wir mit Nähe umgehen. Oder insgesamt eher eine gewisse Mindestdistanz bevorzugen. Weitere Einblicke in dieses Themenfeld folgen später noch im Kapitel über Nähe und Distanz.

11.4 Rüstung oder Risiko?

Noch einige Gedanken zu Abwehrmechanismen – bewussten wie unbewussten. *„Verletzlich zu sein ist kein Charakterfehler.“* So formuliert es der französische Philosoph, Meditationslehrer und Autor Fabrice Midal in seinem Buch „Die innere Ruhe kann mich mal“[2]. Sensibilität ist insgesamt erst recht kein Fehler. Manchmal wird das Leben dadurch zwar nicht unbedingt einfacher. Trotzdem lohnt es sich, die eigene Empfindsamkeit nicht ständig und bis in alle Ewigkeit hinter einer schweren Rüstung zu verbergen.

Dass wir uns in bestimmten Situationen – beispielsweise in einem als bedrohlich empfundenen Streit – selbst schützen wollen, ist natürlich absolut nachvollziehbar. Ob dafür wirklich immer objektive Gründe vorliegen, steht wiederum auf einem anderen Blatt.

Unser Gehirn besitzt ein ganzes Arsenal von Abwehrsystemen. Diese haben im wahrsten Sinne: natürlich einen Sinn. Ob es nun der Säbelzahntiger war, der bei uns aus nachvollziehbaren Gründen nicht den Wunsch nach Spielen und Kuscheln, sondern vielmehr einen Fluchtreflex auslösen sollte. Oder die Reaktion auf einen Geruch oder ein Farbmuster als Warnsignal, wodurch ein essbarer von einem giftigen Pilz unterschieden werden konnte. Viele dieser archaischen Mechanismen laufen jenseits unserer bewussten Wahrnehmung ab.

Und so kann es auch durchaus sein, dass in einigen Situationen bestimmte Defensivverhaltensweisen bei uns anspringen, die wir vielleicht gar nicht aktiviert haben möchten. Auch hier lohnt es sich, aufmerksam und achtsam mit sich selbst zu sein, und immer wieder auch in den Spiegel zu blicken, den wir selbst oder andere uns hinhalten.

11.4.1 Besser streiten und dadurch annähern

Ob de Gaulle und Winston Churchill es so gemacht habe, ist zumindest mir persönlich nicht bekannt. Für den Hausgebrauch oder Situationen bei der Arbeit, auf dem Sportplatz oder anderswo können ein paar recht simple Spielregeln zum Streiten jedoch sehr hilfreich sein.

Codewort: Manchmal kommt man auch beim besten Willen einfach nicht weiter. Und das ist auch vollkommen in Ordnung. Allerdings bringt

[2]Midal, 2018

es dann nichts, wenn man trotzdem weiter diskutiert, das nächste Argument vorbringt und noch eins und wieder eins. Auch kann das Empfinden für solch eine festgefahrene Situation bei den Beteiligten sehr unterschiedlich sein. Dann ist es vielmehr sinnvoll, wenn man eine Pause einlegt und sich vertagt. Dafür wiederum ist es in Partnerschaften oder anderen Konstellationen, in denen Streit auftreten kann, ein gutes Mittel, wenn man ein Codewort festlegt. „Stopp", „Pause", „Auszeit" oder gerne auch etwas komplett Absurdes, bei dem möglicherweise sogar die Mundwinkel nach oben rutschen. („Gurkensalat" war mal ein solcher Begriff, den ich von einem Paar gehört habe.) Wichtig ist hierbei, dass sich auch wirklich alle (!) Beteiligten immer (!) an die Verabredung halten, wenn dieses Wort als Stoppzeichen verwendet wird.

Nicht kommentarlos „flüchten": Wenn es mittendrin wirklich nicht mehr auszuhalten ist … oder auch, sobald das Codewort verwendet wurde: Raus hier! Luftveränderung! Diese Reaktion als möglicher Fluchtreflex ist absolut natürlich. Und sie kann auch sehr hilfreich sein, um sich wieder zu beruhigen und den in die Höhe gestiegenen Hormonspiegel herunterzufahren. Aber Achtung, hier können beim Anderen massive Verlustängste entstehen! Wenn Ihr Gegenüber in diesem Moment besonders sensibel sein sollte, wenn vielleicht Vorerfahrungen existieren, bei denen jemand anderes dann nicht mehr wieder zurückkam, wenn keinerlei Sicherheit für eine tatsächliche Rückkehr spürbar ist, wenn Unsicherheit besteht, wie lange diese Abwesenheit dauern mag, so kann ein unkommentiertes Weglaufen zu heftigen Reaktionen führen. Und sei es auch nur der Gang zur Toilette. Das ist nicht immer logisch (die entsprechende emotionale Reaktion, nicht der Toilettengang), aber hoffentlich halbwegs nachvollziehbar. Wahrscheinlich ist es nicht zwingend erforderlich, dies an dieser Stelle zu sagen – aber dennoch: Gerade in emotional sehr aufgeladenen Situationen handeln wir nicht immer zu einhundert Prozent rational.

Feind oder Freund? Idealerweise vorher, wünschenswerterweise währenddessen – sofern es direkt in einer konkreten Streitsituation möglich ist –, gerne auch direkt danach im Anschluss oder tags darauf nach einer vergangenen Nacht: Es lohnt sich sehr, wenn man darüber nachdenkt und in sich hineinspürt, mit wem man da eigentlich gestritten hat. Ist es jemand, der einen bedrohlichen Gegner darstellt? Oder ist es (m)ein Partner? Die daraus resultierende innere Haltung macht einen massiven Unterschied aus, wie ein Streit abläuft, wie er wahrgenommen und verarbeitet wird.

Wünschen statt einfordern: Der Einsatz sogenannter Ich-Botschaften kann bei dafür sehr stark sensibilisierten Menschen auch irgendwann zu einem comicartigen Verhalten à la Loriot führen. Alles wird eingeleitet mit einem „ich verspüre" oder „ich fühle mich" – selbst eine Diskussion über das Herunterbringen des Mülls kann dann zu einer inneren Nabelschau werden. Gleichfalls ist eine Aussage wie „ich bin dir völlig egal" keine sinnvolle Ich-Botschaft im Sinne einer anklagefreien Formulierung des eigenen Empfindens. Dadurch soll dieses wichtige Werkzeug der zwischenmenschlichen Kommunikation jedoch keineswegs abgewertet werden: Natürlich ist es – nicht nur in einem Streit – sehr sinnvoll, wenn man berichtet, wie das Verhalten des anderen auf einen selbst wirkt, was es auslöst und wie es sich anfühlt. Weniger ergiebig ist es wiederum, wenn eine Argumentation ständig von Vorwürfen geprägt ist, die dann zusätzlich mit Verallgemeinerungen gespickt werden: „Nie machst du …!" oder „Immer bist du …!" führen in den meisten Fällen unmittelbar zu einer Abwehrhaltung. Ohren und Herzen werden dann sofort verschlossen, die Empfangsbereitschaft für weitere Argumente sinkt gegen null. Generell sollten Ich-Botschaften nur nicht als „Freifahrtschein" und als Allheilmittel angesehen werden, so werden sie allerdings manchmal dargestellt. Auch sind Forderungen natürlich nur wenig zweckdienlich, wenn wirklich ein Dialog auf Augenhöhe stattfinden soll. „Ich fordere von dir, dass …" ist hier ebenfalls keine lehrbuchgemäße und zweckdienliche Anwendung einer Ich-Botschaft. Deutlich adäquater, weil dadurch auch von unserem Gegenüber besser anzunehmen, ist die Formulierung eines Wunsches. Wenn dann auch noch das dahinterliegende Bedürfnis ausgesprochen und integriert wird, hat solch die Wunschäußerung eine große Wahrscheinlichkeit, dass sie verstanden und angenommen wird. Ein Beispiel hierfür könnte sein: „Ich würde mir wünschen, dass du während eines Gesprächs dein Handy beiseitelegst, da ich ansonsten das Gefühl habe, dass deine Aufmerksamkeit woanders ist." Das klingt anders als „Leg gefälligst das verdammte Telefon weg! Immer schaust du auf dieses dämliche Ding. Nie hörst du mir zu!", nicht wahr?

Eine Frage des Timings: Es ist eher selten der Fall, dass zwei Menschen zur selben Zeit ausgiebige Lust auf einen Streit oder das Klären von Meinungsverschiedenheiten verspüren. Sofern Sie sich nicht in einer Partnerschaft von zwei ausgebildeten Mediatoren oder Schiedsrichtern befinden, ist es wohl weitaus wahrscheinlicher, dass das Finden eines passenden Zeitpunkts ein herausforderndes Thema darstellt. Wenn gerade ein Glas heruntergefallen und zerbrochen ist, könnte es eher ungünstig sein, eine kritische Grundsatzdiskussion über das wenig achtsame Verhalten des Anderen im Haushalt zu beginnen. Kommt der Kollege völlig übernächtigt und mit einem Muster aus Babybrei-Flecken übersäht zur Arbeit, ist dieser Moment womöglich kein guter Zeitpunkt, um mit dem frischgebackenen Vater über sein Auftreten bei wichtigen Kundenpräsentationen zu sprechen. Und noch direkt auf dem Spielfeld nach einem niederschmetternden 0:6 mit den Mannschaftskollegen über deren Einstellung zur Abwehrarbeit reden zu wollen, ist vielleicht auch keine sonderlich clevere Idee. Und doch tun wir dies immer wieder in genau solchen Situationen. Das ist menschlich. Allerdings nicht immer besonders zielführend. Auch können weitere Aspekte eine wichtige Rolle spielen, ob ein Streit zu Kompromissen und Einvernehmen führt oder eskaliert. Diskussionen im Ehebett zu führen, kann den Effekt hervorrufen, dass dieses Bett irgendwann seinen Charme als Ort der Ruhe und Nähe einbüßt. Auch der Esstisch kann durch Überfrachtung als Streitschauplatz spürbar weniger einladend für die Essensaufnahme und harmonische Familienzusammenkünfte wirken. Für manche Menschen kann es wiederum sehr befreiend wirken, wenn sie während eines emotionalen Gesprächs spazieren gehen – anstatt sich unbeweglich frontal gegenüber zu sitzen. Patentrezepte gibt es auch hier nicht. Probieren Sie einfach verschiedene Möglichkeiten aus, sprechen Sie gerne auch mit Ihrem „Streitpartner" darüber, wie er oder sie sich eine „ideale Streitumgebung" wünschen würde. Alleine das kann schon vielen Streits die Schwere nehmen und etwas Leichtigkeit mit einbringen.

Darüber hinaus können Sie sich selbst noch die nachfolgenden Fragen stellen, um auch in anspruchsvollen Situationen für eine möglichst harmonische Kommunikation zu sorgen:

- Wie fühlt sich mein Gesprächspartner gerade?
- Was braucht er oder sie vielleicht jetzt von mir?
- Spreche ich verständlich? Hat er/sie mich wirklich verstanden?
- Und höre ich aufmerksam zu? Habe ich sie/ihn ebenfalls verstanden?
- Baue ich Druck auf, weil ich Forderungen stelle? Fordere ich Änderungen von meinem Gegenüber ein? Und drohe ich vielleicht sogar mit Konsequenzen?
- Oder formuliere ich freundlich und zugewendet meine Wünsche?
- Bin auch ich bereit für Kompromisse?

Natürlich gilt auch hier, dass wir alle keine Roboter oder Maschinen sind, dass vermeintliche Fehler gemacht werden dürfen und Missverständnisse passieren können. Das ist absolut menschlich. Und genau für diese Spezies ist dieses Buch geschrieben.

Literatur

Midal F (2018) Die innere Ruhe kann mich mal: Meditation radikal anders. dtv Verlagsgesellschaft mbH und Co. KG, München

12

Weit mehr miteinander als gegeneinander

Sobald zwei oder mehr Menschen zusammenkommen, kann Kommunikation ja durchaus herausfordernd werden. Treffen dabei dann noch sehr unterschiedliche Charaktere aufeinander, deren Innenwahrnehmung und Außendarstellung nur sehr wenig miteinander zu tun haben, wird die Verständigung untereinander auf eine harte Probe gestellt.

Die US-amerikanische Familientherapeutin Virginia Satir (1916–1988) hat schon in sehr jungen Jahren in einem herausfordernden familiären Umfeld erste Beobachtungen zu „negativem Kommunikationsverhalten" machen können, die die Grundlage ihrer späteren Arbeit bildeten.

12.1 Vier Typen

Die sogenannten „vier dysfunktionalen Typen" nach Virginia Satir beschreiben jeweils eine bestimmte Art von inkongruenten Verhaltens (Abb. 12.1). Das heißt, bei diesen vier Typen passen Innenleben und Außendarstellung meist überhaupt nicht zusammen, sind also in keiner Weise deckungsgleich.

Der Beschwichtiger:
„Danke, dass ich überhaupt mitspielen darf …"

Vielleicht kennen Sie diese Verhaltensweise: Eigene Gefühle und Bedürfnisse spielen – zumindest nach außen hin – überhaupt keine Rolle. Sofern diese vom Beschwichtiger überhaupt wahrgenommen werden, werden sie

A. Steffen, *Impulse zur eigenen Veränderung*, https://doi.org/10.1007/978-3-662-58279-4_12

Abb. 12.1 Die nicht so sehr fantastischen Vier

Abb. 12.2 Der Beschwichtiger

sofort hintenangestellt oder noch besser: vollständig unterdrückt. Daher können Personen mit solch einem Verhalten meist nur sehr schwer Entscheidungen treffen – oftmals auch gar nicht. Bei jedem Vorschlag kommt sofort „ja, du hast recht" oder „stimmt, das ist viel besser" als Reaktion (Abb. 12.2).

Man kann daher bei diesem Verhaltenstypus von ausgeprägter Gefallsucht sprechen. „Ich bin doch gar nicht wichtig" ist hier der immer mitschwingende Grundton. „Wenn ich dir nicht zur Last falle, hast du mich sicher lieb." Eigentlich ist es ein Hilferuf. Dieser wird jedoch niemals laut und deutlich formuliert. Für jegliches Unglück auf der Welt – vom zerbrochenen Spiegel bis zur Naturkatastrophe – ist der Beschwichtiger in seiner Selbstwahrnehmung verantwortlich. „Asche auf mein Haupt" ist dabei das innere Leitmotiv, das sich in geduckter, demutsvoller Körperhaltung mit gesenktem Blick darstellen kann.

Der Ankläger:
„Du bist schuld. Du auch. Und Du? Du erst recht."

Diese Verhaltensweise kann insbesondere mit dem Beschwichtiger eine sehr schädliche Allianz bilden, die beiden stehen sozusagen auf komplett unterschiedlichen Teilen der Erdkugel. „Angriff ist die beste Verteidigung" ist die Grundhaltung des Anklägers – und er hat sie komplett verinnerlicht, in jeder Lebenssituation. Immer sind die anderen schuld (Abb. 12.3).

Insgesamt sind Schuld und Schuldgefühle ein absolutes Kernthema für ihn – natürlich bei den anderen. Auch gehören Verallgemeinerungen im hohen Maß zu seinem Wortschatz. „Immer!" oder „Nie!" oder auch „Ständig!" sind beliebte Formulierungen. Daraus ergibt sich ein wahrer Teufelskreis: Oftmals entstammt dieses Verhalten aus der inneren Wahrnehmung „ich bin einsam". Und gleichzeitig ist dies auch der resultierende Zustand, der durch das Verhalten des Anklägers hervorgerufen wird. Schwäche darf einfach nicht existieren. Bei anderen wird sie kritisiert, auch dies ist eine Schutzmaßnahme, damit der Blick bloß nicht auf die eigenen Schwächen fällt. Der Ankläger ist ein personifizierter Zeigefinger, der auf alle anderen gerichtet ist – wobei bekanntermaßen immer drei Finger auf ihn selbst zeigen.

Der Rationalisierer:
„Lasst uns das doch bitte mal ganz vernünftig sehen."

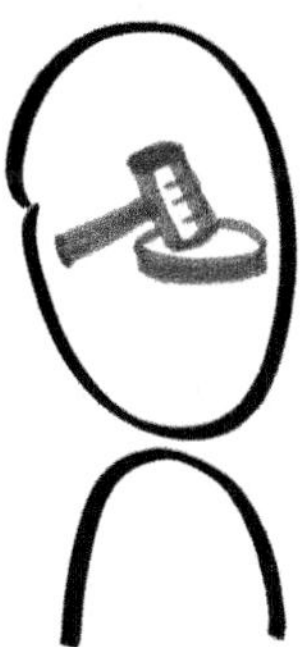

Abb. 12.3 Der Ankläger

So beginnen häufig Wortbeiträge dieser Verhaltensweise. Emotionen werden nicht zugelassen – weder bei anderen, noch bei sich selbst. Als ausdruckslos, kühl, meist steif und unbeweglich wird dieser Typus in seinem Erscheinungsbild wahrgenommen. Prinzipien und feste Regeln sind (überlebens-)wichtig für den Rationalisierer, an ihnen kann er sich festhalten. Ohne sie würde er, der zumeist hoch sensibel und verletzlich ist, in der Welt kaum überstehen. Dass er keine Gefühle zeigt, heißt bei weitem nicht, dass er keine hat: Vielmehr machen sie ihm häufig Angst, mit ihnen offen umzugehen, hat er meist nie gelernt (Abb. 12.4).

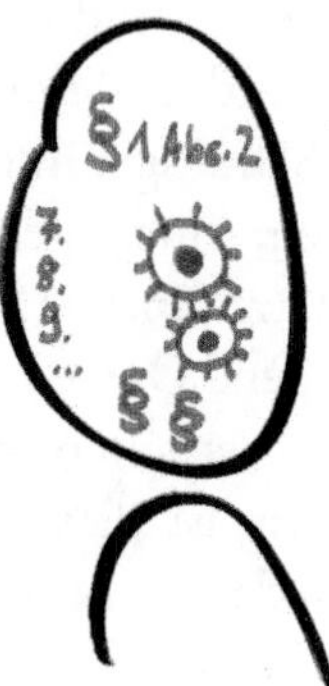

Abb. 12.4 Der Rationalisierer

Der Ablenker:
„Jetzt bin ich hier. Und nun dort. Und gleich da drüben auch."

Er ist immer für alles zu begeistern. Allerdings bleibt er oder sie selten für längere Zeit bei dieser Meinung. Dieser Typus hat nie einen festen Standpunkt. Kaum tut er seine Meinung kund – schwupps! –, hat er schon sofort wieder eine neue Haltung eingenommen (Abb. 12.5). Pünktlichkeit und

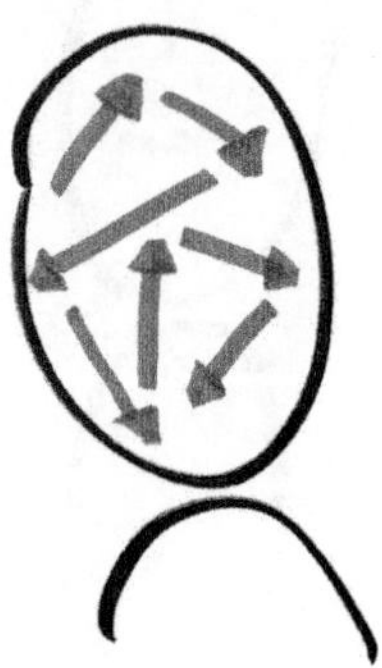

Abb. 12.5 Der Ablenker

Zuverlässigkeit sind, vorsichtig formuliert, keine Kerntugenden solcher Personen (Dass dieser Ablenker sich wie ein umgekehrt gepolter Magnet sehr abstoßend zum Rationalisierer verhält, ist sicher keine Überraschung.)

Gleichzeitig scheint die gesamte Erscheinung des Ablenkers nie so ganz zu seinen Worten zu passen. Bei schwierigen Themen lacht er, tanzt herum und umgekehrt. Hyperaktiv springt solch eine Person zwischen unterschiedlichsten Emotionen hin und her, Gleichgewicht ist auf physischer wie psychischer und seelischer Ebene äußerst selten zu beobachten. Hinter diesem hyperaktiven Verhalten verbirgt sich typischerweise ein Glaubenssatz wie „nirgends habe ich meinen Platz" oder „niemand interessiert sich wirklich für mich". Das beschriebene Verhalten ist ein häufig unbewusster Ruf nach Aufmerksamkeit und Beachtung. „Es muss euch doch auffallen, dass mit mir etwas nicht stimmt", ist eine Kernbotschaft, die jedoch nur sehr selten so wahrgenommen wird.

Und was fangen wir nun mit diesen Erkenntnissen zu den vier Typen an?

12.1.1 Die positive Kehrseite

Zunächst: Diese Beschreibungen der dysfunktionalen Typen sind schematische Darstellungen. Selten zeigt ein Mensch permanent die eine oder andere der vier dargestellten Verhaltensweisen. Haben Sie bitte auch immer im Hinterkopf, dass man ein Verhalten ändern kann.

Wo Schatten ist, da gibt es ja bekanntlich meist auch Licht. (Ohne Licht wird kein Schatten geworfen und in kompletter Dunkelheit sind Schatten wirklich schwer zu erkennen.) Wie später noch im Kap. 22 ausführlicher beschrieben wird, liegt die Vermutung nahe, dass diese vier dysfunktionalen Typen auch gewisse Stärken haben. Und genau so ist es:

- Die große Stärke des Beschwichtigers ist sein Einfühlungsvermögen. Wäre Empathie ein Unterrichtsfach, hätte er dort die Bestnote erzielt. Insbesondere in sozialen Berufen wird er daher anzutreffen sein.
- Der Ankläger besticht durch sein ausgeprägtes Durchsetzungsvermögen. „Nur wenn ich es selbst mache, wird es gut" ist eine starke Antriebskraft, die ihn immer wieder in Führungspositionen bringen wird.

- Kennen Sie Mr. Spock? Der Vulkanier aus der Science Fiction-Serie „Star Trek“ ist ein typischer Vertreter der Spezies des Rationalisierers. Seine besondere Fähigkeit ist es, in aller Hektik ruhig und besonnen zu bleiben. Sein logisches Denken hilft diesem Typus und seinen Mitmenschen in hochemotionalen Augenblicken häufig sehr, wenn ein kühler Kopf gefragt ist.
- Und der Ablenker? Auf Partys ist er ein gern gesehener Gast, weil er immer besonders unterhaltsam wirkt. Seine wahre Stärke ist die Spontanität, die kaum zu zügeln, beispielsweise bei Brainstormings sehr gefragt ist.

12.2 Echte An-Erkennung

Es ist eine bemerkenswerte Erfahrung, wenn Sie nacheinander die Verhaltensweisen dieser vier Typen mit Leib und Seele ausprobieren und sich so richtig hineinsteigern. Versuchen Sie es einmal. Und lassen Sie dann bitte auch wieder los! „Entrollen“ Sie sich unbedingt anschließend wieder. (Einige Andeutungen, wenn dieses Loslassen einer verinnerlichten Rolle nicht stattfindet, können Sie im Kap. 10 finden.)

Alle vier dieser dysfunktionalen Typen vereint genau ein Aspekt: Auch wenn diese Menschen sich wirklich viel Mühe geben, damit es nicht geschieht, wollen sie dennoch in ihrem wahren Wesen gesehen werden. Sie möchten wahrgenommen und (an-)erkannt werden.

„Ich glaube daran, dass das größte Geschenk, das ich von jemandem empfangen kann, ist, gesehen, gehört, verstanden und berührt zu werden. Das größte Geschenk, das ich geben kann, ist, den anderen zu sehen, zu hören, zu verstehen und zu berühren. Wenn dies geschieht, entsteht Kontakt.“ (Satir, 1988).

Und genau dieser Wunsch nach Kontakt ist es, der in den meisten Fällen die wahre Quelle dieses dysfunktionalen und inkongruenten Verhaltens der vier Typen ist. Wenn sich diese Beschreibung für Sie sinnvoll anfühlt, können Sie genau dieses Verständnis mit in viele Situationen nehmen, in denen Ihnen Ablenker, Rationalisierer, Ankläger oder Beschwichtiger begegnen.

Sie werden erstaunt sein, dass genau diese Typen vermutlich anders, nämlich fast erstaunt reagieren, wenn Sie ihnen wohlwollend gegenübertreten.

Und ebenso erstaunlich: Falls wir diese Verhaltensweisen einmal bei uns selbst bemerken sollten, werden wir durch das Verständnis ihrer Beweggründe und eigentlichen Absichten entspannter und friedlicher mit uns selbst umgehen.

Literatur

Satir V (1988) Meine vielen Gesichter: Wer bin ich wirklich?, 16. Aufl. Kösel-Verlag, München

13

Mehr Sinnlichkeit statt Kopfkino

Zusammenfassung Bauchgefühl, Intuition, somatische Marker und Impulse sind Ihnen jetzt schon mehrfach begegnet und werden uns auch durch den weiteren Verlauf des Buchs immer wieder begleiten. Dabei wird jedes Mal beschrieben, wie sinnvoll es ist, uns nicht nur auf unsere Gedanken, sondern mindestens ebenso sehr auf unsere Sinneseindrücke zu verlassen. Auch bei anderen Themen wie Meditation und Achtsamkeit sowie beim Zürcher Ressourcen Modell und Mentalem Training spielen unsere Sinne eine wichtige Rolle.

13.1 Noch bei Sinnen?

Kennen Sie VAKOG? Das ist die Abkürzung für unsere fünf Sinne (Abb. 13.1):

(V) wie visuell.
(A) wie auditiv.
(K) wie kinästhetisch.
(O) wie olfaktorisch.
Und (G) wie gustatorisch.

Haben Sie vielleicht schon mal eine dieser Formulierungen gehört?

- „Den kann ich nicht riechen."
- „Das hat mir gar nicht geschmeckt."
- „Dabei habe ich überhaupt nichts gespürt."
- „Ich kann das nicht mehr hören!"
- „Geh mir aus den Augen."

A. Steffen, *Impulse zur eigenen Veränderung*, https://doi.org/10.1007/978-3-662-58279-4_13

Abb. 13.1 VAKOG – mit allen Sinnen (er-)leben

Gelegentlich sprechen wir genau das aus, was wir wirklich gerade empfinden. In vielen dieser Fälle ist uns jedoch gar nicht bewusst, wie genau wir dabei unsere Sinneswahrnehmungen beschreiben. Wie schaut es andersherum aus?

„Deine Augen können dich täuschen, traue ihnen nicht!" Das sagt der Jedimeister Obi-Wan Kenobi im Film „Star Wars: Episode IV – Krieg der Sterne". Teilweise findet man in der Literatur die Angabe, dass wir 70 bis 80 % unserer Eindrücke visuell aufnehmen. Dabei wird jedoch häufig vergessen, dass wir in den meisten Fällen gar nicht bewusst wahrnehmen, wie unser Geruchssinn olfaktorische Signale ohne Umwege über den analytischen Teil unseres Verstands sofort ins limbische System schickt und dort ganz direkte Impulse auslöst. Demgegenüber werden visuelle und akustische Signale zuerst noch durch die Großhirnrinde geschickt und dort erst analysiert. Ein viel längerer Weg.

Optik und Akustik sind weitaus besser erforscht als Geruchssinn, Tastsinn oder unsere gustatorische Wahrnehmung über die Geschmacksnerven. Nun haben wir nicht immer etwas im Mund und tragen häufig Kleidung, sodass diese beiden Kanäle teilweise blockiert oder nicht dauerhaft im Einsatz sind. Das Riechen ist unser ältester Sinn, dementsprechend sind Verankerungen zwischen Auslöser und Reaktion auch ganz direkt miteinander verdrahtet. Brandgeruch, verdorbene Milch oder ein giftiger Pilz? Schnell weg. Aber auch angenehme Düfte lösen Reaktionen bei uns aus, die wir oftmals nicht bewusst bemerken. Die Neurophysiologin Linda Diane Brown Buck und der Mediziner Richard Axel erhielten im Jahr 2004 den Medizin-Nobelpreis für ihre Forschungsergebnisse zum menschlichen Riechsystem. Es ist also gut möglich, dass in die oben genannten Zahlenwerte zur Verteilung unserer Sinneseindrücke manches davon noch nicht eingeflossen ist.

Immer der Nase nach? Das ist sogar sehr wahrscheinlich.

13.1.1 Ein sechster oder siebter Sinn? Deutlich mehr

Über die fünf beschriebenen Sinne hinaus trifft man gerne auf Formulierungen, die von einem sechsten oder siebten Sinn sprechen. „Übersinnliches" ist damit gemeint, also Fähigkeiten, die im Bereich von Intuition oder Vorausahnungen liegen. Allerdings müsste man diese Zahlenwerte „sechs" und „sieben" inzwischen korrigieren und deutlich erhöhen, denn die moderne Physiologie benennt mittlerweile sogar noch fünf weitere Sinne:

- *Thermorezeption* steht für unser Vermögen unterschiedliche Temperaturen zu empfinden (Temperatursinn).
- Die sogenannte *Nozizeption* beschreibt unser Schmerzempfinden.
- Der *vestibuläre Sinn* erklärt unseren Gleichgewichtssinn.
- Mit *Propriozeption* ist unser Körperempfinden gemeint, das auch Tiefensensibilität oder Muskelsinn genannt wird.
- Und der *viszerale Sinn* beschreibt das Wahrnehmungsvermögen für unsere inneren Organe, dazu gehört unter anderem das Gespür für Hunger oder Durst.

Bei Tieren können darüber hinaus noch weitere Sinne festgestellt werden:

- Die Wahrnehmung der magnetischen Felder auf unserer Erde kann bei Zugvögeln beobachtet werden, die sich bei ihren kilometerweiten Reisen an den Magnetlinien orientieren. Hierzu gibt es mittlerweile auch erste Experimente mit menschlichen Probanden, bei denen entsprechende Signale simuliert werden. Die bisherigen Ergebnisse legen nahe, dass auch wir solche Felder spüren können.
- Zitteraale sind in der Lage, die Veränderung von elektrischen Feldern zu empfinden. Rochen und auch Haie verfügen über ähnliche Sinnesorgane.
- Vielleicht ein naher Verwandter unseres Gleichgewichtssinns ist der Vibrationssinn, mit dem Spinnen auch kleinste Erschütterungen in ihren Netzen registrieren.
- Bestimmte Insekten wie der Schwarze Kiefernprachtkäfer nehmen Infrarotstrahlung wahr und bemerken dabei Waldbrände in einer Entfernung von bis zu 100 km.
- Fledermäuse nutzen ein Echosystem zur Orientierung. Ein ähnliches Verfahren ist bei Walen und Delfinen unter Wasser im Einsatz.

Doch wieder zurück zu uns Menschen: Ob wir möglicherweise auch einige dieser tierischen Sinne in uns haben und sie bisher nur nicht nutzen? Das kann an dieser Stelle nicht beantwortet werden, Mutmaßungen sind herzlich willkommen. Krebse können zehnmal so viele Farben wie wir sehen. Unsere Fähigkeiten bei Sinnen wie Optik und Akustik sind beispielsweise im Infrarot- oder Ultraviolettbereich ebenso wie im Ultraschall ziemlich limitiert. Können wir also wissen, was wir vielleicht wahrnehmen – ohne es zu wissen?

Eins jedoch ist sicher: Je mehr Sinne wir aktiv nutzen, umso einprägsamer werden Erlebnisse in unserem Gedächtnis verankert. Und einiges davon können wir zum Glück auch sehr bewusst tun.

13.2 Weniger verschaukelt, mehr verankert

Mit allen Sinnen genießen. Das können Sie. Das können Sie vor allem dann sehr gut, wenn Sie sich an einen Moment erinnern, als Sie sich erfüllt von Zufriedenheit, voller Selbstbestimmung und frei von Ärger oder Ängsten gefühlt haben. Und diesen Zustand gilt es fest in Ihnen zu verankern, mit allen Sinnen, die Sie haben (Abb. 13.2).

Wozu das gut ist? Genauso, wie wir uns tatsächlich bald besser fühlen, wenn wir einfach nur unsere Mundwinkel zu einem Lächeln hochziehen (prüfen Sie vielleicht vorher, ob Sie dabei beobachtet werden), so kann uns diese „mit allen Sinnen verankerte positive Erinnerung" unterstützen, wenn wir uns einmal nicht gut fühlen, niedergeschlagen, deprimiert, ängstlich oder sorgenvoll sind. Genau dann können wir uns diese Anker hervorholen und uns mit deren Hilfe daran erinnern, dass nach einem Tief auch wieder ein Hoch auftaucht, dass nach einem Regenschauer bald wieder Sonnenschein für einen Strandspaziergang folgt. Wenn Sie dies trainieren, können

Abb. 13.2 Setzen Sie den Anker!

Sie positive Erlebnisse „auf Knopfdruck" abrufen und somit auch die damit zusammenhängenden Gefühle. Sie können dann – um bei diesen Bildern zu bleiben – auch die Blumen auf dem Berg riechen oder die salzige Meeresluft schmecken und den Strand unter Ihren Füßen spüren. Je mehr Sinne dabei zum Einsatz kommen, umso intensiver und schneller ist das gute Gefühl wieder bei Ihnen.

Das Verankern positiver Erfahrungen spielt beim Coaching wie beim Selbstcoaching eine sehr wichtige Rolle. Hiermit kann ein positiver Zustand wie beispielsweise Freude mit einem bestimmten Auslöser gekoppelt werden, der idealerweise mit einem Sinneseindruck kombiniert wird. Als Beispiel: Jemand erinnert sich an ein Erfolgserlebnis, bei dem er oder sie an einem Tisch saßen. Wie hat sich der Stuhl angefühlt? Und der Tisch selbst? Gab es eventuell einen bestimmten Geruch im Raum? Wenn man sich diese Sinneswahrnehmungen bewusst macht und sie in sich verankert, können hierüber die dazugehörigen (idealerweise positiven) Erinnerungen wieder abgerufen werden. Oder ein Klient wird gezielt in eine angenehme Emotion hineingeführt und diese wird dann mit einem bestimmten Lied oder auch einer speziellen Geste gekoppelt und somit verankert. (Dies kann auch mit Methoden der Hypnose verstärkt werden.) Diese Vorgehensweise ist ein üblicher Bestandteil des Mentalen Trainings und wird auch im ZRM®, dem Zürcher Ressourcen Modell, angewendet, zu dem Sie später noch mehr erfahren.

Vor allem bei Sportlern können Sie daher oftmals bestimmte körperliche Rituale (sogenannte „Micro Movements" im ZRM®) beobachten. Oder auch den Einsatz von Musik, die – je nach vorheriger „Programmierung" – einen besonders entspannten oder vielleicht auch (wett-)kampfbereiten Zustand unterstützt.

Und genau solche „Tricks", Werkzeuge und hilfreiche Vorgehensweisen können Sie auch für Ihren eigenen Alltag nutzen. Einige weitere Anwendungsbeispiele folgen direkt im Anschluss. Doch zunächst möchte ich Ihnen noch eine kurze Übung hierzu vorstellen.

13.2.1 Ankern mit Daumen und Zeigefinger

Denken Sie bitte jetzt zurück an einen Moment, der Ihnen ein Lächeln aufs Gesicht gezaubert hat, vielleicht sogar ein breites Lachen. Haben Sie diese Situation vor Ihrem inneren Auge? Wunderbar.

Legen Sie nun den Zeigefinger und Daumen Ihrer Lieblingshand aneinander. Mit genau dieser kleinen Geste können Sie später auch in öffentlichen Momenten, vielleicht bei einem Vortrag oder direkt vor einer Präsentation, Ihren positiven Anker setzen und dadurch Kraft, Energie und Zuversicht tanken (Abb. 13.3).

Natürlich können Sie auch andere Finger dafür nutzen. Genau diese beiden, Daumen und Zeigefinger, bringen jedoch noch weitere Vorteile: Dort liegen Akupressurpunkte, die sich positiv auf Kopf und Gehirn und somit auf unsere Konzentration auswirken. Auch im Yoga gibt es bestimmte Handhaltungen, sogenannte Mudras. Das Zusammenlegen von Daumen und Zeigefinger wird als Chinmudra bezeichnet, es ist Harmonie fördernd und steht für Selbstverwirklichung. Der Daumen reguliert Sorgen, der Zeigefinger verringert Angst.

Bitte holen Sie sich nun alle Sinneseindrücke aus diesem Moment in Ihr Gedächtnis zurück: Welche Farben können Sie sehen? Was hören Sie? Welche Gerüche nehmen Sie wahr? Schmecken Sie vielleicht auch etwas Bestimmtes? Was können Sie fühlen? Ist es kühl oder warm? Was spüren Sie im Gesicht, unter Ihren Füßen, mit den Händen oder an anderen Stellen Ihres Körpers? Fühlen Sie hierbei auch bitte wieder Ihre angehobenen Mundwinkel, Ihr Lächeln oder Lachen.

All diese Eindrücke können Sie jetzt direkt in die Verbindung von Daumen und Zeigefinger einfließen lassen. Das passiert ganz von alleine. Sobald Sie sich all diese Wahrnehmungen aus dieser mit schönen Erinnerungen verknüpften Situation zurückgeholt und bewusst gemacht haben, konzentrieren Sie sich einfach wieder auf Ihre beiden miteinander verbundenen Finger.

Wenn Sie diese Übung regelmäßig wiederholen, können Sie bald in anderen Situationen all die Energie aus diesem schönen Moment wieder „auf Fingerdruck" hervorholen. Sie werden merken, dass auch genau dieses Lächeln oder Lachen von damals in schöner Regelmäßigkeit auf Ihr Gesicht zurückkehrt.

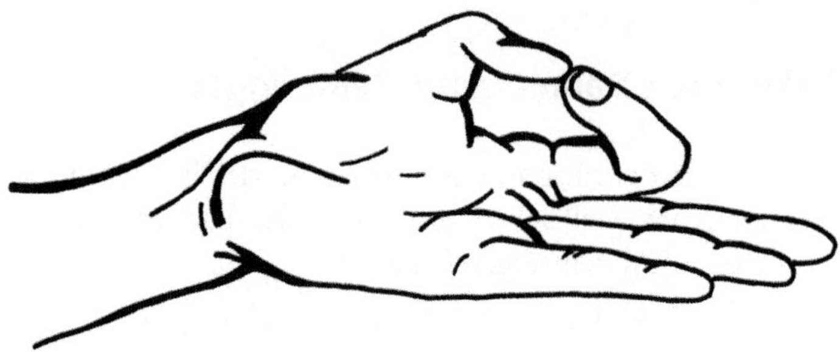

Abb. 13.3 Anker setzen mit Daumen und Zeigefinger

13.3 Meditation: Lassen Sie sich in Frieden

Zunächst: Was ist Meditation definitiv nicht? Meditation ist kein Werkzeug für Effizienz- oder Effektivitätssteigerung. Zwar mag es ein löblicher Ansatz sein, wenn Unternehmen Meditations- oder Achtsamkeitskurse für ihre Beschäftigten anbieten. Aber bitte nicht mit dem Ziel, damit die Produktion, den „Output" zu steigern und schlussendlich die Umsatzzahlen in die Höhe zu treiben.

Auch für sich selbst gilt: Meditation ist kein Doping für die Seele. Wenn Sie irgendwo eine Werbung für „Power-Meditation" sehen, gehen Sie lieber zügig weiter. Meditation hat nichts mit Leistung, deren Steigerung oder irgendeinem Besserwerden zu tun. Jedoch würde es mich nicht wundern, wenn es eines Tages Weltmeisterschaften im Meditieren gibt. Sieger ist vielleicht, wer es am längsten im Lotussitz aushält. Und auch das ist Meditation nicht: Leiden oder Aushalten. Wer vom Meditieren Schmerzen bekommt, ist leider auf der falschen Fährte.

13.3.1 Was genau passiert denn da?

Gleichfalls wird auch oft der Eindruck vermittelt, dass es beim Meditieren vorrangig um Entspannung geht. Und das ist ebenso oft das Resultat: Menschen schlafen dabei ein. Entspannung darf gerne ein Resultat sein, das Meditieren sollte allerdings nicht mit Valium verwechselt werden. „Abschalten und Loslassen" sind ebenfalls sehr häufig verwendete Attribute. Es geht auch nicht darum, seinen Geist „zu leeren". Tun Sie das, gerne. Wenn Sie Ruhe brauchen, dann ist das so. Nur ist dies nicht der Kern von Meditation.

Dazu ist mir kürzlich ein großartiges Buch begegnet: „Die innere Ruhe kann mich mal". Geschrieben hat es der französische Philosoph und Meditationslehrer Fabrice Midal. Darin liefert er eine wunderbar kompakte Beschreibung: *„Meditation bedeutet sich selbst zu vergessen und sich der Welt zu öffnen."*[1]

Das Meditieren wird Sie auch nach vielen Jahren des Übens nicht zu einem neuen oder besseren Menschen machen. Vielleicht fühlen Sie sich dennoch eines Tages besser oder anders. Das liegt dann jedoch sehr wahrscheinlich

[1]Midal, 2018.

daran, dass Sie sich selbst als genau den Menschen akzeptieren können, der Sie sind. Wenn das so ist: herzlichen Glückwunsch (Abb. 13.4).

Vielmehr liegt auch nach meinem Verständnis eine vollständige Absichtslosigkeit im Zentrum des Meditierens. „Nichts wollen" ist das zentrale Mantra. Wenn Sie alles, was ist und aufkommt, friedlich zulassen können, es betrachten und dabei nicht bewerten, sich weder an Gedanken hängen, noch diese aktiv vertreiben, dann sind Sie auf einem sehr guten Weg.

Wohin? Hin zu einem friedvollen Zustand in sich selbst und mit sich selbst. In dem alles so sein darf, wie es genau jetzt gerade ist. In dem nicht ein Höchstmaß an Entspannung oder Erleuchtung angestrebt wird. In dem alles gut ist und Sie in Einklang mit sich selbst sind.

Sehr simpel – zumindest auf den ersten Blick – formuliert es wieder Fabrice Midal: *„Lassen Sie sich beim Meditieren einfach in Frieden."* Ganz so einfach ist das wahrscheinlich für die meisten von uns nicht, denn sich selbst und die Welt um uns herum einfach – so, wie alles genau jetzt ist – friedlich anzunehmen, sind wir oft gar nicht gewohnt.

Erinnern Sie sich an die Übung zum dreifachen Dialog, auch als „Inquiry" bekannt? Wenn Sie genau dies können, also für eine Weile einfach nur in der Gegenwart sind und wahrnehmen, was um Sie herum und in Ihnen passiert, wenn Sie all dies so annehmen können, wie es in diesem Moment ist – dann haben Sie den Kern des Meditierens erreicht. Und all das können wir lernen und üben.

Dieses Vorgehen beschreibt Midal im weiteren Verlauf seines Buches folgendermaßen: *„Meditation heißt nicht, sich im Elfenbeinturm von der Welt abzuwenden, sondern ganz im Gegenteil, sich der Welt zu öffnen: über seine*

Abb. 13.4 Dem Denken eine Pause gönnen

Sinne und folglich mit dem ganzen Körper. Es bedeutet seine Fußsohlen auf dem Boden zu spüren, seine Hände auf den Oberschenkeln, die Kleidung auf der Haut. Das Auto zu hören, das draußen bremst, den Passanten, der spricht. Ohne zu versuchen, es zu begreifen, ohne zu urteilen, ja selbst ohne all das in Worte zu fassen."[2]

Wenn Sie eine weitere Übungsform ausprobieren möchten, kann ich Ihnen das sogenannte „Candle Gazing" empfehlen. Diese Übung ist auch als „Star Gazing" bekannt und nennt sich in ihrer Ursprungsform im Sanskrit „Tratak". „Gaze" heißt im Englischen „fester Blick" und als Verb „anstarren" – oder noch schöner: „bestaunen".

Dabei kann es sich um eine Kerze, einen Stern, gerne auch eine Blume oder einen beliebigen anderen Gegenstand handeln: diesem Objekt Ihrer Wahl widmen Sie für einige Zeit all Ihre Aufmerksamkeit. Tratak ist dabei noch mehr als eine Meditations- oder Konzentrationsübung – und das werden Sie bereits nach kurzer Zeit merken. Es ist eine der sechs sogenannten Shatkriyas. Dies sind yogische Reinigungsübungen, die auch im Ayurveda angewendet werden.

Warum Reinigung? Weil Ihnen die Tränen kommen werden. Ganz ohne Traurigkeit. Denn Tratak reinigt und pflegt Ihre Augen. Und so geht's:

Suchen Sie sich eine ruhige Umgebung, in der Sie für 10 bis 15 Minuten wirklich ungestört sind. Stellen Sie Ihr Tratak-Objekt ungefähr einen Meter vor Ihnen in Augenhöhe auf. Beziehungsweise setzen Sie sich in entsprechendem Abstand davor.[3] Statt einer Kerze empfehle ich Ihnen eine Öllampe, weil deren Flamme kaum flackert. Wie gesagt: Sie können statt einer Kerze auch etwas ganz Anderes in den Fokus legen. Entscheidend ist, dass Sie voll und ganz mit Ihrer Aufmerksamkeit bei diesem Objekt bleiben. Und dabei möglichst wenig blinzeln.

Genau dadurch ist es sehr wahrscheinlich, dass Ihnen bald die Augen etwas brennen und einige Tränen über Ihre Wangen rollen. Das darf und soll genau so sein, legen Sie sich daher gerne auch ein Taschentuch parat. Dieser Tränenfluss ist ungewohnt – und gleichzeitig sehr förderlich für die Gesundheit unserer Augen.

---

[2]Midal, 2018.

[3]Schauen Sie einfach, wie es für Sie passend ist. Bei einem Stern wird ein Abstand von einem Meter etwas herausfordernd sein. Es ist Ihr Objekt und Ihre Übung, sie werden ganz sicher spüren und wissen, wie es für Sie richtig ist. Die Sonne wird als Gegenstand des Bestaunens für diese Übung ganz explizit nicht empfohlen, Ihre Netzhaut wird es Ihnen danken.

Und vermutlich werden Ihnen während dieser Übung verschiedenste Gedanken durch den Kopf gehen. Erneut heißt es hier: Das ist absolut in Ordnung. Scheuchen Sie sie nicht fort. Und vertiefen Sie sich auch gleichzeitig nicht in diese Gedanken. Lassen Sie sie einfach in Frieden und bleiben Sie mit Ihrer Aufmerksamkeit bei der Flamme. Es wird Ihnen anfänglich sicher schwerfallen, nur sehr wenig zu blinzeln. Wenn Sie Tratak ein bis zwei Mal pro Woche üben, werden Sie schnell feststellen, wie es Ihnen immer leichter gelingen wird, Ihre Augen über deutlich längere Momente offen zu halten und gleichzeitig mit voller Konzentration bei Ihrem Tratak-Objekt zu bleiben.

Am Ende der Übungsdauer schließen Sie bitte Ihre Augen und versuchen Sie, Ihr Objekt – Flamme, Blume, Stern – vor Ihrem inneren Auge zu sehen. Auch hier werden Sie bald die Erfahrung machen, dass Sie dieses Bild mit fortschreitender Übungsdauer immer länger aufrechterhalten werden.

Die Dauer der Übung können Sie beliebig ausbauen. Eine halbe Stunde ohne Blinzeln ist kein Ding der Unmöglichkeit. Aber bitte beachten Sie: Weder Meditation insgesamt noch Tratak sind ein Wettbewerb, bei dem es um Höchstleistungen geht. An dieser Stelle möchte ich noch ein tibetisches Sprichwort mit Ihnen teilen, das vieles des vorab Geschriebenen vermeintlich auf den Kopf stellen mag:

„Nichtmeditation ist die beste Meditation.“[4]

13.4 Achtung: Achtsamkeit!

An allen Ecken begegnet man diesem Begriff: Achtsamkeit. Oder auf Englisch auch Mindfulness genannt. Man findet Schulungen in Mindfulness-based Stress Reduction (MBSR), Unternehmen bieten Mitarbeiterschulungen in Achtsamkeit an, um die Leistungsfähigkeit ihrer Beschäftigten zu optimieren, die meisten Seminaranbieter haben Workshops zu diesem Thema im Programm und man kann in jeder größeren Stadt Volkshochschulkurse für Achtsamkeit buchen. Es gibt Unmengen von Erklärvideos auf YouTube zur Steigerung von diesem und jenem Aspekt mittels Achtsamkeit und wir können uns bereits unzählige Achtsamkeits-Apps auf unsere Smartphones laden. Ein zentraler Aspekt von Achtsamkeit ist es, dass man das Wahrgenommene möglichst nicht bewertet. Es also genau so sein lässt, wie es ist. Daher nur ein kurzer Gedanke hierzu: Wie auch

[4]Wangyal, 2010.

beim Meditieren sollte auch die Achtsamkeit kein „Sekundärziel" haben: Stress wird sich reduzieren. Effektivität und Effizienz können möglicherweise dadurch steigen. Das einzig wahre Ziel jedoch bei Achtsamkeit ist: Achtsamkeit.

Achtsam zu sein, bedeutet alles in sich wahrnehmen. Auch alles außerhalb, was die Sinne erkennen können? Sicher nicht alles. Vermutlich würde es uns überfordern, wenn wir die Bewegung jedes Atoms um unsherum spüren würden. Doch können wir wahrnehmen, ob wir jemandem im Weg stehen. Ob uns jemand anlächelt. Wir können den Sonnenschein bemerken. Oder auch den Regen.

Meditation kann für unsere Achtsamkeit hilfreich sein. Doch können wir auch achtsam sein ohne zu meditieren? Ja. Und nein. Man muss nicht im Lotussitz die Beine kreuzen, Räucherstäbchen anzünden und einer Klangschale lauschen. All dies ist auch nicht der Kern von Meditation. Stilles Sitzen wie beim Zazen[5] kann eine großartige Form sein, um Achtsamkeit zu finden. Es gibt jedoch noch viel mehr Möglichkeiten.

Wenn man sich während eines Spaziergangs voll im gegenwärtigen Moment befindet, den Boden unter den Füßen wahrnimmt, ohne mit seinen Gedanken im Gestern oder Morgen zu sein, wenn man sich selbst spürt und sich in Frieden lässt, dabei den Duft der Bäume und auch den Wind bemerkt, der genau jetzt weht, und vielleicht auch noch die Vögel hört, die gerade singen – dann ist das Meditation in Bewegung. Und gleichzeitig gelebte Achtsamkeit.

Das kann auch etwas ganz Anderes sein, bei dem man voll und ganz in eine Tätigkeit eintaucht, ohne sich wiederum in ihr zu verlieren. Bill Gates spült jeden Abend das Geschirr per Hand, um sich diesen Moment für sich zu gönnen.

Mit Blick in uns hinein können wir unsere inneren Stimmen und Impulse wahrnehmen. Und bewusst und damit achtsam entscheiden, welchen davon wir folgen möchten. Und wie wir uns damit auch nach außen hin verhalten wollen.

Sie können auch einfach versuchen, sich beim nächsten Mal die Zähne mit der anderen Hand zu putzen. Das wird sich vermutlich zunächst seltsam anfühlen. Oder lustig. Nehmen Sie dabei wahr, was auch immer

---

[5] Das japanische Wort *Zazen* bedeutet „Sitzmeditation" und ist eine der Meditationspraktiken im Zen-Buddhismus. Je nach Stilart bzw. Schule sitzt man dabei entweder mit dem Rücken zu einer Wand (Rinzai) oder auf diese zugewendet (Sōtō). Für weitere Information zu Zen empfehle ich als Einstieg das Buch „Zen – Stille des Geistes" von Alan Watts (Watts, 2001).

wahrgenommen werden möchte. Ganz andere Muskelbewegungen, ein kritischer oder amüsierter Blick im Spiegel, eine ungewohnte Kopf- oder Schulterhaltung und vielleicht nehmen Sie dabei auch Ihre Zähne und die Zahnbürste anders wahr. Lassen Sie alles genau so sein, wie es passiert. (Sie trainieren dabei übrigens gleichzeitig Ihre Synapsen.)

Vielleicht lässt sich dadurch Stress reduzieren. Möglicherweise können Effizienz und Effektivität davon positiv beeinflusst werden. Ob dadurch weniger Sorgen existieren oder man anders damit umgeht, vermag ich Ihnen nicht zu sagen. Achtsamkeit ist kein Medikament, auch kein Dopingmittel für mehr Leistung. Mit großer Sicherheit jedoch kann ein Mehr an Selbstbestimmung, Klarheit, Bewusstheit und schlussendlich Freiheit für uns das Resultat von gelebter Achtsamkeit sein.

Literatur

Midal F (2018) Die innere Ruhe kann mich mal: Meditation radikal anders. dtv Verlagsgesellschaft mbH und Co. KG, München

Wangyal TR (2010) Der direkte Weg zur Erleuchtung: Dzogchen-Meditation nach den Bön-Lehren Tibets. O. W. Barth, München

Watts A (2001) Zen – Stille des Geistes: Einführung in die Meditation. Theseus, Bielefeld

14

Weniger Festhalten, mehr Loslassen

Zusammenfassung „Leben ist Leiden" – diese Grundannahme des Buddhismus stimmt genau dann, wenn wir immer mehr wollen und an allen Dingen bis in alle Ewigkeit festhalten möchten. Doch wie viele Hände hat ein Mensch? Können wir alles umklammern, das uns wichtig ist? Manchmal kann ein wenig Loslassen absolut befreiend wirken. Genau hierzu gibt es Impulse aus Nepal, der Bronx und auch vom „Herrn der Ringe".

„Nicht wer wenig hat, sondern wer mehr begehrt, ist arm."

Dieser Ausspruch ist knapp zweitausend Jahre alt und stammt vom römischen Philosophen, Stoiker, Forscher und Politiker Lucius Annaeus Seneca (1–65 n. Chr.), kurz Seneca der Jüngere genannt. Die Aussage aus Senecas Mund ist insbesondere deshalb bemerkenswert, da er nämlich „nebenbei" auch noch Kaufmann war. Die Geschichtsschreiber vermuten daher, dass er seine eigenen Moralvorstellungen für gewisse Momente „kurz beiseitegelegt" hatte. Selbstbeherrschung, einer der wichtigsten Grundzüge der Stoiker, wurden von Seneca anscheinend mit einer gewissen Flexibilität gehandhabt und durch ein weiteres stoisches Prinzip, nämlich Gelassenheit, ersetzt. Gleichfalls lohnt es sich zu wissen, dass römische Politiker zu dieser Zeit eine Summe von einhunderttausend Sesterzen vorweisen mussten, bevor sie ein Amt antraten. Dadurch sollte eine finanzielle Unabhängigkeit sichergestellt werden, die wiederum Schutz vor Korruption darstellt. Allerdings fragte wohl nie jemand, wie diese Person ursprünglich an eine solche Menge Geld gekommen war. Damit soll jedoch keinesfalls Senecas Aussage infrage

A. Steffen, *Impulse zur eigenen Veränderung*, https://doi.org/10.1007/978-3-662-58279-4_14

gestellt werden. Ist es ein Teil unserer DNA, eine elementare Eigenschaft unserer Spezies, dass wir Menschen immer mehr wollen und es schlichtweg nicht ertragen können, wenn wir wenig haben – oder zumindest weniger als früher, als andere, als möglich besitzen?

14.1 Ist Leben immer Leiden?

„Leben ist Leiden." Diese tief im Buddhismus verankerte Aussage ist mir das erste Mal vor vielen Jahren begegnet. Und ich fand sie ganz fürchterlich. „Wo bleibt denn da der Spaß?!" Inzwischen habe ich für mich jedoch ein Erklärungsmuster entdeckt, das sich mir deutlich mehr erschließt und meine Akzeptanz findet. Vielleicht auch Ihre.

Ständig wollen wir etwas. Unser Verlangen nach Dingen, Menschen, Eigenschaften oder anderen Zuständen ist oftmals riesengroß. Wir fühlen uns immer wieder durch dieses Begehren getrieben, können weder glücklich noch zufrieden sein, wenn all dies nicht erreicht und damit unser ist. Und ist es dann vielleicht tatsächlich doch so weit, herrscht große Langeweile. Das Leid ist also keinesfalls befriedigt.

Kommt man also jemals raus aus diesem Kreislauf?

Ein zentraler Punkt ist es hierbei, seine Wünsche und Bedürfnisse zu erkennen und zu verstehen, mit wie vielen Dingen und Gedanken – man kann auch von „Formen" und „Konstrukten" sprechen – wir uns identifizieren.

14.2 Anhaften: ein Thema nicht nur für Post-its

In vielen Philosophien wird ein großes Augenmerk auf den Aspekt des Nicht-Anhaftens beziehungsweise Nicht-Identifizierens gelegt (Abb. 14.1).

Dabei sind es keineswegs immer kahlköpfige asiatische Zenmönche, die diesen Weg predigen. So hat der griechisch-armenische Schriftsteller,

Abb. 14.1 Gar nicht so einfach, dieses Loslassen

Choreograf und Komponist Georges I. Gurdjieff (1866–1949) einen Großteil seines Lebens darauf verwendet, die Lehre (oder Leere?) des Nicht-Anhaftens zu verbreiten.

In dem Buch „Der Vierte Weg“[1] schreibt Gurdjieffs bekanntester Schüler Peter D. Ouspensky dazu: „Wir werden von den Dingen zu sehr gefesselt, verlieren uns zu sehr in ihnen, besonders wenn das kleinste Gefühlselement auftaucht.“

Später dort ergänzt Ouspensky: „Sie interessieren sich für etwas, und im nächsten Moment stecken Sie drin und existieren nicht länger.“ Genau zu diesem Aspekt werden wir später noch einem Höhlenbewohner und einem Ring begegnen.

14.2.1 Alles wieder auf Anfang

Mit großer Sicherheit ist Ihnen schon ein Mandala begegnet. Geometrische Figuren, meist kreisförmig, mit vielen Verzierungen und Ornamenten, die oft in sehr bunten Farben dargestellt werden. Es existieren unzählige Malbücher und Vorlagen dafür. Auch Computerprogramme und Apps zum Entwerfen von Mandalas gibt es wie Sand am Meer.

Die ursprüngliche Form dieser Kunstrichtung hat ihre Wurzeln im Hinduismus und Buddhismus. In den entsprechenden Regionen werden solche Kunstwerke per Hand in teilweise mehrmonatiger oder sogar mehrjähriger Arbeit erstellt und sie sind meist Bestandteil religiöser oder zumindest meditativer Rituale.

Bei der Thangka-Malerei, die in Nepal, Tibet und angrenzenden Regionen seit über dreitausend Jahren gepflegt wird, muss man zunächst eine vierjährige Ausbildung absolvieren, um Mandalas und andere Bilder gemäß den traditionellen ikonografischen Vorschriften anfertigen zu können. Erst dann dürfen eine Schülerin oder ein Schüler ihr fertiggestelltes Werk mit dem eigenen Namen signieren. Allerdings interessiert die meisten Betrachter ausschließlich das Werk selbst – nicht, von wem es stammt. Beim Zeichnen von Thangkas wird für bestimmte Details – zum Teil jedoch auch für ein gesamtes Gemälde – ein einzelnes Yak-Haar verwendet, derart kleinteilig und fein sind viele dieser Bilder.

Eine Besonderheit stellen Sand-Mandalas dar, die aus verschiedenfarbigem Sand in aufwendiger Arbeit über viele Tage oder Wochen

[1] Ouspensky, 2013.

Abb. 14.2 Gerade fertig und schon wieder futsch?

geschaffen werden. Und sobald dieser Prozess beendet ist, nach einem kurzen Moment des Betrachtens, werden die Werke sogleich weggewischt und zerstört (Abb. 14.2).

Üblicherweise wird der Sand anschließend in ein Gefäß zusammengefegt, in einen Fluss geschüttet oder mit dem Wind in alle Himmelsrichtungen verstreut. Damit soll symbolisch zum Ausdruck gebracht werden, dass wirklich alles auf dieser Welt vergänglich ist. Dass ein Anhaften vermieden werden soll, um Untugenden wie Gier oder Verblendung zu vermeiden. Die Entbindung von der physischen, materiellen Welt wird dadurch ausgedrückt.

14.2.2 Wirklich alles loslassen?

Solch ein „Anti-Anhaften" ist insbesondere für unser Ego eine echte Herausforderung. „Das ist meins! Lass es keinesfalls los"! So hören wir es förmlich in uns rufen. Vielleicht kommt Ihnen jetzt die Figur „Gollum" aus der Buch- und Filmreihe „Der Herr der Ringe" in den Sinn (Abb. 14.3). Und haargenau so können wir uns in solchen Momenten unser eigenes Ego vorstellen. Wie es etwas – einen Gegenstand, eine Person oder einen Zustand – um keinen Preis der Welt aus seinen Klauen geben und loslassen will. Und dabei ständig „mein Schatz" murmelt.

Diese ebenso schreckliche wie zur selben Zeit auch bedauernswerte Figur des Gollum ist der Prototyp des Anhaftens. Der Gegenstand seiner Begierde, in diesem Fall ein Ring, verändert ihn immer mehr, nicht zum Guten. Mit jedem Tag wird er misstrauischer. Denn jeder um ihn herum könnte ihn um

Abb. 14.3 Mein Schatz. Nicht dein Schatz. Meiner

seinen Schatz bringen und hintergehen wollen. Schritt für Schritt wird die Identifikation mit dem Ring immer stärker, schlussendlich verschwimmen die Grenzen, Gollum wird sozusagen eins mit dem Objekt – in seiner eigenen Wahrnehmung. Schließlich zieht sich Gollum immer mehr von der Welt zurück, lebt allein (mit seinem Schatz) in einer düsteren Höhle.

Solch ein Verhalten ist in unterschiedlicher Ausprägung, aber meist mit denselben Mechanismen, auch in der realen Welt zu beobachten. „Mein Haus, mein Auto, meine Jacht", dieses Beispiel ist bekannt und wird gerne zitiert. Aber von wie vielen „normalen" Dingen, denen wir nicht den Luxusstempel aufdrücken würden, könnten wir uns trennen? Woran hängt und klebt unser Herz?

Können wir dieses schöne Gefühl, das wir gerade spüren, wirklich wieder loslassen? Oftmals würden wir es gerne für alle Ewigkeit an uns ketten. „Bleib hier!", hören wir uns vielleicht rufen – und verlieren schon im selben Moment die Freude daran, denn es könnte ja gleich wieder vorbei und verloren sein.

Natürlich darf man sich auf und über Erfolge, Objekte, Menschen, Situationen und auch Gefühlswahrnehmungen freuen. Keine Frage! Jedoch kann es dann kritisch und schlussendlich belastend für uns selbst werden, wenn wir unser Herz, unser Seelenheil und „irgendwie einfach alles" an Dinge oder Personen hängen. Wenn wir das Gefühl haben, dass wir ohne sie nicht existieren könnten. Und wenn unser Blick nur noch darauf gerichtet ist, was wir alles verlieren könnten.

Abhängigkeit hat bei weitem nicht immer nur mit Drogen, Alkohol oder Zigaretten zu tun. Es können ganz banale Dinge sein, die uns in ihren Bann ziehen. Und es gibt darüber hinaus viele Situationen, in denen Menschen das Loslassen – nicht nur, aber auch von schlechten oder ungesunden Angewohnheiten und sogar einschränkenden Verhaltensweisen oder gar Krankheiten – extrem schwerfällt.

14.2.3 Zeit zum Aufwachen. Auch zum Loslassen?

Ende der 1960er Jahre stieß der britische Neuropsychologie Oliver Sacks (1933–2015) in einem Krankenhaus in der Bronx von New York City auf eine Gruppe von Überlebenden der sogenannten Europäischen Schlafkrankheit, der Anfang des 20. Jahrhunderts mehrere Millionen Menschen zum Opfer gefallen waren. Vollkommen bewegungs- und emotionslos vegetierten diese „Überlebenden" dort vor sich hin. Rein physisch waren sie lebendig, doch hätte man sie heutzutage wohl eher als Geister oder „Zombies" bezeichnet. Viele dieser in hintere Ecken der Krankenstation abgeschobenen Patienten hatten zwanzig, dreißig und teilweise mehr Jahre an diese Krankheit verloren.

Mit einer eindrucksvollen Mischung aus Forschungsdrang, echtem Interesse an seinen Patienten, sehr viel Menschlichkeit, Wärme und hochsensiblem Einfühlungsvermögen, die Sacks auch als Autoren diverser Bücher auszeichnet haben, machte er sich an die Arbeit. Er entwickelte eine Behandlungsmethode, die sich auf ein damals neuartiges Medikament namens „L-Dopa" stützte. Und die Wirkung war absolut phänomenal. Immer mehr dieser vormals fast schon scheintoten Menschen kehrten ins Leben zurück. Sie wachten wieder auf, daher stammt auch der Name des entsprechenden Buches von 1973, das siebzehn Jahre später unter demselben Titel mit Robin Williams und Robert De Niro in den Hauptrollen verfilmt wurde: „Awakenings – Zeit des Erwachens" (Sacks, 1992). Doch konnte aufgrund mangelnder Erfahrungswerte im Umgang mit diesem damals neuartigen Medikament niemand sagen, welche Nebenwirkungen auftreten könnten und ob es tatsächlich ein dauerhaftes Wiederaufwachen sein würde. Tatsächlich fielen mehrere der Patienten in frühere Zustände zurück, die Wirkung der Behandlung ließ bei vielen von ihnen nach. Bei einigen der „Erweckten" traten andere Begleitumstände ein, so wurden unter anderem starke Ticks und Symptome von Parkinson beschrieben.

Und so gibt es auch für uns selbst immer wieder Nebenwirkungen, Komplikationen und Rückfälle, auch wenn – mindestens von außen betrachtet – doch eigentlich alles besser geworden ist nach dem Schritt der Veränderung.

Gewohnheiten können vielfältig und sie müssen nicht immer „gut" oder „hilfreich" sein. Egal, wie sie beschaffen sind, nicht immer werden wir sie per Knopfdruck ablegen können, selbst wenn sie uns schaden oder zumindest einschränken. Rückfälle in alte Gewohnheiten sind daher keine Seltenheit und auch hier sollten wir gnädig im Umgang mit uns selbst sein. Immer wieder gibt es Fälle, in denen Patienten bewusst wieder in den „schlechten" Zustand zurückwollen. Gewohnt ist gewohnt. Dabei ist es manchmal fast egal, ob wir etwas gut oder schlecht finden – irgendwann gehört es zu uns und wir wollen einen Zustand oder eine Eigenschaft einfach nicht mehr loslassen. Wir kennen uns damit aus. Punkt. Eine Veränderung? Nein, danke.

Doch was ist gut, was ist schlecht? Diese Bewertung ist nicht nur höchst individuell, sondern auch nicht immer mit Logik und Vernunft gekoppelt. Gleichzeitig ist es nicht immer leicht sich damit abzufinden, dass man viel Zeit „verschenkt", „vergeudet" oder „vertrödelt" hat, wenn man einen neuen Weg einschlägt und dabei zurückschaut. Auch der groß gewordene Elefant mag sich wundern oder gar ärgern, dass er sich all die Jahre vom dünnen Seil und dem kleinen Holzpflock hat festhalten lassen. Solch ein rückblickendes Sichärgern oder Traurigsein ist mehr als verständlich und vollkommen natürlich. Auch hier gilt daher die Bitte um Geduld und gnädigen Umgang mit sich selbst: Wir alle wären nicht dort, wo wir sind, hätten wir nicht genau den Weg zurückgelegt, der hinter uns liegt.

„Was bin ich bisher doch für ein Idiot gewesen!" Oder: „Wie schön, dass ich diese Veränderung jetzt geschafft habe." Für lange Zeit vom Schicksal reingelegt? Oder mit der Chance für einen Neuanfang beschenkt? Wie wir nach einem Wendepunkt mit uns selbst umgehen, verärgert über die Vergangenheit oder erfreut über das neue Heute, liegt in unserer Hand.

14.3 Wirklich alles?

Ob und was und wann und wie Sie etwas loslassen – oder überhaupt: Das ist ganz allein Ihre Entscheidung. Doch falls Sie eben beim Lesen vielleicht gewisse Assoziationen hatten und nun überlegen, ob Ihre Bindung an dieses oder jenes, an diesen oder jenen Menschen, an bestimmte Statussymbole oder Gefühlszustände möglicherweise etwas flexibler, lockerer und weniger einengend sein könnte … dann haben Sie hier möglicherweise Ansatzpunkte gefunden, um sich selbst ein Stück mehr Freiheit im Leben zu schenken. Am Ende des Kap. 16 finden Sie die Übung mit der Plastiktüte. Probieren Sie sie gerne aus.

14.3.1 Achtsamkeit beim Loslassen

Und gleich noch ein wichtiger Hinweis, vielmehr ein deutliches „Achtung!“: In verschiedenen Seminaren und Büchern wird das Loslassen manchmal als „der heilige Gral“ gepriesen. Einfach alles loslassen! Manche Teilnehmer finden die Idee des „Leichterwerdens und Unabhängigseins“ so dermaßen toll, dass sie es dann ein wenig übertreiben. Es ist selten clever, auf einen Schlag so wirklich *alles* loszulassen. Dann ist vielleicht nämlich plötzlich gar nichts mehr da. Denn manche Wünsche gehen auch in Erfüllung.

Sein eigenes Leben von heute auf morgen um 180 Grad zu drehen und komplett auf den Kopf zu stellen, kann großartig sein. Doch bitte gehen Sie auch diesen Weg mit Ruhe, Gemütlichkeit und Gelassenheit an. Lassen Sie sich selbst und auch ihrem Umfeld die Chance, sich auf – insbesondere radikale – Veränderungen einzustellen. Natürlich können Sie gerne innerhalb von 24 Stunden mit dem Rauchen aufhören, sämtliche Glaubenssätze über Bord werfen, sich eine neue Frisur verpassen lassen, den alten Job kündigen und einen neuen antreten, sich beim Sportverein anmelden und eine neue Wohnung beziehen – wenn Sie all dies Schritt für Schritt und nacheinander tun, haben Sie vor allem die Möglichkeit, sich über jede einzelne dieser Veränderungen auch richtig zu freuen.

Erfolge wollen gesehen werden, auch die kleinen.
Erfolge wollen auch gerne gefeiert werden.
Erfolgreiche Veränderungen erst recht.

Literatur

Ouspensky PD (2013) Der vierte Weg: Anleitung zur Entfaltung des wahren menschlichen Potentials nach G. I. Gurdjieff. Gebundene Ausgabe, advaitaMedia, Bobitz

Sacks O (1992) Awakenings – Zeit des Erwachens. Rowohlt Taschenbuch, Reinbek bei Hamburg

15

Weniger Wegschauen, mehr Erkenntnis

Zusammenfassung Kennen Sie Ihren blinden Fleck? Vermutlich nicht, denn es ist genau die Definition dieses Areals von uns selbst, dass es im Unbekannten liegt. Das Modell des Johari-Fensters kann uns jedoch dabei helfen, unser Selbstbild sowohl mit der Wahrnehmung anderer Menschen als auch mit den uns selbst unbekannten Bereichen besser zu harmonisieren. Durch dieses Fensterputzen kann man sich mehr verstehen und ganz neue Erkenntnisse gewinnen.

Wenn wir uns selbst einigermaßen gut kennen, haben wir auch umso mehr die Möglichkeit, mit anderen gut umzugehen. Weil wir dann authentisch sein können, eine der wichtigsten Voraussetzungen für gelungene Kommunikation und gesundes Miteinander.

15.1 Weit aus dem Fenster gelehnt

1955 entwickelten die beiden US-amerikanischen Sozialpsychologen Joseph Luft und Harry Ingham das sogenannte Johari-Fenster, dessen Bezeichnung sich aus den Vornamen der beiden Erfinder zusammensetzt. Dieses Modell bietet einen hilfreichen Blick auf verschiedene Bereiche unseres Selbstbildes und Fremdbildes. In den seltensten Fällen sind diese beiden Bilder vollständig deckungsgleich. Das Johari-Fenster kann dabei helfen, mögliche Abweichungen zu erkennen und insgesamt eine umfangreichere und exaktere Wahrnehmung von uns selbst zu bekommen (Abb. 15.1).

A. Steffen, *Impulse zur eigenen Veränderung*, https://doi.org/10.1007/978-3-662-58279-4_15

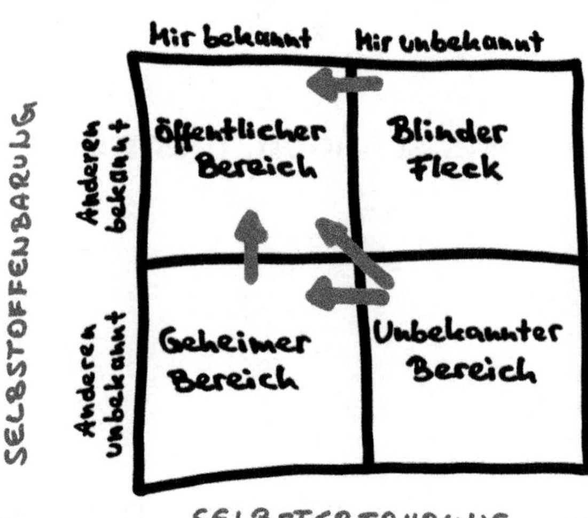

Abb. 15.1 Kennen Sie Ihren blinden Fleck?

Die beiden Achsen beschreiben vier verschiedene Bereiche:

- mir bekannt
- mir unbekannt
- anderen bekannt
- anderen unbekannt.

Daraus ergeben sich diese vier Felder:

1. Öffentlicher Bereich = mir und anderen bekannt
2. Geheimer Bereich = mir bekannt und anderen unbekannt
3. Unbekannter Bereich = mir und anderen unbekannt
4. Blinder Fleck = anderen bekannt und mir unbekannt

Der öffentliche Bereich ist allen Beteiligten bestens bekannt: uns selbst und unseren Mitmenschen ebenfalls. Hier befindet sich sozusagen unser äußeres und öffentliches Selbst. Die Wahrnehmung der anderen und unsere eigene stimmen überein. In diesem Bereich sollte man davon ausgehen können, dass unsere Wünsche und Ziele, unsere Eigenschaften und Verhaltensweisen allen Akteuren bekannt sind. Wir müssen uns hier nicht verstellen oder eine Rolle spielen, unsere Mitmenschen kennen und akzeptieren unsere öffentliche Person. Dies wiederum kann die Voraussetzung für eine gut funktionierende Kommunikation und ein reibungsloses Miteinander sein. Zumindest ist hier das Risiko für Konflikte gering. Allerdings ist dieser Bereich zumeist auch der kleinste.

Damit dieser Bereich möglichst groß ist und uns damit ein breites Spektrum für unser wirkliches Selbst ohne eine Form des Rollenspiels bietet, ist ein hohes Maß an Selbstoffenbarung erforderlich. Zeigen Sie sich den Menschen. So, wie Sie sind. Dann können Sie auch sein, wie Sie sind.

Der geheime Bereich ist nur uns selbst bekannt, niemand anderem. Hier befinden sich all diejenigen Dinge, Gedanken, Eigenschaften und Handlungen, die wir anderen – zumindest bislang – nicht zeigen wollen. Die meisten unserer Ängste und Sorgen sind darin verborgen, auch bestimmte andere Emotionen, heimliche Wünsche, vermeintlich peinliche Dinge und sehr verletzliche Stellen verstecken wir dort, damit unsere Mitmenschen sie nicht sehen und möglicherweise gegen uns verwenden können. Hier befindet sich eine wichtige „Schutzzone der Zurückhaltung" für all diejenigen unserer Eigenschaften und Erfahrungen, die wir keinesfalls mit anderen teilen wollen.

Dieser Bereich kann ein immenses Gewicht bekommen, wenn wir ihn immer weiter füllen und nie etwas herauslassen. Je mehr wir dort platzieren, desto geringer wird der Aktionsradius für unser wahres Ich. Was können wir tun? „Vertrauen" ist das entscheidende Stichwort. Bringen Sie immer wieder einzelne Dinge aus diesem Bereich hinein in Ihren öffentlichen Bereich und teilen Sie diese anderen mit. Das kann viel Mut erfordern. Und es kann Ihnen auch ein großes Maß an Freiheit schenken, wenn Sie sozusagen Ihren geheimen Keller aufräumen und Ihren emotionalen Rucksack von Geheimnissen, Gerümpel und Ballast befreien. Andere können Ihnen beim Umräumen, Tragen und Ausmisten helfen. Vertrauen Sie ihnen. Das ist es wert. Sie schenken sich selbst damit einen bedeutend größeren Handlungsspielraum.

Vollständig im Verborgenen liegt **der unbekannte Bereich,** dessen Inhalte weder uns selbst, noch anderen Menschen bekannt sind. Verborgene Talente können sich hier vor uns verstecken. Alleine das kann schon Motivation genug sein, um den Nebelscheinwerfer gezielt auf dieses Terrain zu richten. Vielleicht sind es dann auch unbewusste Erinnerungen, die bei Tageslicht in unser Bewusstsein zurückgeholt werden? Dann erst haben wir die Chance, aktiv und bewusst mit ihnen umzugehen.

Wenn Sie es nicht ausprobieren, werden Sie es nie wissen. Punkt. Und natürlich könnten vermeintliche Begabungen auch zu ganz viel Enttäuschung führen. In diesen Bereich hineinzugehen, dort im Dunkeln zu tappen und dabei Erfahrungen zu machen, von deren Ausgang Sie keinerlei Ahnung haben – auch das erfordert eine Menge Mut. Seien Sie neugierig! Wecken Sie den Entdecker und die Entdeckerin in sich. Jetzt haben Sie alleine in diesem Buch schon so oft das Wort „Veränderung" gelesen und haben es nicht beiseitegelegt. „Selbsterfahrung" ist auch hier das Schlüsselwort. Vielleicht erinnern Sie sich: Als ganz kleines Kind war die gesamte Welt ein einziger unbekannter Bereich. Und Sie sind furchtlos und mutig einfach drauflosgegangen und haben sie entdeckt. Das können Sie heute auch noch. Versprochen. Finden Sie hierfür Ihr ganz eigenes Tempo. Legen Sie ausreichend Pausen ein. Und genießen Sie die Aussicht.

Dann gibt es da noch **den blinden Fleck.** Hier nehmen andere deutlich mehr von uns wahr als wir selbst. Dieser Bereich enthält unter anderem unsere unbewussten Angewohnheiten. Alles das, was man tut, ohne es zu merken. Und davon gibt es so einiges. Kratzen am Kopf während einer Präsentation, regelmäßiges Räuspern in anderen Situationen, Nägelkauen, nervöses Wippen mit den Beinen oder Füßen – und vieles mehr, auf das wir mit einem überraschten „ach, das habe ich ja gar nicht gewusst!" reagieren, wenn uns ein Spiegel vorgehalten wird. Auch unbewusste Abwehrmechanismen und Vermeidungsstrategien können hier angesiedelt sein. Bekommen Sie immer Migräne, wenn Tante Helga zu Besuch kommt? Gleichzeitig können ebenfalls in diesem Bereich verborgene Fähigkeiten liegen, die Ihnen selbst bisher noch nie aufgefallen sind. Möglicherweise bewundern andere Menschen Sie, weil Sie immer so gute Laune haben, weil Sie erstaunlich gut zuhören können, weil Ihre Gesangsstimme ganz toll ist – und Sie selbst haben davon jeweils keine Ahnung. Vielleicht verbergen sich dort beim blinden Fleck einige sehr positive Eigenschaften, die endlich auch von Ihnen entdeckt werden und ans Tageslicht kommen möchten?

Wie können wir unseren eigenen blinden Fleck sehen? Holen Sie sich Feedback von Ihren Mitmenschen ein. Oder weniger neudeutsch: Sprechen Sie mit anderen Ihnen wohlgesonnenen Menschen über deren Wahrnehmung Ihrer eigenen Person. Über sich. Und Ihre Wirkung auf andere. Hören Sie sich an, was diese Personen Ihnen über Ihr Fremdbild in diesem für Sie selbst komplett nebulösen und intransparenten Bereich berichten, wie Sie auf andere wirken in diesem Teil, der Ihnen selbst bisher unbekannt ist. Je mehr Sie dies tun, je mehr Rückmeldungen Sie von anderen erlauben und erhalten, umso kleiner wird der blinde Fleck. Wenn Sie es wollen.

15.2 Mitnahmeeffekte des fleißigen Fensterputzens

Wenn Selbstbild und Fremdbild voneinander abweichen und nicht deckungsgleich sind, dann ist das vollkommen normal. Dies hat – in der Regel – nichts mit Augenwischerei, dem bewussten Vorspielen falscher

Tatsachen, Narzissmus, einem überbordenden Ego, Profilneurosen oder Selbstbetrug zu tun. Es ist auch keine Schwäche. Jedoch können Sie das „Fensterputzen“ dazu nutzen, um neue Stärken zu finden.

Wenn Sie diesen Effekt für Ihren eigenen Weg des Wandels verwenden möchten, ist insbesondere die Auseinandersetzung mit den beiden auf der rechten Seite verorteten Fensterbereichen in der Abb. 15.1 sinnvoll: mit dem unbekannten Bereich und dem blinden Fleck.

Wie oben bereits beschrieben, sind dafür vor allem drei Aspekte wichtig: die Bereitschaft, sich Rückmeldungen zur eigenen Wirkung auf andere Menschen einzuholen, das Vertrauen darin, dass diese uns helfen werden, und der Mut, in bisher unbekannte Bereiche vorzudringen.

16

Weniger Sein, mehr Haben

Zusammenfassung Es ist erneut ein vermeintlich simpler Perspektivwechsel: Ist jemand, wie er ist – und dies auch für immer und ewig? Oder zeigt jemand in einer bestimmten Situation eine spezielle Verhaltensweise – die sich auch ändern lässt? Die Frage nach Haben und Sein wird hier einmal ganz anders gestellt. Und sie bietet die Chance zu erkennen, dass wir gnädiger im Umgang mit anderen und uns selbst werden.

„Was nützt uns alles Haben, wenn es uns an Sein fehlt." Dieses Zitat des italienisch-belgischen Autors und Rechtswissenschaftlers Jean-Marc Ceci aus seinem Buch „Herr Origami"[1] finde ich sehr sympathisch.

In diesem Kapitel jedoch soll es deutlich auf den Kopf gestellt werden: Das Haben wird hier nicht auf materiellen Besitz bezogen, das Sein wiederum soll ausnahmsweise kritisch betrachtet werden – wenn es nämlich Teil einer Bewertung von anderen Menschen ist. Klingt kompliziert? Ist es auch, ein wenig.

Ihnen sind in diesem Buch bereits verschiedene „Typen" begegnet – und es folgen noch weitere. All dieses sind Beschreibungen von Verhaltensweisen, wie Menschen sich in einer bestimmten Situation oder vielleicht auch häufiger benehmen. Es sind keine Schubladen, in denen jemand für alle Ewigkeit feststeckt. Diese Typen sind nicht schon immer und auch nicht für immer so. Sie können sich ändern, genau wie Sie selbst.

[1] Ceci, 2016.

A. Steffen, *Impulse zur eigenen Veränderung*, https://doi.org/10.1007/978-3-662-58279-4_16

16.1 Für immer und ewig?

Er ist ein unhöflicher Mensch? Oder:
Er hat sich in dieser Situation unhöflich benommen?

Besteht ein Unterschied? Ja. Ein sehr großer. Der erste Satz ist ein in Stein gemeißeltes Schild, das dieser Person vermutlich für alle Ewigkeit um den Hals gehängt wird. Das ist nicht nur wenig nett und sehr schwer zu (er-)tragen, es gibt diesem Menschen auch kaum eine Chance, diese Be- oder Verurteilung jemals wieder loszuwerden.

Möchten Sie solch ein „ewiges Etikett" auch für sich selbst bekommen?

16.2 Nur ein Wort?

Bin ich meine Schulnote? Ist sie nicht gut, so ärgere ich mich sehr wahrscheinlich darüber. Bin ich mein Arbeitsergebnis? Wird das Ergebnis meiner Arbeit von anderen schlecht beurteilt, so ärgere ich mich sehr wahrscheinlich darüber. Warum tun wir das? Wir weil wir uns mit diesen Dingen identifizieren. Weil es sich für uns daher anfühlt wie „ich bin mangelhaft".

Auch wenn es vielleicht nur wie eine „sprachliche Nuance" klingt, wie ein minimaler Unterschied in der Ausdrucksweise: Die Unterscheidung zwischen Sein und Haben kann einen immensen Unterschied ausmachen. Probieren Sie es aus! Sprechen Sie die nachfolgenden Satzpaare aus und beobachten Sie, wie Sie sich jeweils dabei fühlen:

- Ich bin meine Beziehung.
- Ich habe eine Beziehung.
- Ich bin mangelhaft.
- Ich habe eine 5 in der Klausur geschrieben.
- Ich bin falsch.
- Ich habe einen Fehler gemacht.
- Ich bin (schon immer, für immer) ein Versager.
- Ich habe (in einer spezifischen Situation) versagt.

Oder etwas ausführlicher und differenzierter:

- Ich bin ein unhöflicher Mensch.
- Ich habe mich in dieser Situation unhöflich benommen und kann mich in einer anderen Situation zukünftig anders verhalten.

Der jeweils erste Satz ist ein Stempel. Er impliziert, dass dieser Zustand unabänderlich und von Dauer ist. Der zweite Satz wiederum beinhaltet bereits die Möglichkeit, das einmal gezeigte Verhalten in einer anderen, nächsten Situation neu zu gestalten.

16.3 Gnädig zu uns selbst – und anderen

Wenn wir diese Chance zur Veränderung uns selbst zugestehen können (und das ist gar nicht so leicht), dann besteht auch die Möglichkeit, dass wir sie anderen ebenfalls zugestehen.

So können wir uns mit lautem Fluchen über den Autofahrer vor uns aufregen, der gerade etwas so richtig falsch gemacht hat. Vielleicht liegt uns dabei ein Satz auf der Zunge wie „Dieser ***** ist wirklich ein Haufen *****!" Jedoch können wir auch folgendes denken: „Dieser Mensch hat sich gerade eben nicht entsprechend den Regeln der Straßenverkehrsordnung verhalten. Vielleicht war er abgelenkt. Das war wohl keine Absicht. Ist mir auch schon passiert."

Allerdings gelingt es uns oftmals nicht, dermaßen gnädig mit anderen zu sein – weil wir es mit uns selbst nicht sind.

Zurück zur Identifikation: Wenn wir nun nicht unser Auto sind, nicht unsere Beziehung und auch nicht unser Ärger, unsere Sorgen oder unsere Freude – wer sind wir denn dann? Was bleibt noch übrig?

Hierzu gibt es die Übung mit der Plastiktüte.[2]

16.3.1 Ab in die Tüte

Dabei stellen wir uns vor, wie wir all diese Dinge nacheinander in eine durchsichtige Plastiktüte werfen: Unseren Beruf, unsere Beziehung, ebenso Wohnung, Möbel und auch andere nichtmaterielle Konstrukte wie Meinungen oder Gedanken.

Jetzt fragen Sie sich: Gibt es Sie noch, wenn Sie keine Wohnung mehr hätten? Existieren Sie noch, wenn es Ihre Beziehung nicht mehr gäbe. Ohne Ihren Beruf, ohne den Titel auf der Visitenkarte – könnte man Sie dann noch sehen und ertasten? Schlussendlich: Was bleibt also noch, wenn Sie all diese Dinge in die Plastiktüte geworfen haben? Oder anders gefragt: Wer schaut sich denn gerade die Plastiktüte an? Stellen Sie diese Frage gerne

---

[2] Frei nach Ron Smothermon in „Drehbuch für Meisterschaft im Leben" (Smothermon, 2005).

Ihrem Verstand. Oder befragen Sie Ihre somatischen Marker und Ihre Intuition: Was bleibt übrig?

Es ist nicht erforderlich, dass sofort eine konkrete Antwort bei dieser Übung gefunden wird. Manche Menschen können darüber sehr lange nachsinnen oder meditieren. Alleine schon in dieses Bild hineinzugehen, kann viele positive Impulse geben. Sie sind der Beobachter der Plastiktüte. Sie sind genau dieses Lebewesen, das all das Leben er-lebt. Sie sind waches Bewusstsein. Weil Sie leben. Dieses Selbst kann vom Verstand nicht verstanden werden. Es kann nur erlebt werden.

Und genau das können Sie tun.

Literatur

Ceci Jean-Marc (2016) Herr Origami. Hoffmann und Campe, Hamburg

Smothermon R (2005) Drehbuch für Meisterschaft im Leben, 17. Aufl.: J. Kamphausen Verlag, Bielefeld

17

Mehr im Einklang durch weniger Verwirrung über Kreuz

Zusammenfassung Das Prinzip der Transaktionsanalyse wird hier an einfachen Beispielen veranschaulicht. Was passiert, wenn Eltern-Ich, Erwachsenen-Ich und Kind-Ich im Einsatz sind? Das sind sie übrigens ständig, nur sind wir uns dessen sehr oft nicht bewusst. Anhand von typischen Alltagssituationen werden hier Möglichkeiten aufgezeigt, um mehr Harmonie in unsere „innere Familie" zu bringen. Weiterhin bietet das Egogramm eine simple Möglichkeit, um unser eigenes Verhalten in verschiedenen Lebensbereichen einzuschätzen und zu verstehen.

„Behandle mich nicht immer wie ein kleines Kind!" „Jetzt benimm dich doch endlich einmal wie ein Erwachsener!" „Warum bist du denn auf einmal plötzlich so gereizt?" „Musst du denn immer so rational sein?!"

Vielleicht kommt Ihnen eine dieser Formulierungen irgendwie bekannt vor. Sobald zwei Menschen aufeinandertreffen, kann es mit nicht geringer Wahrscheinlichkeit zu Missverständnissen und Konflikten kommen. „Wir reden immer wieder aneinander vorbei!" Gelegentlich passiert uns das auch mit uns selbst.

„Aaaah." Dieses Statement, gerne auch mit Ausrufezeichen, weniger als Ausruf des Erstaunens, vielmehr des Missfallens im Sinne von „Herrje, bist du blöd!", habe ich über viele Jahre immer wieder im Selbstgespräch verwendet. Wenn ich etwas vergessen hatte, wenn ich noch mal in den Raum zurückgehen musste, aus dem ich gerade kam, und dort etwas liegen gelassen hatte. Wenn mir etwas heruntergefallen war. Und so fort. Da sprach mein kritisches Eltern-Ich in mir. Es wandte sich im inneren Dialog mit hochgezogener Augenbraue an mein Kind-Ich und war „not amused".

A. Steffen, *Impulse zur eigenen Veränderung*, https://doi.org/10.1007/978-3-662-58279-4_17

Je öfter ich mir nach dieser Erkenntnis dann selbst erlaubt habe auch mal „Fehler zu begehen" (Mensch zu sein), umso ruhiger wurde dieses Eltern-Ich. Es ist definitiv nicht verschwunden, aber es ist deutlich stiller und entspannter geworden – und hat damit Raum für andere Ich-Formen in mir geschaffen.

Ich-Formen? Eltern- und Kind-Ich? Der sogenannten Transaktionsanalyse liegt ein Modell unserer Persönlichkeit zugrunde, welches dabei helfen kann, das unterschiedliche Auftreten eines Menschen in verschiedenen Situationen zu verstehen und damit umzugehen. Auch hinsichtlich unseres eigenen Verhaltens.

17.1 Unsere drei Ichs

Die Transaktionsanalyse wurde von Eric Berne (1910–1970) Mitte der 1960er Jahren entwickelt und 1964 erstmalig in seinem Buch „Spiele der Erwachsenen" vorgestellt Berne, 2007. Mit diesem Modell wird an das bereits vorgestellte innere Team angeknüpft – denn auch hier gibt es verschiedene „Stimmen in unserem Kopf" und es lohnt sich zu erkennen, dass diese manchmal ein gewisses Eigenleben haben.

„Transaktionen" sind in diesem Zusammenhang nicht auf finanzielle Aktivitäten bezogen, vielmehr geht es um den Austausch von Informationen. Und wie Paul Watzlawick gesagt hat: *„Man kann nicht nicht kommunizieren"*. Also spielen hier neben den verbal geführten Dialogen auch immer noch nonverbale Aspekte mit hinein.

In der Transaktionsanalyse wird zwischen drei grundsätzlichen Ich-Typen unterschieden, die mit anderen kommunizieren: Kind-Ich, Erwachsenen-Ich und Eltern-Ich sind Bestandteile von uns, die manchmal im schnellen Wechsel, jedoch nie zur selben Zeit auftreten können (Abb. 17.1).

Zwei von ihnen – Eltern-Ich und Kind-Ich – können noch weiter differenziert werden, um das jeweilige Kommunikationsverhalten besser zu verstehen. Die nachfolgenden Beschreibungen sind die typischen Anteile der verschiedenen Ich-Varianten.

Gleich vorweg: Alle Ich-Zustände sind wichtig. Sie machen uns zu einem kompletten Menschen, der sich in verschiedenen Situationen unterschiedlich verhalten kann. Wie in vielen anderen Bereichen des Lebens gilt auch hier: die Mischung macht's. Ausschließlich nur in einem einzigen Zustand

Abb. 17.1 Die drei Ichs in der Transaktionsanalyse

zu verweilen, macht weder uns noch unseren Mitmenschen Spaß. Wichtig ist auch die Erkenntnis, dass keine Ich-Form ausschließlich positive oder durchgängig negative Auswirkungen hat. Es kommt immer auf die jeweilige Situation an, in der sich eine Ich-Variante zeigt und in welchem Maß sie welche Verhaltensweise an den Tag legt.

Die Kunst liegt darin, diese verschiedenen Ich-Zustände zu kennen, sie mindestens bei uns selbst zu er-kennen und möglichst flexibel mit ihnen umzugehen. Das kann uns sehr viel Freiheit schenken.

Erwachsenen-Ich (Er):
Diese Ich-Form verhält sich sehr rational, ist sachlich und objektiv. Unser Erwachsenen-Ich analysiert und speichert Daten und Fakten, um auf dieser Basis gute Entscheidungen treffen zu können. Unser Erwachsenen-Ich formt sich im Laufe unseres Lebens, es wird gespeist von unserer Lebenserfahrung als Menschen jenseits der Kindheit. Die Entwicklung dieses Ichs dauert während unseres gesamten Lebens an.

Das Erwachsenen-Ich

- ist interessiert und sammelt alle verfügbaren Informationen
- geht Ursachen und Problemen auf den Grund
- verhält sich lösungsorientiert
- ist offen, aktiv und entscheidungsfreudig
- zeigt wenig eigene Emotionen
- kann langweilig wirken

Eltern-Ich (El):
Diese Ich-Form ist stark geprägt vom Verhalten unserer eigenen Eltern, ihrer Art der Erziehung, ihren Vorgaben, Regeln und weiteren Einflüssen auf uns im Kindesalter. Auch andere Menschen mit ähnlichen Rollen, Lehrer, Vorgesetzte oder Freunde, können Einfluss haben. In unserem Eltern-Ich vereint ist alles, was wir in unserer Kindheit beobachtet und gelernt haben. Dabei gibt es zwei generelle Ausprägungen:

Das kritische Eltern-Ich (kEl)

- kann Grenzen setzen und Richtlinien formulieren
- gibt klare Vorgaben und Anweisungen
- übernimmt Verantwortung
- kann im Bedarfsfall schnell Entscheidungen treffen
- ist kritisch, kontrollierend und bestimmend

- äußert Vorwürfe und verhält sich autoritär
- pflegt Vorurteile und lehnt Neues meist ab
- wirkt einschränkend, intolerant, abwertend und entmutigend

Das fürsorgliche Eltern-Ich (fEl)

- kann geduldig zuhören und zeigt ehrliche Anteilnahme
- ist fördernd, verständnis- und respektvoll
- verhält sich ermutigend und fürsorglich
- spendet Schutz und gibt Geborgenheit
- übernimmt in schwierigen Situationen die Führung
- kann überfürsorglich, einengend und erdrückend wirken
- traut anderen wenig zu, macht vieles lieber selbst
- schafft Abhängigkeit bei seinen Mitmenschen
- fühlt sich wenig beachtet, lehnt gleichzeitig Lob und Dank oft ab

Kind-Ich (Ki):
Dieser Anteil wird – wie auch das Eltern-Ich – schon während unseres Kindesalters entwickelt. Hier verankert werden während dieser Zeit (üblicherweise bis zum fünften oder sechsten Lebensjahr) prägende Ereignisse und dabei erlebte Emotionen, die sich in zwei typischen Formen von Verhaltensweisen äußern können:

Angepasstes Kind-Ich (aKi)

- kennt die sozialen Spielregeln und hält sich daran
- kann gut Kompromisse eingehen und ist bescheiden
- nimmt Rücksicht auf seine Mitmenschen
- befolgt Anweisungen und Befehle
- zieht sich schnell zurück und resigniert
- agiert reaktiv, zeigt wenig eigene Aktivität
- möchte keine Fehler machen
- neigt zu Überanpassung und Abhängigkeit
- kann auch in Trotz und Rebellion umschlagen

Freies Kind-Ich (fKi)

- kann sich begeistern und genießen
- ist gefühlvoll, spontan, fantasievoll und kreativ
- verhält sich neugierig und vertrauensvoll
- ist unabhängig, unbefangen und frei von Normen und Regeln

- verhält sich sehr natürlich und energievoll
- ist ungestüm und unkontrolliert
- will keine Verantwortung übernehmen
- verhält sich leichtsinnig und impulsiv
- neigt zu Rücksichtslosigkeit

17.1.1 Und bei Ihnen? Typische Situationen der Ich-Formen

Wenn Sie neugierig sind und eine Bestandsaufnahme Ihrer Ich-Formen machen möchten, nehmen Sie sich etwas Zeit, einen Stift und ein Blatt Papier. Schreiben Sie die drei grundsätzlichen Ich-Formen auf (Abb. 17.2). Werfen Sie dann noch einmal einen Blick auf deren Beschreibung. Erwachsenen-Ich, Eltern-Ich und Kind-Ich: In welchen Situationen sind Sie besonders stark in einem dieser drei Zustände?

Gerne können Sie Ihre eigenen ausgewählten Lebenssituationen wie oben dargestellt auch durch typische Aussagen ergänzen: Was sagt ein besonders aktives Ich in der jeweiligen Situation? Und worin liegen mögliche Gründe dafür?

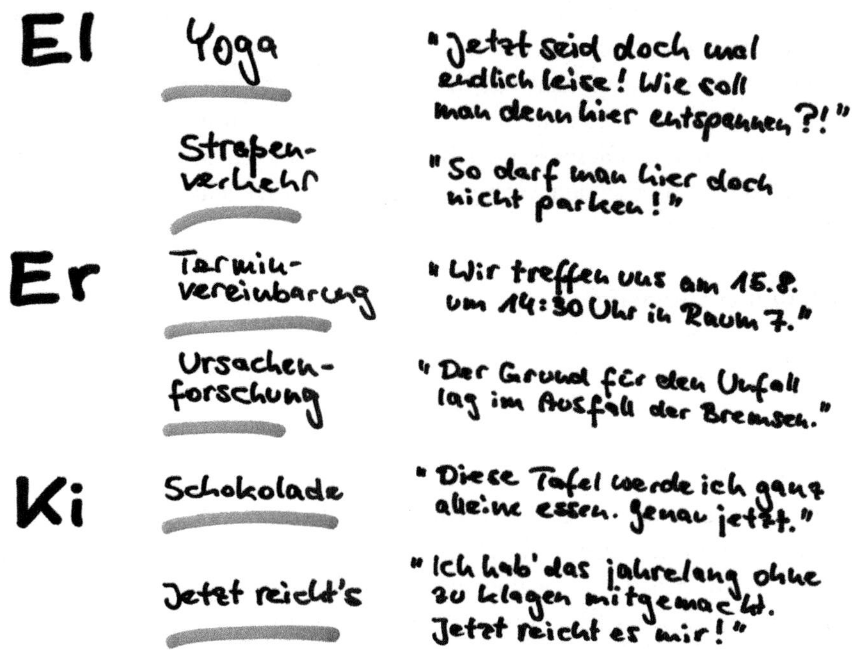

Abb. 17.2 Beispiel für typische Situationen der drei Ich-Formen

In diesem oben dargestellten Beispiel gibt es die folgenden Hintergründe:

- Beim Yoga ist das kritische Eltern-Ich – zumindest in einem bestimmten Moment, der als Unruhe wahrgenommen wird – voll im Einsatz. Es ermahnt, schimpft und spricht die anderen Teilnehmerinnen und Teilnehmer des Yoga-Kurses in deren Kind-Ich an.
- Im Straßenverkehr ist hier erneut das kritische Eltern-Ich in ähnlicher Funktion zu erleben: Regeln und Vorschriften werden als Basis eines Vorwurfs verwendet. Wieder wird die – vielleicht tatsächlich nicht ordnungsgemäß parkende – Person tadelnd angesprochen.
- Die Daten des gemeinsamen Meetings werden ausgetauscht. Die Terminvereinbarung durch das Erwachsenen-Ich findet rein auf der Sachebene statt, Emotionen sind hier nicht enthalten.
- Bei der Ursachenforschung analysiert das Erwachsenen-Ich wie Sherlock Holmes: Alle relevanten Fakten und erforderlichen Informationen werden zusammengetragen und ausgewertet.
- Her mit der Schokolade: Das freie Kind-Ich will sie essen. Und zwar in diesem Moment und ganz allein. Rücksicht auf andere, die auch etwas davon haben wollen könnten, wird nicht genommen. Dieses Ich will den Genuss genau in diesem Moment in größtmöglichem Umfang. Die anderen sind ihm egal.
- Das angepasste Kind-Ich hat sich über lange Zeit an die Spielregeln gehalten – auch wenn diese ihm vielleicht nicht gefallen haben. Aber Regeln sind eben nun mal Regeln – und es wollte keineswegs den Fehler machen, diese zu brechen. Doch bricht es jetzt aus ihm heraus: So geht es jetzt nicht weiter! Dieses Kind-Ich zeigt nun seine lange verborgene rebellische Seite, da es seinen Unmut sehr lange zurückgehalten und nie ausgesprochen hat.

Noch immer neugierig?
Falls Sie noch mehr ausprobieren möchten, um sich selbst und Ihre unterschiedlichen Ich-Zustände verstehen zu wollen, bietet sich die Arbeit mit Egogrammen an.

In einem solchen Egogramm machen wir eine Bestandsaufnahme, wie sich unsere Ich-Zustände in einer bestimmten Situation oder ganz allgemein ungefähr zusammensetzen. Welches Ich ist besonders aktiv (laut), welches ist eher passiv (leise) oder vielleicht auch vollkommen passiv? Egogramme können uns helfen, ein eigenes Gespür für diese verschiedenen Ich-Ausprägungen zu bekommen, die wir alle in uns finden können. Dazu gibt es viele verschiedene „Tests", in Büchern und auch online. Der meiner Meinung nach beste Test ist der ehrliche Blick in den Spiegel. Wie gesagt: Es geht hierbei nicht um „richtig" oder „falsch". Wir brauchen für unterschiedliche Situationen alle unsere Ich-Formen. Je besser wir uns mit ihnen auskennen, umso bewusster können wir sie bedarfsgerecht einsetzen.

Auch für die nächste Übung ist die Ausrüstung mit Zeit, Stift und Papier erforderlich. Noch besser: Legen Sie mehrere Blätter bereit. Denn auch Sie sind wahrscheinlich kein immerwährend gleicher Mensch. Und so können Sie ein allgemeines Egogramm für sich selbst anfertigen und dieses noch durch weitere „Spezial-Egogramme" für bestimmte Situationen ergänzen (Abb. 17.3). Das kann Ihr „Job-Egogramm" sein, vielleicht noch eine Variante für Ihren privaten Bereich, ebenfalls können es spezifische Egogramme für Familienfeiern sein oder andere wiederkehrende Kontexte – entscheidend ist hierbei nur, dass Sie in diesen Momenten im Kontakt mit anderen Menschen sind.

Noch ein Hinweis: Bei Ihren Egogrammen können Sie natürlich gerne mit groben Angaben arbeiten. Es kommt nicht darauf an, ob ein Ich-Zustand exakt den Wert 37,5 oder 37,6 hat. Daher ist in den folgenden Beispielen auch die X-Achse nicht beschriftet. Falls Ihnen dies zu unspezifisch sein sollte, kann man hier auch mit „gering, mittel und hoch" arbeiten. Machen Sie es jedoch bitte nicht zu kompliziert. Die Egogramm-Arbeit ist keine Mathematik, es geht ausschließlich um das Erkennen von grundsätzlichen Tendenzen und typischen Verhaltensmustern. Wirklich entscheidend sind die Verhältnisse der einzelnen Ich-Zustände zueinander.

Solch eine Betrachtung Ihrer Ich-Anteile ist natürlich keine exakte Wissenschaft und immer verallgemeinert. Sie ist allerdings sehr hilfreich, um eine generelle Einschätzung von uns selbst zu erhalten. Uns bei dieser Übung den Spiegel vorzuhalten, kann interessante Erkenntnisse liefern, denn selten betrachten wir uns auf diese Weise.

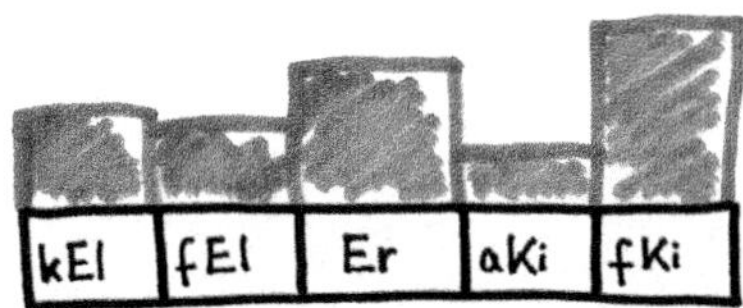

Abb. 17.3 Beispiel für ein allgemeines Egogramm

Wie schon angedeutet können Sie auch für ausgewählte Situationen – im Beruf, im Privatleben oder gerne noch weiter differenziert – weitere Egogramme erstellen. Denn selten verhalten wir uns rund um die Uhr und in all unseren Systemen haargenau gleich.

Die Verteilung der verschiedenen Ich-Formen im beruflichen Bereich fällt in dieser Variante anders aus als in der allgemeinen Betrachtung. Insbesondere bei den beiden Ich-Zuständen ist ein deutlicher Unterschied zu beobachten. Die beiden Eltern-Anteile sind etwas extremer in ihren Ausprägungen. Jedoch sind sie in ihrem grundsätzlichen Verhältnis – und wiederum auch im Vergleich zum Erwachsenen-Ich durchaus ähnlich wie in der allgemeinen Darstellung (Abb. 17.4).

Ein anderes Bild bringt der Blick auf diese Person, wenn sie Sport treibt (Abb. 17.5). Im Verhältnis sind die beiden Eltern-Ichs wieder ähnlich. Und ebenfalls erneut im Vergleich zum Erwachsenen-Ich. Jedoch sind diese drei Ausprägungen insgesamt deutlich geringer. Das angepasste Kind-Ich ist insbesondere dazu im Vergleich recht aktiv – wahrscheinlich gibt es bei diesem Sport auch Regeln. Ob diese immer eingehalten werden – wer weiß? Denn das freie Kind-Ich ist hier die präsenteste Form. Dieses Ich kann sich beim sportlichen Einsatz voll entfalten. Besonders bemerkenswert ist dies im Vergleich zu der beruflichen Situation, in der es stark in den Hintergrund tritt. Das dieses freie Kind-Ich eine große Rolle spielt, lässt sich schon in der allgemeinen Darstellung erkennen.

Die Arbeit mit Egogrammen kann sehr unterschiedliche Ergebnisse bringen. Von „hab' ich schon immer gewusst" bis „wow, das ist ja erstaunlich" ist eine große Bandbreite möglich. Sie können auch hier das Johari-Fenster nutzen:

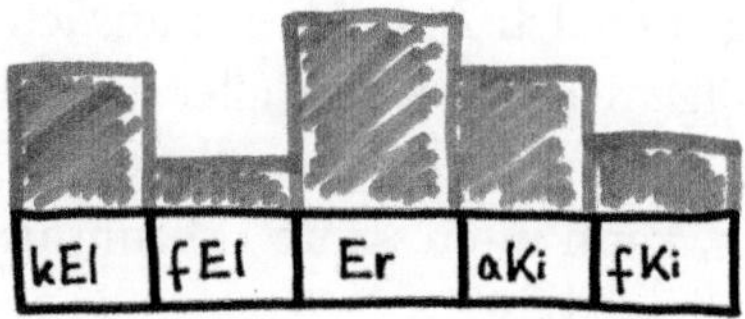

Abb. 17.4 Beispiel für ein Job-Egogramm

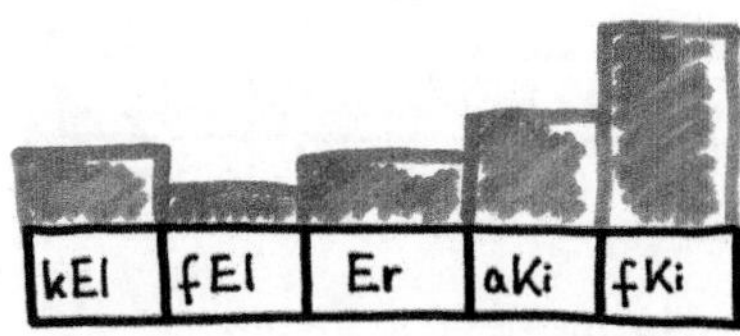

Abb. 17.5 Und so sieht das Egogramm beim Sport aus

Wenn Sie sich zusätzlich zu Ihrer eigenen Einschätzung auch noch Feedback von ausgewählten Mitmenschen einholen, besteht insbesondere durch die Möglichkeiten des Egogramms viel Potenzial, um blinde Flecken zu reduzieren.

17.1.2 Weniger hiervon oder mehr davon?

In der Physik gibt es den Energieerhaltungssatz, der aussagt, dass in einem geschlossenen System nie Energie verloren geht, jedoch umgewandelt werden kann, beispielsweise von Bewegungsenergie in Wärmeenergie. Und so ähnlich verhält es sich auch bei unseren Ich-Zuständen: Wird einer dieser Zustände gestärkt, so wirkt sich dies reduzierend auf ein anderes Ich von uns aus. Das Praktische dabei: Wir müssen uns nicht auf die Vermeidung eines ungewünschten Zustands konzentrieren, sondern lediglich auf denjenigen Aspekt, den wir stärken möchten.

17.2 Kuck mal, wer da spricht: Möglichkeiten der Transaktion

Beim Austausch von Informationen zwischen zwei Menschen gibt es eine Vielzahl von Varianten. Im Kontext der Transaktionsanalyse sollen hier vor allem drei Varianten hervorgehoben und verdeutlicht werden (Abb. 17.6).

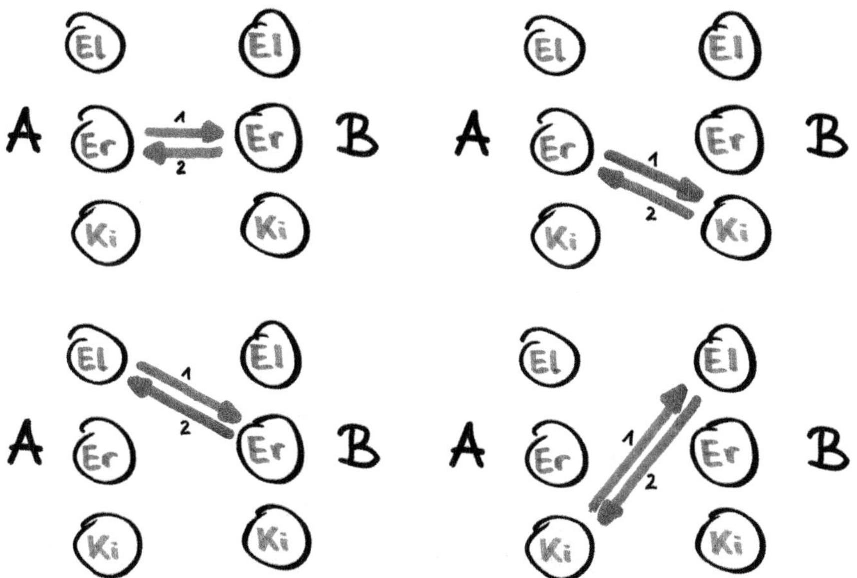

Abb. 17.6 Beispiele komplementärer Transaktionen

17.2.1 Komplementär

Wünschenswert, aber eben nicht immer der Fall, ist die sogenannte komplementäre Transaktion. Hierbei wird sozusagen parallel kommuniziert: Person A spricht beispielsweise mit ihrem Erwachsenen-Ich das Erwachsenen-Ich ihres Gegenübers an (Transaktion 1) und dieses antwortet auch auf derselben Ebene (Transaktion 2). Gleiches gilt entsprechend für die anderen Ich-Formen: Das Eltern-Ich von Person A würde mit dem Kind-Ich von Person B sprechen und umgekehrt. Es ist nicht erforderlich, dass ausschließlich „horizontal kommuniziert" wird. Kinder können natürlich mit Eltern sprechen, Erwachsene mit Kindern usw.

Die Kommunikation (Transaktion) muss also nicht unbedingt auf derselben Ich-Ebene stattfinden. Entscheidend ist, dass Hin- und Rückweg parallel (komplementär) verlaufen.

17.2.2 Nicht komplementär, sondern über Kreuz

Herausfordernd wird es, wenn plötzlich „die Ebenen verrutschen". Hierzu gibt es dieses Beispiel: Person A (links) spricht Person B (rechts) „von ER zu ER" an, also auf der Ebene der beiden Erwachsenen-Ichs (Transaktion 1). Für Person A geht es um ein – aus ihrer Sicht – rein rationales Thema. Doch für Person B gibt es hierbei einen ganz anderen Kontext: Sie reagiert in Transaktion 2 nämlich mit ihrem Eltern-Ich und wendet sich mit elterlicher Attitüde an das Kind-Ich von Person A (Abb. 17.7).

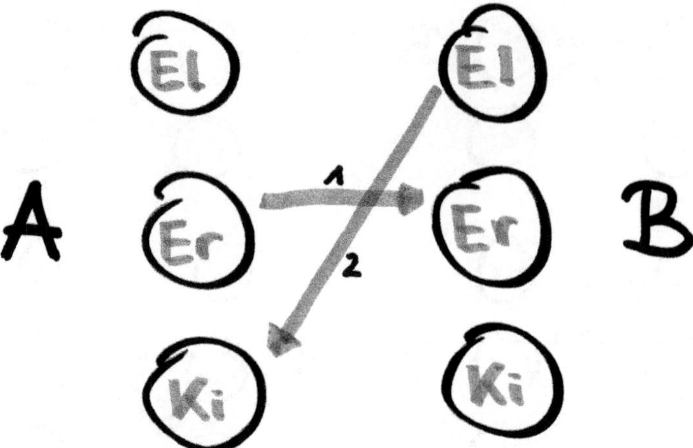

Abb. 17.7 Nicht-komplementäre Transaktion „über Kreuz"

Schon ist die Basis für Missverständnisse, Verwunderung oder sogar Konflikte gelegt. Je nachdem, ob Person B mit dem kritischen oder fürsorglichen Eltern-Ich reagiert, kann sich Person A in ihrem angepassten oder freien Kind-Ich angesprochen fühlen. Egal mit welchem von beiden: Dass es von Person B keine Antwort auf der erwarteten Erwachsenen-Ebene gibt, wird Person A mindestens verwundern.

„Ich habe doch ganz normal mit ihm geredet?" So ist vielleicht die eigene Wahrnehmung. Wenn sich unser Gegenüber jedoch durch Wortwahl, Gestik, Mimik oder andere Faktoren – zu Unrecht – als Kind behandelt fühlt oder sich das Eltern-Ich angesprochen wähnt, dann ist die Kommunikation in Schieflage. Und wer dabei Recht hat? Das spielt keine Rolle. Wahrnehmung ist Wahrnehmung.

17.2.3 Verdeckte Transaktion

Ebenfalls sehr anspruchsvoll und konfliktträchtig ist eine weitere Variante: die verdeckte Transaktion (Abb. 17.8). Während es zunächst so scheint, als wenn hier rein sachlich und faktenbasiert auf der Erwachsenen-Ebene kommuniziert wird (Transaktion 1A und 2A), findet der eigentliche Dialog jedoch vollständig auf der Kindes-Ebene statt (Transaktion 1B und 2B).

„Wir sprechen doch ganz vernünftig miteinander", denken sich vielleicht beide Personen. Die Zwei sind jedoch vollständig in ihren jeweiligen Kind-Ichs, ob angepasst oder frei ist dann die nächste Frage. Das kann wunderbar harmonisch ausgehen – zwei friedlich miteinander spielende Menschen, die

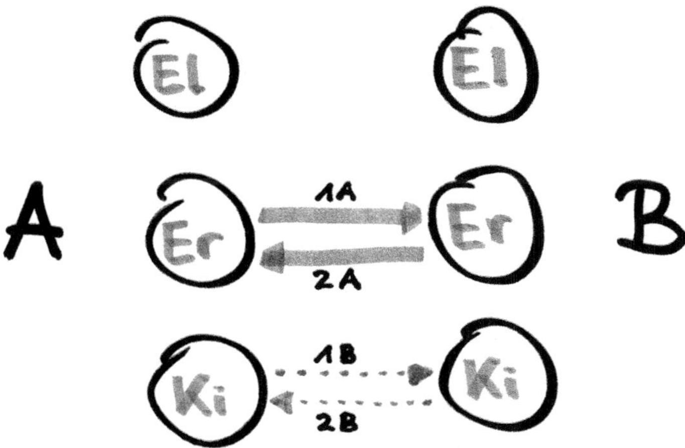

Abb. 17.8 Verdeckte Transaktion

voll in ihr Tun versunken sind und darin aufgehen. Möglich ist genauso aber auch ein wüstes Gezanke, wie man es ebenfalls vom Spielplatz kennt. „Das ist mein Förmchen! Gib es sofort wieder her!" „Nein, meins!" Und dabei glauben A und B, dass sie ganz sachlich miteinander sprechen.

Gerade an dieser Stelle lohnt sich wieder einmal der Hinweis, dass wir Veränderungen immer nur bei uns selbst vornehmen können. „Geh doch endlich mal in dein Erwachsenen-Ich!", das mag ein Wunsch sein, den wir unserem Gegenüber vielleicht gerne freundlich an den Kopf werfen möchten. Wirklich sinnvoll können wir den Hebel dabei allerdings nur bei uns selbst ansetzen. Und vielleicht sprechen wir den anderen schon die ganze Zeit aus unserem kritischen Erwachsenen-Ich heraus an. Kein Wunder also, dass sich auf der anderen Seite das Kind-Ich bemerkbar macht. Mit dem Verständnis über diese vielfältigen Zustände, eigene typische Verhaltensweisen und der Sensibilität, diese auch bei unseren Mitmenschen zu bemerken, können Sie die eine oder andere Situation vielleicht entspannter erleben. Viel Freunde mit all Ihren Ichs!

Literatur

Berne, E (2007) Spiele der Erwachsenen: Psychologie der menschlichen Beziehungen, 8. Aufl. Rowohlt Verlag, Reinbek bei Hamburg

18

Weniger Ego, mehr Eco

Zusammenfassung Man muss nicht erst nach Nepal reisen, um zu verstehen, wie unser Ego tickt. Der Blick auf den Straßenverkehr einer deutschen Großstadt reicht vollkommen aus. Dieses Ego sorgt gerne dafür, dass mehr Gegeneinander und weniger Miteinander bei uns Menschen zu beobachten ist. Ein Ausflug ins Improvisationstheater gibt jedoch Anregungen, wie es anders funktionieren kann. Zusätzlich wird in diesem Kapitel betrachtet, welche Unterschiede zwischen Mitleid und Mitgefühl bestehen.

Ich und die anderen. Die anderen und ich. Unser Verstand arbeitet so. Das ist ein etablierter Prozess, der sich seit Millionen Jahren durchaus bewährt hat, um unser Überleben zu sichern. Aber dadurch wird das Leben nicht immer einfach.

Unser Ego trennt sich – und damit uns – dabei nicht nur von unserer Umwelt („die anderen da draußen"), es spielt uns gleichzeitig auch gerne vor, dass wir mit unseren Gedanken identisch sind. Genauso wie es oftmals den Anschein hat, dass wir eins sind mit Statussymbolen, mit Gegenständen oder Titeln, vielleicht dem auf unserer Visitenkarte. Doch wir sind nicht unsere Gedanken, wir sind kein autonom fahrendes Auto, bei dem das Navigationsgerät die Herrschaft über den Fahrer übernommen hat. Wenn Sie es wirklich möchten, können Sie jederzeit die Richtung, das Tempo und die Art des Fahrens selbst bestimmen.

A. Steffen, *Impulse zur eigenen Veränderung*, https://doi.org/10.1007/978-3-662-58279-4_18

Abb. 18.1 So läuft es im Nepal

18.1 Neulich in Nepal

Waren Sie schon mal in Kathmandu? Für mich war es im Jahr 2017 der erste Besuch in Nepals Hauptstadt – und der hatte es bereits während der Taxifahrt vom Flughafen in sich (Abb. 18.1). Was für den Fahrer eine ganz normale Tour durch die Rush Hour war, fühlte sich für mich an, als wäre ich mitten in die Verfolgungsjagd eines Bollywood-Gangsterfilms geraten, bei der keinerlei Rücksicht auf andere Autos, Busse, Motorräder, Mopeds, Fußgänger oder mitten auf der Fahrbahn seelenruhig dastehende Kühe genommen wird. Meineberste Erkenntnis: Wenn der Glaube an ein Leben nach dem Tod fester Bestandteil der Straßenverkehrsordnung ist, dann stellt Autofahren wirklich kein allzu großes Vergnügen dar.[1]

Doch das Erstaunliche bei all dem vermeintlichen Wahnsinn auf den Straßen und angesichts von Krach, Chaos, Gehupe und Gedränge: Alles fließt. Und noch verwunderlicher war es damals für mich, dass alle Verkehrsteilnehmer komplett friedlich und tiefenentspannt zu sein schienen.

> Du willst hier in diese Lücke zwischen meinem knallbunten völlig überladenen LKW und dem hübsch geschmückten klapprigen Bus, die eigentlich gar nicht existiert, weil Du Dich mit Deinem uralten Mofa und den drei Verwandten darauf gerade mitten auf der Gegenfahrbahn befindest, auf der dir in dieser Sekunde ein Jeep mit überhöhter Geschwindigkeit entgegenkommt? Na klar, kein Problem, das machen wir einfach. Und wenn dann in derselben Sekunde auch noch der nächste Steinschlag auf diese von Schlaglöchern ohnehin schon übersäte Buckelpiste namens Straße fällt? Ach egal, das wird schon gut gehen!

[1]Um Ihnen ein Gefühl für den Zustand der „Straße“ zu geben: Nach einer fünfstündigen Busfahrt von Pokhara bis Malekhu war die anschließende Raftingtour eine wahre Erholung.

Und warum geht das? Weil die Nepali ihr Ego nicht mit ins Auto nehmen. Die meisten Menschen, denen ich in der Stadt oder in den Bergen begegnet bin, scheinen ohnehin keins oder nur eine wirklich sehr entspannte Form davon zu haben.[2]

Im Gegensatz dazu der Berufsverkehr in meiner Heimatstadt Berlin: Wären die Waffengesetze hier in der Hauptstadt auch nur ansatzweise wie in Texas: Die Parkplatzsituationen wäre vielerorts bald sehr entspannt, weil sich zwei Drittel aller Auto- und Radfahrer, möglicherweise noch einige Fußgänger, gegenseitig ins Jenseits befördert hätten. Hierzulande scheint jedes Fahrzeug die Ausweitung des eigenen Egos zu sein. Voller Adrenalin vorgebrachte Unmutsbekundungen wie „Wehe, du kommst mir zu nah!“ oder „Ich war zuerst hier und werde auf keinen Fall auch nur einen Zentimeter zurückweichen!“ lassen sich auf deutschen Straßen immer wieder bestaunen. In diesen Momenten sind wir voll und ganz mit unserem Kraftfahrzeug identifiziert. Es ist unser Königreich. Es *ist* wir. Unser Ego auf vier Rädern.

Der Blick nach Nepal zeigt: Es geht auch anders.

18.2 Nur ein Strich

Rein grafologisch ist es nur ein kleiner Schritt, lediglich ein horizontaler Strich, den wir entfernen müssen (Abb. 18.2):

Möglicherweise stellen wir Menschen den Gipfel der Nahrungskette dar. Es gibt auf unserem Planeten kein größeres Raubtier. Auch Raubbau ist eine unserer Kernkompetenzen. Jedoch können wir uns ziemlich sicher sein, dass die Erde auch dann noch existieren wird, wenn wir sie uns als Lebensraum zerstört haben. Und was wir im Großen auf unserem Planeten anrichten, das tun unsere Egos „im Kleinen“ auch immer wieder im Verhältnis zu unseren Mitmenschen.

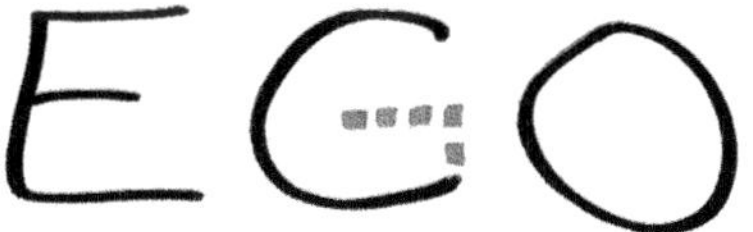

Abb. 18.2 From Ego to Eco?

[2]Vermutlich gibt es auch in Nepal straßenverkehrstechnische Klassenunterschiede, so wie man sie auch in anderen asiatischen Ländern beobachten kann. Mir ist das während meines Aufenthalts jedoch nicht begegnet. Daher halte ich Nepal als „Land des egofreien Autofahrens“ in meiner Erinnerung fest verankert.

18.2.1 From Ego-System to Eco-System

Öko: Damit ist kein Gütesiegel gemeint und auch keine Menschen, die sich vegan ernähren, Biomärkte bevölkern und nur Naturprodukte als Kleidungsstücke tragen. Die Vorsilbe „öko" stammt ab vom griechischen Wort *oikos* ab und bedeutet Haus oder Natur und wird auch im Sinne von (Wechsel-) Beziehungen verwendet. Ein Ökosystem – oder das englische „ecosystem" – steht also für einen Lebensraum und die Verbindungen und „Transaktionen" der darin lebenden Bewohner. Dabei hilft es sehr, wenn wir verstehen, dass wir alle miteinander in Verbindung stehen. Dass sich alles auf alles auswirkt.

Und in diesem Kontext müssen wir nicht aus dem Weltall herab auf unsere Erde schauen. Wir müssen auch nicht über die Abholzung des Regenwaldes, die Erderwärmung und Klimakatastrophen klagen. Es reicht meist schon aus, wenn wir auf unsere „Mikrosysteme" blicken und erkennen, wie viel Ego dort enthalten ist.

18.3 Machen Sie Angebote

Im Improvisationstheater gibt es eine Regel. Vielmehr ist es die Grundregel schlechthin: „Make the other person look good". Lassen Sie Ihren Spielpartner gut aussehen (Abb. 18.3). Machen Sie Angebote, die er/sie annehmen, aufgreifen und damit weiterspielen kann.

Es bringt rein gar nichts – weder den Akteuren auf der Bühne, geschweige denn dem Publikum – und es ist äußerst kontraproduktiv, wenn man den Anderen dumm dastehen lässt. „Tja, dein Pech, sieh halt zu, wie du damit klarkommst", das ist keine sonderlich hilfreiche Einstellung, wenn es um einen gewissen Flow beim Spielen geht. Und mal ganz ehrlich: Ist das Leben

Abb. 18.3 Lassen Sie den Anderen gut aussehen!

nicht ein einziges Improvisationstheater? Und dennoch befinden wir uns weit öfter in Situationen des Gegeneinanders als des Miteinanders. Weil unser Ego uns immer wieder in den Ich-Modus bringt und den Wir-Modus einfach nicht verstehen will.

Es geht um Angebote, damit unser Partner weiterspielen kann. Damit wir als Team weiter auf der Bühne erfolgreich agieren können. Hat das erste Stichwort nicht gepasst, keine Anschlussfähigkeit geboten und unserem Gegenüber lediglich verwirrte Fragezeichen auf die Stirn gezaubert, so können wir einen zweiten oder auch einen dritten Versuch starten. Mit einem neuen Angebot.

Insbesondere beim Improvisationstheater ist eins ganz wichtig: Wir spielen miteinander, nicht gegeneinander. Auf dem Tennisplatz möchte man seinen Gegner vermutlich nicht unbedingt gewinnen lassen. Allerdings kann man auch hier Spaß haben, wenn man mehr mit- als gegeneinander spielt. Ob die Regeln das so vorsehen, ist eine andere Frage. Aber in vielen Situationen unseres Lebens vergessen wir, dass wir nicht auf dem Tennisplatz stehen. Dass wir keine Gegner, sondern Mitspieler haben. Und die können wir gut aussehen lassen. Wenn wir uns derart verhalten, werden wir es mit großer Wahrscheinlich irgendwann im Guten zurückbekommen. Wenn wir Angebote machen, wenn wir Empathie zeigen und spüren, dass das erste Angebot noch nicht das richtige war. Und dann geduldig weiter nachlegen, bis es bei unserem Gegenüber wieder fließt. Wie auf der Bühne beim Improtheater.

„What goes around comes around" heißt ein englisches Sprichwort. Passend zum Begriff des Ökosystems lässt es sich übersetzen mit: „Wie man in den Wald hineinruft, so schallt es auch heraus."

18.4 Radikale Kooperation

Der Homo sapiens wird auf ein Alter von ungefähr 300.000 Jahren geschätzt. Unsere Vorfahren der Gattung Homo sind deutlich älter, man geht von ca. 3,2 Mio. Jahren aus. Und der Planet, auf dem wir leben, ist ungefähr 4,6 Mrd. Jahre alt.

300.000
3.200.000
4.600.000.000

Wir stellen also im Vergleich zu ihrer gesamten Existenz exakt einen Anteil von 0,0065 % auf dieser Erde dar. Auch wenn es hinsichtlich Evolutionsbiologie und Schöpfungsgeschichte sehr unterschiedliche Meinungen geben mag: Es existieren durchaus einige Anzeichen, dass an diesen Zahlen etwas dran ist.

Die Welt, auf der wir leben, hatte also bereits vor unserem Erscheinen eine Menge Zeit, um bestimmte Verhaltensweisen für ihren Fortbestand zu finden. Krieg, Kampf, Gegeneinander oder auch nur Egos sind erstaunlicherweise weitestgehend uns Menschen vorbehalten.

Dafür können wir das Prinzip der Symbiose an fast jeder Ecke finden, an der Natur noch vorhanden ist. „Das Zusammenleben von Lebewesen verschiedener Art zu gegenseitigem Nutzen", so kann das Wort Symbiose definiert werden. Zum gegenseitigen Nutzen, das klingt doch fast wie beim Improtheater. Und wenn wir jetzt auch noch unserem Namen alle Ehre machen würden, wäre vieles wohl deutlich einfacher im menschlichen Umgang – denn das Lateinische *sapiens* heißt soviel wie „weise."

18.5 Mitleid oder Mitgefühl?

Mitgefühl und Mitleid? Das ist doch fast dasselbe.

Anfangs schon. Die ersten drei Buchstaben stimmen exakt überein. Doch im zweiten Teil der beiden Wörter besteht ein gravierender Unterschied. Leiden macht einerseits nur wenig Spaß. Andererseits kann ein leidender Mensch meist selbst kaum für andere hilfreich sein. Wenn wir zurück auf die Spiegelneuronen schauen: Können wir überhaupt etwas dagegen unternehmen, dass wir mit anderen Menschen mitleiden?

In der Wissenschaft spielt die Erforschung des Mitgefühls nur seit relativ kurzer Zeit eine Rolle. Ist es angeboren? Können wir es trainieren? Und tut es uns vielleicht sogar selbst gut? Diese Fragen traten erst in den 1980er Jahren in den Blickpunkt der Universitäten und Forschungseinrichtungen. Inzwischen ist durch eine Vielzahl von Experimenten und Untersuchungen bewiesen, dass das echte und ehrliche Empfinden von Mitgefühl durch entsprechende Botenstoffe unseres Körpers dieselben Glückszustände auslöst wie bei Freude, Liebe oder tiefer Verbundenheit. Es werden dabei dieselben Hirnareale aktiviert, als wenn wir an etwas Schönes denken.

Deutlich anders schaut es aus, wenn wir mitleiden. Dann verspüren wir keinerlei positive Gefühle. Wir werden dadurch genauso schwach wie die Person, die unser Mitleid bekommt. Ob wir diesem Menschen damit irgendwie helfen?

„Geteiltes Leid ist halbes Leid." An diesen weit bekannten Glaubenssatz darf man durchaus ein großes Fragezeichen setzen. Denn vermutlich ergibt sich daraus vielmehr doppeltes Leid.

18.5.1 Eine tragende Rolle

Stellen Sie sich – zumindest für einen kurzen Moment – bitte ein weinendes Baby vor. Häufig wissen die Eltern gar nicht genau, warum ihr Kind gerade weint. Aber würde es diese Situation besser machen, wenn beide Elternteile nun ebenfalls in Tränen ausbrechen? Weitaus hilfreicher ist es wohl, wenn stattdessen Mitgefühl zum Tragen kommt. Und genau dies ist ein wichtiges Stichwort: Können wir den Anderen tragen und halten, wenn es ihm nicht gut geht? Könnten wir für diesen Menschen eine echte Unterstützung sein, wenn wir uns ebenso traurig oder am Boden zerstört fühlen, wie er selbst?

Häufig ist es eine große Herausforderung, sich nicht von den Emotionen unseres Gegenübers „anstecken zu lassen". Dafür gibt es insbesondere die bereits beschriebenen Spiegelneuronen, durch die wir diese Wahrnehmungen auch in uns spüren. Allerdings müssen wir uns nicht mit ihnen identifizieren, sie uns nicht zu eigen machen. Eine Ärztin in der Notaufnahme oder ein Chirurg könnten vermutlich keinen einzigen Arbeitstag überstehen, wenn sie jedes Mal in vollem Umfang das körperliche und seelische Leid ihrer Patienten spüren würden. Gerade in pflegenden Berufen ist es daher immens wichtig, den Unterschied zwischen Mitgefühl und Mitleid zu kennen. Nicht ohne Grund sind in solchen helfenden Tätigkeiten hohe Quoten von Burn-out-Syndromen zu beobachten.

Allerdings sind diese Spiegelneuronen und die durch sie resultierende Möglichkeit des Ein- und Mitfühlens bei weitem nicht nur Fallen, in die wir tappen können. Vielmehr erlauben Sie uns schon als Kleinkinder, die Emotionen unserer Mitmenschen nachempfinden zu können. Und es ist sicherlich gut so, dass wir nicht alle unangenehmen Gefühle selbst verspüren müssen, die es gibt. Manchmal kann es schon ausreichen, in einem Film den Gesichtsausdruck desjenigen zu sehen, der seine Hand auf eine heiße Herdplatte legt.

Wenn wir Mitleid empfinden, dann leiden auch wir. Bringen wir einem Menschen jedoch unser Mitgefühl entgegen, so drückt sich das in der Teilnahme an dessen Gefühlen aus, ohne dass diese in gleicher Form und Intensität auch in uns vorhanden sein müssen. Wir können aktiv sein und eine Änderung der Situation herbeiführen. Denn gleichzeitig sind damit die Motivation und Bereitschaft verbunden, das Leid des anderen zu verringern. Beim Gefühl des Mitleids jedoch sind wir in schmerzvoller Passivität gefangen.

Wenn wir mitleiden, fühlen wir uns gemeinsam hilflos.
Wenn wir Mitgefühl zeigen, können wir Zuversicht vermitteln.
Und auch hierbei haben wir wieder die Möglichkeit zum Wählen.

18.6 Mit uns selbst fühlen

Wahrscheinlich konnte aus den vorangegangenen Gedanken schon deutlich werden, dass Selbstmitleid kein sonderlich hilfreicher Zustand ist. Später erfahren Sie auch noch beim „Drama-Dreieck" mehr über die sogenannte Opferrolle, bei der Selbstmitleid ein Kernthema ist, das wiederum auch andere Menschen ins Drama führen kann. Demgegenüber steht die Fähigkeit des Selbstmitgefühls. Wir können ebenso auf unser eigenes Wohl bedacht sein und uns auf dieselbe Weise uns selbst widmen, wie wir es auch bei einem geliebten Mitmenschen tun würden.

18.6.1 Wir dürfen uns selbst wichtig nehmen

Das ist okay. Das ist keine Egozentrik oder egoistisch. Wenn wir für uns sorgen, gut mit uns selbst umgehen, dann ist das eine echte Stärke. Eine wichtige Voraussetzung hierfür ist zunächst, dass wir überhaupt wahrnehmen können, was in uns vorgeht. Wer schon früh gelernt hat, „dass man keine Schwächen zeigen soll", empfindet irgendwann kein Gefühl für Leid, Schmerz oder Angst.

Und wenn man erst einmal damit angefangen hat, eine bestimmte „Kategorie" von Emotionen nicht mehr wahrzunehmen, ist eine ausgedehntere „Taubheit" nicht mehr allzu fern. Genau dieses Verhalten kann uns zu Robotern werden lassen, die alle Sensoren abgeschaltet haben und rein gar nichts empfinden.

Man kann sich nur schwer (oder vermutlich gar nicht) mit anderen Menschen verbunden fühlen, wenn man keine gute Verbindung zu sich selbst hat. Wer mit sich selbst hart und immerzu kritisch umgeht, wird dies vermutlich auch mit anderen tun. Wer nicht gnädig oder mitfühlend mit sich sein kann, wird es auch bei keinem anderen können.

Sie dürfen gut zu sich sein. Sie dürfen Ihre Gefühle wahrnehmen und wichtig nehmen. Bitte seien Sie nachsichtig, geduldig, freundlich und hilfsbereit zu sich selbst.

19

Mehr Trauer, weniger Verdrängung

Zusammenfassung Vom Schockzustand zur Akzeptanz: Die Kurve der Veränderung basiert auf der Arbeit von Elisabeth Kübler-Ross. Dieses Modell enthält sieben verschiedene Stufen, die man in gravierenden Veränderungssituation durchläuft. Wirklich immer. Dafür ist es hilfreich, wenn man diese verschiedenen Schritte und ihre Eigenheiten kennt, um für sich oder bei anderen Menschen eine adäquate Verhaltensweise zu finden.

> Jedem Anfang wohnt ein Zauber inne.

So schön, voller Hoffnung und Zuversicht hat es der deutsch-schweizerische Schriftsteller, Dichter und Maler Hermann Hesse (1877–1962) in seinem Buch „Das Glasperlenspiel" beschrieben.[1] Gleichzeitig bedingt ein Anfang auch, dass etwas Anderes endet. Insgesamt bedeuten Veränderung und Neugestaltung immer Abschied nehmen, wir haben es dabei jedes Mal sowohl mit Akzeptanz und vor allem Loslassen zu tun. Und das fällt nicht immer leicht.

19.1 Kurvenreich durch die Veränderung

Elisabeth Kübler-Ross (1926–2004) wurde in der Schweiz geboren und siedelte später in die USA über. Schwerpunkt ihrer Arbeit als Medizinerin und Psychiaterin waren Tod und Trauerarbeit. Sie gilt als eine der Begründerinnen der Sterbeforschung.

---

[1] Hesse, 2015.

A. Steffen, *Impulse zur eigenen Veränderung*, https://doi.org/10.1007/978-3-662-58279-4_19

19.1.1 Das Kübler-Ross-Modell

In diesem Rahmen entwickelte sie ein Phasenmodell, das sich zunächst auf den Umgang von Sterbenden mit dem nahenden Tod bezog. Später wurde dieses Modell auch auf die Phasen der Trauer von Hinterbliebenen angewendet.

Und erstaunlicherweise kann dieses Phasenmodell gleichfalls für die Betrachtung von gravierenden Veränderungssituationen genutzt werden. Denn Veränderungen beinhalten in der Regel auch immer eine Form des Verlusts.

Wir geben dabei das Alte, etwas Bekanntes und Gewohntes auf. Selbst wenn dieses Etwas vielleicht nicht einmal sonderlich gut für uns gewesen sein mag, so gehörte es doch zu uns. Auch das Aufgeben einer schlechten Angewohnheit kann mit tiefer Traurigkeit und Angst, sogar Wut und Zorn verbunden sein. Selbst das Loslassen einer Krankheit, also ein Gesundwerden, kann für uns schwierig und schmerzhaft sein.

Angst ist in allen Phasen solch einer massiven und nicht selbst geplanten oder aktiv hervorgerufenen Veränderung ein steter Begleiter. Das darf auch so sein, selbst wenn diese Angst von der betroffenen Person oder deren Umfeld nicht immer leicht zu ertragen ist. Gleichzeitig ist jedoch auch – zumindest nach dem ersten Schock – mindestens ein Funken Hoffnung präsent. Dieser kann helfen, dass das eigene Energieniveau während des Durchlaufs der Kurve nie ganz auf null sinkt.

Menschen gehen sehr unterschiedlich mit Veränderung, Verlust und Trauer um (Abb. 19.1). Doch es ist interessant zu beobachten, dass dabei gewisse Abfolgen immer wieder gleich sind. Diese sind je nach Person und Thema sehr verschieden in ihrer zeitlichen Ausprägung, auch können sie

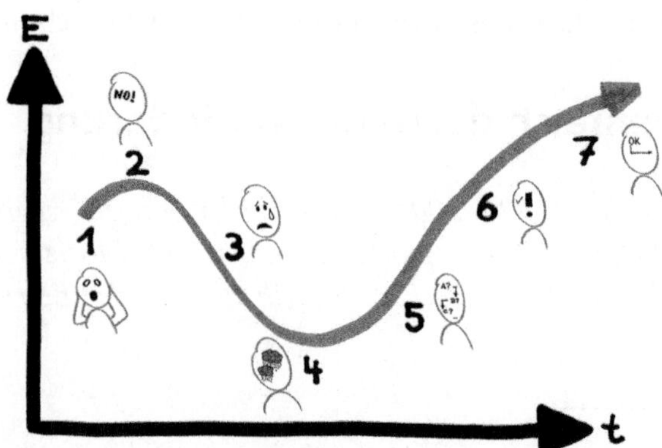

Abb. 19.1 Die Kurve der Veränderung

deutliche Unterschiede in ihrer Auswirkung auf unseren Energiezustand haben. In ihrem grundsätzlichen Ablauf jedoch sind diese Vorgänge meist sehr ähnlich. Allerdings ist es auch immer möglich, dass Menschen einzelne Phasen überspringen oder plötzlich wieder in eine frühere Phase zurückfallen. Ohne Kenntnis über diese Möglichkeit können insbesondere solche Rückschläge sehr erschreckend und verwirrend sein, für die betroffene Person selbst und auch für deren Mitmenschen. „Aber damit hattest du doch längst abgeschlossen?!" Ja, das kann gut sein, aber nicht alles verläuft immer linear und streng nach Vorschrift. Vor allem nicht, wenn Emotionen im Spiel sind.

Daher ist die Kenntnis über diese grundsätzlichen Phasen, Abläufe und Vorgänge hilfreich, um sich selbst oder andere Personen in solchen Situationen zu verstehen und dadurch besser, also einfühlsamer, verständnisvoller und geduldiger reagieren zu können. Wie gesagt: Nicht nur bei anderen, auch bei uns selbst.

Ursprünglich enthielt das Kübler-Ross-Modell lediglich fünf Phasen. Mittlerweile existiert eine Vielzahl von weiteren Varianten. In der hier vorgestellten Version der Veränderungskurve werden sieben Phasen und ihre jeweiligen Zustände beschrieben, wobei die Y-Achse die ablaufende Zeit anzeigt und die X-Achse den Energiehaushalt der betroffenen Person darstellt.

(1) Schock:

Durch ein unvorhergesehenes Ereignis, vielleicht der Verlust des Arbeitsplatzes, eine überraschende Veränderung in der Organisation, der Tod eines uns nahestehenden Menschen, die Trennung in einer Beziehung, das Ende eines Lebensabschnitts, wenn der sogenannte Ruhestand beginnt, auch durch eine Krankheit oder einen Autounfall – generell aufgrund einer plötzlich erforderlichen, nicht selbst veranlassten Neuausrichtung unseres eigenen Lebens, geraten wir in einen massiven Schockzustand (Abb. 19.2).

Wie gelähmt fühlen wir uns, haben unser Gleichgewicht oftmals vollständig verloren und sind unfähig zu irgendeiner Form von Reaktion. Diese für Psyche und Seele „schützende Starre" ist manchmal mit verwirrender Empfindungslosigkeit verbunden. Wie lange diese erste Etappe dauert – Stunden, Tage, Wochen oder vielleicht länger – hängt komplett vom individuellen Menschen und dem jeweils auslösenden, im wahrsten Sinne schockierenden Ereignis ab. Für die Mitmenschen ist dieser Zustand in der Regel nicht leicht auszuhalten, er ist jedoch – wie alle anderen Phasen auch – absolut wichtig für das eigene Verarbeiten einer solch massiven Veränderung. Die betroffene Person sollte daher keineswegs aus ihrer Schockstarre herausgerissen werden. Erst wenn diese Etappe durchlebt wurde – vielleicht sogar mehrfach –, kann schrittweise die weitere Verarbeitung erfolgen.

Abb. 19.2 Schock

(2) Verneinung:
Nach dem Schockzustand regt sich in uns massiver Widerstand. „Das kann einfach nicht wahr sein!", ist eine typische Reaktion in dieser Phase. Alles in uns wehrt sich, wir wollen diese neue Lage einfach nicht wahrhaben. Unser Energielevel steigt deutlich an, denn wir lehnen den veränderten Zustand mit aller Vehemenz ab (Abb. 19.3).

Dieser heftige innere Widerstand bildet mit dem noch immer latent vorhandenen Schockzustand ein starkes Team und gemeinsam sorgen beide für die strikte Ablehnung und Leugnung dessen, was sich ereignet hat. Wut und Zorn können ebenfalls zu den Reaktionen gehören. Dies gilt es – insbesondere für Freunde und Verwandte – auszuhalten und das wütende und zornige Auftreten nicht persönlich zu nehmen. Trotz eines wahrscheinlich überraschend angriffslustigen und manchmal kaum erträglichen Verhaltens braucht die betroffene Person jetzt Menschen, mit denen sie sprechen kann und die ihr wohlwollend zuhören.

(3) Frustration:
Mit dem nächsten Schritt lüftet sich der „Vorhang der Verneinung" ein wenig und wir gelangen Stück für Stück zur Erkenntnis, dass tatsächlich etwas anders ist, dass es sich nicht bloß um Einbildung oder ein Missverständnis gehandelt hat (Abb. 19.4).

Die energiegeladene Abwehrhaltung schlägt in dieser Phase um und führt zu einer Talfahrt. Gleichzeitig erfolgt jetzt in vielen Fällen eine Form des „Verhandelns": Könnte es nicht doch irgendwie anders sein? Kann man die Zeit nicht irgendwie zurückdrehen? Warum ich? Kann nicht jemand anderes …? Wäre ein Aufschub vielleicht möglich? Der Konjunktiv ist hier permanent präsent, während Kraft und Widerstand gleichzeitig immer weiter

Abb. 19.3 Verneinung

Abb. 19.4 Frustration

Abb. 19.5 Depression

sinken. Auch wenn eingangs von der Kraft der Hoffnung gesprochen wurde, sollten die umgebenden Mitmenschen zu diesem Punkt ihr Bestes geben, damit keine falschen Hoffnungen geweckt werden. Weiterhin können zu diesem Zeitpunkt auch starke Schuldgefühle zutage treten, die es durch liebevolle Präsenz aufzufangen gilt.

(4) Depression:
Mit der vierten Phase ist die Energiekurve des Protagonisten auf dem Tiefpunkt angekommen. Daher wird auch vom „Tal der Tränen" gesprochen, das hier durchlaufen wird. Achtung: Die dabei zum Ausdruck gebrachten Gefühlszustände können auf das Umfeld sehr ansteckend wirken. Gleichzeitig können auch Gegenreaktion wie „Jetzt hab' dich nicht so!" entstehen. Der betroffene Mensch zieht sich selbst nun oft in sein Schneckenhaus zurück, macht – real wie emotional – alle Türen, Fenster und Vorhänge zu und schottet sich komplett von der Außenwelt ab. Und das ist okay so. Auch Tränen dürfen nun nicht nur sein, vielmehr sind sie ein absolut wichtiges Element dieser Phase. Denn sie können dabei helfen, dass die in den vorangegangenen Etappen aufgestauten Emotionen wie Angst, Wut, Zorn und Trauer in flüssiger Form entweichen und dadurch Raum für neue Wahrnehmung geschaffen wird (Abb. 19.5).

Gleichzeitig ist auf diesem vierten Wegabschnitt der Mitteilungsbedarf des Betroffenen meist recht groß. Nicht nur über den Tränenkanal, auch verbal will die emotionale Last entweichen. Viel Zeit, ausreichend Taschentücher, Schultern zum Anlehnen und offene Ohren sind wichtige Werkzeuge von liebevollen Mitmenschen.

(5) Ausprobieren:
Es erfolgt nun ein erstes vorsichtiges Experimentieren damit, wie es sich „im neuen Zustand" anfühlt. Häufig gibt es dabei Rückzüge ins Tal der Tränen, aber immer öfter wird jetzt auch ein vorsichtiger Schritt in den Zustand von „was wäre, wenn es wahr wäre" gewagt (Abb. 19.6).

Langsam kommen erste Gedanken und „emotionale Hypothesen" über mögliche Konsequenzen zustande – wie die Welt sein könnte, falls es wirklich wahr wäre. Das Herantasten an die neue Wirklichkeit ist geprägt durch einen Mix aus Vorsicht, Angst, Mut und Neugier. Diese Zustände können in Sekundenbruchteilen umschlagen. Eine ordentliche Portion an Geduld, Gleichmut und Charakterstärke ist gefragt, wenn ein Mensch diese fünfte Phase durchläuft. Auch wenn die vorab beschriebenen Rückfälle immer wieder auftreten können, ist jetzt für den Protagonisten selbst und auch für alle Umgebenden jedoch immer wieder deutlich zu spüren: es geht

Abb. 19.6 Ausprobieren

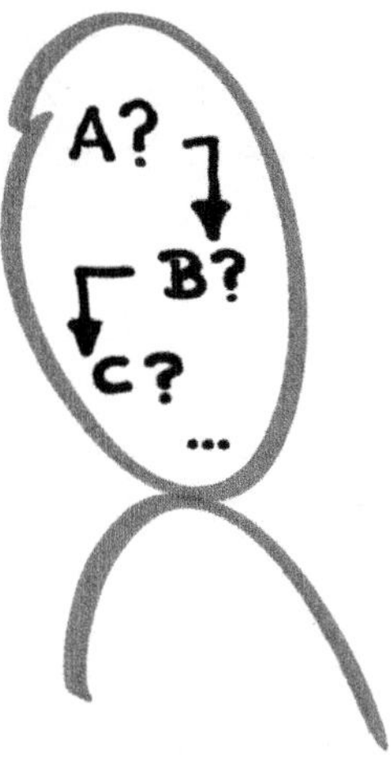

Abb. 19.7 Entscheidung

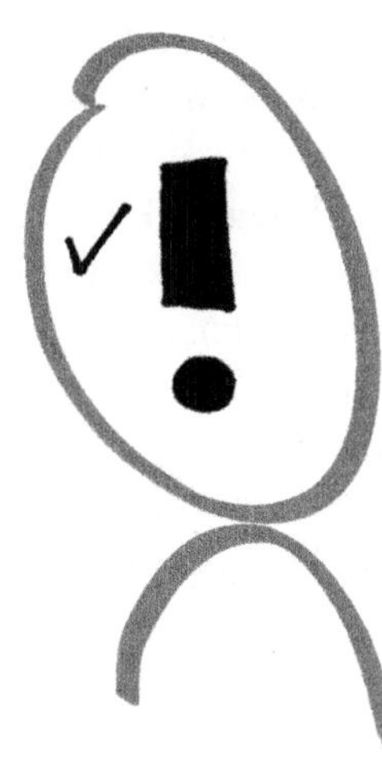

Abb. 19.8 Integration

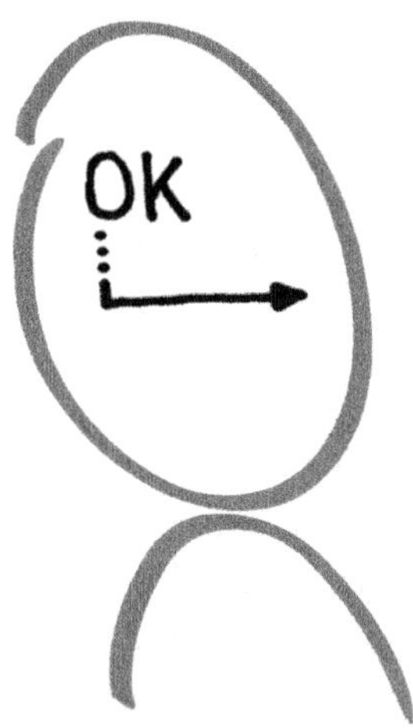

bergauf. Hierzu noch folgender Hinweis: Bitte denken Sie an „love it, leave it or change it" zurück. Diese fünfte Phase kann gegebenenfalls auch ein Punkt sein, in der sich die betroffene Person für „leave it" entscheidet. Auch das darf sein.

(6) Entscheidung:
In dieser sechsten Phase fällt nun meist schrittweise die Entscheidung für den neuen Zustand der veränderten Welt (Abb. 19.7). Mehr positive, angenehme und von echter Hoffnung gespeiste Gefühle treten zutage. Das eigene Energieniveau steigt spürbar an. Der Kampf ist weitestgehend abgeschlossen.

Man versteht nun als Betroffener, dass man wirklich die Wahl hat: sich weiterhin, wie in den vorangegangenen Phasen, einzugraben und abzuschotten oder aus freien Stücken die veränderte Situation zu akzeptieren. Gerade dieser freie Wille zum „change it" ist in dieser Phase ausschlaggebend. Selbstwirksamkeit bildet hierbei den entscheidenden Aspekt und die wichtigste Ressource, da somit die Opferrolle dauerhaft verlassen werden kann.

(7) Integration:
Mit der letzten Etappe wird nun endgültig der Weg auf die Zielgeraden eingeschlagen. „Integration" bedeutet hierbei, dass die veränderte Situation in den Alltag eingebaut wird, der meist ja nicht vollständig verändert und in Gänze auf den Kopf gestellt wurde (Abb. 19.8).

Sofern vorab kein „leave it" erfolgt ist, wird mit dieser siebten und letzten Etappe aus dem „change it" ein „love it" im Sinne von Akzeptanz. Unser Protagonist hat sich inzwischen mit der neuen Situation vertraut gemacht. Vielleicht ist dies anfänglich noch keine tiefe Verbundenheit oder gar Liebe, jedoch sind Wut, Zorn, Angst und Traurigkeit im großen Umfang losgelassen worden und dadurch konnten Neugier und Hoffnung immer weiter Einzug halten. Es ist auch hier noch immer möglich, dass ein aktives oder auch unbewusstes Zurückblicken auf den früheren Zustand zu Rückfällen führt. Allerdings ist das freie Akzeptieren der nunmehr veränderten Welt ein wichtiger Anker, damit dies immer seltener und bald gar nicht mehr passiert. Falls doch: Auch das darf sein.

Was nun wenig hilfreich ist, sind Kommentare von Außenstehenden wie „Siehste, war doch gar nicht so schlimm!" oder „Mann, du warst aber wirklich unausstehlich und anstrengend in dieser Zeit!" Auch wenn solche Statements absolut nachvollziehbar sind: Hier ist weniger wirklich deutlich mehr.

Was wirklich hilfreich sein kann, sind dagegen Mitgefühl für einen anspruchsvollen, anstrengenden und steinigen Weg, Lob für das konsequente Durchschreiten dieses Pfades und eine liebevolle Begrüßung, wenn jemand nach hartem Kampf im Ziel angekommen ist.

19.2 Jetzt mal ehrlich und geduldig

Bitte schauen Sie noch mal auf die verschiedenen Phasen und deren Berg- und Talfahrt: Solch ein Prozess braucht Zeit! Und er kostet Kraft. Wenn Sie selbst durch eine derartige Veränderungskurve gehen, seien Sie bitte ehrlich zu sich. Machen Sie sich nicht vor, dass man so etwas „mit links" schafft, die eine oder andere Phase „mal eben" durchsprinten und gar überspringen kann. Seien Sie gnädig im Umgang mit sich. Tränen dürfen fließen, Pausen zum Ausruhen dürfen sein, Rückschritte und Rückfälle ebenso.

Wenn Sie auf diese liebevolle und geduldige Weise mit sich selbst umgehen können, ist das eine sehr gute und wichtige Voraussetzung dafür, dass Sie auch für andere voller Verständnis und Mitgefühl da sein können, wenn Ihre Mitmenschen eine gravierende Veränderung durchlaufen.

Literatur

Hesse H (2015) Das Glasperlenspiel, 6. Aufl. Suhrkamp, Berlin

20

Mehr oder weniger Abstand?

Zusammenfassung Bevorzugen Sie eher Nähe oder Distanz? Sind Sie mehr der Typ für permanente Abwechslung oder brauchen Sie Konstanz in Ihrem Leben? Das Riemann-Thomann-Modell ist sehr hilfreich, um die eigene Positionierung zu diesen Aspekten zu erkennen und weitere Erkenntnisse für unser Leben daraus abzuleiten. Denn um sich zu verändern, ist es ganz entscheidend zu wissen, wo man gerade eigentlich steht.

Heutzutage haben Grenzen kein sehr positives Image. Oder vielleicht auch gerade doch. Je nach persönlichem Standpunkt. Im zwischenmenschlichen Bereich kommt vielen Menschen sofort der Aspekt des Ausgrenzens in den Sinn. Nicht nur – womöglich noch halbwegs neutrales – Abgrenzen, sondern das bewusste, vorsätzliche Ausschließen von anderen. Dabei heißt Grenzen zu setzen bei weitem nicht (nur) andere auszugrenzen. Es bedeutet auch einen Standpunkt zu beziehen.

20.1 Grenzen setzen, Nähe schaffen

Je nach Persönlichkeitsstruktur kann dies sehr unterschiedlich ausfallen. Denken Sie bitte an die vier dysfunktionalen Typen zurück. (Die hier natürlich nicht als nachahmenswerte Prototypen dargestellt werden sollen. Nicht umsonst werden sie als „dysfunktional“ bezeichnet.)

Zwei dieser Typen „nutzen“ Ihr typisches Verhalten, um sich – auf den ersten Blick, beide Male aufgrund einer gewissen Hilflosigkeit und mangels

A. Steffen, *Impulse zur eigenen Veränderung*, https://doi.org/10.1007/978-3-662-58279-4_20

besserer Verhaltensalternativen und höchstwahrscheinlich auch nicht immer vollständig bewusst – von ihren Mitmenschen abzugrenzen und diese sehr deutlich auszuschließen.

- Der Ankläger zeigt mit dem Finger auf alle anderen und grenzt sich damit sehr aktiv von ihnen ab. Durch sein Verhalten baut er zusätzlich noch eine weitere Distanz auf, da er sich selbst über die anderen stellt.
- Der Rationalisierer zieht seine Grenze in Form einer „Mauer gegen die Emotionen". Da er sich selbst in gewisser Weise von seinen eigenen Gefühlen „jenseits reiner Logik" abgekoppelt hat, schließt er diese Bereiche seiner Mitmenschen ebenfalls aus seiner Welt aus.

Hier werden Grenzen im ungesunden Übermaß eingesetzt. Gefühlt gibt es hier nicht nur eine Grenzlinie oder einen Zaun, diese Grenzen sind auf emotionaler Ebene mit Stacheldraht und Selbstschussanlagen versehen. Die beiden anderen Typen wiederum stellen das komplette Gegenteil dar: Sie besitzen zu großen Teilen keinerlei Abgrenzung ihres Selbst und haben dadurch – weder für sich selbst, noch für andere – einen greifbaren und lokalisierbaren Standpunkt.

- Der Beschwichtiger wird mit einem Höchstmaß an Unterwürfigkeit jede Position einnehmen, die ihm passend erscheint, damit er anderen gefällt.
- Dem Gegenüber will der Ablenker in gar keinem Fall eine feste Position beziehen – und sich dadurch womöglich (an-)greifbar machen. Viel lieber springt er ständig hin und her.

Beide Zweiergruppen bewegen sich also in Extremzuständen hinsichtlich des Umgangs mit Grenzen – und auch mit Nähe. Der Mix macht jedoch die Musik: Denn beides zu können ermöglicht es uns erst, sowohl für uns selbst zu sorgen, als auch den Kontakt zu anderen Personen herzustellen und Beziehungen zu Mitmenschen aufrechtzuerhalten.

20.1.1 Sehr viele Grenzen

Wer seine Grenzen so massiv baut und sie dermaßen extrem hochzieht, dass niemand durch- oder darüber schauen kann, macht sich selbst unkenntlich. Wirkliche An-Erkennung wird dadurch unmöglich. Das ist häufig eine fast unbewusste Schutzmaßnahme, denn andere könnten die Empfindsamkeit und Verletzlichkeit hinter dieser gemauerten Rüstung aus Grenzzäunen entdecken. Meist aufgrund entsprechend unguter Vorerfahrungen und daraus resultierend mangelndem Vertrauen soll dies keinesfalls geschehen. Durch all diesen abgrenzenden Schutz sorgen die beiden Typen dafür, dass sie keinesfalls angreifbar sind. Doch gleichzeitig werden sie ohne jegliche Nähe auch selbst niemals „be-greif-bar" für ihre Mitmenschen. Der eigentliche Wunsch dahinter, das insgeheime Bedürfnis nach echtem Kontakt, nach Nähe und Berührung, wird damit immer unerfüllt bleiben, solange diese Grenzen nicht vom Erbauer stückweise abgerissen werden.

> Vertrauen ist der Wille, sich verletzlich zu zeigen.

Dieser Ausspruch stammt von Margit Osterloh und Antoinette Weibel, den beiden Autorinnen des Buchs „Investition Vertrauen"[1]. Und bei weitem nicht nur im beruflichen Kontext ist diese Investition umso wichtiger, je mehr das Vertrauen vorab in Mitleidenschaft gezogen worden war. Es bedarf dann schon einer gehörigen Portion Mut, um diese Vertrauensbereitschaft aufzubringen.

20.1.2 Zu wenig Grenzen (oder gar keine)

Mit hierzu komplett gegensätzlichen Maßnahmen erzielen die Vertreter des anderen Extrems erstaunlicherweise denselben Effekt: Ohne eigenen Standpunkt, sowohl inhaltlich als mindestens im übertragenen Sinne auch real-räumlich verstanden, können andere keinen Kontakt zu uns aufnehmen. Menschen können sich uns gegenüber nicht positionieren, sich weder neben uns stellen noch zu uns gesellen. Damit wird oder bleibt man für andere unver-ständ-lich, weil niemand weiß, wo und wie man in der Welt steht.

„Wenn ich keinen Standpunkt habe, kann mir auch niemand auf den Fuß treten." Das ist häufig die – bewusste oder unbewusste – Devise hinter diesem Verhaltensmuster. Ohne eigene Positionierung kann man auch niemandem im Weg stehen, kann nicht von anderen geschupst, umgeworfen oder gar verletzt werden. Auch so macht man sich auf eine gewisse Weise unangreifbar. Doch kann man Besuch von anderen Menschen empfangen,

[1] Vgl. Osterloh und Weibel, 2006

wenn man keinen klaren Standort hat, dem ja auch Grenzen zugrunde liegen? Wer keine Postleitzahl hat, kann keine Einladungen versenden. Wer keinen Gartenzaun besitzt, kann für niemanden die Pforte öffnen und Einlass gewähren.

20.1.3 Mein Königreich, dein Königreich

Bereits im Kap. 9 ging es um die Frage, ob Sie König oder Königin sein möchten. Sein eigenes Königreich zu haben, bedeutet – wie oben dargestellt – in diesem Kontext, dass Sie damit einen für alle anderen Menschen sichtbaren Standort haben. Natürlich können Sie unüberwindbare Burgmauern und Gräben installieren, finster dreinblickendes Wachpersonal engagieren und zusätzlich vielleicht noch böse Zauberer oder Feuer speiende Drachen. Wie Sie das handhaben? Ihre Entscheidung! Doch wenn Sie sich selbst ernst nehmen und gleichzeitig für sich sorgen möchten, können Sie selbst die Kontrolle über ihre Zugbrücke übernehmen. Manchen Menschen fällt es sehr schwer, in einer entsprechenden Situation auch mal „nein" zu sagen – die Zugbrücke also sinnbildlich auch gelegentlich hochzuziehen, um sich selbst vor möglicher Ausbeutung durch andere zu schützen. Das dürfen Sie! Es ist Ihr Königreich.

Weiter in Metaphern gesprochen: Statt der oben genannten bösartigen und auf Zerstörung ausgerichteten Drachen können dies dann auch die gutartigen Exemplare aus der chinesischen Mythologie sein.[2] Auch die Zauberer müssen nicht fiese Vertreter der dunklen Magie sein, sondern können zur freundlichen Kategorie gehören. Wie bereits gesagt: Es ist Ihr Königreich. Sie können bestimmen, wie es dort aussieht und wer sich dort aufhält (Abb. 20.1).

Dementsprechend können Sie auch „Einladungen versenden und Aufenthaltsgenehmigungen aussprechen". Und das funktioniert eben nur, wenn Sie durch das Setzen von freundlich-überschaubaren Grenzen einen eigenen Standort haben, damit andere Sie finden und besuchen können.

[2]Die Chinesen pflegen einen sehr besonderen, respektvollen und freundlich-friedlich-fröhlichen Umgang mit ihren Drachen. Im Reich der Mitte sind diese Wesen seit Jahrtausenden ein wichtiger Bestandteil der Kultur, gelten als Urahnen der Menschen und Beherrscher des Wassers. So ist der „Lóng" genannte Drache verantwortlich für die Jahreszeiten und damit unter anderem auch zuständig für das Gelingen der Ernte. Während sich Drachen in der westlichen Mythologie meist bösartig und zerstörerisch verhalten, gelten sie in China und vielen weiteren asiatischen Ländern als gutmütig und werden keinesfalls bekämpft. Dementsprechend werden Drachen in China besonders farbenfroh und mit Friedfertigkeit und Glück assoziiert.

Abb. 20.1 Einladung ins Königreich

20.1.4 Ein weiterer Aspekt von Königreichen

Wer sein eigenes Königreich gestaltet, es pflegt und damit ebenso liebe- wie respektvoll umgeht, kann dieses Verhalten umso mehr auch bei anderen wahrnehmen und wertschätzen. Haben Menschen keinerlei Erfahrung mit Grenzen, so wird es ihnen schwerfallen oder vielleicht sogar unmöglich sein, diese bei anderen zu erkennen und zu respektieren. Auch hier können Sie „leading by example" betreiben, also als gutes Vorbild auftreten: Wenn Sie Ihre Grenzverläufe friedlich und freundlich kommunizieren, kann dies zu einem positiven Aha-Effekt auch bei anderen führen: „Ach so! Grenzen sind also okay! Und sie müssen gar nicht schlimm, schlecht oder falsch sein. Wow. Das versuche ich dann auch mal selbst."

20.2 Wo stehen Sie denn?

Die beiden Psychologen Fritz Riemann und Christoph Thomann haben über viele Jahre in den Bereichen von Ängsten, Sehnsüchten und Bedürfnisorientierung geforscht. Ein Ergebnis ihrer Arbeit ist das Riemann-Thomann-Modell. Darin werden bestimmte Positionierungsmöglichkeiten anhand von jeweils gegenüberstehenden Grundausrichtungen beschrieben: Nähe und Distanz bilden ein Gegensatzpaar sowie Dauer und Wechsel (Abb. 20.2).

Sehr interessant und erfahrungsreich ist es, diese vier verschiedenen Punkte nicht nur im Geist oder an der Wand zu betrachten, sondern sie auf

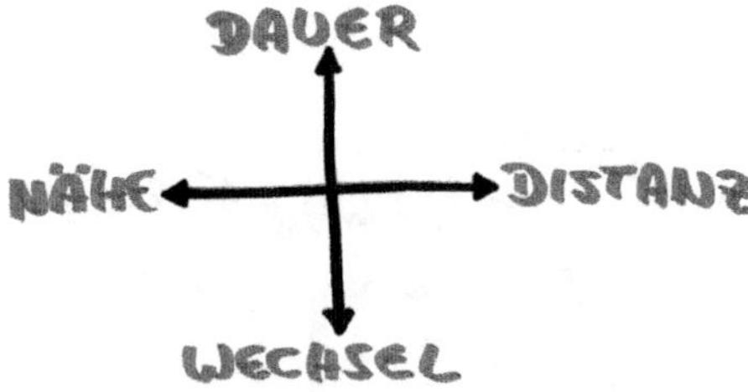

Abb. 20.2 Nähe oder Distanz? Wechsel oder Dauer?

den realen Boden zu legen und sich selbst auch ganz physisch zu positionieren und dabei in sich hinein zu fühlen.

Diese sehr einfache und praktische Form der „Ein-Personen-Aufstellungsarbeit" kann Ihnen ein echtes Gefühl dafür geben, wo Sie sich wohlfühlen. Sie können damit auch verschiedene Situationen durchspielen. Wie ist es im familiären Kontext? Nehmen Sie im Job möglicherweise eine ganz andere Position ein? All dies kann zu spannenden Erkenntnissen führen, probieren Sie es mit einem Stift, vier Zetteln und etwas Platz auf dem Boden gerne aus.

Gleich vorab noch ein Hinweis: Jeder Form der Positionierung in diesem Modell ist okay. Es gibt kein „gut" oder „schlecht", das ganz persönliche „falsch" oder „richtig" aus dem Bauch heraus ist entscheidend. Dabei kommt es immer wieder vor, dass man sich durch Ausprobieren auf eine bestimmte Stelle in diesen vier Bereichen einpendelt, sich dort absolut stimmig aufgehoben fühlt – und sich dennoch hinterher wundert. Auch das ist vollkommen in Ordnung und sehr menschlich. Vertrauen Sie zunächst einfach auf Ihre Instinkte und Impulse, die Sie zu Ihrer Position hinführen werden. Und wiederholen Sie diese Übung gerne. Es kann durchaus sein, dass Ihre jeweilige Tagesform unterschiedliche Ergebnisse liefert.

20.2.1 Positionsbeschreibungen

Es folgen noch einige Beschreibungen zu den einzelnen Ausprägungen. Diese Eigenschaften haben allerdings keinen verbindlichen Gesetzescharakter (und stehen somit auch in keinem Goldenen Buch). Es sind Tendenzen, mehr nicht. Natürlich können Sie den jeweils gegenüberliegenden Polen genau diejenigen Merkmale zuschreiben, die für Sie passend sind.

Dauer: Ordnung und Tradition sind zumeist wichtige Faktoren. Chaos wiederum wird eher wenig geschätzt, Gründlichkeit dagegen schon. Auch Geduld ist eine üblicherweise stark ausgeprägte Eigenschaft dieser Position.

Verbindlichkeit und Verlässlichkeit werden hier ebenfalls sehr geschätzt – sowohl bei anderen als auch als Anspruch an sich selbst.

Wechsel: Spontanität und Abwechslung spielen in diesem Bereich oftmals eine große Rolle. Kontinuität wird sehr wahrscheinlich als Langeweile empfunden. Kreativität wiederum ist hier gewöhnlich im hohen Maß vorhanden, ebenso wie Risikobereitschaft und auch die Fähigkeit, sich auf Neues einzulassen.

Distanz: Die Fähigkeit, auch allein sein zu können, ist hier meist deutlich wahrnehmbar. Auch eine hohe Unabhängigkeit findet sich bei dieser Ausprägung. Damit verbunden ist häufig eine große Konfliktfähigkeit. Gleichzeitig ist der Wunsch nach Ruhe vielfach zu beobachten.

Nähe: Geborgenheit stellt einen typischen Aspekt dieser Position dar, ebenso wie der Wunsch nach zwischenmenschlichem Kontakt. Ebenso sind in diesem Bereich Ausgeglichenheit und Empathie weit verbreitet.

20.2.2 Ihre eigene Position

Üblicherweise hat niemand nur eine einzige Grundausrichtung. Und selbst dort sind absolute Extreme eine seltene Ausnahme. Und dennoch: Wenn es Ihnen an einer der Außenstellen gefällt, weil Sie nun mal so sind – dann ist das eben Ihre Position. Und Sie können entscheiden, ob Sie dortbleiben oder vielleicht auch mal eine andere Stelle ausprobieren möchten.

Die meisten Menschen finden sich, wenn sie die Übung absolvieren und sich innerhalb dieser vier Bereiche aufstellen, zunächst an einem selbstgewählten Startpunkt ein, wandern danach ausprobierend in die eine und die andere Richtung. Dabei ist es auch völlig in Ordnung, wenn Sie sich nicht an einem einzigen Punkt einpendeln, sondern eine größere Standfläche als stimmig empfinden. „Manchmal bin ich so. Und dann auch wieder so." Es kann gut sein, dass wir in verschiedenen Situationen und Konstellationen unterschiedliche Positionen einnehmen. Es sei denn, Dauer ist als einziger Extrempunkt genau Ihre Wahl. Dann sind Sie wahrscheinlich immer so – und nie anders.

Allerdings kann es – wie vorab beschrieben – durchaus sein, dass man am selben Tag mal so und mal anders ist. Um es mit dem Titel eines Songs zu sagen, den Sie auch in der Playlist im Anhang finden: *„Ich bin morgens immer müde, aber abends werd' ich wach."* (Laing, 2012)[3]

---

[3]Die Band Laing belegte 2012 mit diesem Lied den 2. Platz beim Bundesvision Song Contest. Ursprünglich stammt der Song von Trude Herr und ist 1960 auf dem Album „Ich will keine Schokolade" erschienen.

Interessant und bei weitem nicht trivial ist das Ausprobieren neuer Standpunkte. Wie fühlt es sich an, wenn Sie sich als Nähe-Dauer-Mensch einmal ganz bewusst in die Distanz-Wechsel-Position begeben? Oder eben andersherum, je nachdem, was Ihre übliche Einstellung ist. Bitte seien Sie hierbei jedoch achtsam mit sich selbst: Solch ein Selbstversuch kann sich sehr unbehaglich anfühlen. Und auch interessante neue Erkenntnisse bringen. „Ach, so fühlt sich das also an!" Sie erinnern sich vielleicht an das Thema „Perspektivwechsel", auch die sind nicht mal eben so mit einem Fingerschnippen erledigt.

20.3 Nähe spüren mit den Augen

Zum Abschluss dieses Kapitels wird einer dieser vier Aspekte noch mal besonders herausgehoben. Bei nicht wenigen Menschen ist zwar der Wunsch nach Nähe stark spürbar – die Fähigkeit, diese Nähe zuzulassen, ist jedoch nicht immer im gleichen Maß ausgeprägt. Und auch hier gilt, dass man Veränderung üben kann.

Diese eindrucksvolle Zweierübung zum Thema Nähe können Sie zusammen mit einem anderen Menschen ohne jegliche Hilfsmittel und auch ohne die Notwendigkeit des direkten Körperkontakts ausführen. Nehmen Sie sich 15 Minuten Zeit, sorgen Sie für eine ruhige Umgebung, setzen Sie sich gegenüber auf zwei Stühle oder legen Sie sich alternativ einander zugewandt auf den Boden. Und dann: Schauen Sie sich in die Augen. Mehr nicht.

Im Alltag sind die wenigsten von uns es überhaupt gewohnt, einem anderen Menschen mehr als nur wenige Sekunden in die Augen zu schauen. Ob diese tatsächlich das „Tor zur Seele" sind, darf jeder gerne selbst beurteilen. Diese 15 Minuten sind allerdings ein erstaunlicher Zugang zur Person, die einem gegenübersitzt. Wirklich noch nie habe ich erlebt, dass diese Übung zwei Menschen so zurückgelassen hat, wie sie in diese Viertelstunde hereingegangen sind. Jedes Mal war danach eine deutlich stärkere Verbindung zu spüren, die auch immer als sehr positiv wahrgenommen wurde.

Für zwei Menschen, die sich gerade erst kennenlernen, kann dies eine großartige Übung sein. Und genauso für Personen, die sich schon sehr lange kennen. Sie werden erleben, wie man dabei Einblicke in den anderen erhält, die eine tiefe Verbundenheit schaffen oder weiter ausbauen können.

20.3.1 Augenblicke aus eigener Erfahrung

Beim sogenannten *Berlin Eye Contact Experiment* hatte ich Anfang 2018 selbst das Vergnügen, über zwei Stunden hinweg mit nur wenigen Minuten als Pause, insgesamt sieben verschiedenen Menschen gegenüber zu sitzen – die ich vorher noch nie gesehen hatte. Jegliche Kommunikation erfolgte vollständig nonverbal. So weiß ich auch bis heute nicht, wer mir da eigentlich genau gegenübergesessen hat. Gleichzeitig haben mir diese verschiedenen Menschen über ihre Augen den Zugang sich erlaubt und damit Verbindungen geschaffen, die ich zu vielen Bekannten selbst im Verlauf von Jahren bei weitem niemals aufgebaut hatte.

Meine Erlebnisse und Empfindungen waren dabei ebenso unterschiedlich wie die Menschen, die mir an diesem Tag gegenübersaßen. Die erste Session (mit einem vermutlich griechisch-stämmigen Mann Ende 30) war ein wunderschöner Auftakt. Mein Gegenüber hatte sich mir – alles immer „lediglich" über die eigenen Augen – mit einem faszinierenden Vertrauen geöffnet. Von riesiger Freude über tiefe Traurigkeit bis hin zu echter Herzenswärme war alles zu sehen und damit auch für mich zu spüren. Weit über eine halbe Stunde saßen wir so da und schauten uns nur an – aber mit welcher emotionalen Tiefe! Die junge Japanerin danach schien sehr schüchtern zu sein, ihre Bereitschaft, sich über den Zugang ihrer Augen zu öffnen, war eher zögerlich. Dementsprechend schnell war sie auch bald schon wieder aufgestanden. Ungefähr nach einer Stunde saß mir ein Mann aus Indien oder vielleicht Pakistan gegenüber. Dieser Augenkontakt war extrem intensiv und wir beide haben während der folgenden 20 bis 25 Minuten kaum geblinzelt. Meine Wahrnehmung war dabei wieder eine neue: Diese Session hat sich für mich in mancherlei Hinsicht wie ein „optisches Verhör" angefühlt; das rein über die Augen vermittelte Interesse erschien mir dabei wie eine „augengesteuerte Psychoanalyse". Es folgten noch weitere intensive Blickkontakte. Nach zwei Stunden intensivster Erlebnisse war ich wirklich platt – und gleichzeitig erfüllt von dermaßen viel Offenheit, Gefühl und Austausch. Während dieser gesamten Zeit habe ich kein einziges Wort geredet.

Vielleicht probieren Sie so etwas zuerst mit einem Ihnen nahestehenden Menschen aus, wie in der Übung oben beschrieben. Sollten Sie jedoch ausgeprägt neugierig sein und diese Erfahrungen auch mit (danach nicht mehr) fremden Menschen machen wollen: Solche Veranstaltungen – meist mit dem Titel „Eye Contact Experiment" – gibt es in vielen deutschen Städten. Viel Vergnügen bei diesem intensiven und großartigen Erlebnis!

Literatur

Osterloh M, Weibel A (2006) Investition Vertrauen: Prozesse der Vertrauensentwicklung in Organisationen. Gabler Verlag, Wiesbaden

21

Weniger Ping Pong, mehr Optionen

Zusammenfassung A oder B? B oder A? Steckt man erst einmal in solch einem Entscheidungs-Dilemma fest, so kann es sich wie ein schier endloser Marathon von Hin und Her anfühlen, man kommt einfach nicht zu Ruhe, findet keine Entscheidung. Das Tetralemma ist genau für solche Momente ein großartiges Werkzeug, das einem Menschen den Blick für weitere Optionen jenseits von A oder B öffnen kann. Mit vier oder fünf Positionen kann die Welt schon ganz anders aussehen. Wie genau das funktioniert, wird unter anderem am Beispiel von Pizza Hawaii erklärt.

Die beiden Wortbestandteile legen es schon nahe: *Tetra* ist im Griechischen die Vorsilbe der Zahl Vier. Und *lemma* (griechisch für „Annahme") kommt Ihnen vielleicht vom Dilemma bekannt vor. Nur dass hier eben nicht *di* – wie das griechische Wort für „zwei" – davorsteht. Hinter dem Tetralemma verbirgt sich ein großartiges Werkzeug zur Entscheidungsfindung – und vor allem: um gleichzeitig die eigene Bandbreite an Optionen zu vergrößern. Trotz seines griechischen Namens: Das Tetralemma stammt ursprünglich aus der indischen Logik und ist eng mit dem Philosophen und Lehrmeister Nāgārjuna verknüpft, der im zweiten Jahrhundert einer der wichtigsten Vertreter des Mahayana-Buddhismus war.

Doch jetzt: Von der Theorie in die Praxis.

A. Steffen, *Impulse zur eigenen Veränderung*, https://doi.org/10.1007/978-3-662-58279-4_21

21.1 Vom Dilemma zum Tetralemma

Wie eingangs beschrieben, stecken wir immer wieder fest zwischen zwei Optionen. Entweder – oder. Weniger? Oder mehr? Das Arbeiten und Argumentieren mit Gegensatzpaaren ist tief in unseren Denk- und Verhaltensweisen verankert.

Soll ich dies? Oder jenes? Oder doch dies? Vielleicht ist aber auch jenes besser … So kann es stunden-, tagelang und zeitlich auch gerne noch weit darüber hinaus in unserem Kopf hin und her gehen wie bei einem Ping-Pong-Marathon. Mithilfe des Tetralemmas – also der Arbeit mit vier statt lediglich zwei Annahmen – bewegen wir raus aus dem „Schwarz-Weiß-Dilemma", denn plötzlich kommen auch mindestens noch zwei neue „Farben" oder zumindest weitere Graustufen ins Spiel. So kann es auch eine Kombination von A und B sein, die als dritte Option C infrage kommt. Oder es gibt auf einmal auch ein D! Damit sind aus zwei schon vier Möglichkeiten geworden. Und vielleicht existieren auch E oder sogar F, die wir vorher überhaupt nicht als Alternativen wahrgenommen hatten.

Besonders wirksam wird das Tetralemma als Werkzeug, wenn man es nicht nur im Kopf oder am Flipchart durchspielt, sondern es mit Mitteln der Systemaufstellung tatsächlich auch physisch erlebt. Sie können dann die Optionen jeweils auf Zettel schreiben, diese vor sich als sogenannte „Bodenanker" auf dem Fußboden platzieren, sich dann – mit ausreichend Zeit zum Wirkenlassen – auf genau die verschiedenen Positionen stellen und spüren, wie diese sich anfühlen. Sie erfahren hierzu später noch mehr.

Vielleicht geht es um die Entscheidung für einen neuen Arbeitsplatz. Oder um den Wohnort. Natürlich können es auch vermeintlich trivialere Aspekte sein, die einem schlussendlich dennoch den Schlaf und die Ruhe rauben. Welche Farbe soll die neue Couch haben? Ans Meer oder in die Berge: Wohin fahren wir in den Urlaub? Für manche Menschen ist alleine schon die Entscheidung beim Mittagessen zwischen Menü A und Menü B eine echte Qual. Lassen Sie uns beim Beispiel mit dem Wohnort bleiben, dies mit dem Aspekt „Arbeitsplatz" verbinden und es in pseudonymisierter Form anhand eines realen Falls darstellen.

A ist A

Wir nennen sie Frau Lehmann, Gabriele Lehmann. Gabi hat ein neues Jobangebot erhalten. Sie könnte die Stelle als Abteilungsleiterin annehmen, die ihr die Geschäftsleitung angeboten hat, allerdings an einem anderen Standort. Statt Hannover, ihrer Heimatstadt, in der sie jetzt auch schon seit sechs Jahren für genau diese Firma arbeitet, würde sie dann in Hamburg tätig sein. Der Wechsel an die Alster wäre ein wichtiger Karriereschritt, würde neben mehr Verantwortung auch ein höheres Gehalt mit sich bringen. Und durch mehrere Kurzurlaube hat Gabi bereits ein sehr schönes Bild von der Stadt gewonnen.

Oder B?

Allerdings müsste sie dazu in einer für sie fremden Stadt neu anfangen. Den Freundeskreis in ihrer Heimat Hannover würde sie wohl weitestgehend aufgeben müssen. Auch ihre Hobbys, das regelmäßige Training im Lauftreff des Sportklubs und das Singen im Chor, könnte sie in dieser Form dann nicht mehr wahrnehmen. Gut, laufen kann man sicher auch in Hamburg, singen wahrscheinlich ebenfalls. Aber ist der neue Job denn wirklich etwas für sie? Möglicherweise ist dieser berufliche Aufstieg ja doch keine so gute Idee. Es könnte ja sehr viel Druck entstehen. Will sie das wirklich? Vielleicht bleibt sie einfach hier in Hannover. Allerdings würde sich Gabriele eine Veränderung doch schon sehr wünschen.

Ach herrje, Karriere, mehr Gehalt, neue Erfahrungen und eine neue Stadt stehen dem vertrauten Umfeld, sicheren Strukturen und einem lieb gewonnenen Umfeld und Alltag gegenüber. A oder B? B oder A? So langsam rückt die Frist immer näher, zu der sich Gabriele der Geschäftsleitung gegenüber äußern soll. Ihre Nächte werden immer kürzer, weil sie stundenlang wach liegt und grübelt.

Oder eine Kombination?

Wie von Zauberhand schießt Gabi ein Geistesblitz in den Kopf: Wird Herr Meier nicht bald in Rente gehen? Der ist Abteilungsleiter in ihrem Unternehmen, spricht immer wieder vom nahenden Ruhestand und freut sich schon sehr darauf. Mit Herrn Meier hat Gabriele in der Vergangenheit bereits immer wieder in verschiedenen Projekten zu tun gehabt und hat dabei von seiner Abteilung einen sehr guten Eindruck erhalten. Dort arbeitet auch Petra, mit der sie im Chor singt. Und auch die erzählt immer nur Gutes über ihren Job.

Die erhoffte Abteilungsleitung und gleichzeitig auch ein etwas neues Arbeitsumfeld? Die wohlbekannte Heimatstadt und parallel das vertraute Umfeld? Vielleicht lassen sich diese Aspekte, diese gestern noch unvereinbarlichen Gegensätze ja kombinieren! Gabriele beschließt, schon in den nächsten Tagen mit der Geschäftsleitung darüber zu sprechen, ob das eine Option sein könnte. Zwar würde diese Veränderung nicht so schnell erfolgen können, wie die Möglichkeit in Hamburg – aber das wäre ihr eigentlich sogar ganz lieb.

Am Nachmittag kommt ihr ein weiterer Gedanke in den Sinn: Bei einem der Mitbewerber ihres Unternehmens soll eine neue Abteilung aufgebaut werden. Dieter, den sie regelmäßig beim Lauftreff sieht, hatte ihr kürzlich davon erzählt. Vielleicht wäre das auch eine Option? Gabi beschließt, Dieter am Donnerstag darauf anzusprechen. Je mehr sie sich diese Idee vor Augen führt und prüft, wie sich das wohl anfühlen könnte, wenn sie in Hannover bleiben und gleichzeitig eine neue Aufgabe in einem anderen Unternehmen, aber gleichzeitig in der ihr bekannten Branche übernehmen würde … das fühlt sich zumindest reizvoll an.

Wie? Keins von beidem?

Was wäre eigentlich, wenn keine der beiden Varianten eintreffen würden? Nur mal so gesponnen: Wie würde sich das anfühlen? Mal kurz den Kopf ausgeschaltet, rein ins Fühlen. In welchen Bereichen regt sich eventuell Widerstand? Wo tritt ein „das will ich aber" deutlich zutage? Hinter jeder der beiden Optionen A und B stehen ja bestimmte Werte, Wünsche und Bedürfnisse.

Wenn sich Gabriele nun ganz bewusst einmal in diese Position hineinversetzt, dass sozusagen weder Hannover noch Hamburg zur Verfügung stehen, kommen mit hoher Wahrscheinlichkeit diejenigen Vorteile oder Vorzüge ans innere Licht, die für Gabi besonders bedeutsam sind. Je mehr hier der Kopf – inklusive entsprechender „Logikargumentation" und Glaubenssätze – vorübergehend ausgeschaltet wird, umso spürbarer werden die tatsächlich zugrunde liegenden Wünsche und Bedürfnisse. „Mehr Gehalt" und „Karriereschritt" können sich vielleicht auf dem Papier großartig lesen lassen, falls jedoch Heimatverbundenheit oder Freundeskreis eine weitaus stärkere Bedeutung für unsere Protagonistin haben sollten, muss die Vernunft insbesondere an dieser Stelle nicht unbedingt das letzte Wort haben. Und natürlich kann es auch – um in diesem Fallbeispiel zu bleiben – genau andersherum sein: Hannover ist schön und vertraut, ihre Freunde sind Gabi sehr wichtig – aber sie spürt möglicherweise jetzt noch viel deutlicher, dass sie wirklich unbedingt diese neue Stelle als Abteilungsleiterin antreten möchte! In der „Keins-von-beidem-Position" des Tetralemmas ist ihr nämlich soeben klar geworden, dass sie die Stelle auch ohne Gehaltssteigerung antreten würde, weil sie Lust auf mehr Verantwortung hat. Und auf Hamburg freut sie sich auch sehr (Abb. 21.1).

Wenn Gabi so richtig in sich hineinhorcht und ganz ehrlich zu sich ist, ohne tiefe Erwartungshaltungen an Karrierepfade & Co., dann würde sie die Entscheidung eigentlich gerne noch etwas herausschieben und erst mal Urlaub machen. Solche unterschiedlichen Resultate können mit der vierten Position im Tetralemma durchaus herausgekitzelt werden. Ebenfalls kann hier als Ergebnis herauskommen, dass die Zeit für eine Entscheidung vielleicht einfach noch nicht reif ist. Was genau Sie spüren und – vor allem anhand Ihrer somatischen Marker, die hierbei zum Einsatz kommen – für sich selbst erkennen werden, kann auch die allerbeste Kristallkugel nicht

Abb. 21.1 Das Tetralemma

vorhersagen. „Ausprobieren und in sich hineinspüren" lautet die Devise. Und mithilfe des Tetralemmas müssen weder Sie noch Gabi den Job kündigen oder nach Hamburg umziehen, um ein deutlicheres Gefühl zu bekommen.

Dies war die ursprüngliche Version des Tetralemmas. Mittlerweile gibt es noch eine Erweiterung der vier Varianten: sozusagen eine fünfte Himmelsrichtung.[1]

21.2 So und auch ganz anders

Der deutsche Wissenschaftstheoretiker Matthias Varga von Kibéd beschreibt diese fünfte Position mit „All dies nicht – und selbst das nicht!" (Abb. 21.2). Dahinter steht die Idee, vorhandene Muster, Glaubenssätze, vermeintliche Regeln und Gesetze aus dem nichtvorhandenen Goldenen Buch aufzubrechen. Diese fünfte Position ist gleichzeitig Metaebene und Joker.

Nachdem vorab in die vier verschiedenen „Lemmas", also die Annahmen und Optionen, hineingespürt wurde, kann durch die fünfte Position für den Moment einfach alles infrage gestellt werden. Und ja: das kann sich durchaus beunruhigend anfühlen. Das darf in dieser Übung auch so sein.

Wenn wir dabei also im wahrsten Sinne und auch physisch aus dem Tetralemma heraustreten, uns damit in die Beobachterposition unserer eigenen Problemstellung und Optionen begeben, können wir uns folgende Fragen stellen:

---

[1]In verschiedenen fernöstlichen Philosophien gibt es zusätzlich zu Süden, Westen, Osten und Norden tatsächlich noch eine fünfte Himmelsrichtung. Diese ist – mathematisch gesprochen – ein Vektor, also die Kombination eines Ausgangspunkts mit einer Richtung. Nämlich derjenigen, in die wir uns bewegen. Oftmals ist uns diese Bewegung nicht oder noch nicht bewusst.

Abb. 21.2 All das und nichts davon?

- Existieren weitere Wünsche und Bedürfnisse, die in den bisherigen vier Positionen bisher noch nicht zum Tragen kamen?
- Gibt es weitere Hindernisse – rationale wie irrationale –, die bisher noch nicht thematisiert wurden?
- Und insgesamt und darüber hinaus: Ist da noch mehr? Um was geht es noch?
- Nicht lange nachgedacht und bitte in den Bauch hineingehört: Was fällt Ihnen spontan ein? Gerne raus damit.
- Ganz grundsätzlich: Was würden Sie wirklich so richtig gerne tun, auch wenn es mit der ursprünglichen Problemstellung womöglich gar nichts zu tun hat?

Diese fünfte Position bietet uns die Möglichkeit, wirklich „out-of-the-box" zu denken, also unserer Fantasie über den bisherigen Tellerrand hinaus wirklich Freiraum zu gönnen. Daher wird sie auch die „Joker-Position" genannt. Erlauben Sie Ihrem Geist, hier einmal auch ganz abstrakte, absurde und außergewöhnliche Gedanken durchzuspielen.

21.2.1 Auf dem Boden der möglichen Tatsachen

Es ist durchaus hilfreich, wenn diese Übung zu zweit durchgeführt wird. So kann man sich als übende Person besonders stark auf sein Bauchgefühl, auf die eigenen somatischen Marker und spontane Reaktionen und Erkenntnisse konzentrieren, während der Partner diese Eindrücke notiert. Doch wie eingangs gesagt: Mit einem gewissen Maß an gleichzeitiger Disziplin und „Loslassen zwecks Spüren" kann das Tetralemma auch ganz eigenständig genutzt werden (Abb. 21.3).

Wie die Übung mit den Bodenankern grundsätzlich abläuft, haben Sie vorab bereits lesen können. Die eigene Positionierung kann dabei noch verstärkt werden, wenn die vier verschiedenen Standpunkte „nicht irgendwie", sondern ganz gezielt und bewusst eingenommen werden.

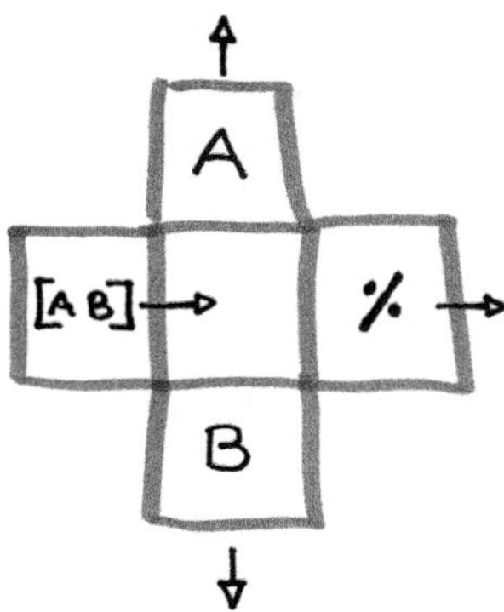

Abb. 21.3 Mitten hinein ins Tetralemma!

1. Im ersten Schritt nehmen wir Position A ein. Wie fühlen wir uns hier? Wir gehen dafür noch mal in uns und spüren in die Bestandteile und einzelnen Aspekte dieser Option hinein. Nehmen wir körperlich etwas wahr? Kommen bestimmte Emotionen auf oder entstehen vielleicht Bilder und andere Sinneseindrücke bei uns?
   (Falls Sie diese Übung allein durchführen, kann es hilfreich sein, all diese Wahrnehmungen auf einem Zettel zu notieren. Stecken Sie ihn danach umgehend in die Hosentasche, damit Sie sogleich den Kopf und vor allem alle anderen Sinne wieder frei haben.)
2. Nun gehen wir auf die gegensätzliche Position B. Dabei ist es hilfreich, damit wir uns wirklich möglichst unbeeinflusst von A in diese zweite Option hineinbegeben können, wenn wir auch eine entgegengesetzte Blickrichtung einnehmen.
   (Notieren Sie auch hier wieder Ihre Gedanken und Gefühle in dieser Position. Sofern Sie die Übung zu zweit absolvieren, ist Ihr/e Partner/in möglichst so hilfsbereit und schreibt Ihre verbalen Äußerungen auf.)
3. Weiter geht es anschließend in der dritten Position: Wie fühlt es sich für uns an? Lassen sich A und B vielleicht kombinieren? Um die Aspekte beider Optionen im Blick und damit auch im Gespür zu haben, stellen wir uns dieses Mal so auf, dass wir diese Möglichkeiten und deren physische Repräsentation durch die Bodenanker im Blick haben. Unsere Aufmerksamkeit darf dabei immer wieder zwischen A und B sowie vor allem unserer inneren Wahrnehmung pendeln.
4. Mit dem vierten Schritt wenden wir allen drei vorab eingenommenen Positionen ganz bewusst den Rücken zu. Was spüren wir, wenn dies alles nicht vorhanden ist? Es hilft sehr, wenn wir hier auch wirklich alle Fragen und möglichen Untersicherheiten zulassen, die in dieser Position

vielleicht aufkommen. Es kann durchaus sein, dass uns bestimmte Ressourcen auffallen, die uns für eine Entscheidung noch fehlen. Dies kann uns übrigens auch in jeder der anderen Positionen bewusst werden.

Wie war das bisher? Ich würde darauf wetten, dass Sie bisher schon nicht haargenau so aus der Übung herausgekommen sind, wie Sie hineingegangen sind. Und „Herauskommen" ist auch das richtige Stichwort, denn nun steht der fünfte Schritt an.

5. Der fünfte und letzte Schritt führt uns aus dem bisherigen „System der vier Optionen" heraus. Auch rein räumlich blicken wir von außen als Beobachter auf dieses System. Wenn wir ausreichend Platz haben, kann es interessant sein, um diese vier Positionen herumzulaufen. Werden wir von einer dieser Stellen magisch angezogen? Wollen wir beim gemächlichen Umkreisen eine Position lieber vermeiden oder zumindest schnell wieder an ihr vorbei sein? Nach dieser Wahrnehmung aus dem Orbit ist es ratsam, an einer angenehmen Position der Umlaufbahn innezuhalten und zu den folgenden Fragen in sich hineinzuhorchen:

   - Was möchte ich eigentlich insgesamt erreichen?
   - Sind während der Übung bestimmte Wunschbilder deutlich spürbar für mich geworden?
   - Gibt es jenseits der vier Optionen vielleicht noch viel dringlichere oder wichtige Wünsche und Bedürfnisse?
   - Welche Hindernisse habe ich dabei wahrgenommen?
   - Ist eines dieser Hindernisse vielleicht das eigentliche Thema, mit dem ich mich beschäftigen sollte?
   - Wie fühlt es sich eigentlich an, wenn eine Position so richtig gut für mich ist?

Ob nun zu zweit oder alleine: Die Arbeit mit dem Tetralemma darf durchaus einige Zeit in Anspruch nehmen. Sie tun sich damit Gutes. Auch wenn zwischendurch vielleicht Verunsicherung aufkommt, wenn sich Hindernisse möglicherweise erst so richtig manifestieren. Diese Gedanken und Emotionen sind ohnehin in Ihnen vorhanden, jetzt dürfen sie endlich an die Luft.

Und gleichzeitig können dabei auch viele wunderbare neue Ideen entstehen. Insbesondere die Positionen vier und fünf führen immer wieder zu ganz neuen Erkenntnissen. Und diese hat man meist nicht, wenn man die Übung nur im Kopf durchspielt. Das physische Erleben im Raum hat hierfür eine deutlich höhere Qualität und eine weitaus stärkere Wirkung.

Und bitte: Lassen Sie sich danach auch Zeit, damit diese Übung nachklingen kann. Sie ist nicht in dem Moment beendet, wenn Sie die Bodenanker-Zettel wieder aufheben und sie dann in eine Schublade tun. Ihr Tetralemma-Erlebnis wird auch in den nächsten Tagen noch nachwirken, versprochen.

21.2.2 Pizza Hawaii: eine Zusammenfassung

Es gibt die schöne Anekdote, dass Pizza Hawaii im Jahr 2017 auf Antrag des isländischen Präsidenten verboten werden sollte. Da sich dies bald darauf als Scherz herausgestellt hat, darf sie hier dennoch zusammenfassend als anschauliches Beispiel zum Einsatz kommen.

1. Sie möchten sofort etwas Herzhaftes essen.
2. Anderseits möchten Sie auch etwas Süßes. Was nun? Was tun?
3. Die Kombination könnte dann genau eine Pizza Hawaii sein. Süß und gleichzeitig herzhaft. Ein grandioser Kompromiss, der die vermeintlichen Gegensätze perfekt vereint.[2]
4. Keins von beidem? Nein, danke. Auf keinen Fall, Sie haben Hunger. Jetzt. Schon der pure Gedanke, nun vielleicht nichts zu essen, bringt massiven Widerstand mit sich. Ihnen wird in Sekundenschnelle sehr deutlich, dass „keins von beidem" überhaupt keine passende Option darstellt. (Aber schön, dass Sie diese Möglichkeit durchgespielt haben.)
5. Trotz des mächtigen Kohldampfs halten Sie einen Moment inne: Was möchten Sie denn wirklich? Vielleicht wollen Sie ja insgeheim ein Käsebrot mit Erdbeermarmelade, so wie Sie es seit Kindheitstagen nicht mehr gegessen haben. Und dabei in der Abendsonne auf einer Schaukel sitzen. Das wäre es doch ...

Womöglich habe ich Sie mit dem Erdbeerkäsebrot völlig verschreckt. Bitte essen Sie, was Ihnen schmeckt und Ihnen guttut. Und es soll hier auch nicht um eine Rückführung in die eigene Kindheit gehen. Der Blick nach vorn ist mindestens ebenso wichtig wie richtig. Vielleicht wären Sie viel lieber an einem ganz anderen Ort als einem Spielplatz. Eventuell haben Sie auch schon so eine Ahnung, wo genau Sie gerne wären und welche Ressourcen, Nahrung oder andere, Sie gerne bei sich hätten.

---

[2]Natürlich gibt es noch diverse andere kulinarische Optionen, falls Sie, wie der isländische Historiker und seit 2016 amtierende Präsident Guðni Thorlacius Jóhannesson und auch ich selbst, kein großer Fan von Pizza Hawaii sein sollten.

22

Weniger Fehler? Nein, mehr Fähigkeiten

Zusammenfassung Wie viele Schwächen und Fehler haben Sie? Diese Frage begegnet uns gar nicht so selten, manchmal stellen wir sie uns sogar selbst. Gibt es Fehler? Oder sind es Eigenschaften, deren Potenzial vielleicht nur noch nicht entdeckt und ausgeschöpft wurde? Judo, Basketball, Golf und ein Flug über Rom: In diesem Kapitel befinden sich zahlreiche Beispiele von Menschen, die eine vermeintliche Schwäche zu ihrem Vorteil genutzt haben. Und daraus Chancen entwickeln konnten, die sie eigentlich gar nicht hatten.

22.1 Einige Gedanken zu Schwächen und Stärken, Fehlern und Fähigkeiten

Natürlich können schlechtes Verhalten und mangelnde Fähigkeiten mit beherztem „positivem Denken"[1] fast bis zur Unkenntlichkeit schöngeredet werden. Darum soll es hier nicht gehen. Aber worum soll es gehen? Darum, dass vermeintliche Defizite auch Stärken sein können. Zum Einstieg in dieses Kapitel gibt es eine weitere Geschichte.

[1] Das sogenannte „positive Denken" hat in der Vergangenheit gelegentlich überhandgenommen. Nicht alles muss immer mit „der rosaroten Brille" betrachtet werden. Ein kritischer Blick ist gelegentlich durchaus angebracht. Denn andernfalls wird wohl nur selten oder gar nie eine Veränderung zum Besseren erfolgen.

A. Steffen, *Impulse zur eigenen Veränderung*, https://doi.org/10.1007/978-3-662-58279-4_22

22.1.1 Die Geschichte vom Jungen, dem ein Arm fehlte

Es war einmal ein Junge. Er war mit nur einem Arm auf die Welt gekommen, der linke fehlte ihm. Nun war es so, dass sich der Junge für den Kampfsport interessierte. Er bat seine Eltern so lange darum, Unterricht in Judo nehmen zu können, bis sie nachgaben, obwohl sie wenig Sinn daran sahen, dass er mit seiner Behinderung diesen Sport wählte. Der Meister, bei dem der Junge lernte, brachte ihm einen einzigen Griff bei und den sollte der Junge wieder und wieder trainieren. Nach einigen Wochen fragte der Junge: „Sag, Meister, sollte ich nicht mehrere Griffe lernen?" Sein Lehrer antwortete: „Das ist der einzige Griff, den du beherrschen musst." Obwohl der Junge die Antwort nicht verstand, fügte er sich und trainierte weiter. Irgendwann kam das erste Turnier, an dem der Junge teilnahm. Und zu seiner Verblüffung gewann er die ersten Kämpfe mühelos. Mit den Runden steigerte sich auch die Fähigkeit seiner Gegner, aber er schaffte es bis zum Finale. Dort stand er einem Jungen gegenüber, der sehr viel größer, älter und kräftiger war als er. Auch hatte der viel mehr Erfahrungen. Einige regten an, diesen ungleichen Kampf abzusagen und auch der Junge zweifelte einen Moment, dass er eine Chance haben würde. Der Meister aber bestand auf den Kampf. Im Moment einer Unachtsamkeit seines Gegners gelang es dem Jungen, seinen einzigen Griff anzuwenden – und mit diesem gewann er zum Erstaunen aller. Auf dem Heimweg sprachen der Meister und der Junge über den Kampf. Der Junge fragte: „Wie war es möglich, dass ich mit nur einem einzigen Griff das Turnier gewinnen konnte?" „Das hat zwei Gründe: Der Griff, den du beherrschst, ist einer der schwierigsten und besten Griffe im Judo. Darüber hinaus kann man sich gegen ihn nur verteidigen, indem man den linken Arm des Gegners zu fassen bekommt." Und da wurde dem Jungen klar, dass seine größte Schwäche auch seine größte Stärke war.[2]

22.1.2 Muggsy und die Riesen

Eigentlich reicht diese Geschichte bereits aus, um alles zu diesem Thema zu erzählen. Doch schauen wir einmal vom Judo zu einer anderen Sportart, zum Basketball. Dort hat jemand in den Jahren 1987 bis 2001 eine erstaunliche Karriere hingelegt, die ihm kaum jemand zugetraut hatte: Tyrone „Muggsy" Bogues spielte insgesamt 14 Jahre in der besten Basketball-Liga der Welt,

[2]Der Verfasser dieser Geschichte ist unbekannt.

Abb. 22.1 Muggsy Bogues und Shaquille O`Neal

der National Basketball Association (NBA) in den USA – und das mit einer Körpergröße von 1,60 m. Warum? Weil er so viel schneller war – körperlich wie geistig – als die meisten seiner Gegenspieler, die ihn um viele Zentimeter überragten. Aus einer vermeintlichen Schwäche hatte Muggsy eine absolute Stärke gemacht, weil er es wollte. Weil er sich nicht hatte einreden lassen, dass er im Sport der langen Kerle keine Chance haben würde (Abb. 22.1).

Absolut unvergessen für mich sind Momentaufnahmen, bei denen Muggsy auf dem Spielfeld neben Shaquille O'Neal (2,16 m, damals 140 kg) steht. Im weiteren Verlauf seiner Karriere bekam der kleine Aufbauspieler noch ein komplettes körperliches Gegenstück ins eigene Team: Manute Bol überragte Bogues bei einer Größe von 2,31 m um ungefähr fünf Köpfe. Allerdings war der mittlerweile bereits verstorbene senegalesische Center (1962–2010) weitaus weniger erfolgreich in der amerikanischen Basketball-Profiliga als sein früherer kleiner Mitspieler.

Muggsy Bogues hat zu seiner beeindruckenden Laufbahn in der NBA folgendes Statement gegeben: *"If you work hard, if you're focused and believe in yourself, it doesn't matter what other people think. You can achieve anything.*"[3] Übersetzt heißt das: „Wenn du hart arbeitest, fokussiert bist und an dich selbst glaubst, spielt es keine Rolle, was andere Menschen denken. Du kannst alles erreichen."

Brian Scalabrine ist ein ehemaliger Gegenspieler von Muggsy Bogues aus der NBA, von ihm stammt ein Satz, der sich nicht nur auf Basketball oder Körperlänge beziehen lässt: „*Wachstum verläuft nicht linear.*" Und so verhält es sich auch mit Veränderungen. Scalabrine ist übrigens zwei Meter und sechs Zentimeter groß. Da hatte er sicher ausreichend Zeit, sich mit Wachstum zu beschäftigen. Das Phänomen von Muggsy Bogues zeigt deutlich: Wenn das eigene Herz und die Zuversicht groß genug sind, ist alles andere weitestgehend irrelevant. Und Wachstum ist so gut wie immer möglich.[4] Vielleicht nicht immer in die Höhe, doch es gibt ja auch noch viele weitere Richtungen und Dimensionen.

22.2 Nur eine Geschichte?

Insbesondere im Sport gibt es eine Vielzahl ähnlich „realer Märchen" von Menschen, die eigentlich keine richtige Chance hatten – und sie trotzdem genutzt haben.

In der Baseball-Nachwuchsliga „Little League" in Kentucky (USA) finden wir das Pendant zum jungen Judoka aus der Eingangsgeschichte. Der mittlerweile zwölfjährige Keenan Briggs kam durch einen Geburtsfehler mit lediglich einer Hand auf die Welt. Im wahrsten Sinne ein Handicap? Nur, wenn man sich darauf einlässt. Denn dieser Umstand hält Keenan nicht davon ab Baseball zu spielen. In der letzten Minute eines All Star-Spiels schlug der scheinbar gehandicapte Sportler 2017 einen Home Run und erzielte damit die entscheidenden Punkte für seine Mannschaft: Sieg.

Golf – ein Sport nur für ältere Menschen? Mitnichten. Und auch nicht nur für zweiarmige. Im Golfsport entdecken wir einen weiteren Protagonisten, der die Geschichte in die Wirklichkeit bringt. Tommy Morrissey hat mittlerweile mehr als 34.000 Follower bei Instagram und demonstriert dort sein Talent. Für einen Siebenjährigen hat er einen bemerkenswerten Schwung. Für einen einarmigen Siebenjährigen ist dies besonders beeindruckend.

---

[3]1992 hatte ich das Vergnügen, Muggsy Bogues in Charlotte, North Carolina, zu treffen, im Supermarkt. Allerdings: Hätten ihn nicht zwei Hünen von jeweils weit über zwei Metern Körperlänge begleitet, so hätte ich ihn damals sehr wahrscheinlich gar nicht erkannt.

[4]Vielmehr ist Wachstum ein elementarer Bestandteil des Lebens. In der Regel können wir Wachstum gar nicht verhindern – es sei denn, wir sind tot. Allerdings können wir die Richtung mitbestimmen, in der wir wachsen und uns verändern.

Um die Geschichte vom Beginn des Kapitels noch einen Schritt mehr in die Realität zu bringen: Auch im Kampfsport „Mixed Martial Arts“ (MMA) mit sehr direktem Körperkontakt gibt es durch Nick Newell einen weiteren Sportler, der sich nicht damit zufriedengegeben hat, als Einarmiger irgendwie benachteiligt zu sein. Der 32-jährige MMA-Fighter hat bisher 14 von 15 Profikämpfen gewonnen.

Dies sind nur einige von vielen Menschen, die sich durch eine augenscheinliche Einschränkung nicht haben aufhalten lassen. Jenseits des Sports, abseits von Kameras und Schlagzeilen gibt es noch eine Vielzahl weiterer Heldinnen und Helden.

22.2.1 Die Welt von oben

Er wird als „die lebende Kamera“ bezeichnet.
Früher hätte man ihn einen Idioten genannt.

Vor gar nicht einmal langer Zeit war „Idiot Savant“ der Fachterminus, durch den Menschen mit einer sogenannten Inselbegabung kategorisiert wurden, die ansonsten eher eingeschränkt im Leben waren. Später wurde dies auf „Savant“, also Wissende, reduziert und damit auch weitaus menschenfreundlicher verändert. Die meisten dieser Menschen sind Autisten. Es erscheint wie ein „kosmischer Ausgleich“, dass bei vielen von ihnen bestimmte Fähigkeiten um ein Vielfaches gegenüber „normalen Personen“ ausgeprägt sind. Und genau solch ein Wissender ist der Brite Stephen Wiltshire.

Im Jahr 2011 flog der damals 36-jährige Stephen im Rahmen eines Experiments 45 Minuten lang mit dem Flugzeug über Rom (Abb. 22.2). Im Alter

Abb. 22.2 Rom von oben

von drei Jahren war bei ihm Autismus diagnostiziert worden. Eine Diagnose, die durch den Film „Rain Man" mit Dustin Hoffmann große Aufmerksamkeit bekam. Und wie die Figur Raymond Babbitt im Film von 1988 hat auch der reale Wiltshire eine beeindruckende Begabung. Während der fiktive Ray mehrere Telefonbücher auswendig kennt, sich scheinbar unendliche Zahlenkolonnen merken kann und auf den ersten Blick erkennt, dass exakt zweiundachtzig Zahnstocher auf den Boden gefallen sind, hat der reale Stephen Wiltshire die Fähigkeit, sich sämtliche Details einer Stadt zu merken, über die er geflogen ist – und sie dann mit dem Zeichenstift fotorealistisch widerzugeben. Innerhalb von drei Tagen erschuf der Brite mittels seines fotografischen Gedächtnisses auf einer fünf Meter breiten Panoramaleinwand mit dem Zeichenstift ein überwältigend detailgetreues Bild von Rom. Jede Säule, jede Kuppel und jedes Fenster der ewigen Stadt war darauf verzeichnet. Weitere solcher beeindruckenden und an Magie grenzenden Gemälde hat Stephen unter anderem von New York City, London, Melbourne, Mexico City und Montreal. Angesichts dieser Fähigkeit eines von der Gesellschaft als „behindert" titulierten Genies, ist es kaum verwunderlich, dass seine allerersten Worte „Stift und Papier" waren. Fürwahr ein Wissender.

22.3 Nicht perfekt?

Doch hart zu arbeiten, um sportliche Ziele zu erreichen, oder eine übermenschlich erscheinende Inselbegabung zu haben, ist eine Sache. Auf einem anderen Blatt steht, wie sehr man auch als „Normalsterblicher" in der Lage ist, seine vermeintlichen Schwächen oder gar „Fehler" als persönliche Eigenschaften zu akzeptieren, sich mit ihnen anzufreunden – und vielleicht sogar Stärken daraus zu entwickeln.

Sich selbst zu akzeptieren, ist für viele Menschen die wohl größte Herausforderung in ihrem Leben. Häufig sind es eingetrichterte, von außen erlernte Überzeugungen, die uns sagen, dass wir nicht perfekt oder zumindest okay sind.

> *„Jemand, den Sie geliebt haben und der Sie liebte, hat Ihnen etwas über Ihre angebliche Unvollkommenheit gesagt, und Sie haben es geglaubt."* Das sagt Ron Smothermon dazu im Kapitel „Vollkommenheit und Ihre Opferstory"[5]. Ebendort schreibt er später auch: *„Ihr wahres Wesen ist vollkommen. Ich meine*

[5]Smothermon, 2005.

nicht beinahe vollkommen, ich meine absolut 100 % vollkommen. Ihr natürlicher Zustand ist der der Freude. Sie brauchen keine Mantras zu singen, um das zu wissen. Sie müssen überhaupt nichts tun, um dies zu wissen, außer es wissen.“

22.3.1 Neulich beim Bewerbungsgespräch

„Nennen Sie doch mal Ihre größten Schwächen.“ Kennen Sie diesen Satz? Vielleicht haben Sie ihn schon mal in einem Jobinterview gehört. Gnädigerweise wird diese Aufforderung zumeist mit einer Zahl limitiert, drei oder fünf sind hier üblich. Man sollte meinen, dass solch ein Vorgehen spätestens mit dem 21. Jahrhundert ad acta gelegt worden wäre, aber nein: Diese Fragestellung wird vor allem von traditionsbewussten Beschäftigen in Personalabteilungen gerne aus der Schublade gezogen. Und niemand, wirklich niemand hört sie gerne.

Eine interessante Antwortmöglichkeit wäre: „Gerne, und danach sind Sie dann dran.“ Als Alternative könnten Sie auch anführen, dass Ihre vermeintlich größte Schwäche wohl diejenige wäre, die Ihnen selbst gar nicht bewusst ist. Hier kommten der blinde Fleck und der unbekannte Bereich aus dem Johari-Fenster ins Spiel. Und darüber lässt sich leider so schlecht sprechen. Neben dem Umstand, dass Schwächen bei weitem gar nicht immer Schwächen sind, wie Tommy Morrissey, Muggsy Bogues und Stephen Wiltshire deutlich gemacht haben, gibt es tatsächlich verschiedene Bereiche unserer Persönlichkeit, die (noch) vor uns verborgen sind.

22.3.2 Mist oder Blumen

Wir haben immer selbst die Wahl, wie wir die Welt betrachten wollen. Fehler? Am besten noch richtig fiese falsche Fehler? Oder Schwächen? So richtig superschlimme Schwächen? Vielleicht aber auch noch nicht entdeckte Potenziale. Oder verborgene Talente. Wir müssen möglicherweise nur richtig hinschauen. Wir können uns wirklich große Mühe geben, irgendetwas Schlechtes zu finden. Das können viele Menschen erstaunlich gut (Abb. 22.3). Oder wir geben uns Mühe, etwas Schönes zu finden. Das fällt vielen Menschen nicht so leicht. Wie möchten wir die Welt betrachten: als Misthaufen oder Blumenwiese? Was macht wohl mehr Spaß?

Wenn wir zu uns selbst gnädig sind, unsere vermeintlichen Schwächen und Fehler akzeptieren, dann können wir es auch bei anderen. ***Nur dann.***

Abb. 22.3 Misthaufen oder Blumenwiese?

Literatur

Smothermon R (2005) Drehbuch für Meisterschaft im Leben, 17. Aufl. J. Kamphausen Verlag, Bielefeld

23

Mehr Leere, weniger Kram

Zusammenfassung Anhand von erstaunlichen wissenschaftlichen Experimenten und durch Unterstützung von John Cage und Andy Warhol wird hier dargestellt, wie schwer sich viele Menschen mit etwas tun, das für andere sehr erstrebenswert ist: mit Leere. Dabei kommt auch das Prinzip des Wu Wei zum Einsatz: Handeln durch Nichthandeln. Immerhin kommen wir genau daher – aus dem Nichts. Denn vor 13,7 Mrd. Jahren ist unser Universum genau daraus entstanden. Ruhe und Leere können ein großartiger Kontrast zu Ärger oder Wut sein. Und wir können von Katzen lernen, wie wir damit umgehen.

> Geh ich zeitig in die Leere, komm ich aus der Leere voll. Wenn ich mit dem Nichts verkehre, weiß ich wieder, was ich soll.

Das kurze Gedicht stammt aus den „Buckower Elegien" von Bertold Brecht (1898–1956). Nichtstun fällt unserem Verstand, insbesondere unserem Ego, wirklich schwer. Dabei kann die von Brecht genannte Leere voller Fülle sein.

Der Komponist John Cage (1912–1992) sorgte am 29. August 1952 für gehörigen Aufruhr mit seinem Stück „4:33" bei dessen Uraufführung in der Maverick Concert Hall von Woodstock im Bundesstaat New York. Genau für die Dauer dieser exakt vier Minuten und dreiunddreißig Sekunden nachdem sich der Pianist David Tudor an sein Piano gesetzt, den Tastaturdeckel aufgeklappt und das Notenheft geöffnet hatte, passierte – nichts (Abb. 23.1).

Vollkommene Stille sprang dem Publikum entgegen, das mit jedem verstrichenen Moment ungeduldiger wurde. Niemand hatte den Gästen vorab erklärt, was sie während dieses Musikstücks erwarten würde. Nämlich Stille.

A. Steffen, *Impulse zur eigenen Veränderung,* https://doi.org/10.1007/978-3-662-58279-4_23

Abb. 23.1 Wenn weniger mehr ist

Ein Skandal war ins Leben gerufen worden! Und auch eine Diskussion darüber, was Musik eigentlich ist. Und was wiederum vielleicht auch nicht. Vollständige Leere war zumindest nichts, was zur damaligen Zeit beim Publikum auf Gegenliebe stieß. Schließlich hatten diese Menschen ja Eintritt bezahlt. Für etwas. Nicht für nichts. So lautete die einhellige Meinung. Heutzutage wiederum finden sich zahllose Musikliebhaber, die genau dieser Stille liebend gerne und voller Andacht lauschen.

23.1 Keine fünfzehn Minuten

Vom Pop-Art-Künstler Andy Warhol stammt das berühmte Zitat aus dem Jahr 1968: *„In the future, everyone will be world-famous for 15 minutes.“*

Ob wirklich jeder von uns eines Tages für 15 Minuten weltberühmt sein wird, wer weiß das schon? Durch das Internet könnte dies vielleicht möglich werden.[1]

Diese Zeitspanne von 15 Minuten spielt allerdings in einem anderen Zusammenhang eine interessante Rolle. In ihrem Buch „Denken wird überschätzt: Warum unser Gehirn die Leere liebt“ beschreiben die beiden Autoren Niels Birbaumer und Jörg Zittlau ein erstaunliches Experiment, das 2014 an der University of Virginia stattgefunden hat.[2] Es sollte untersucht werden, wie sich Probanden verhalten, wenn ihnen die Aufgabe gestellt wird, eine Viertelstunde lang nichts zu tun. Dazu war ein Versuchsraum eingerichtet worden, der frei von jeglichen Ablenkungen war. Natürlich durften auch keine Mobiltelefone, Bücher oder andere Gegenstände zur Unterhaltung mitgebracht werden.

Bei diesem Versuchsaufbau berichte knapp die Hälfte aller Teilnehmerinnen und Teilnehmer, dass sie massive Schwierigkeiten mit dieser Herausforderung

---

[1] Ob Berühmtheit noch etwas Besonderes darstellt, wenn wirklich jeder prominent ist, bleibt eine weitere offene Frage.

[2] Vgl. Birbaumer und Zittlau, 2018.

gehabt hätten. 15 Minuten lang wirklich gar nichts zu tun, war für fast 50 % von ihnen eine echte Qual. Sogar 90 % beklagten sich über die verspürte Unruhe während dieser Viertelstunde.

Im zweiten Testlauf konnten die Probanden auch bei sich zu Hause über ein Webtool teilnehmen, bei dem sie online mitteilen sollten, wann sie den Versuch starteten und beendeten. Wurde es dadurch einfacher? Ein Drittel aller Versuchspersonen sagte hinterher in einer Nachbesprechung des Experiments, dass sie geschummelt hätten. Vor allem das Bewusstsein über die Verfügbarkeit von Zerstreuungsmöglichkeiten direkt nebenan, im eigenen Heim machte den teilnehmenden Personen immens zu schaffen.

Richtig skurril wurde es in der dritten Runde dieses Experiments. Erneut fand der Versuch im Labor aus dem ersten Durchlauf statt. Allerdings gab es eine signifikante Änderung: Auf dem ansonsten leeren Tisch im weiterhin ablenkungs- und unterhaltungsfreien Raum stand ein Gerät, mit dem man sich einen Stromschlag von neun Volt verpassen konnte. Bei weitem nicht lebensgefährlich, aber doch schon einigermaßen schmerzhaft. Alle Probanden waren davon in Kenntnis gesetzt worden. Während der Viertelstunde des vermeintlichen Nichtstuns nutze ein erstaunlich hoher Anteil diesen Apparat – aus purer Langeweile und als Alternative zum reizlosen Herumsitzen. 25 % der weiblichen Teilnehmerinnen und beeindruckende zwei Drittel aller Männer. Und dies dann nicht nur einmal. Bitte halten Sie sich fest: Im Durchschnitt verpasste sich jede Versuchsperson, männlich wie weiblich, im Alter zwischen 18 und 77 Jahren, ganze siebenmal einen solchen Stromstoß. (Es war vorher weitgehend ausgeschlossen worden, dass ausgesprochene Masochisten unter den Testpersonen waren. Der Höchstwert lag übrigens bei kaum vorstellbaren 190 selbst verabreichten Stromschlägen.)

… und das alles nur, weil insbesondere in unserer reizüberfluteten Welt kaum ein Mensch – sofern sie oder er nicht Fan von John Cage oder vielleicht des Meditierens ist – auch nur eine Viertelstunde voller Leere erträgt.

23.2 Handeln durch Nichthandeln

In fernöstlichen Philosophien gibt es vielfältige Konzepte, die sich mit dem Nichts auseinandersetzen. Ein Prinzip namens „Wu Wei“, das aus dem chinesischen Taoismus stammt, verfolgt den Ansatz des „Handelns durch Nichthandeln“.

Dies bedeutet nicht „aktive Faulheit“ und erst recht nicht vollständige Passivität. Vielmehr steht dahinter die Idee, den Dingen (zumindest immer mal wieder) einfach ihren natürlichen Lauf zu lassen. Bekanntlich wächst Gras nicht schneller, wenn man daran zieht. Hier spielt wiederum auch das

Vertrauen mit hinein, dass manche Dinge eben auch ohne unser Zutun gelingen können. Und genau an dieser Stelle meldet sich dann gerne unser Ego. „Nur wenn ich selbst Hand anlege, wird es auch gut werden", sagt das Ego vehement.

Manchmal reicht es jedoch schon, wenn wir einfach nicht im Weg stehen.

23.2.1 Wie Wasser

„Das Mitgehen des Menschen mit dem Lauf oder dem Weg der natürlichen Welt", so beschreibt Alan Watts im Vorwort zu „Der Lauf des Wassers" die Grundidee des Taoismus.[3] Immer wieder wird von Watts und vielen anderen Autoren der Begriff des Wassers als Sinnbild verwendet. Wasser strengt sich nicht an, um Wasser zu sein. Es ist einfach Wasser, gemäß seiner Natur. Gleichzeitig ist es äußerst flexibel, kann sich auf Widerstände einstellen, es umfließt diese Hindernisse einfach, weil es sie akzeptiert, statt gegen sie anzukämpfen oder sich über sie aufzuregen. Wenn wir uns erinnern, dass der Mensch bei seiner Geburt zu 95 % aus Wasser besteht, so ist es schon erstaunlich, wie häufig wir uns komplett anders als das flüssige Element verhalten. Was so ein bisschen Ego ausmachen kann. Vielleicht ist es kein Wunder, dass wir im Alter nur noch zu ungefähr 70 % aus Wasser bestehen.

23.3 Kürzlich beim Urknall

Vermutlich erinnern Sie sich nicht mehr daran: Vor etwas mehr als 13,7 Mrd. Jahren gab es – nichts (Abb. 23.2). Die bisherigen Erkenntnisse der Wissenschaft sagen: Raum und Zeit waren vollständig gekrümmt. So sehr, dass alles in einem einzigen Punkt versammelt war, der wiederum keinerlei räumliche und auch keine zeitliche Ausprägung hatte. Man spricht hier von einer sogenannten Singularität.

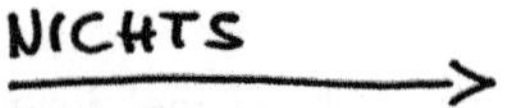

Abb. 23.2 Der Anfang unseres Universums

[3] Vgl. Watts, 2011.

Dieser innerhalb der vier Dimensionen von Raums und Zeit gar nicht vorhandene Punkt war – wissenschaftlich betrachtet – rein gar nichts. Pures Nichts. Dann kam der Urknall. Und danach, von einem Moment zum nächsten, wurde alles anders. Wohin hatte sich all das Nichts aufgelöst? Und war es überhaupt verschwunden?

Bevor wir tiefer in diese Materie einsteigen, kommen hier zunächst erst einmal einige Zahlen:

Die Erde bewegt sich jeden Tag 2,5 Mio. Kilometer auf ihrer Bahn um die Sonne. Wir Menschen setzen uns jeweils zusammen aus Millionen von Atomen. Auch deren Bestandteile sind permanent in Bewegung. Gleichzeitig bestehen Menschen zu ca. 99 % aus Nichts, aus Leere. In unserer Galaxie, der Milchstraße, gibt es grob geschätzt 100 bis 200 Mrd. Sterne. Unser gesamtes Universum wiederum vereinigt mindestens eine Billion Galaxien (das sind sehr viele Nullen: 1.000.000.000.000), die alle wiederum jeweils ähnlich viele Sterne beinhalten, die häufig noch von Planeten, Monden und Asteroiden umkreist werden. Insgesamt lässt sich wohl mit Fug und Recht sagen, dass das recht viele Dinge im Universum sind. Und weiter geht's: In jeder Sekunde fliegen 60 Mrd. Neutrinos durch jeden Quadratzentimeter von uns. Wirklich, in jeder Sekunde, die machen nie Urlaub. Und sie fliegen da einfach so durch. Bisher habe ich noch keinen Menschen getroffen, der das bemerkt oder den es gestört hätte. Auch wenn wir soeben über eine ordentliche Menge von Sternen und anderen Inhalten gesprochen haben: Wir kennen nur ungefähr vier bis fünf Prozent der Bestandteile dieses Universums. Den Rest bezeichnen Wissenschaftler als Dunkle Materie (verstärkt die Gravitation) und Dunkle Energie (dehnt das Universum auseinander). Das klingt wie in einem Comic oder Science Fiction-Film, jedoch wurden diese Begriffe nicht gewählt, weil sie cool klingen. Vielmehr, weil die Wissenschaft damit ein wenig kleinlaut zugibt, dass sie so gut wie keine Ahnung hat, wie sich diese Dunkle Materie und Dunkle Energie zusammensetzen. Das Gleiche gilt in vielerlei Hinsicht auch für die sogenannte „Antimaterie", die sozusagen das Gegenstück zu allem Materiellen ist, das wir anfassen und damit im wahrsten Sinne begreifen können.

Beim Urknall ist die Wissenschaft so weit, dass sie ihn bis wirklich ganz, ganz knapp vor dem Nullpunkt ziemlich gut erklären kann. Aber eben auch nur bis kurz davor. Von den 13,7 Mrd. Jahren, die unser Universum existiert, kann mittlerweile so gut wie alles nachvollzogen werden. Die allerersten Millisekunden jedoch sind weitgehend unklar. Und vor allem: Warum hat's überhaupt geknallt? Darüber gibt es diverse Theorien, aber keine davon ist nach unserem logischen Verständnis gesichert (Abb. 23.3).

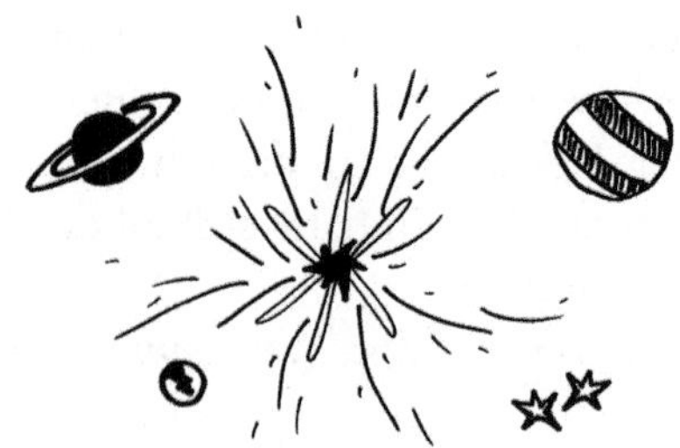

Abb. 23.3 Ungefähr so hat's damals ausgeschaut

… und doch glauben wir in so vielen Bereichen unseres Lebens alles zu verstehen und alles erklären zu können. Spätestens hier kommt dann unser Ego ins Spiel. Dazu später mehr in diesem Kapitel.

23.3.1 Warum wir mehrere Millionen Jahre alt sind und Asteroiden in uns wohnen

Der Schweizer Autor und Radiojournalist Lorenz Marti fasst in seinem Buch „Eine Handvoll Sternenstaub" einige eindrucksvolle Zahlen und Mengenangaben sehr kompakt zusammen: *„Im Universum gibt es mehr Sterne als Sandkörner auf der Erde. Umgekehrt enthält jedes Sandkorn ein ganzes Universum. Und von den kleinsten Elementarteilchen bis zu den mächtigsten Sternen ist alles mit allem verbunden. Dazwischen befindet sich der Mensch."*[4]

Ist das noch Naturwissenschaft oder schon Philosophie? Bewegen wir uns damit im Bereich der Spiritualität oder sind dies harte Fakten aus der Astronomie und Forschung?

Und noch mal zurück zum Urknall: Woraus wir Menschen bestehen, hat seinen Ursprung im Inneren von Sternen. Teile von uns sind mehr als 13 Mrd. Jahre alt. Einige davon haben schon Zeit auf anderen Planeten, auf Meteoriten und Astroiden, in fernen Galaxien und auch in Tieren, Steinen oder Pflanzen hier auf unserer Erde verbracht, bevor sie Bausteine unseres Körpers wurden.

Martin Ree ist Professor in Cambridge und gleichzeitig Hofastronom der Queen von England. Im Gespräch mit Stefan Klein, der auch Autor von „Die Glücksformel: oder Wie die guten Gefühle entstehen" ist, drückt es

[4]Marti, 2012.

Ree etwas weniger poetisch aus: *„Wenn Sie weniger romantisch veranlagt sind, können Sie die Menschen auch als stellaren Atommüll bezeichnen."*[5]

Stellarer Abfall oder Sternenstaub: Wer hätte damals gedacht, dass daraus ein so komplexes Konstrukt wie wir selbst entstehen könnte? Welche naturwissenschaftlichen Kräfte dahintergestanden haben, können Forscher mittlerweile weitgehend beschreiben. Nicht immer können sie alles exakt erklären – siehe Dunkle Materie oder Dunkle Energie. Und die Beantwortung der Frage, ob dahinter Zufall oder ein „Masterplan" gesteckt haben, soll jedem Menschen gerne selbst überlassen bleiben. Eine womöglich wenig faktenbasierte, dafür umso idealistischere Idee dazu liefert Lorenz Marti: *„Einige Wissenschaftler vermuten: Die verborgene Urkraft dieser Welt ist die Liebe."*

23.3.2 Der Grund von (fast) allem

Diesen Gedanken möchte ich noch durch eine eigene Anekdote ergänzen, die ich wunderbar romantisch finde und Ihnen keinesfalls vorenthalten will. Haben Sie in der Schule beim Chemieunterricht gut aufgepasst? (Ich hatte es diesbezüglich nicht oder vielleicht wurde es mir damals auch einfach nur vorenthalten.) Kennen Sie die vier Grundelemente unseres Universums, also diejenigen aus dem Periodensystem, die direkt nach dem Urknall durch den Kosmos flogen? Es sind Wasserstoff, Helium, Lithium und Beryllium.

Als ich dies vor einiger Zeit in einem Artikel las, hatte ich sogleich den Ehrgeiz, mir diese vier Elemente bestmöglich zu merken. Also musste sofort eine Eselsbrücke her. Und als sich diese spontan in meinem Kopf aufgebaut hatte, musste ich schon sehr schmunzeln: WA HE LI BE. Gerne können Sie noch ein „R" und ein „E" ergänzen, um es sich noch einfacher zu merken: Wahre Liebe.

Möglicherweise haben sich diejenigen, die damals für diesen wirklich heftigen Knall verantwortlich waren, gedacht: Mit Liebe geht alles besser. Und bisher hat es ja auch fast 14 Mrd. Jahre im Großen und Ganzen ziemlich gut geklappt. Jedoch kann es nicht schaden, sich immer wieder an diese vier Grundelemente und die verbindende Eselsbrücke dahinter zu erinnern.

---

[5]Klein, 2010.

23.3.3 Nicht nur für Katzenfreunde: Was ist gerade wichtig?

Lassen Sie uns jetzt noch einmal kurz in unseren Kopf schauen Ungefähr in der Mitte unseres Hirns sitzt ein weiterer interessanter Baustein. Der sogenannte Thalamus kann beim Erreichen von Ruhe und Leere immens hilfreich sein. Erregungszustände wie Ärger und Wut, aber auch Emotionen wie Hunger oder Paarungswünsche müssen diesen Bereich unseres Zwischenhirns passieren, um durch eine Weiterleitung an die Großhirnrinde entsprechende Reaktionen und Handlungen anzustoßen. Der Thalamus stellt damit einen Filter dar, der entscheidet, welche Informationen in diesem Moment wirklich wichtig sind. Er wird daher in der Medizin und Psychologie auch als „Tor zum Bewusstsein" beschrieben.

Interessant ist ebenfalls, welche Symptome auftreten können, falls der Thalamus beschädigt wird. Dazu gehören Störungen hinsichtlich der Sensibilität, unkontrollierte Muskelanspannungen und Bewegungen sowie auch Lähmungen, also Störungen unserer Haltung, das sogenannte Schmerzsyndrom, bei dem Schmerzen unter anderem ihre Warnfunktion verlieren, und auch Ausfälle unseres Gesichtsfeldes, also unserer visuell-orientierten Wahrnehmung, wodurch wiederum „blinde Flecken" entstehen können.

Thalamus bedeutet im Griechischen übrigens so viel wie „Bett" oder „Schlafgemach". Nun gibt es ein spezielles Säugetier, dass über einen sehr ausgeprägten und aktiven Thalamus verfügt. Dieses Tier zeichnet sich unter anderem dadurch aus, dass es große Teile des Tages mit Nichtstun und in intensiver Achtsamkeit verbringt. Genau, wir sprechen von der Katze, einer Großmeisterin der Leere.

Literatur

Birbaumer N, Zittlau J (2018) Denken wird überschätzt: Warum unser Gehirn die Leere liebt. Ullstein Taschenbuch, Berlin

Klein S (2010) Wir alle sind Sternenstaub: Gespräche mit Wissenschaftlern über die Rätsel unserer Existenz. Fischer, Berlin

Marti L (2012) Eine Handvoll Sternenstaub: Was das Universum über das Glück des Daseins erzählt, 2. Aufl. Kreuz, Freiburg im Breisgau.

Watts A (2011) Der Lauf des Wassers: Eine Einführung in den Taoismus. Knaur MensSana, München

24

Weniger Probleme, mehr Wunder

Zusammenfassung Nicht immer ist es erforderlich, einem Problem „bis zum Urschlamm" auf den Grund zu gehen. In einigen Situationen lohnt es sich durchaus, in die Vergangenheit zu schauen, um zu verstehen, wie wir dorthin gekommen sind, wo wir heute sind. Manchmal kann dies allerdings auch dazu verleiten, sich mit Dingen zu beschäftigen, die eben vergangen sind und die wir heute nicht mehr ändern können. Das Prinzip der lösungsorientierten Kurzzeittherapie schaut vielmehr direkt nach vorn und hat das Ziel einer Veränderung fest im Blick. Ganz zentral ist hierbei die sogenannte Wunderfrage. Mit diesen Werkzeugen können Sie selbst arbeiten, genau jetzt.

24.1 Wie fühlt sich das dann wohl an?

Die sogenannte lösungsorientierte Kurzzeittherapie (LOKT) wurde Anfang der 1980er Jahre von den Psychotherapeuten Steve de Shazer (1940–2005) und Insoo Kim Berg entwickelt. Bei Anwendung der LOKT als Form der Gesprächstherapie oder auch im Coaching wird davon ausgegangen, dass es in bestimmten Situationen hilfreicher ist, sich vorrangig auf die Wünsche, Ziele und Ressourcen sowie auf Ausnahmen vom Problem der Klientin oder des Klienten zu konzentrieren anstatt auf die Probleme und deren Entstehung.

Es wird dabei also ganz gezielt nach vorne und auf die Lösung geblickt, nicht zurück in die Vergangenheit. Weiterhin ist ein zentraler Aspekt bei der LOKT das systemische Verständnis, dass bereits die geringfügige Verhaltensänderung eines einzelnen Menschen maßgebliche Veränderungen

A. Steffen, *Impulse zur eigenen Veränderung*, https://doi.org/10.1007/978-3-662-58279-4_24

aller anderen Beteiligten mit sich bringen kann. Ein wichtiges Werkzeug bei dieser Form des Vorgehens ist die sogenannte Wunderfrage.

24.1.1 Wunder gescheh'n

In ihrem gleichnamigen Lied von 1989 der deutschen Sängerin Nena heißt es unter anderem:

„Wunder geschehen, ich hab's gesehen. Es gibt so Vieles, was wir nicht verstehen. Wunder geschehen. Und ich war dabei. Wir dürfen nicht nur an das glauben, was wir sehen."

Die Wunderfrage wurde von Steve de Shazer bereits 1970 entwickelt. Die beiden Hauptziele dieses Werkzeugs sind das aktive Herauslösen aus dem bisherigen Problemzustand und das bewusste Erleben des Zielzustands – und dies möglichst mit allen Sinnen.

Die Person, der diese Wunderfrage gestellt wird, soll damit eingeladen werden, sich diesen neuen, veränderten und für sie selbst deutlich angenehmeren Zustand möglichst präzise vorzustellen. Also förmlich in ihn hineinzugehen.

Heute würden wir vielleicht von „Virtual Reality" sprechen und es gibt bereits Ansätze, dies wie auf dem sogenannten „Holodeck" des Raumschiffs Enterprise bei Star Trek miteinander zu verbinden.

24.2 Eine seltsame Frage

Der typische Wortlaut der Wunderfrage in ihrer Grundform lautet:

> Ich stelle Ihnen jetzt eine wirklich seltsame Frage. [Pause] Bitte stellen Sie sich vor, Sie verbringen heute nach unserem Gespräch den weiteren Tag mit Ihren üblichen Alltagstätigkeiten. Später gehen Sie dann irgendwann ins Bett. Um Sie herum ist es ganz still und Sie schlafen ein. Und während Sie friedlich schlafen, passiert mitten in der Nacht ein Wunder[1] und alle Probleme, die Sie hierhergeführt haben, sind gelöst. Doch weil Sie ja geschlafen haben, wissen Sie gar nicht, dass dieses Wunder geschehen ist, das all Ihre Probleme gelöst hat. [Pause] Woran würden Sie am nächsten Tag merken, dass dieses Wunder passiert ist? Was wäre anders als sonst?

[1]Gelegentlich erscheint an dieser Stelle eine gute Fee. Das hängt vor allem davon ab, ob man an Feen glaubt. Alternativ können es auch Zauberer oder andere magische Wesen sein. Es funktioniert auch ohne weitere Mitwirkende.

Es kann durchaus sein, dass man erstaunt oder verunsichert auf diese Frage reagiert. Mit ein wenig Zeit und Geduld jedoch kommen meist Ideen hervor, woran man diese Veränderung bemerken würde. Hier lohnt es sich dann – kleine wie große Unterschiede – mit allen verfügbaren Wahrnehmungskanälen zu spüren: Was sieht jetzt anders aus? Farben, Formen, Orte, Menschen, das eigene Spiegelbild? Fühlt sich etwas anders an – und wenn ja, wie? Vielleicht riecht auch etwas anders, möglicherweise liegt ein neuer Duft in der Luft. Auch kann sich ebenfalls irgendetwas anders anhören. Vielleicht ist es lauter oder leiser in der neuen Welt. Oder ein bestimmtes Lied erklingt. Eventuell schmeckt etwas nun anders oder besser. Der Kaffee oder Tee am Morgen, das Frühstück, Mittag- oder Abendessen. Dabei darf man der Fantasie komplett freien Lauf lassen.

Die vorab beschriebenen abschließenden Fragen können noch weiter ergänzt werden, dabei kommt auch das sogenannte zirkuläre Fragen zum Einsatz.[2] Mit diesen Fragestellungen wird das Zielbild noch weiter konkretisiert:

- Wenn Sie in sich hineinschauen: Welche Gedanken oder Gefühle sind nun anders?
- Wie würden Sie sich verhalten, nachdem das Wunder geschehen ist?
- Was würden Sie in welcher Situation nun anders tun?
- Welche Menschen in Ihrem Umfeld würden feststellen, dass dieses Wunder geschehen ist?
- Und woran würden diese Personen es bemerken?
- Hat es sich in der Vergangenheit schon einmal so ähnlich angefühlt?
- Was können Sie jetzt bereits tun, um Teile dieses Wunders schon heute geschehen zu lassen?

24.2.1 Der Sinn dahinter

Die Wunderfrage ist unverbindlich, man kann einfach frei drauflos fantasieren. Die entstehenden Gedanken und Empfindungen sind also nicht „verbindlich". Gleichzeitig sollte es das Ziel sein, „zumindest in der Nähe der Realität" zu bleiben, es geht also nicht um reine Science Fiction oder Fantasy.[3] Vielmehr kann der bekannte Alltag von Ihnen derart „neu justiert" werden,

---

[2] Dabei wird die Beobachtung von sich selbst auf andere Personen verlagert. Hier wird auch manchmal „die Fliege an der Wand" als neutraler Betrachter der Veränderung genutzt.

[3] Falls in Ihrem Zielbild Einhörner, Drachen oder Feen existieren, ist das natürlich gerne erlaubt. Nur die Umsetzung könnte dann etwas anspruchsvoll werden. Aber vielleicht sind Sie Isländerin oder Isländer, dort gibt es ja sogar offizielle Beauftragte für Elfen und „das kleine Volk".

dass er sich in seinen verschiedenen Ausprägungen und Dimension richtig gut anfühlt. Und wie sich das genau anfühlt, ausschaut, riecht, schmeckt oder sich anhört, das können Sie in Ihrem eigenen Zielbild selbst erfahren. Je genauer die Details, umso exakter die Erfahrung.

Damit können erste Schritte zur Veränderung eingeleitet werden, denn Sie haben ja bereits eine Vorstellung, was genau nun anders sein soll. Gleichzeitig ermöglicht Ihnen dieses selbst geschaffene Bild auch nachzufragen, welche Ressourcen Sie benötigen, um diesen Zustand real werden zu lassen: Mehr hiervon? Vielleicht weniger davon? Ob es sich um frei verfügbare Zeit, unterstützende Menschen oder ganz andere Dinge handelt, können Sie anhand Ihres Zielbildes in vielen Bereichen wahrscheinlich recht genau beschreiben.

24.3 Genau hier und jetzt

Dieser lösungsorientierte Ansatz und vor allem die Wunderfrage können großartige Vorgehensweisen und Werkzeuge sein. Allerdings gibt es dabei eins zu beachten, nachdem man sich den Zielzustand möglichst detailliert vorgestellt, sich vielleicht sogar mit ihm angefreundet, bereits einen Vorgeschmack davon bekommen und diesen Zustand dadurch auch schon über die eigenen Sinneswahrnehmungen mindestens teilweise in sich verankert hat: Ganz konkrete Veränderungen können nur zu genau einem Zeitpunkt stattfinden. Jetzt. Und genau hier.

Nicht erst morgen und erst recht nicht irgendwo anders. Wenn Sie etwas – nämlich sich selbst beziehungsweise Ihre eigene Haltung gegenüber anderen Menschen oder Situationen – verändern wollen, dann nur im Jetzt (Abb. 24.1).

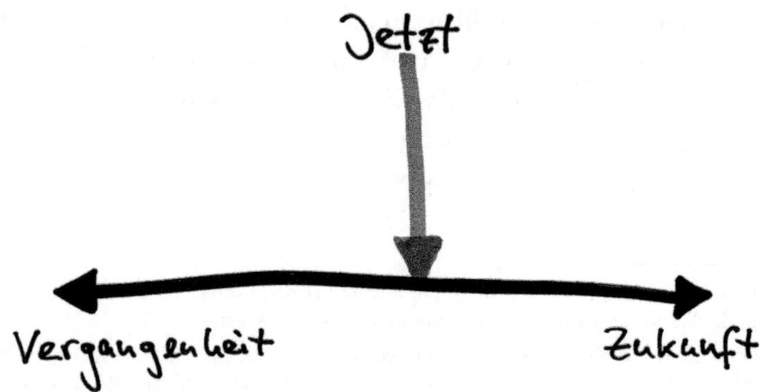

Abb. 24.1 Wann genau? Jetzt.

24.3.1 Zurück aus der Zukunft: Was heißt das nun?

Unter anderem mit der Wunderfrage hat man in der Regel einen entscheidenden Schritt getan: Hinaus aus der „Problem-Trance“. Denn häufig kreisen unsere Gedanken permanent um das Problem – und dabei meist viel zu selten um den Zustand, den wir uns stattdessen wünschen.

Je genauer wir uns diesen Zielzustand dann vorstellen und seine Details in uns aufnehmen, umso mehr bekommen wir ein vollständiges Sinnbild davon.

Jetzt heißt es achtsam zu sein: An diesem Punkt kann es durchaus vorkommen, dass man sich in diese Fantasie verliebt. Natürlich darf man sie lieb gewinnen, jedoch sollte man sich besser nicht Hals über Kopf in sie verlieben. Sonst bleibt die Fantasie am Ende womöglich eben nur eine Fantasie.

Nehmen Sie sich am besten ganz konkrete Aspekte aus Ihrem Zielbild vor. Welche Schritte wollen Sie als erstes unternehmen? Vielleicht machen Sie sich auch eine Liste derjenigen Ressourcen, die Sie benötigen. Welche „Ausrüstung“ brauchen Sie für die vor Ihnen liegende Veränderung? Und es ist gleichzeitig sehr hilfreich zu erkennen und sich bewusst zu machen, welche Ressourcen Sie bereits in sich selbst zur Verfügung haben.

24.3.2 Neugierig geworden?

Falls Sie neugierig geworden sind, wie Ihr persönlicher Zielzustand aussehen könnte, probieren Sie die Wunderfrage einfach mal aus.

Das können Sie zu zweit wie in einem Interview tun oder auch ganz allein. Legen Sie sich dazu am besten einen Notizblock bereit, um Ihre Assoziationen und Eindrücke zu sammeln. Auch Skizzen oder andere Varianten sind herzlichst erlaubt, um Ihr eigenes Zielbild detailliert und mit allen Sinnen zu beschreiben.

Die möglichen Schritte zur Umsetzung spielen zunächst noch keine Rolle, lassen Sie sich erst einmal vollständig in das Ergebnis aus der Beantwortung Ihrer Wunderfrage hineinfallen. Erst danach sollten Sie sich mit Aktivitäten und Ressourcen beschäftigen. Immer eins nach dem anderen.

Das Gute daran: Auch dann ist jetzt.

25

Weniger Fahrradkette, mehr Akzeptanz

Zusammenfassung Wenn, vielleicht und ganz eventuell: Viele Menschen führen ein ständiges Leben im Konjunktiv, das wusste schon Bernd Stromberg. Träume sind wirklich schön, doch wenn wir uns immer nur in ihnen bewegen und daran denken, was eines Tages möglicherweise sein könnte, dann verpassen wir das Jetzt und unser echtes Leben. Um genau dies zu vermeiden und voller Selbstliebe das eigene Leben zu leben, gibt Charlie Chaplin zusätzliche Anregungen.

Wenn es nicht regnen würde. Wenn ich im Lotto gewonnen hätte. Wenn meine Kindheit anders verlaufen wäre und wenn doch bitte insgesamt alles einfach anders wäre. Dann – ja, was dann? Dann wäre die Welt wohl eine etwas andere und wir selbst sicher auch. Möglicherweise würde es dann weniger Wenns und Vielleichts geben, an die wir uns hängen könnten.

25.1 Leben im Konjunktiv

„Hätte, hätte, Fahrradkette", diese Redewendung haben uns Christoph Maria Herbst als Bernd Stromberg in der gleichnamigen Comedyserie und Peer Steinbrück als Kanzlerkandidat im Bundestagswahlkampf geschenkt (Abb. 25.1).

So ein optionales Hintertürchen kann beruhigend wirken. Gleichzeitig zieht es möglicherweise auch, wenn die Tür nicht richtig geschlossen ist. Außerdem können sich durch solche Hintertüren auch ungebetene Gäste einschleichen.

A. Steffen, *Impulse zur eigenen Veränderung*, https://doi.org/10.1007/978-3-662-58279-4_25

Abb. 25.1 Hätte könnte oder sollte – vielleicht?

Der Konjunktiv wird auch als „Möglichkeitsform" beschrieben. Interessant ist auch die lateinische Bedeutung, denn *coniunctivus* heißt „verbindend". Aber was wird dabei womit verbunden? Wenn wir in der Konjunktivwelt leben, verbinden wir uns lediglich mit möglichen Zuständen und Eventualitäten. Wir sind dann definitiv nicht im Hier und Jetzt. Denn wir befinden uns im Gestern – was in der Vergangenheit hätte sein können – oder im Morgen – was in der Zukunft vielleicht sein könnte.

Wirklich verbunden mit uns selbst, unseren Mitmenschen und unserer gesamten Umwelt sind wir dann, wenn wir aus dem Konjunktiv heraustreten. Und alles genau so akzeptieren, wie es in diesem Moment ist.

25.1.1 Was ist, da ist

Man kann kein Problem lösen, dessen Existenz man verleugnet. Gleichzeitig kann man nicht von einem Standpunkt aus in eine neue Richtung der Veränderung aufbrechen, wenn man der Meinung ist, eigentlich ganz woanders zu sein.

Wer sich in einem Loch befindet, es dort nicht mag, dies verändern will – diesen Zustand aber gar nicht akzeptiert und sich einredet, er oder sie wäre ja eigentlich auf einem Apfelbaum … blöd gelaufen, dann wird man wohl immer wieder gegen die Wände dieses Lochs laufen und nicht herauskommen (Abb. 25.2).

Auch ist es oben auf dem Apfelbaum durchaus diffizil, wenn man sich einredet, dass man sich doch eigentlich unten auf dem Boden befindet: Ein plötzlicher Schritt nach vorn kann hier zum plötzlichen Auftreten der Schwerkraft führen.

Abb. 25.2 Loch, Boden oder Apfelbaum?

Bitte schauen Sie daher genau hin und gönnen Sie sich eine realistische Betrachtung Ihrer derzeitigen Situation. Von dort aus können Sie mit der Veränderung beginnen. Und zwar nur von dort.

25.1.2 Der Trick des Nicht-Akzeptieren-Akzeptierens

Darüber hinaus gibt es einen großartigen Trick: Man kann akzeptieren, dass man etwas nicht akzeptieren kann.

Dieses Vorgehen klingt durchaus seltsam. Genauso hatte ich auch zuerst reagiert: „Hey … das geht doch gar nicht!" Mittlerweile kann ich sagen: Doch, es geht. Damit können wir unser Ego wunderbar austricksen. Denn unser Ego möchte eine bestimmte für uns unpassend erscheinende Situation einfach nicht akzeptieren. „Es kann doch wohl einfach nicht sein, dass ich in einem Loch sitze!" In dem Moment, wenn Sie akzeptieren, dass Sie diese Situation nicht akzeptieren können – was passiert da? Genau, ganz still und heimlich akzeptieren Sie sie „irgendwie doch".

Probieren Sie es gerne aus. Wenn Sie durch konsequentes Üben Ihre Achtsamkeit für sich selbst, für Ihre inneren Stimmen und Wahrnehmungen immer weiter geschärft haben, wird Ihnen eine dieser Stimmen auffallen, bevor Sie ungestüm gleich darauf anspringen. „Das kann ich nicht akzeptieren!", wird sie Ihnen zurufen.

Sie haben nun – als Ihr eigener Caesar, Bundeskanzler, Orchesterleiter oder mit einem anderen Bild Ihrer Wahl – die Freiheit und Möglichkeit darauf zu reagieren: „Okay, dann kann ich es eben nicht akzeptieren." Ich versichere Ihnen, diese Art der Reaktion schenkt Ihnen eine große Portion Freiheit und Frieden.

25.2 Unser Gewissen: Kampfarena oder Ruhekissen?

Der Autor, Jesuitenpater und Religionslehrer Anthony de Mello (1931–1987) hatte die wunderbare Gabe, komplexe Themen aus dem zwischenmenschlichen Bereich in beeindruckend kurze Geschichten und prägnante Dialoge zu verpacken. Eines dieser Gespräche betrifft das Thema Schuldgefühle und es trägt den Titel „Gewalt“:

> *Der Meister lehrte stets, dass Schuld eine üble Gefühlsregung sei, die man meiden sollte wie den Teufel selbst – jedes Schuldgefühl. „Aber sollen wir nicht unsere Sünden hassen?“, fragte ein Schüler eines Tages. „Wenn du schuldig bist, hasst du nicht deine Sünden, sondern dich selbst.“*[1]

Doch es geht auch anders, deshalb soll dieses Kapitel mit Charlie Chaplin weitergehen. Dieser Mann, der sowohl der große Diktator (1940) als auch der Tramp (1915) und der Abenteurer (1917) war, moderne Zeiten (1936) überstanden hat und auch auf der Sonnenseite (1919) gewesen ist, hat am 16. April 1959 an seinem 70. Geburtstag ein beeindruckendes Gedicht vorgetragen, das den Titel „Selbstliebe“ trägt.[2] Darin geht es um Authentizität, Selbstachtung, Reife, Selbstvertrauen, Bescheidenheit, Erfüllung, die Weisheit des Herzens und schlussendlich – um unser Leben. Jede Strophe ist grandios, passend zum Thema dieses Kapitels möchte ich die letzte hervorheben:

> *Wir brauchen uns nicht weiter vor Auseinandersetzungen, Konflikten oder irgendwelcher Art Probleme mit uns selbst oder anderen zu fürchten. Sogar Sterne kollidieren und aus ihrem Zusammenprall werden neue Welten geboren. Heute weiß ich: Das ist das Leben!*[3]

Schöner und eindrucksvoller kann man es wohl kaum formulieren. Und auch wenn er selbst nicht Urheber des Gedichts ist, bleibe ich noch einen Moment bei Charlie Chaplin (1889–1977). Sein Filmdebüt hatte er übrigens 1914 mit dem Film „Wunderbares Leben“, im Original: „Making a Living“.

---

[1] de Mello, 2007.

[2] Ursprünglich stammt das Gedicht von der US-amerikanischen Autorin Kim McMillen, deren Tochter es 2001 unter dem Titel „When I loved myself enough“ im gleichnamigen Buch veröffentlicht hat.

[3] Vgl. McMillen (2001) in freier Übersetzung aus dem englischen Original.

Gleichzeitig war ihm ausgiebige Lebensfreude nicht unbedingt in die Wiege gelegt. (Oder vielleicht gerade doch?) Nachdem Chaplins Mutter in die Psychiatrie eingewiesen worden war und sich sein alkoholkranker Vater zu Tode getrunken hatte, wuchs er in einer Vielzahl von Waisenhäusern auf. Vielleicht hat ihn diese Kindheit ganz besonders widerstandsfähig gemacht. Zumindest scheint sie sein Filmschaffen beeinflusst zu haben. Und 70 Jahre nach seiner Geburt hatte er viele weise Gedanken, die er mit seinen Gästen teilen wollte.

Sich selbst lieben zu können, ist keine Form der Egozentrik. Vielmehr ist es wohl die einzige Möglichkeit, überhaupt echte Liebe auch für andere Menschen empfinden zu können. Denn wir können bei anderen nicht finden, was wir nicht selbst in uns haben.

25.2.1 Ab in die Verbannung

Schlechtes Gewissen und Schuldgefühle sind *die* Killeremotionen schlechthin – insbesondere, wenn man sich selbst gegenüber so empfindet. Sie können sich einen großen Gefallen tun, wenn Sie diese Emotionen bestmöglich aus Ihrem Leben verbannen. Warum? Nach meiner Einschätzung – eigene Erfahrungen wie auch Beobachtungen bei Freunden und viele Gespräche mit Klienten – gibt es keine größere seelische Fessel, die man sich anlegen kann, kein tieferes Loch, in das man sich stürzen kann, als schlechtes Gewissen.

In ihrem Buch „Die Rückkehr zur Liebe" beschreibt es Marianne Williamson sehr treffend: *„Es gibt nur eine Verzweiflung, die schlimmer ist als: mein Gott, ich hab's vermasselt – und die ist: mein Gott, ich hab's schon wieder vermasselt."*[4]

Und was kann man nun tun? Aufhören. Denn dieses schlechte Gewissen kann sich wie ein Parasit tief in unserem Herzen festkrallen. Es wird uns Tag für Tag Energie abziehen und uns immer mehr auslaugen. Sie können sich durch viele der in diesem Buch beschriebenen Übung mit gesteigerter Selbstwahrnehmung und Achtsamkeit dabei beobachten, wie Sie mit sich selbst umgehen. Sie können lernen sich selbst so zu akzeptieren, wie Sie sind. Und dazu gehört auch der Umgang mit Eigenschaften, die Ihnen nicht gefallen. Genau diese können Sie ändern – wenn Sie zunächst lernen, diese anzunehmen, sich damit also selbst anzunehmen. Friedrich Nietzsche schrieb dazu in seinem Werk „Die fröhliche Wissenschaft":

[4]Williamson, 2016.

„Du sollst der werden, der du bist."[5]

Dahinter verbirgt sich noch eine weitere Möglichkeit: Was wir bei anderen kritisieren, lehnen wir zumeist auch bei uns selbst ab. Wenn wir es in uns selbst auflösen, wird es uns bei anderen nicht mehr stören.

25.2.2 Danke für die Übungsmöglichkeit!

Jede Herausforderung können wir persönlich nehmen. Im Guten wie im Schlechten. Wir können mit diesen Aufgaben oder Prüfungen hadern, schimpfen, meckern und uns beim lieben Gott, dem Schicksal oder unserem Karma beschweren. Und – wenn wir wollen – können wir für Probleme auch dankbar sein. Denn sie bieten uns Übungsmöglichkeiten. In genau solchen Situationen können wir wachsen.

Ganz simpel gesprochen, Sie haben die Freiheit und Wahl zu entscheiden: Sind es Probleme oder Contrableme? Sind sie für mich oder gegen mich. Strafe oder Möglichkeit zum Lernen? Egal, wie Sie sich entscheiden – Sie werden in jedem Fall Recht behalten.

Literatur

De Mello A (2007) Eine Minute Weisheit, 2. Aufl. der Neuausgabe. Freiburg im Breisgau, Herder

McMillen K, McMillen A (2001) When I loved myself enough. St. Martin's, New York

Nietzsche F (2017) Die fröhliche Wissenschaft. Nikol, Hamburg (Gebundene Ausgabe)

Williamson M (2016) Die Rückkehr zur Liebe: Harmonie, Lebenssinn und Glück durch „Ein Kurs in Wundern". Goldmann, München (überarbeitete Neuauflage)

[5]Nietzsche, 2017.

26

Weniger Opfer, weniger Retter, weniger Täter

Zusammenfassung „Im Dreieck springen": Das ist kein Kinderspiel. In dem Sinne, dass es nicht wie Seilspringen, Murmeln oder Verstecken ein bei kleinen Menschen beliebtes und etabliertes Spiel wäre.

Im übertragenen Sinne ist es auch kein Kinderspiel, wenn man vor Ärger, Wut, aus Hilflosigkeit oder anderen sehr starken, meist negativen Emotionen sprichwörtlich „im Dreieck springt"[1]. Und doch tun wir es immer wieder. Die gute Nachricht vorweg: Auch aus solch einem Dreieck können wir heraustreten und es hinter uns lassen.

26.1 Unbewusste Spielfelder

Das sogenannte „Drama-Dreieck" stammt aus der Transaktionsanalyse. Dieses Modell, die drei Ich-Formen und ihren „Erfinder", den kanadisch-US-amerikanischen Psychiater Eric Berne, haben Sie hier bereits kennengelernt. Das Konzept der „Spiele der Erwachsenen" hinter Bernes gleichnamigen 1964 veröffentlichten Buch geht davon aus, dass wir alle uns immer wieder in gewisse „Spielsituationen" begeben (Berne 2007). Wie eingangs schon beschrieben: dies sind alles keine Kinderspiele in dem Sinn,

[1]Ein Kinderspiel war auch das ursprüngliche „Dreieckspringen" nicht, von dem diese Redewendung stammt: Die Insassen des preußischen Gefängnisses im Berliner Stadtteil Moabit hatten im 19. Jahrhundert für ihren Freigang lediglich zehn Quadratmeter große und von hohen Mauern umgebene Bereiche zur Verfügung – jeweils in Form von Dreiecken. Wenn sich dort dann aufgestaute Aggressionen des Gefängnisalltags entluden, sprangen die eingesperrten Menschen also tatsächlich im Dreieck.

A. Steffen, *Impulse zur eigenen Veränderung,* https://doi.org/10.1007/978-3-662-58279-4_26

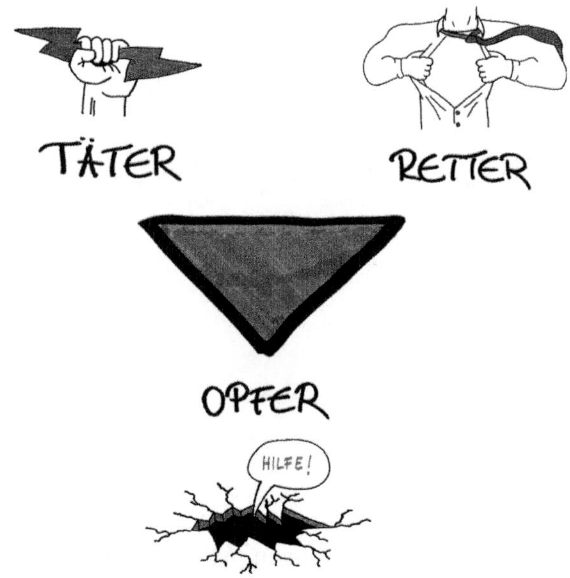

Abb. 26.1 Das dramatische Dreieck

dass sie lustig, fröhlich oder unbeschwert wären. Im Gegenteil. Auch haben diese „Spiele" meist gemein, dass es dabei keine Schiedsrichter gibt und die Spielregeln den Beteiligten oftmals gar nicht oder zumindest nicht vollständig klar sind.

Wenn man einen Fußballplatz betritt, herrscht gemeinhin Einverständnis darüber, dass der Ball nicht mit der Hand gespielt wird. Es sei denn, Sie sind der Torwart. Gleichfalls ist üblicherweise bekannt, wer in welchem Team spielt. Wenn zwei Menschen auf dem Tennisplatz stehen, ist ihnen in der Regel bewusst, was sie dort tun. Zumindest im professionellen Kontext oder organisierten Amateurbereich gibt es in diesen Szenarien interessanterweise auch immer einen Schiedsrichter oder eine Schiedsrichterin.

Anders sieht es in solchen „Spielen der Erwachsenen" aus. Die Regeln sind – zumindest bewusst – meist unbekannt, nichtsdestotrotz zeigen die Beteiligten – meist unbewusst – sehr typische Verhaltensweisen. Die Regeln folgen aus ihren jeweiligen Rollen. Und auch diese nehmen die Mitspielerinnen und Mitspieler fast nie vollkommen freiwillig und in absolutem Bewusstsein über ihre Handlung ein. Solche Spielsituationen ergeben sich, die Gründe dafür liegen teilweise tief in uns, sind dort fest verankert – aber eben auch nicht unveränderbar.

Eines dieser Spiele schauen wir uns jetzt etwas genauer an.

26.2 Das Drama-Dreieck

Kernbestandteil dieses Spiels für drei Personen ist das sogenannte „Drama-Dreieck". Dort trägt von den drei Beteiligten niemand ein Trikot, auf dem die jeweilige Position oder Rolle aufgedruckt wäre. Und doch sind es jedes Mal exakt dieselben drei Rollen, die dort aufeinandertreffen. Erstaunlicherweise finden sie immer wieder zueinander, sie scheinen sich dabei magnetisch anzuziehen (Abb. 26.1).

26.2.1 Das Opfer: Am Ende der Nahrungskette

Den Letzten beißen die Hunde. Oder er wird gefressen. Einer ist immer der Loser. Und genau diese Position im Dreieck nimmt das Opfer ein (Abb. 26.2).

„Schwach und hilflos", so werden Opfermenschen häufig beschrieben. Die bereits bekannte Beschwichtiger ist ein typischer Vertreter dieser Verhaltensweise.

Im Gegensatz zu einem echten Opfer bei einem Unfall trägt das Opfer im Drama-Dreieck zumindest unbewusst zu seiner Rolle bei. Selbstmitleid ist hier ein häufiger Wesenszug, diese Emotion braucht sowohl Futter wie auch Zuschauer. Charakteristisch für diese Rolle ist das Statement „Ich bin nicht okay, du bist okay". Dies geschieht häufig aus der Position des sogenannten „angepassten Kind-Ichs" heraus.

26.2.2 Der Retter: freiwillig oder notgedrungen?

Dies die Heldenrolle im Dreieck. Auf den ersten Blick ist es eine großartige Position. Der strahlende Held wird schließlich nach der Rettung des Opfers gefeiert (Abb. 26.3).

Abb. 26.2 Das Opfer im Drama-Dreieck

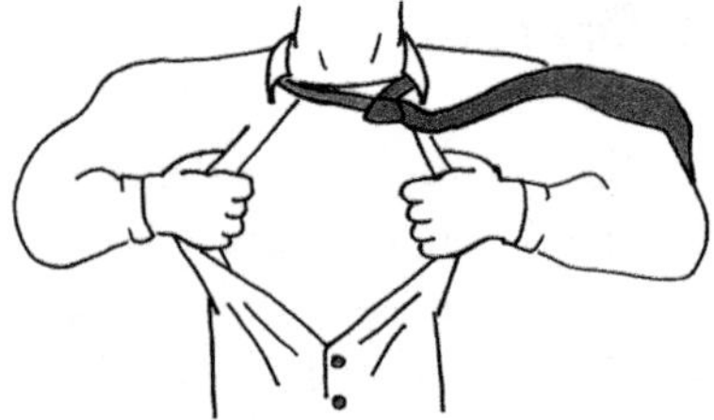

Abb. 26.3 Der Retter im Drama-Dreieck

Superman oder Batman kennen es: Manchmal will man gar kein Held sein, gelegentlich möchte man auch einfach nur auf der Couch sitzen und die Füße hochlegen. Aber nun gut, die Welt braucht uns eben, was soll's? Dann reißt man sich wie Supermans Alter Ego Clark Kent in einer Telefonzelle fix die Alltagskleidung vom Leib, sodass darunter unser blaurotes Heldenkostüm zum Vorschein kommt, und macht sich an die Arbeit. Um allerdings als Retter im Einsatz sein zu können, braucht es nun mal Opfer. Und die haben ja in der Regel ein Problem. Daher ist – mit Blick auf sich selbst und das Opfer – die Aussage „Ich bin okay, du bist nicht okay" typisch für diese Rolle. Dass der Retter gerne auch ungefragt im Einsatz ist, ist seinem großen Bedürfnis nach Harmonie geschuldet, dieses Verhalten stammt meist aus dem Antrieb des fürsorglichen Eltern-Ichs.

26.2.3 Der Täter: Achtung, Falle!

Dieser Mitspieler scheint auf den ersten Blick „die leichteste" Rolle zu haben. Er ist aktiv, kann anscheinend frei agieren, muss scheinbar nicht reagieren. Doch Achtung: Gelegentlich werden wir ganz unfreiwillig in diese Rolle gedrängt. So sucht ein typisches Opfer ja nicht nur einen Retter – es braucht schließlich auch immer einen Täter. Und der weiß manchmal gar nicht, wie ihm oder ihr geschieht. Manchmal wird diese Rolle auch „Verfolger" genannt – und spätestens dann ist es vorbei mit dem reinen selbstbestimmten Agieren.

Denn ein Verfolger braucht schließlich immer jemanden, dem er folgen kann. Ohne zu verfolgende Person wäre ein Täter ohne Aufgabe, fast schon ein Opfer … und wer würde ihn dann retten? Man sieht hier schon: Es ist wirklich ein dramatisches Dreieck.

Die Täter-Rolle befindet sich in Bezug auf sein Opfer in der Haltung von „Ich bin okay, du bist nicht okay". Der deutliche Unterschied zum Retter mit derselben Aussage besteht jedoch darin, dass beim Täter üblicherweise

Abb. 26.4 Der Täter im dramatischen Dreieck

das kritische Eltern-Ich aktiv ist. Was den Täter ansonsten auszeichnet, sind Verhaltensweisen, die wir vom Typus des Anklägers bereits gut kennen. Er macht Vorwürfe, ist ein lebendig gewordener Zeigefinger, der bei anderen immer deren Schwächen erkennt und diese gerne und laut anmahnt (Abb. 26.4).

Wer hat etwas von solch einer Situation? Wer profitiert vom Problem? Diese Fragen zu stellen, lohnt sich immer wieder – wenn der Wunsch nach Veränderung spürbar wird.

26.3 Lauter Gewinner: ein Fallbeispiel

Bestimmte Situationen entstehen nicht „durch Zufall". Bei manchen Themen und gewissen Problemen, in bestimmten Situationen und Konstellationen, bei denen Menschen als eingeschränkt in ihrem Verhalten und ihrer Handlungsfreiheit beobachtet werden können, existiert eine gewisse Logik – wenn man diese mit etwas Abstand betrachtet.

Die 38-jährige Beate ist Marketingleiterin in einem mittelständischen Betrieb. Im Job gibt es schon seit Monaten richtig viel zu tun, Überstunden und Arbeit am Wochenende sind keine Ausnahme. Das hält sie tapfer durch. Doch geht es ihr insgesamt damit nicht wirklich gut. Ihr Privatleben leidet augenscheinlich sehr darunter. Auch den Sport vernachlässigt sie, obwohl sie weiß, dass er ihr guttun würde. Immer wieder nimmt sie nicht an familiären Verabredungen, Treffen im Freundeskreis und anderen gesellschaftlichen Verpflichtungen teil. Insbesondere ihre Mutter und auch Beates beste Freundin Karin machen sich deshalb Sorgen. Beide tauschen sich darüber häufig aus und fragen regelmäßig bei Beate nach. Der wiederum wird die Fürsorge in manchen Momenten dann doch zu viel und sie sagt dies den beiden auch. Manchmal wird sie dabei ziemlich ungehalten. Darüber sind ihre Mutter und Karin meist erschrocken und verwundert, sie meinen es doch nur gut. Auch in der Firma, insbesondere an Peter, dem Praktikanten, lässt Beate immer wieder ihre schlechte Laune aus. Als Wiedergutmachung hat sie Peter kürzlich unangekündigt bei seiner Arbeit geholfen. Der hat sehr überrascht reagiert. Doch zurück zum ursprünglichen Problem: Insgesamt weiß Beate durchaus, dass sie sich mit ihrem Verhalten in vielerlei Hinsicht selbst keinen Gefallen tut. Sie kennt sogar einige Lösungsmöglichkeiten. Und dennoch bleibt sie in genau diesem Zustand. Warum?

Hier kann der Blick auf die verschiedenen Lebenssysteme von Beate wichtige Erkenntnisse bringen. Hierfür lautet erneut die richtungsweisende Frage: Warum ist das so und wer hat etwas davon?

26.3.1 Der dreifache Gewinn

Für Beate selbst gibt es zunächst einen sogenannten primären Gewinn: Da sie sich immer wieder sehr schlapp und energiearm fühlt, schafft sie jedes Mal eine Art „Auszeit" für sich, wenn sie nicht an den Familientreffen teilnimmt. „Das ist dann Zeit wirklich nur für mich", so lautet ihre Devise. Ein echter Zugewinn gegenüber ihrem sonst so stressigen Alltag. Gleichzeitig kann sie damit auch Gesprächen über ihren Job und vor allem den Vorwürfen aus dem Weg gehen, dass sie viel zu viel arbeitet und kaum noch Zeit für Freunde und Familie findet.

Weiterhin ergibt sich auch ein sekundärer Gewinn. Denn aus ihrem System „Familie und Freunde" erhält Beate sehr viel Zuspruch. Jedes Mal, wenn sie einem Treffen fernbleibt, bekommt sie hinterher mehrere SMS, WhatsApp-Nachrichten oder auch E-Mails, wie es ihr denn geht. Ob es ihr schon etwas besser geht und was denn so alles los ist bei ihr. Und ob man ihr vielleicht irgendwie helfen könne. Über diese Nachrichten und auch das Mitgefühl freut sie sich sehr. Darüber findet mittlerweile mehr Kommunikation statt als auf den Treffen, denen Beate ja meist fernbleibt. Ein großer Vorteil für sie ist, dass sie selbst bestimmen kann, wann und wie diese Kommunikation stattfindet.

Für ihre Mutter und ihre Freundin Karin ist daraus schon ein Ritual geworden, nicht nur im Anschluss an solche Treffen, bei denen Beate fehlt. Beide besuchen sie sehr regelmäßig und sprechen dann teilweise stundenlang mit ihr. Auch untereinander tauschen sich die Zwei viel aus, haben dafür sogar eine WhatsApp-Gruppe gebildet, der sie den Namen „BPS" gegeben haben: „Beate Pflege-Service". Natürlich darf Beate davon nichts wissen. Mittlerweile hat sich ein sehr enges Vertrauensverhältnis zwischen Beates Mutter und Karin gebildet. Hier liegt ein tertiärer Gewinn für „das Gesamtsystem".

26.3.2 Wer ist Opfer, wer ist Täter und wer ist Retter?

Beate ist das Opfer, das ist (ihr zumindest) ja wohl klar. Schließlich muss sie immer so viel arbeiten. Und sie ist ebenfalls Täterin, mindestens in Bezug auf den Praktikanten, der ihre schlechte Laune abbekommt. Auch in Hinsicht auf ihr Fernbleiben bei Feiern und Treffen kann man ihr eine Art von passiver Täterrolle in Form von aktiver Verweigerung zusprechen. Und dann ist sie auch noch eine Art „Teilzeit-Retterin" für Peter, der – zumindest in ihrer Wahrnehmung – dringend Hilfe benötigt.

Ihre Mutter und ihre Freundin Karin sind die Retterinnen in dieser Geschichte, auch dies liegt auf der Hand. Schließlich machen sich die beiden ja Sorgen um Beate und wollen ihr helfen. Innerhalb dieses dramatischen Dreiecks sind sie auch immer wieder Opfer, wenn sie für ihre Fürsorge statt Dankbarkeit unverständlicherweise Verärgerung ernten.

Und dann gibt es noch ein weiteres Opfer: Peter, den Praktikanten. Wenn Beate wüsste, dass er sich schon mehrfach über ihre Wutausbrüche bei ihrem Vorgesetzten beschwert hat, würde sie ihn vermutlich auch als Täter betrachten.

Diese vielen Rollenwechsel sind absolut typisch für das Drama-Dreieck. Aus einem Täter wird ein Opfer, aus dem Opfer der Täter, vielleicht wird auch aus dem Retter ein Opfer. Wenn wir jemanden retten wollen, kann sich diese Person dadurch möglicherweise bedrängt fühlen, wodurch wir in ihrer Wahrnehmung wiederum zum Täter werden. Ein echtes Drama.

26.3.3 Und wie geht's weiter?

Für alle Beteiligten in unserem Beispiel gibt es mehrere Aspekte, die sie sich anschauen können, dazu gehören die folgenden Fragen.

Für Beate:

- Aus welchen Beweggründen bleibt sie in einem Zustand, der sie nicht glücklich macht?
- Existiert möglicherweise ein bestimmter Glaubenssatz, der sie zu diesem Verhalten veranlassen?
- Was hat sie davon, dass alles genau so ist, wie es gerade ist?
- Gibt es einen Gewinn für sie, der daraus resultiert?
- Kann sie diesen Gewinn vielleicht auch auf andere Art erhalten?
- Wer profitiert noch davon, dass alles so ist, wie es ist?

Für ihre Mutter und Karin:

- Haben beide Beate gefragt, ob diese ihre Hilfe erhalten möchte?
- Aus welchen Gründen begeben sich die Beiden in ihre Rollen als Retterinnen?
- Welchen Gewinn ziehen sie daraus?
- Können sie diesen Gewinn auch anderweitig erhalten?

Für Peter, den Praktikanten:

- Kann er Beate vielleicht persönlich sagen, dass er sich von ihr ein anderes Verhalten wünscht?
- Was sprach bisher dagegen?
- Zieht vielleicht auch er einen Gewinn aus diesem Verhalten?

Sofern Sie sich in einer oder mehrerer dieser Rollen wiederentdeckt haben sollten, lesen Sie noch ein wenig weiter. Falls nicht: herzlichen Glückwunsch! Sie dürfen natürlich trotzdem weiterlesen.

26.3.4 Welche ist Ihre Lieblingsrolle?

Sehr häufig steigen wir mit derselben Rolle ins Drama-Dreieck ein. Darin haben wir Übung, das können wir gut, sind es gewohnt und fühlen uns auf eine gewisse Weise darin wohl. Nicht so ganz, aber immerhin ein bisschen.

Auch die weiteren Fragen kennen Sie bereits weitgehend von Beate und den anderen Beteiligten aus dem Beispiel:

- Mit welcher Rolle steige ich meist in das Drama-Dreieck ein?
- Gibt es dafür bestimmte Auslöser?
- Welchen Gewinn verspreche ich mir durch das Einnehmen dieser Rolle?
- Kann ich diesen Gewinn anderweitig erhalten?
- Was müsste anders sein, damit ich nicht auf die Auslöser reagiere?
- Was sollte anders sein, damit ich den Gewinn nicht aus dem Dreieck beziehen muss?

26.4 Wege aus dem Dreieck

Die Antworten auf die vorab genannten Fragen können uns schon sehr wichtige Anhaltspunkte geben, um aus dem Drama-Dreieck auszubrechen – und möglichst nicht wieder einzusteigen. Eine bestimmte Frage ist hierbei elementar:

Will ich Drama haben?

Wenn man diese Frage wirklich ehrlich beantwortet und zu dem Schluss kommen sollte, dass jetzt mal endlich „Schluss mit Drama" sein soll, kommen weitere Aspekte hinzu, die uns helfen können. Anhand der Beschreibungen der „drei Drama-Typen" konnten wir sehen, dass eine bestimmte Ich-Form dort nicht auftaucht. Daher:

Hinein ins Erwachsenen-Ich

Gleichzeitig haben die Beschreibungen von Opfer, Täter und Retter auch gezeigt, dass eine bestimmte Wahrnehmung bisher nicht vertreten war:

Ich bin okay, du bist auch okay

Bitte denken Sie zurück an die Wunderfrage. Einen Teil davon können wir nutzen, um je nach Rolle ein kurzes Gedankenexperiment durchzuführen:

- Was würde passieren, wenn ich nicht in die Opferrolle gehe, sondern für mich selbst sorge?
- Was würde passieren, wenn ich mir selbst als Täter gegenüberstehen würde? Wie würde ich dann gerne behandelt werden?
- Was würde passieren, wenn ich nicht als Retter eingreife?

Und für alle drei Rollen: Welche Voraussetzungen müssten gegeben, welche Ressourcen müssten vorhanden sein, damit Sie dies umsetzen können? Passend zum Thema folgt nun ein Dreiklang von Möglichkeiten, um sich dauerhaft außerhalb des Dramabereichs zu bewegen:

- Nicht immer wieder in diese Falle tappen!
- Einladungen ins Drama-Dreieck erkennen.
- Einladungen ins Drama-Dreieck ignorieren.

Für sich selbst zu sorgen, ist nicht nur in Ordnung, es ist auch wirklich sinnvoll. So bleiben Sie auch dauerhaft okay. In bestimmten Fällen kann es sehr hilfreich sein, sich aktiv abgrenzen. Man muss nicht immer der Retter sein (Täter oder Opfer natürlich auch nicht). Selbst wenn andere – mindestens in Ihrer eigenen Wahrnehmung – Ihre Hilfe brauchen: Sie dürfen wirklich prüfen und entscheiden, ob Sie ein Retter sein müssen. Und sofern Sie nicht gerade einem Ertrinkenden den Rettungsring versagen: Anklagen wegen unterlassener Hilfeleistung werden im Alltagsleben nicht unbedingt zu befürchten sein.

Opfer können sich manchmal auch selbst retten. Täter brauchen nicht immer ein Opfer. Und Retter können andere Hobbys finden. Wenn Sie wirklich die Haltung einnehmen, dass andere auch okay sind: Vertrauen Sie auf deren Selbstverantwortung. Und auf Ihre eigene.

Die in Kap. 16 beschriebene Unterscheidung zwischen Sein (für immer) und Haben (Verhalten in dieser bestimmten Situation) ist absolut entscheidend, wenn man dieses Drama-Dreieck verlassen möchte:

- Man ist kein Opfer, man verhält sich wie ein Opfer.
- Man ist kein Retter, man verhält sich wie ein Retter.
- Man ist kein Täter, man verhält sich wie ein Täter.

Und wenn man sich so verhält, dann kann man sich auch anders verhalten. Wir sind weder durch unsere Gene, noch anderweitig auf ein einziges Denk- oder Verhaltensmuster festgelegt und können uns verändern, so lange wir leben.

Literatur

Berne, E (2007) Spiele der Erwachsenen: Psychologie der menschlichen Beziehungen, 8. Aufl. Rowohlt Verlag, Reinbek bei Hamburg

27

Doch mehr Widerstand?

Zusammenfassung Innerhalb einer einzigen Woche prasseln mehr Sinneseindrücke auf uns nieder, als unsere Vorfahren während ihres gesamten Lebens aufgenommen haben. Kein Wunder also, dass Stress und Überlastung allgegenwärtig sind. Einige Menschen können „irgendwie" deutlich besser damit umgehen und Krisen einfacher bewältigen. Resilienz, genau diese Fähigkeit, kann erlernt werden. Es sind sieben Faktoren, die man dazu kennen sollte. Mit einem kurzen Test können Sie prüfen, wo Sie in Bezug auf diese Widerstandskraft momentan stehen.

Um gewappnet gegen böse Überraschungen, schwierige Zeiten und Krisensituationen insgesamt zu sein, kann ein guter Regenschirm sehr nützlich sein (Abb. 27.1). Gerne können Sie dafür auch ein ganz eigenes Bild finden.

Abb. 27.1 Der Resilienzregenschirm

A. Steffen, *Impulse zur eigenen Veränderung*, https://doi.org/10.1007/978-3-662-58279-4_27

Nur Vorsicht: eine Ritterrüstung kann schnell rosten und ist auch nicht sonderlich flexibel.

Die Resilienzforschung besteht bereits seit den 1950er Jahren. Der Begriff „Resilienz“ wird heutzutage vor allem für die Fähigkeit verwendet, Krisen zu bewältigen. Insgesamt kann darunter auch Widerstandskraft, die Kompetenz, sich selbst zu schützen, und psychische Gesundheit verstanden werden.

27.1 Die glorreichen Sieben

Die Wissenschaft nennt sieben Faktoren, die entscheidend für eine wirksame Resilienz sind. Einige davon sind Ihnen in diesem Buch bereits begegnet. In ihrem Buch „Der R-Faktor: Das Geheimnis unserer inneren Stärke“ spricht die Autorin Micheline Rampe von sieben Säulen, die man auch insgesamt in der Resilienzforschung antrifft: *„Zusammen tragen sie das Dach, unter dem Sie vor einem leichten Nieselregen ebenso Schutz finden werden wie vor dem Eishagel des Lebens“*[1].

27.1.1 Optimismus

Mit Vorfreude, voller Vertrauen und einem guten Gefühl in die Zukunft zu schauen: Manche Menschen tun das ganz unbewusst, anderen ist bewusst, dass sie es nicht tun. Woher kommt das? Die sogenannte „Positive Psychologie“, deren Mitbegründer der bereits erwähnte Martin Seligman ist, beschäftigt sich eingehend mit der Frage, wie Menschen zu Optimisten werden – oder ob manche von uns als solche geboren werden. Dahinter steckt nicht die Frage, ob jemand permanent lacht und ständig fröhlich ist. Vielmehr geht es darum, eine lebensbejahende Grundhaltung zu erreichen. Wenn wir an das von Paul Watzlawick genannte Phänomen denken, ist bei einem Optimisten das Glas nicht halb leer, sondern halb voll. (Und womöglich ist es auch komplett voll, dieser Zustand ist ja durchaus ebenfalls möglich, wenn man die eigenen Ressourcen gut behandelt.) Und auch jenseits von Wassergläsern: Der konstruktive Umgang mit Glaubenssätzen und insbesondere das Reframing haben bereits Hinweise dafür gegeben, dass man viele Dinge eben auch optimistisch betrachten kann. Die innere Einstellung und Haltung sind hierfür ausschlaggebend. Seligman hat durch zahlreiche Studien belegt: Optimismus kann man lernen – jeder von uns. Bereits mit der bewussten Entscheidung für dieses Lernen, hat man den entscheidenden Schritt gemacht. Man glaubt daran, dass etwas gut ausgehen kann.

---

[1]Vgl. Rampe, 2005.

27.1.2 Akzeptanz

„Nein, das darf einfach nicht wahr sein!" Solch eine Reaktion auf bestimmte Ereignisse ist nur allzu menschlich. Diese Einstellung dauerhaft aufrecht zu erhalten, hilft jedoch wenig bei der Lösung eines Problems. „Wir können eine Sache nicht verändern, wenn wir sie nicht akzeptieren." Das sagte Carl Gustav Jung, einer der Urväter der Psychoanalyse. Hier kommen wieder die Windmühlen ins Spiel, gegen die man beliebig lange ankämpfen kann – oder akzeptiert, dass es sich dabei nicht um feindliche Riesen handelt. Don Quijote hat viel Zeit bei solch einem Kampf ver(sch)wendet.[2] Auch dies ist ein Grund, warum man von ihm als dem „Ritter von der traurigen Gestalt" spricht. Bereits in der Veränderungskurve nach Elisabeth Kübler-Ross wurde deutlich, dass es in bestimmten Situationen und Krisen durchaus Zeit braucht, bis man den Zustand des Akzeptierens erreicht hat. Und manchmal hilft auch der „Trick", wenn man akzeptiert, dass man etwas nicht akzeptieren kann. (Denn damit akzeptiert man es „irgendwie dann doch".) Seinen Frieden mit einer bestimmten Lage zu schließen, ist der erste entscheidende Schritt. Und es kann manchmal einiges an Mut erfordern, wenn man die Augen nicht mehr verschließen, sondern genau hinschauen möchte. Nur wenn man sich bewusst macht, dass man sich in einer Talsohle befindet, kann man dort hinauskommen. Wenn man den Ist-Zustand akzeptiert, kann man sich auf seine Fähigkeiten und Ressourcen konzentrieren, die nächsten Schritte planen und sie ausführen.

27.1.3 Lösungsorientierung

Die Gedanken drehen sich immer schneller um das Problem: Wie konnte es nur dazu kommen? Wie nur? Und wer hat überhaupt Schuld an dieser Situation? Sie drehen sich weiter, unaufhörlich. Der Schritt heraus aus diesem Kopfkarussell ist nicht immer leicht. Allerdings ist dies der einzige Weg, um sich der Lösung dieses Problems nähern zu können. Steve de Shazer, der Begründer der lösungsorientierten Kurzzeittherapie, hat es treffend auf den Punkt gebracht: „Problem talk creates problems, solution talk creates solutions." Sich über Probleme zu unterhalten, erzeugt weitere Probleme. Sich über Lösungen zu unterhalten, schafft neue Lösungen. Es ist unsere eigene Entscheidung, worauf wir unseren Fokus legen.

---

[2] Vgl. de Cervantes Saavedra, 1957.

27.1.4 Verlassen der Opferrolle

Auch hierbei geht es um unsere Entscheidung: Wollen wir in der Opferrolle verharren? Selten sind uns vollständig die Hände gebunden. Meist bestehen Möglichkeiten, die wir ergreifen können. Mindestens unsere innere Haltung liegt in unserer eigenen Macht. Ohnmächtiges Opfer? Nein, danke. Natürlich kann es sehr bequem sein, in der Opferrolle zu verharren. Aber wird sich dadurch etwas ändern? Vermutlich nicht. Wollen wir etwas verändern? Wenn die Antwort „ja" lautet, haben wir diese passive Rolle des Märtyrers meist schon verlassen und uns in die Richtung des aktiven Gestaltens bewegt. Wir haben die Wahl. Schon alleine diese Erkenntnis unterscheidet ein Opfer von einem veränderungsfähigen Menschen.

27.1.5 Verantwortung übernehmen

„Ich muss das ertragen" oder „ich will und werde das verändern"? Sobald wir uns vom passiven Verhalten im Sinne eines Opfers der Umstände in die aktive und gestaltende Position begeben haben, übernehmen wir die Verantwortung für unser Leben. Selbstwirksamkeit ist hierbei ein entscheidender Faktor: daran zu glauben, dass wir die Fähigkeiten zur Veränderung besitzen. Meist hilft hierbei auch die Erinnerung daran, dass wir bereits in früheren Situationen in der Lage waren und die Kraft hatten, unser Schicksal in die Hand zu nehmen. Diese Rückschau kann uns dabei unterstützen, auch in der aktuellen Situation wieder die Verantwortung für unser Leben zu übernehmen und optimistisch nach vorne zu schauen.

27.1.6 Soziale Netzwerke

„Niemand ist eine Insel." Dieser Ausspruch stammt vom englischen Dichter John Donne (1572–1631), der es als Bewohner der bitischen Insel wissen musste. Sicher sind Facebook, Instagram, LinkedIn, Twitter & Co. sehr nett, wenn man Fotos posten und Likes bekommen möchte, hier in diesem Kontext sind damit jedoch echte menschliche Netzwerke gemeint. Familie und Freunde, nicht nur deren Profilseiten im Internet. Die Einbindung durch gesellschaftliche Strukturen in eine Gemeinschaft, die uns auffangen und tragen kann, ist ein zentraler Aspekt, der in den verschiedensten Untersuchungen zu Resilienz immer wieder beobachtet wurde. Von welchem Startplatz läuft es sich besser los: von einer schwankenden Hängebrücke oder von einem festen Ort? Enge Kontakte, uns wohlgesonnene

Mitmenschen können uns in schwierigen Zeiten genau solch eine Stabilität geben, um mit einem guten Gefühl in Richtung der Veränderung zu starten.

27.1.7 Zukunftsplanung

Die Eigenschaft, bewusst und selbstverantwortlich nächste Schritte zu planen, deren Umsetzung realistisch ist und durch uns selbst erfolgen kann, macht unsere Fähigkeit der Resilienz komplett. Dabei ist es entscheidend, dass wir uns Ziele vornehmen, die für uns erreichbar und vor allem auch attraktiv sind. Auch Zwischenziele sind hierbei wichtig, denn nicht alle von uns sind auf einen Marathon vorbereitet. Kürzere Etappen bringen die Möglichkeit mit sich, dass wir uns immer wieder über kleinere Ziele freuen können.

27.2 Ihr ganz persönliches Werkzeug

Nun können Sie sich vielleicht wie Karl Valentin freuen, wenn es regnet. Nass werden macht trotzdem nicht immer Spaß. Gleichfalls kann es statt eines Regenschirms auch ein Sonnenschirm sein, der uns in entsprechenden Regionen Schatten spendet und vor Hitzschlag und einem möglichen Sonnenstich schützt. Und zusammengeklappt kann der Schirm auch als Spazierstock dienen.

Wie Sie diesen Schirm einsetzten ist wieder einmal Ihre freie Wahl. Sie können allerdings sehr sicher sein, dass Ihnen die genannten sieben Resilienzfaktoren wertvolle Dienste leisten werden, wenn Sie Ihre Widerstandsfähigkeit für Krisen, herausfordernde Lebenslagen und schwierige Zeiten trainieren und auf Vordermann bringen wollen.

27.2.1 Gering, mittel oder hoch? Ein kurzer Selbsttest

Wissen Sie, wo Sie in Bezug auf Ihre Resilienz derzeit stehen? Der folgende Test ist inspiriert von Ulrich Siegrist und seinem Buch „Resilienz trainieren“[3] Auch hier gilt wie immer: Es sind Tendenzen, die Sie damit erkennen, keine absoluten Wahrheiten. Vor allem keine, die sich nicht verändern lassen.

Wie sehr bestimmt Stress – insbesondere negativer – Ihren Alltag? Das Empfinden ist hierbei komplett individuell. Was für den einen ganz normal ist, darauf reagiert jemand anderes vielleicht mit hohem Blutdruck und Schweißausbrüchen. Bewerten Sie die nachfolgenden Situationen spontan und aus dem Bauch heraus: Empfinden Sie dabei keinen oder nur geringen (1 Punkt), einen deutlich spürbaren (2 Punkte) oder sehr großen (3 Punkte) Stress?

[3] Siegrist, 2018.

Die Situation	Ihr Stress-Level
Sie müssen auf dem Heimweg einen Umweg nehmen.	1
Im Briefkasten finden Sie eine Rechnung.	1
Sie haben eine Meinungsverschiedenheit mit Ihrem Chef.	2
Sie stehen auf dem Flughafen und erfahren durch die Anzeigetafel, dass sich Ihr Abflug verspäten wird.	1
Ein Kollege teilt Ihnen mit, dass er kurzfristig ausfallen wird und bittet sie, morgen seine Präsentation zu übernehmen.	2
Vor dem Urlaub gibt die Waschmaschine den Geist auf.	2
Im Rahmen einer Weiterbildung wird Ihnen eröffnet, dass am Ende ein Test geschrieben wird.	2
Bereits zum zweiten Mal hintereinander wachen Sie mitten in der Nacht auf und schlafen nicht gleich wieder ein.	1
Sie haben es sehr eilig und der Bus verspätet sich.	2
Bis zum Ende der Woche müssen Sie gleich drei Berichte fertigstellen.	2
Sie betreten bei einer Veranstaltung den Raum und bemerken, dass plötzlich alle Gespräche aufhören.	2
Vor einem wichtigen Termin bemerken Sie einen Fleck auf Ihrer Kleidung.	2
Sie freuen sich auf einen entspannten Fernsehabend und finden die Fernbedienung nicht.	1
Sie erfahren, dass es für den Job, auf den Sie sich intern beworben haben, noch einen weiteren Kandidaten gibt.	2
In Ihrem Lieblingsrestaurant wurde Ihr Lieblingsgericht von der Karte genommen.	1
Sie steigen in den Zug und jemand sitzt auf Ihrem reservierten Platz.	1
Jemand ruft Sie von einer unbekannten Nummer aus an.	1
Ihre Verabredung lässt Sie jetzt schon 20 Minuten warten.	2
Als Sie aus dem Kino kommen, ist Ihr Fahrrad weg.	3
Aufgrund einer Reorganisation in Ihrem Unternehmen werden Sie einem neuen Team zugeordnet.	3
Als Sie in Eile die Tür hinter sich zuziehen, fällt Ihnen ein, dass die Schlüssel noch auf dem Küchentisch liegen.	2
Beim Blick auf den Kontoauszug stellen Sie fest, dass der Kontostand deutlich niedriger ist, als Sie gedacht hatten.	1
Ihnen wird eine neue Aufgabe mit hoher Verantwortung übertragen.	1
Sie haben Freunde zum Essen eingeladen und stellen fest, dass Ihnen eine wichtige Zutat fehlt.	1
Ihr/e Partner/in hat bereits seit Tagen schlechte Laune.	2
Sie spüren die ersten Anzeichen einer Erkältung.	1
In die weiße Wäsche hatte sich ein roter Socken verirrt, die Bettlaken sind nun rosafarben.	1
Sie stellen fest, dass Sie Ihre Geldbörse samt Ausweis und allen Kreditkarten verloren haben.	3
Mehrere Verwandte stehen unangekündigt vor der Tür.	2
Sie wissen, dass in Ihrer Berechnung ein Fehler ist, können ihn aber nicht finden.	2
Die Summe Ihrer Punkte	50

Auswertung
Die beschriebenen Situationen sind keine, die man sich wünscht. Aber wie reagiert man darauf, wenn sie eintreten? Wie sehr wirkt sich der Druck eines Moments auf unser Befinden aus? Anhand dieses exemplarischen Tests erhalten Sie eine Tendenz, wie es um Ihre Fähigkeit steht, mit Stress umzugehen.

30 bis 46 Punkte
Sie bringt so schnell nichts aus der Ruhe. Ihre innere Ausgeglichenheit und mentale Stärke sind beeindruckend. Wann Stress auch förderlich sein kann und in welchen Situationen Sie ihm besser aus dem Weg gehen? Dafür ist Ihre Intuition ein wertvoller Ratgeber, auf den Sie sich gut verlassen können. Wenn Sie weiterhin so fürsorglich und achtsam mit sich selbst umgehen, werden Sie auch zukünftig Krisen mit Gelassenheit und Souveränität begegnen können, herzlichen Glückwunsch.

47 bis 66 Punkte
Hinsichtlich des Umgangs mit Stress verursachenden Situationen sind Sie schon erfahren und Ihr internes Alarmsystem kennen Sie. Allerdings neigen Sie vermutlich auch dazu, es gelegentlich zu ignorieren. Das führt Sie wahrscheinlich immer mal wieder an Ihre eigenen Grenzen. Gönnen Sie sich ausreichend Pausen, sagen Sie auch mal „nein" und nehmen Sie sich selbst ausreichend wichtig. Das dürfen Sie. Vielleicht gibt es bei den Resilienzfaktoren einen Punkt, auf den Sie bisher noch nicht besonders achten. Mit etwas Training können Sie Ihre Fähigkeiten zur Stressbewältigung weiter ausbauen und Ihre Lebensqualität damit steigern.

67 bis 90 Punkte
Ihre Sensibilität gegenüber Stress scheint ausgeprägt zu sein. Überforderung ist Ihnen nicht unbekannt. Wenn Sie daran arbeiten möchten, können Sie sich die sieben Resilienzfaktoren erneut anschauen und für sich prüfen, welcher dieser Aspekte vielleicht noch wirksamer für Sie werden kann. Hier liegt Potenzial bereit, das Sie für sich nutzen können, damit Sie schwierige Situationen zukünftig besser bewältigen und insgesamt mit Druck und Herausforderungen gelassener umgehen können. Innere Ruhe und Balance, ein dickeres Fell, mehr Toleranz und Souveränität gegenüber Stress: Ihre mentalen und seelischen Abwehrkräfte können Sie Schritt für Schritt weiter steigern. Und schon genau hierbei können Sie Gelassenheit üben, denn Veränderung gelingt dann am besten, wenn man sie mit einer Portion Geduld und vor allem Freude angeht.

Wir reagieren nicht jeden Tag gleich. Vielleicht kennen Sie selbst solche Tage, an denen man ganz entspannt auf etwas reagiert, das einen gestern noch auf die Palme gebracht hätte. Daher sind Ihnen oben auch möglicherweise Situationsbeschreibungen begegnet, bei denen Sie geschwankt haben, wie viele Punkte Sie vergeben. Und es kann gut sein, dass Sie bereits übermorgen ein anderes Ergebnis erhalten, wenn Sie die Sätze erneut durchgehen. Das ist absolut normal, denn unsere jeweilige Tagesform wird von einer Vielzahl von Faktoren beeinflusst. (Wie schon gesagt: Auch der Dalai Lama hat mal einen schlechten Tag.) Genauso verhält es sich mit unserer Resilienz und ihren sieben Komponenten. Optimismus, Akzeptanz, Lösungsorientierung, das Verlassen der Opferrolle, die Übernahme von Verantwortung, die Einbindung in soziale Netzwerke und die Fähigkeit zur Zukunftsplanung: All dies sind Ansatzpunkte, um Ihre persönliche Widerstandskraft und die Kompetenz, auf Krisen und herausfordernde Momente gelassen zu reagieren, stärken können.

Literatur

De Cervantes Saavedra M (1957) Der sinnreiche Junker Don Quijote von der Mancha. Winkler Verlag, München

Rampe M (2005) Der R-Faktor: Das Geheimnis unserer inneren Stärke. Knaur MensSana, München

Siegrist U (2018) Resilienz trainieren – Wie Sie Schritt für Schritt innere Stärke erlangen und Krisen besser überstehen, Originalausgabe, 2. Aufl. mvg Verlag, München

28

Weniger Angst, mehr Toleranz für Risiken

Zusammenfassung Angst kann eine Vielzahl von Erscheinungsformen haben, in der Medizin und Psychologie gibt es umfangreiche Kataloge dazu. Und wir selbst haben wiederum zahlreiche Möglichkeiten, um solchen Ängsten zu begegnen. Einige dieser Optionen werden in diesem Kapitel vorgestellt, auch Friedrich Nietzsche und ein Bergsteiger kommen dabei zu Wort. Denn ganz entscheidend ist es, dass Ängste an- und ausgesprochen werden. Im stillen Kämmerlein und weggedrückt in einer Schublade ist dies eher schwer, bei Tageslicht und an der Oberfläche können sie betrachtet und bearbeitet werden.

Ängste werden sich nur dann auflösen, wenn wir uns ihnen bewusst stellen und in sie hineingehen – und nicht vor ihnen davonlaufen.

Keine Zauberpille zum Wegrennen?

Das klingt auf den ersten Blick jetzt erst einmal gar nicht so toll. Wäre es nicht viel schöner, wenn es die Pille gegen Schmerz gäbe? Halt! Es gibt sie doch, diese Tabletten aus der Apotheke. Doch genau so, wie diese bei körperlichen Schmerzen nur die Symptome dämpfen und unterdrücken, nicht die eigentlichen Ursachen von Kopf-, Magen-, Hals- oder Zahnschmerzen bekämpfen, gibt es auch für seelischen Schmerz kein Zaubermittel.

Gleiches gilt für Ängste. Ein richtig schweres Schloss an den Schrank zu machen, damit die Geister darin in der Nacht nicht herauskommen können? Das funktioniert nicht. Auch die Monster unterm Bett lassen sich mit einer solchen Strategie nicht bekämpfen. Und gleichzeitig ist „bekämpfen" hier ein entscheidendes Stichwort. Denn genau darum geht es – nicht (Abb. 28.1).

A. Steffen, *Impulse zur eigenen Veränderung*, https://doi.org/10.1007/978-3-662-58279-4_28

Abb. 28.1 Die Angst vor der Angst

28.1 Durchschreiten anstatt Unterdrücken

Zuerst hieß diese Überschrift „Durchleiden anstatt Unterdrücken". Erinnern Sie sich an die Übung mit den beiden Stühlen, bei der man sich seinen Anteilen widmet und ihnen dankt, insbesondere den unangenehmen und störenden? In genau dieselbe Richtung geht es auch hierbei.

Genau wie bei den Kindern im Apfelgarten des Sufis werden auch Schmerzen und Ängste immer wieder zurückkehren, wenn man sie wegschickt. Und jedes Mal vermutlich stärker, heftiger und mächtiger. Was kann man also tun? Ängste nicht wegdrücken, stattdessen vor ihnen wegrennen und die Flucht antreten? Schmerzen ignorieren und sie durch vermeintliche hilfreiche Substanzen beiseite und aus unserer Wahrnehmung schieben? Das ist eine häufige Vorgehensweise. Nur leider keine gute.

Bevor es gleich um einen gesunden Umgang mit Schmerz und Angst geht, lohnt sich zunächst eine Bestandsaufnahme, was das eigentlich ist: Angst (Abb. 28.2).

28.1.1 Laut Statistik ...

In der Medizin an der Schnittstelle zur Psychologie gibt es einen ganzen Katalog, der eine erschreckende Zahl von Ängsten auflistet. Die sogenannte *International Statistical Classification of Diseases and Related Health Problems* (kurz: ICD, auf Deutsch: Internationale Klassifikation der Krankheiten) wird von der Weltgesundheitsorganisation (WHO) herausgegeben. Derzeit wird mit der Version ICD-10 gearbeitet, die ICD-11 ist zwar bereits seit Juni 2018 veröffentlicht, wird jedoch erst im Januar 2022 offiziell

Abb. 28.2 Tausende von Ängsten

verwendet. Diagnosen müssen (!) hierzulande von Ärzten und Psychotherapeuten auf Basis der ICD-10-GM (German Modification) erstellt werden.[1]

Hier ist eine Übersicht der klassifizierten Ängste, die gemäß der WHO existieren und in der ICD-10 beschrieben[2] sind:

- *Agoraphobie ohne Panikstörung (F 40.00):* Hierbei handelt es sich um die Angst, das eigene Haus zu verlassen oder sich davon weit zu entfernen, öffentliche Plätze oder Geschäfte zu betreten und vor Menschenmassen.
- *Agoraphobie mit Panikstörung (F 40.01):* Die Symptome sind wie oben, beschrieben, jedoch wird die Angst von Panikattacken begleitet, beispielsweise beim Betreten von öffentlichen Verkehrsmitteln, beim Theater- oder Kinobesuch.

[1] Die rechtliche Grundlage für diese Vorgehensweise ist § 295 Absatz 1 Satz 2 des fünften Sozialgesetzbuchs zur Abrechnung von ärztlichen Leistungen. Was nicht abgerechnet werden kann, existiert sozusagen nicht offiziell.

[2] Zwangsstörungen, Reaktionen auf schwere Belastungen und Anpassungsstörungen, dissoziative Störungen, somatoforme Störungen und andere neurotische Störungen werden hier bei der Betrachtung von Ängsten ausgenommen; vgl. Dilling, 2013 und DIMDI, 2014.

- *Soziale Phobie (F 40.1):* Die Angst tritt auf in Situationen mit direktem Kontakt zu anderen Menschen, die als druckvoll empfundenen. Vor allem, wenn die betroffene Person dabei im Mittelpunkt stehen muss. Hierzu gehören Prüfungen, öffentliche Vorträge oder es kann auch beim Unterschreiben von Dokumenten unter Beobachtung passieren.
- *Spezifische (isolierte) Phobie (F 40.2):* Hierbei wird die Angst durch ganz bestimmte Objekte oder Situationen ausgelöst, wie beispielsweise in geschlossenen Räumen, beim Zahnarztbesuch, durch spezielle Tiere, beim Anblick von Blut, durch Wettersituationen wie Gewitter, bei Dunkelheit oder auch durch Höhe.
- *Panikstörung (F 41.0):* Dabei handelt es sich um wiederkehrende Angstanfälle, die nicht mit bestimmten Umständen verbunden sind und daher auch ganz unerwartet auftreten. Schon innerhalb von kurzer Zeit erreicht das Panikgefühl sein Maximum. Begleitet werden diese Panikstörungen durch Symptome wie Herzklopfen, Brustschmerz, Erstickungsgefühle, Schwindel. Weiterhin kann dabei auch die Furcht zu sterben, vor Kontrollverlust oder die Angst, wahnsinnig zu werden, entstehen.
- *Generalisierte Angststörung (F 41.1):* Dieses Angstgefühl ist nicht auf eine bestimmte Situation bezogen und hält dauerhaft an. Dabei gibt es häufig neben unkontrollierbaren Sorgen auch starke körperliche Beschwerden wie hohe Nervosität, Zittern, Muskelspannung, Schwitzen, Benommenheit, Herzklopfen oder Schwindelgefühle.
- *Angst und Depression, gemischt (F 41.2):* Die beiden Zustände Angst und Depression treten in leichterer Form gemeinsam auf, dabei ist keiner der beiden Zustände stärker als der andere ausgeprägt.
- *Andere gemischte Angststörungen (F 41.3):* Angstsymptome erscheinen zusammen mit Merkmalen anderer Störungen. Dabei kann es sich um Zwangsstörungen, Reaktionen auf schwere Belastungen und Anpassungsstörungen, dissoziative Störungen aufgrund traumatischer Störungen und andere neurotische Störungen handeln.

Die Liste für Schmerzen im Katalog der ICD-10 ist noch weitaus länger. Von typischen wie atypischen Gesichtsschmerzen über Kopfschmerzen, Schmerzen in all unseren Extremitäten und Organen, über Phantomschmerzen und bis zu nicht näher bezeichneten Schmerzen sind dort unterschiedlichste Symptome verzeichnet. Aber es sind eben immer „nur" die Symptome.

Die eigentlichen Ursachen und die dahinterliegenden „Geschichten" werden in solchen „Kategorisierungsverzeichnissen" nicht benannt. Wie könnten sie auch? Denn diese sind immer komplett individuell. Leider wird auch heutzutage noch die Behandlung weitgehend an den Symptomen ausgerichtet. Diese sollen mit den Mitteln der Schulmedizin kuriert werden.

Ob sich dadurch die Ursache verändert oder verschwindet? Was kann nun getan werden?

28.1.2 Lebensbedrohlich oder Teil des Lebens?

Viele dieser oben beschriebenen Angstzustände sind massiv und bedürfen ärztlicher Unterstützung. Nicht immer kann es einem selbst gelingen, diese „in Eigenbehandlung" zu kurieren. Vor allem nicht, wenn man sich mitten in einem solchen angsterfüllten Zustand befindet. Doch schlussendlich können die Angst beziehungsweise die wirkliche Ursache von Schmerzen nicht von außen geheilt werden, nur von innen und durch uns selbst.

Lassen Sie uns kurz zu den Eingangsworten zurückblicken: „Heilung oder Wandel?" lautete eines der einführenden Kapitel zu Beginn dieses Buches. Coaching und Selbstmanagement können keinen Fußpilz heilen. Auch Zahnschmerzen, ein gebrochenes Bein oder ein Gerstenkorn im Auge werden durch Mentales Training, Achtsamkeitsübungen oder ein Gespräch nicht verschwinden.

Allerdings können diese Maßnahmen möglicherweise dabei helfen, einige der Ursachen zu erkennen und zu verstehen. Und vielleicht auch, diese mit anderen Augen zu sehen, sodass eine Veränderung schrittweise stattfinden kann. Selbstwirksamkeit kann Heilung unterstützten (Abb. 28.3).

Es gibt viele Literatur – gute wie vielleicht auch weniger gute –, die sich mit „Krankheit als Chance oder Weg" oder „Schmerz als Botschaft"

Abb. 28.3 Wenn sich Schatten auflösen

auseinandersetzt. Hier möchte ich keinerlei Empfehlung geben, die irgendwie allgemeingültig sein würde.

„Was soll ich denn bei einem Beinbruch über die Geschichte oder Botschaft dahinter nachdenken? Das Bein ist kaputt. Punkt.“ So könnte mit Fug und Recht argumentiert werden. Aber wie ist es dazu gekommen? Sind Sie mit voller Achtsamkeit und in aller Bewusstheit gestolpert und haben sich dabei das Bein gebrochen? Oder waren Sie abgelenkt, mit den Gedanken ganz woanders? Gelegentlich kann man aus solchen Situationen – mit einigem Abstand – etwas lernen. Und manchmal ist ein Stolpern eben auch einfach nur ein Stolpern.

„Wenn man auf einer hohen, morschen und schwankenden Brücke über einen Fluss läuft, dann ist es ja wohl klar, dass man Höhenangst hat!“ Das klingt sehr plausibel. Aber wieso empfindet nicht jeder Mensch so?

Auch hat nicht jeder Mensch Angst vor dem Tod – ohne dass dieser gegenteilige Zustand gleich mit einer klinischen Diagnose wie „Todessehnsucht“ betitelt werden müsste.

Es klingt vielleicht auf den ersten Blick erschreckend: Vom Tag unserer Geburt an sterben wir. Und gleichzeitig leben wir, bis zum Moment unseres Todes. Die Angst vor dem Tod führt sehr oft zu Angst vor dem Leben. Und doch: Die Endlichkeit des Lebens zu akzeptieren, kann zu großer Befreiung führen.

28.1.3 Bei weitem nicht immer rational

Ob es um das Loslassen einer wohlbekannten und vertrauten Verhaltensweise oder um das Erlernen einer neuen Fähigkeit geht: *Veränderung ist häufig mit dem Gefühl der Angst verbunden.*

Unsicherheit und Panik oder schlicht die Angst vor dem unbekannten Neuen sind nicht immer rational, das sind Ängste selten. Nichtsdestotrotz ist dieses Gefühl nun mal da – ob berechtigt oder nicht, die Angst existiert. Noch viel zu selten wird sie angesprochen oder ausgesprochen. „Das gehört einfach zum Geschäft. Sollen sich die Beschäftigten nicht so haben, ist schließlich kein Ponyhof hier. Wo gehobelt wird, da fallen eben Späne.“ Oder auch: „Veränderungen sind schmerzhaft, da musst du jetzt durch.“ Vermeintlich kluge Worte im Sinne von wenig empathischen Dienstanweisungen sind schnell bei der Hand. Nur geht dadurch die Angst nicht weg. Vielmehr verstärkt sich durch genau solche Reaktionen – gerne auch uns selbst gegenüber – das Gefühl der Unsicherheit meist nur noch. Sich einfach mal zusammenreißen? Klar, das geht. Mit dem erforderlichen Adrenalinausstoß, wenn einem der Säbelzahntiger Auge in Auge gegenübersteht und zögerliches Verhalten eher unpraktisch wäre.

Aber Fluchtreflexe oder aggressive Reaktionen sind es ja wohl eher nicht, die wir für uns selbst oder unsere Organisation in grundlegenden Veränderungssituationen hervorrufen wollen. Vielmehr geht es darum, die Handlungskompetenz und -freiheit in solch einem Moment zu haben und zu behalten.

28.2 Unser Freund?

In seinem Buch „Die Angst, dein bester Freund" schreibt der Extrembergsteiger Alexander Huber: „Zum Glück habe ich Angst! Denn die Angst ist unser bester Freund in den Bergen. Ein hoffentlich treuer Freund, der uns mahnt, lenkt und leitet."[3] Nun sind wir jedoch nicht alle in den Bergen. Und noch entscheidender: Herr Huber sucht sich die Situationen meist selbst aus, in denen er dann diese Angst empfindet. Diese zugrunde liegende Freiheit ist hierbei sehr entscheidend. Denn sie bringt zumeist eine Akzeptanz der Situation mit sich. Doch nicht immer haben wir uns freiwillig und wissentlich in eine Ausgangslage gebracht, die eine angsteinflößende Veränderung von uns erfordert.

„Menschen wehren sich nicht gegen Veränderung, sie wehren sich dagegen verändert zu werden."

Das hat Peter Senge gesagt, der als Organisationsberater und Senior Lecturer of Behavioral and Policy Sciences am Massachusetts Institute of Technology (MIT) arbeitet. In seiner Forschung und Lehre beschäftigt sich Senge insbesondere mit Systemforschung und lernenden Organisationen.

Allein schon, wenn wir auf unser inneres Team schauen: Was sind wir anderes als eine sich ständig verändernde und im Idealfall sogar lernende Organisation? Wir sind ein Verbund von 100 Billionen Zellen, das ist sogar eine ziemlich große Organisation.

28.2.1 Auf ins Ungewisse?

Gelingt es uns, eine neue Situation zu akzeptieren? Selbst wenn sie nicht von uns herbeigewünscht wurde? Wir sitzen nicht immer am Ruder unseres eigenen Lebens, weder im Job, noch im Privatleben. (Zumindest empfinden wir es nicht immer so.) Und dann sollen wir uns auch noch verändern? Und wir wissen doch gar nicht so genau, wohin die Reise gehen wird?

[3] Huber, 2015.

Für manche Menschen klingt das toll. „Auf ins Ungewisse!" Für viele führt diese Unsicherheit jedoch zu Angst und Sorgen. Und Sicherheit ist nun mal ein menschliches Grundbedürfnis.

Gleichzeitig kann man kein Problem lösen, dessen Existenz man verleugnet. Man kann sich einer Herausforderung ganz sicher nicht stellen, wenn man so tut, als wäre sie nicht da. Umgekehrt wird ein Schuh draus: Wenn man akzeptiert, dass ein Problem existiert, verliert dieses meist im selben Moment viel von seinem Schrecken und fühlt sich oftmals weit weniger bedrohlich an. Denn es ist immer wieder das Unbekannte, das wir fürchten. Sobald wir unsere Aufmerksamkeit wie einen Scheinwerfer darauf richten, verliert die Dunkelheit vieles vom ihrem Schrecken.

Nun kann man argumentieren, dass Veränderung nicht ein Teil des Lebens sei. Sondern dass Veränderung und Leben ein und dasselbe sind. Veränderung *ist* Leben. Leben *ist* Veränderung. Nur: Geht davon die Angst weg?

Angst als Freund zu akzeptieren und zu begrüßen, so wie Alexander Huber es vorschlägt, kann uns helfen, in schwierigen Situationen nicht unbedacht und leichtfertig zu handeln. Wenn sie uns jedoch lähmt, ist es sehr ratsam erst einmal innezuhalten. Sich die Angst anzuschauen, sie als unsere Emotion ernst zu nehmen und danach bewusst und aufrichtig zu akzeptieren, dass sie existiert und hilfreich sein kann.

28.3 Bei Tageslicht betrachtet

Umso wichtiger ist es, über die Angst zu sprechen. Sie nicht beiseite zu schieben, sie nicht wegzudrücken in eine versteckte, dunkle Schublade. Wenn man sie mit Ruhe, Gelassenheit und einer Portion Grundvertrauen bei Tageslicht betrachtet, verliert Angst oft einiges von ihrem Schrecken. Allerdings tun wir das sehr selten. Zu selten. Und nicht immer gelingt uns dies alleine. Und wer spricht schon gerne offen über Ängste? Aber es hilft. Versprochen.

Diese Gedanken über den Umgang mit Angst sind überhaupt nicht neu. Ich halte es jedoch für lohnenswert – im globalen Kontext, in großen wie kleinen Organisationen und für jeden einzelnen Menschen –, sie immer wieder auszusprechen und den gesunden Umgang mit Angst zu thematisieren.

Wie gehen wir mit Angst um? Erlauben wir uns selbst, sie zu haben? Erlauben wir es anderen? „Was mich nicht umbringt, das macht mich stärker." Das hat Friedrich Nietzsche (1844–1900) gesagt und es mag durchaus stimmen. Doch muss Veränderung denn immer schmerzhaft sein und weh tun? Gibt es zwischen Tod und Stärkerwerden vielleicht noch einen Bereich zur angst- und schmerzfreien Entwicklung hin zum Neuen? Ich bin mir sicher, dass die Antwort „ja“ lautet.

Wieder gilt hier: Je mehr Sie akzeptieren, wie das Hier und Jetzt gerade beschaffen sind und sich dabei vor allem selbst akzeptieren, umso mehr Freiheit und Kraft werden Sie spüren.

Je häufiger es Ihnen gelingt, weder die Rolle als Opfer, Retter oder Täter einzunehmen, desto mehr werden Sie die Selbstverantwortung als Geschenk wahrnehmen, das Sie sich selbst gemacht haben.

28.3.1 Kein Multitasking, sondern Lachen

Erinnern Sie sich noch an die Aussage über das Denken und Fühlen? Dass man beides nicht gleichzeitig tun kann? Man kann auch nicht zur selben Zeit laut lachen und von Angst erfüllt sein. Das ist sehr hilfreich. Lachen Sie, wenn Sie ängstlich sind (Abb. 28.4). Es wird sich zunächst sehr seltsam anfühlen, doch bald werden Sie feststellen können, dass die Angst nicht mehr ganz so stark ist. Das klingt möglicherweise sehr simpel. Und das ist es auch.

28.3.2 Alles gesagt?

Natürlich habe ich zum Ende dieses Kapitels hin durchaus die Sorge, dass ganz viele Gedanken nicht ausgesprochen und sehr wichtige Aspekte nicht beschrieben wurden. Dieses Risiko gehe ich ein, damit muss und kann ich leben. Aber vielleicht enthält der eine oder andere Satz doch schon die eine oder Anregung. In diesem Sinne:

Abb. 28.4 Lachen ist die beste Medizin

„Das Gegenteil von Angst ist nicht Sicherheit, sondern Toleranz für Risiken."[4] (Steve Ayan, Psychologe und Wissenschaftsredakteur)

Literatur

Ayan S (2016) Lockerlassen: Warum weniger denken mehr bringt, 2. Aufl. Klett-Cotta, Stuttgart

Deutsches Institut für Medizinische Dokumentation und Information – DIMDI (2014) ICD-10-GM Version 2015, Systematisches Verzeichnis. DIMDI, Köln

Huber A (2015) Die Angst dein bester Freund. National Geographic NG Verlag, München

Weltgesundheitsorganisation, Dilling H, Mombour W, Schmidt MH (Hrsg) (2013) Internationale Klassifikation psychischer Störungen. ICD-10 Kapitel V (F). Klinisch-diagnostische Leitlinien, 9. Aufl. Huber, Bern

[4]Ayan, 2016.

29

Weniger Kampf, deutlich mehr Liebe

Zusammenfassung Unser Gehirn kann nur eins von beidem: Liebe oder Kampf. Das Schöne dabei: Wir haben weitestgehend die Wahlfreiheit, für welchen Modus wir uns entscheiden wollen. Denn glücklicherweise sind Säbelzahntiger heutzutage nur noch sehr selten eine echte Bedrohung. Welche Rolle der präfrontale Cortex, das limbische System und andere Bereiche unseres Gehirns dabei spielen, wird in diesem Kapitel beschrieben. Dabei treten auch die Rockband „The Clash" und ein Seepferdchen auf.

Die Annäherung an das Thema Liebe und auch angrenzende Bereiche wie Freude und Verbundenheit soll zunächst mit einigen neurologische Betrachtungen beginnen: Was geht da eigentlich vor in unserem Gehirn?

29.1 Mandelkerne, Mammuts und Seepferdchen

Ein Teil unseres Gehirns wird auch „Säugerhirn" genannt, weil er aus derjenigen Evolutionsphase stammt, in der sich die Säugetiere entwickelt haben. Nach aktuellem wissenschaftlichem Stand werden in diesem Funktionsverbund insbesondere Emotionen und unser Triebverhalten gesteuert, weiterhin laufen hier wichtige Aktivitäten im Bereich des Lernens und Erinnerns ab. Ebenfalls dort angesiedelt sind die Mechanismen zur Ausschüttung von Endorphinen, die entscheidend für unser Glücksempfinden und inneres „Belohnungssystem" sind.

A. Steffen, *Impulse zur eigenen Veränderung*, https://doi.org/10.1007/978-3-662-58279-4_29

29.1.1 Wo Ängste, Kampf und Fluchtreflexe zu Hause sind

Ein wichtiger Bestandteil des limbischen Systems ist die Amygdala (auch „Mandelkern" genannt), die vorrangig zuständig ist für die Bewertung von Gefahren und unser Fluchtverhalten, damit auch für dazugehörige Emotionen wie Angst und Furcht. Darüber hinaus liegen dort wichtige Steuerungseinheiten unseres Sexualtriebs. Die Ausprägung der Amygdala ist nicht bei jedem Menschen gleich. Es gibt deutliche Unterschiede in der Größe dieser „Alarmanlage". Kurz gesagt: Je größer die Amygdala ausgeprägt ist, desto mehr Angstzustände wird sie in der Regel auslösen. Dies kann – im wahrsten Sinne – jedoch auch in die andere Richtung gehen. So beschreiben Birbaumer und Zittlau einen Fall, bei dem ein junger Patient, ausgelöst durch einen Infekt, eine rechtsseitige Schädigung seiner Amygdala hatte.[1] Das Resultat? Von dieser Seite aus kommende Gefahren wie herannahende Autos wurden von ihm vollständig ignoriert. Ein Säbelzahntiger von links hätte sofort einen Fluchtreflex bei diesem jungen Mann ausgelöst. Ein wütendes Mammut von rechts? Ach, das will doch nur spielen.

Ein zweiter Kernbereich des limbischen Systems ist der Hippocampus. Aufgrund seiner Form trägt er den Namen „Seepferdchen" und wird auch als Reptiliengehirn bezeichnet. Dieser Teil ist maßgeblich bei den meisten Aktivitäten zur Gedächtnisbildung im Einsatz. Gleichzeitig kann er auch regulierend auf unser Alarm- und Verteidigungssystem einwirken und ausgeschüttete Stresshormone wieder herunterfahren.

Eng verbunden mit der Amygdala und dem limbischen System insgesamt ist der Hypothalamus, der in großem Maß unser vegetatives Nervensystem steuert. Werden dort beispielsweise Furchtsignale ausgesendet, sorgt der Hypothalamus für die Ausschüttung von Adrenalin und weiteren Hormonen, die uns unmittelbar für Flucht oder Kampf bereit machen sollen.

Allerdings sind unsere Emotionen ein derart komplexer Bereich, sodass deren Entstehung oder Verarbeitung nicht lediglich im limbischen System lokalisiert werden können. Gleichzeitig ist auch die genaue funktionale Abgrenzung des limbischen Systems durchaus umstritten.

---

[1]Vgl. Birbaumer und Zittlau, 2018.

29.1.2 Auf der anderen Seite: die menschliche Persönlichkeit

Den präfrontalen Cortex, der auch aufgrund seiner Position auch „Stirnlappen" genannt wird, haben Sie an mehreren Stellen in diesem Buch bereits kennengelernt. Dort sind die somatischen Marker verortet, und als Phineas Gage 1848 diesen schlimmen Unfall an der Eisenbahnstrecke hatte, war es genau dieser Bereich seines Kopfes und Gehirns, der dabei geschädigt und schlussendlich weitgehend seiner Funktion beraubt wurde. Genau dort, an der Stirnseite des Gehirns, befindet sich also ein wichtiges Kontrollzentrum für unsere Handlungsweisen. Dort wird entschieden, ob wir spontan unseren Impulsen und Trieben folgen – oder nicht.

Sofern es sich nicht um absolut zwingend erforderliche Reaktionen ohne Zeitverzug handelt, kommt diese Schaltstelle zum Einsatz. Was soll das jetzt genau bedeuten? Wenn der schon häufiger genannte Säbelzahntiger auf Sie zu gerannt kommt, ist es wahrscheinlich nicht ratsam, lange zu überlegen und in sich zu gehen. Falls Ihnen ähnliches mit einem heranrasenden Lkw passiert, ist eine zeitaufwendige und emotionale innere Auseinandersetzung über Ihr grundsätzliches Verhältnis zu Kraftfahrzeugen und Schwerlasttransportern im Speziellen ebenfalls nur wenig sinnvoll. Hier heißt es: Flucht! Und zwar sofort.

„The Clash" bedeutet so viel wie „Zusammenprall". Die gleichnamige 1976 gegründete britische Punkband hat auf ihrem Album „Combat Rock" einen Song veröffentlicht, in dem beschrieben wird, was genau beim Zusammentreffen mit Säbelzahntigern oder LKWs in unserem Oberstübchen abläuft:

„Darling, you got to let me know: Should I stay or should I go?"[2]

Ob wir unseren Verstand in solchen Momenten mit „Darling" ansprechen, ist sicher eine Geschmacks- und Stilfrage. Jedoch können wir sehr dankbar sein, dass wir – sofern nicht wichtige Bestandteile unseres Gehirns beschädigt sind – eine sofortige Antwort erhalten. Denn weder prähistorische Raubtiere noch tonnenschwere Lastwagen haben viel Geduld und sind auch selten bereit, auf eine wohlüberlegte Entscheidung zu warten.

Stehenbleiben oder Flucht?
Abwarten oder Kämpfen?

[2]Den Song „Should I Stay Or Should I Go" von The Clash finden Sie ebenfalls in der 100-Song-Playlist im Anhang.

Das sind typische Fragestellungen, die möglichst schnell beantwortet werden möchten. Doch es gibt auch noch andere Optionen. Nicht immer muss sich unser Geist im Angriffs-, Verteidigungs- oder Fluchtmodus befinden. Wobei die Vielzahl und vor allem Art und Weise von Sinneseindrücken, denen wir jeden Tag ausgesetzt sind, uns schon zu großem Maß in exakt diesen Zustand versetzt.

Interessanterweise ist die Position des präfrontalen Cortex', ungefähr auf Höhe der Augenbrauen direkt hinter unserer Stirn, in direkter Nachbarschaft zu demjenigen Bereich, der in der aus dem tantrischen Hinduismus stammenden Chakrenlehre, die auch im Yoga Verwendung findet, als Sitz des 6. Chakra beschrieben wird. Also eines Energiezentrums, auch „drittes Auge" genannt, das für innere Wahrnehmung, Intuition und Weitsicht steht. Dieser auch als Stirnchakra betitelte Bereich steht unter anderem für die Öffnung zu Seele und Geist. Im Sanskrit wird er als „Ajna-Chakra" bezeichnet. Ajna wiederum bedeutet so viel wie Befehl oder Kommando.

Welche Optionen für entsprechende Kommandos gibt es? Mit Blick auf den Titel dieses Kapitels soll der Blick auf eine Wahl gelenkt werden, die wir in den unterschiedlichsten Situationen jeden Tag aufs Neue treffen können.

Wollen wir: Angst, Angriff, Flucht und Verteidigung?
Oder Kontakt, Verbindung, Freiheit und Liebe?

29.2 Manchmal geht nur eins von beidem

Im Gegensatz zu den meisten der vorab in diesem Buch beschriebenen Themenfeldern und Veränderungsbereichen gibt es hier nur eine Wahlmöglichkeit. Ein Weniger und parallel ein Mehr sind nicht möglich. „Entweder oder" lautet hierbei die Devise. Also müssen wir uns entscheiden – und glücklicherweise können wir dies auch mit einer guten Portion Selbstwahrnehmung und Selbstwirksamkeit sowie etwas Übung.

29.2.1 Wie das alles zusammenhängt

Können Sie traurig sein und dabei lachen? Können Sie etwas ganz tief spüren und dabei eine Rechenaufgabe lösen? Oder sich für einen Kampf bereit machen und gleichzeitig liebevoll an einen anderen Menschen denken? Auch wenn Sie es vielleicht von ganzem Herzen und mit allem Willen wollen:

Manche Dinge gehen nicht zur selben Zeit. Multitasking funktioniert nicht – zumindest nicht im bewussten Teil unseres Verstands. Weder bei Männern, noch bei Frauen.

„Multitasking" wird definiert als das parallele Ablaufen mehrerer gleichzeitiger Prozesse. Computer können das. Und auch in unserem Unbewussten, dem emotionalen Erfahrungsgedächtnis, passiert das. Bewusst jedoch können wir nur – je nach Typ und Thema – mehr oder weniger schnell zwischen einzelnen Parallelprozessen hin und herschalten. Aber so wirklich komplett zur selben Zeit? Leider nein. Und vielleicht ist das auch ganz gut so.

29.2.2 Ein evolutionsbiologischer Blick auf Entweder und Oder

Im Gegensatz zum Titel von Leo Tolstois (1828–1910) historischem Roman über die russische Gesellschaft zum Anfang des 19. Jahrhunderts heißt es in unserem eigenen inneren System nicht „Krieg und Frieden". Die Wahl, die wir haben, lautet „Krieg oder Frieden".

Im Einklang und verbunden mit uns selbst, unserer Umwelt und voller Freude – oder getrennt von all dem im Modus von Angst, Kampf und Flucht? Denn beides gleichzeitig geht nicht.

Gerade in der westlichen Welt wird uns diese Entscheidung nicht leicht gemacht. Eine Flut von Reizen prasselt immer wieder auf uns nieder. Das freut unseren Verstand, weil er Beschäftigung liebt. Allerdings ist er auch dauerhaft im Alarmzustand, denn man könnte ja etwas verpassen. Birbaumer und Zittlau sprechen vom „Defense-System" in unserem Kopf, das permanent eingeschaltet ist – wenn wir nicht unser Veto einlegen.[3]

Aus diesem Zustand heraus Glück oder tiefe Verbundenheit mit anderen empfinden zu können, ist sehr schwierig, denn wir laufen insbesondere im limbischen System auf Hochtouren. Mit jedem Signal für eine eingegangene Mail, einen neuen Social Media-Beitrag oder eine SMS dreht es weiter auf, Adrenalin und weitere Aktivitätshormone durchströmen uns. Im ausgeprägten Zustand – hier kommt wieder der Säbelzahntiger als symbolischer Platzhalter ins Spiel – führt dies zu teilweise drastischen Veränderungen. Unser Blutdruck steigt, der Puls wird beschleunigt, bestimmte Körperteile

[3]Vgl. Birbaumer und Zittlau, 2018.

wie Arme und Beine, die wir zu Flucht oder Kampf benötigen würden, werden besonders stark durchblutet und die Muskelspannung insgesamt steigt an. Gleichzeitig sinkt unser Schmerzempfinden, auch die Durchblutung anderer Areale, die unter anderem für unser logisches Denken und unsere Vernunftentscheidungen zuständig sind, werden drastisch heruntergefahren.

Kurz gesagt: Angst macht dumm.

Mittendrin in diesem Modus an Mitgefühl zu denken oder es sogar zu empfinden: ein Ding der Unmöglichkeit. Das ist rein evolutionsbiologisch schlichtweg nicht vorgesehen. Und in genau solch einem Zustand befinden wir uns häufiger, als wir es wohl vermuten würden.

In Gegensatz zu den frühen Tagen der Menschheitsgeschichte erreichen uns heute innerhalb einer Woche weitaus mehr Reize – und damit auch gefühlte Bedrohungen – als damals in einem gesamten Leben. Unser Hirn, dessen Bestandteile sowie die daran angeschlossenen Systeme haben sich allerdings nicht im selben Maß mitentwickelt. Wir reagieren in vielerlei Hinsicht noch wie Neandertaler, allerdings in einer komplett anderen Umwelt, für die wir gar nicht richtig vorbereitet sind. Panik, Hektik, Flucht und Angst sind die Resultate, die für uns teilweise kaum noch bewusst wahrnehmbar und fast selbstverständlich geworden sind.

29.3 Wir können

Und doch – denken Sie bitte zurück an die Frage, ob wir einen freien Willen haben – können wir uns entscheiden. Nämlich dann, wenn wir unsere Impulswahrnehmung trainieren, unsere Resilienz stärken, unsere Selbstwirksamkeit erhöhen und schlichtweg wissen, dass wir die Wahl haben. (Und nicht zu vergessen: dass Entscheidungen glücklich machen.)

- Wir können wählen, ob wir dem permanenten Plappern von Signalen, Reizen und dem ständigen Mehr von einfach Allem folgen oder uns Momente der Ruhe erlauben, in denen wir uns, so wie Fabrice Midal es formuliert hat, einfach in Frieden lassen. Das kann Meditation sein oder ganz simples Nichtstun. Vielleicht ist beides ja sogar dasselbe.
- Wir können gnädig mit uns selbst sein – und damit auch zu unserer Umgebung. Alles darf sein, wie es ist. Und muss nicht ständig größer, schneller oder besser sein.

- Wir können lernen, unsere eigenen Empfindungen zu spüren und ihnen ausreichenden Raum zu geben. Sie – und damit uns selbst – genau so sein zu lassen, wie sie sind, wie wir sind.
- Wir können versuchen, unsere inneren Stimmen und Impulse wahrzunehmen, ihren Sinn und die Intentionen, Wünsche und Bedürfnisse dahinter zu verstehen und ihnen zu danken.
- Wir können mehr Bewusstheit in unser Leben bringen, statt unbewusst zu reagieren.
- Wir können uns selbst mit allen vermeintlichen Macken, Fehlern und Schwächen akzeptieren lernen, auch unsere Mitmenschen und vielleicht sogar die Welt als Ganzes. Und uns vielmehr über die Fähigkeiten und Möglichkeiten freuen, die wir erleben, und dafür dankbar sein – statt auf die Dinge zu blicken, die andere vielleicht haben und die wir auch so gerne hätten.

All dies kann uns hinausführen aus einem Gefühl des Mangels, hinein in einen Zustand echter Fülle. Und die darf sich – das klingt jetzt vielleicht etwas widersprüchlich – auch manchmal wie Leere anfühlen, wenn wir uns anfreunden mit dem Nichts, Nichtstun oder Nichthandeln. Denn dadurch können wir insgesamt ein deutliches Mehr an Freiheit gewinnen.

Der Zuwachs an Gestaltungsfreiheit wiederum bringt mit sich, dass ein Gefühl der Opferrolle und des Gefangenseins immer geringer wird und sich schlussendlich vielleicht sogar ganz auflöst. Getrenntsein wird ersetzt durch echte Verbindung zu uns selbst und anderen, wenn wir andere nicht mehr als Objekte, sondern als echte Menschen wahrnehmen. Wenn wir wirklich ein „Wir" an die Stelle setzen, die vehement von unserem Ego in Anspruch genommen wird.

Dann besteht die Chance, dass sich unser Herz nicht mehr im Krieg befindet, sondern Frieden spürt. Dass Furch und Flucht durch Zufriedenheit und Freude ersetzt werden, Angst durch Mitgefühl und Liebe.

Solch eine Veränderung kommt nicht von heut auf morgen. Nicht per Knopfdruck oder durch eine Wunderpille. Geduld ist wichtig, Dranbleiben erst recht. Kontinuierliche Übung macht die Meisterin und den Meister. Und vielleicht am wichtigsten: das tiefe Vertrauen darin, dass Sie alle erforderlichen Fähigkeiten bereits in sich tragen. Diese Fähigkeiten und Potenziale wollen erkannt, entdeckt, erlebt und entwickelt werden. All diese Ressourcen – von Resilienz über Selbstwirksamkeit und Achtsamkeit bis zum gnädigen Umgang mit uns selbst – sind wie ein Blumengarten, der gepflegt und gehegt werden möchte, um zur vollen Blüte zu gelangen. Bekanntermaßen wächst Gras nicht schneller, wenn man daran zieht.

Und übrigens freuen sich auch Blumen, wenn sie erkannt und betrachtet werden. All das gilt für Ihren eigenen, inneren Blumengarten ganz genauso.

Literatur

Birbaumer N, Zittlau J (2018) Denken wird überschätzt: Warum unser Gehirn die Leere liebt. Ullstein Taschenbuch, Berlin

30

Weniger Caroshi, mehr Ikigai

Zusammenfassung Auf der Insel Okinawa leben im Durchschnitt die meisten Hundertjährigen. Warum sie nicht nur alt, sondern meist auch sehr glücklich und zufrieden sind? Dabei spielt das Prinzip des Ikigai eine zentrale Rolle. Was tun Sie von Herzen gern und worin sind Sie richtig gut? Und insgesamt: Wofür lohnt es sich morgens aufzustehen? Um diese Fragen für sich selbst zufriedenstellend zu beantworten, finden Sie hier Anwendungsmöglichkeiten mittels Ikigai.

Am Potsdamer Platz in der Berliner Mitte gab es früher eine Bar mit dem Namen „Caroshi". Mittlerweile wurde sie umbenannt, die letzten beiden Buchstaben sind entfallen, Karos prägen nun das Erscheinungsbild und es wird unter dem Label „Caro's Music & Drinks" firmiert. Angesichts der vielen im direkten Umfeld angesiedelten Unternehmen, der darin arbeitenden Menschen und auch der zahlreichen Touristen war die Umbenennung aus Marketing- und Werbegründen eine clevere Entscheidung. Denn der ursprüngliche Name hat eine wenig schöne Bedeutung. „Tod durch Überarbeitung", dafür wurde in Japan ein eigenes Wort geschaffen, nämlich „Caroshi". Immer wieder fallen dort Menschen jeglichen Alters direkt am Arbeitsplatz einfach tot um. In der japanischen Gesellschaft wird dies sogar als besonders ehrenvoller Tod angesehen. Ähnlich den früheren Samurai, den Kriegsrittern, die auf dem Schlachtfeld ihr Leben ließen.

A. Steffen, *Impulse zur eigenen Veränderung*, https://doi.org/10.1007/978-3-662-58279-4_30

30.1 Was haben hundertjährige Japaner mit uns zu tun?

Doch es geht – im Land der Kirschblüten und des Sushis – zum Glück auch anders. Die Inselgruppe Okinawa gilt als „Hawaii von Japan". Nirgends sonst auf der Welt leben in Bezug auf den Bevölkerungsdurchschnitt mehr über hundertjährige Menschen.

Besonders viele von ihnen kann man wiederum im beschaulichen Städtchen Ogimi antreffen. Dort gibt es sogar eine „Abteilung für Wohlbefinden" in der Stadtverwaltung, die Einwohner von Ogimi leben sehr bewusst in der Gegenwart, ernähren sich äußerst gesund, haben eine starke soziale Einbindung in die vielfältigen lokalen Gemeinschaften – sogenannte Moais – und insgesamt viel Freude am Leben.

Und noch etwas ist erstaunlich: Worte für Rente oder Ruhestand existieren auf Okinawa schlichtweg nicht. Die Bewohner sind dort ihr ganzes Leben lang beschäftigt. Mit Dingen, die ihnen Freude bereiten und ihrem Leben Sinn schenken. Ob im Garten oder in gesellschaftlichen Einrichtungen: Insbesondere in Ogimi, der „Hauptstadt der Hundertjährigen" ist jeder Mensch jeden Tag aktiv. Gleichzeitig ist Stress dort überhaupt kein Faktor, „Caroshi" erst recht nicht. Alles wird mit einer gewissen Leichtigkeit angegangen, zeitlicher Druck kommt selten auf und die Menschen lächeln und lachen, sehr viel.

Was all dem zugrunde liegt, ist ein Konzept, das „Ikigai" genannt wird.

30.1.1 Montag statt Freitag: Das Konzept des Ikigai

Kennen Sie den Ausspruch „Thank God it's Friday"? Endlich ist Wochenende und die Arbeitswoche nun vorbei? Mittlerweile ist erfreulicherweise immer öfter auch eine Form der Gegenbewegung zu beobachten, die mit „Thank God it's Monday" beschrieben werden könnte.

„Was macht mein Leben lohnenswert?" Die Antworten auf genau diese Frage stecken hinter der Idee des Ikigai. Und jeder von uns hat solch ein Ikigai. Nur kennen die meisten von uns darauf nicht ihre eigene Antwort.

Wie schon an anderer Stelle vorab dargestellt, können die japanischen Kanji-Schriftzeichen oftmals vielfältige Interpretationen erlauben. Die beiden Wortbestandteile von Ikigai können mit „Leben" und „sich lohnen" übersetzt werden. Ebenfalls darin enthalten sind Aspekte wie Freude, Werte, Sinn und persönliche Lebensziele. Insgesamt kann Ikigai umfassend beschrieben werden als „das, wofür es sich morgens aufzustehen lohnt".

Bereits seit dem 14. Jahrhundert ist dieser Begriff in Japan bekannt. Und ständig im Fluss sind Diskussionen, was Ikigai denn genau bedeuten kann – für den Einzelnen wie auch für die Gesellschaft als Ganzes.

Nach meiner persönlichen Betrachtung – und ich bin eindeutig kein Japaner – ist die einzig wahre und allgemeingültige Antwort hier wieder im Konstruktivismus zu finden: Es kommt drauf an. Nämlich auf jeden einzelnen Menschen. Das Ikigai einer Person ist so individuell wie sie selbst. Wofür man jeden Morgen aufstehen mag? Dafür gibt es weder Regeln noch Gesetze, keine Vorschriften oder Verallgemeinerungen.

30.1.2 Wie finde ich mein Ikigai?

Mittlerweile wurden verschiedene Modelle, unterschiedliche Vorgehensweisen und Prozessbeschreibungen hierfür angefertigt. Möglicherweise entsteht noch eine komplette „Ikigai-Industrie" und natürlich gibt es schon mehrere Apps für Ihr Smartphone. Eine auch für das Selbstcoaching sehr praktische Methode, mit der man sich seinem Ikigai nähern kann, möchte ich Ihnen hier vorstellen.

Standortbestimmung und Neu-Orientierung, Umgang mit Veränderungen oder die Suche nach neuen Perspektiven und dem Lebenssinn: Für solche Situationen kann die Arbeit mit dem Ikigai-Diagramm sehr hilfreich sein (Abb. 30.1). Ebenso hinsichtlich eigener Potenzialentwicklung und bei einer umfassenden Zielsetzung kann dies ein wertvolles Werkzeug darstellen. Darüber hinaus ist die Ikigai-Arbeit auch zum Beginn von Coachingprozessen ein möglicher Schritt, damit ein Klient sich selbst, seine Bedürfnisse, Wünsche und Ziele sowie auch die eigenen Fähigkeiten und Ressourcen besser erkennen kann.

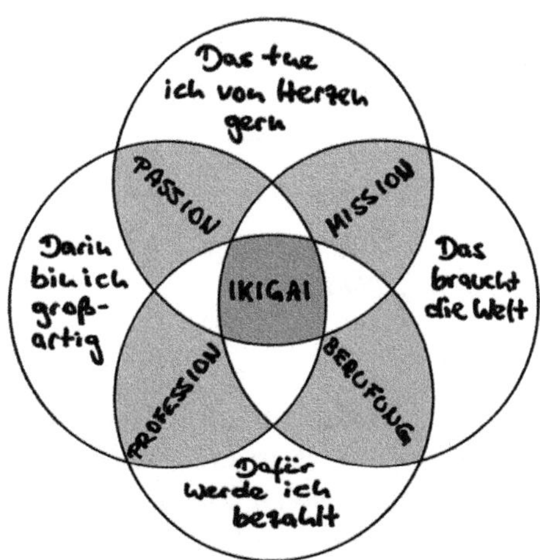

Abb. 30.1 Was ist wohl mein Ikigai?

Die Arbeit mit dem Ikigai-Diagramm
Je nach Themenfeld kann die Suche nach dem eigenen Ikigai gegebenenfalls auch deutlich spezifischer ausfallen. Das nachfolgende Beispiel bezieht sich auf die Frage nach einem passenden Arbeitsbereich.

Ein Verwandter von mir wusste bereits mit zehn Jahren, dass er Chirurg werden wollte. Für mich selbst war das nie so klar. Erst viel später, nach Erfahrungen in sehr unterschiedlichen Arbeitsbereichen, hat es sich herauskristallisiert und jetzt ist jeder Tag ein Geschenk für mich.

Es muss nicht *die eine* Tätigkeit sein, auch ein „Kompetenz-Konglomerat", also eine Mischung aus mehreren Arbeitsbereichen ist absolut möglich. Bei mir ist es eine Mixtur aus Coaching, Vorträgen und Schreiben, die ich mir zusammengestellt habe. Keinen dieser Aspekte möchte ich mehr missen. Gleichzeitig können sich durch solch ein Potpourri auch großartige Synergieeffekte ergeben. Dazu muss man auch nicht freiberuflich arbeiten. Es existieren heute viele neue Tätigkeiten, die es gestern noch nicht gab. Manchmal kann man sich neue Arbeitsfelder sogar selbst schaffen.

Und damit kommen wir zur Kernfrage dieses Ikigai-Prozesses:

30.2 Wofür möchten Sie morgens aufstehen?

Dabei werden vier Bereiche betrachtet:

- Was tue ich von Herzen gern?
- Worin bin ich großartig?
- Wofür möchte ich bezahlt werden?
- Was braucht die Welt?

Lassen Sie uns diese vier Aspekte gleich noch etwas genauer betrachten. Alle Gedanken dazu können Sie in Ihrem Ikigai-Diagramm vermerken. Übertragen Sie dazu das oben dargestellte Diagramm auf ein Blatt Papier – und lassen Sie bitte ausreichend Platz für Ihre Notizen.

Das tue ich von Herzen gern.
Man kann diesen Bereich auch mit den folgenden Fragen beginnen. Wenn Geld, Position, Status oder Karriere keinerlei Rolle spielen würden: Was würden Sie dann tun – mit voller Leidenschaft? Über welches Thema könnten Sie stundenlang sprechen, weil Sie voll und ganz dafür brennen?

Bei welchen Tätigkeiten spüren Sie echte Flow-Momente? Es muss sich dabei keineswegs nur um typische Arbeitsaktivitäten handeln, auch private Betätigungen sind hier willkommen, wenn diese Sie mit Freude erfüllen. Sie dürfen und sollen sogar an dieser Stelle ebenso ehrlich wie fantasievoll sein: Schauen Sie zurück und blicken Sie außerdem kreativ in die Zukunft. Was war für Sie bisher eine Herzensangelegenheit und was könnte es später einmal sein? Alle Stichworte können Sie direkt in Ihr Ikigai-Diagramm schreiben.

Darin bin ich großartig.
Denken Sie an das Johari-Fenster: Manchmal kennt man seine eigenen Talente gar nicht so gut wie andere. Hierfür können Sie sich also Unterstützung holen – aber bitte verlassen Sie sich nicht komplett und ausschließlich auf die Meinung ihrer Mitmenschen, denn schließlich geht es um ihr eigenes Ikigai. Als Fazit aus Ihrer persönlichen Einschätzung und dem Feedback von außen: Was können Sie richtig gut? (Das muss übrigens nicht etwas sein, das sie inniglich lieben, es ist jedoch sehr wichtig zu wissen, worin Sie wirklich großartig sind.) Gleichzeitig müssen hier auch nicht nur Eigenschaften genannt werden, mit denen man Geld verdienen kann. Dazu kommen wir gleich. An diesem Punkt dürfen in Ihrem Ikigai-Diagramm gerne auch „Weihnachtslieder pfeifen“ oder „mit den Augen rollen“ stehen.

Dafür möchte ich bezahlt werden.
Es geht um Ihren Job, nicht um ein Hobby oder ein Ehrenamt. Was ist Ihr Beruf? Ist das Ihr Traumjob oder wäre dies ein anderer? Welcher? Haben Sie vielleicht noch andere Einnahmemöglichkeiten darüber hinaus? Wer würde für Ihre Arbeit Geld bezahlen? Und für welche Tätigkeit würden Sie problemlos eine Rechnung ausstellen, weil Sie wissen, dass sie es absolut wert ist. Notieren Sie sich diese Gedanken.

Das braucht die Welt.
Hier dürfen Sie jetzt so richtig aus dem Vollen schöpfen und gleichzeitig bitte auch ganz bei sich bleiben: Was braucht die Welt – aus Ihrer persönlichen Perspektive? (Das muss nicht dasselbe sein, wie es andere oder „die Gesellschaft“ definieren würden. Es ist Ihr Ikigai.) Womit wäre der Planet, auf dem wir leben, ein kleines oder großes Stück besser? Wem würde es fehlen, falls Ihre Arbeit einige Zeit ausfallen würde? Denken Sie dabei an die gesamte Menschheit oder vielleicht auch an eine spezielle Zielgruppe? Was würde Ihrer Tätigkeit einen tiefen Sinn verleihen und auch

Ihren eigenen Wertvorstellungen entsprechen? Auch hier dürfen Sie wieder Ihre Kreativität voll ausleben und alles aufschreiben, was sich richtig anfühlt.

Mit dieser Bestandsaufnahme geht es nun in die zweite Runde. Dieser nächste Schritt muss sich nicht schnurstracks anschließen. Ihre ersten Ergebnisse auf dem Weg zum Ikigai können Sie natürlich einige Stunden oder Tage ruhen lassen.

30.2.1 Die Überschneidungen

Das perfekte Ikigai: Alle Bereiche sind aktiviert, Sie haben eine Tätigkeit definiert, für die Sie mit ganzem Herzen brennen, die die Welt absolut gebrauchen kann (und dies vielleicht sogar schon vor Ihnen weiß), es geht um eine Tätigkeit, in der Sie richtig gut sind und für die man Sie auch noch sehr anständig und leistungsgerecht bezahlen wird. Wie gesagt, das ist ein Idealzustand. Es ist hilfreich, hier realistisch heranzugehen und sich auf mögliche Abstriche und Kompromisse einstellen. Nun ist es gleichfalls keineswegs ausgeschlossen, dass Sie Ihr ganz persönliches und perfektes Ikigai finden werden. Allerdings: Finden werden Sie es mit diesem Vorgehen nur dann, wenn Sie jetzt auch den nächsten Schritt gehen. Wo liegen die Schnittmengen?

Passion

Hier kommen diese beiden Bereiche zusammen: Worin sind Sie großartig und was davon tun Sie von Herzen gern? Besonders gut und leidenschaftlich? Das klingt dann sehr nach „Flow". Vielleicht können Sie eine Sache außerordentlich gut, aber üben Sie diese auch mit Leidenschaft aus? Und möglicherweise sind Sie bei einer bestimmten Tätigkeit Feuer und Flamme – aber auch besonders talentiert? Wenn Sie jetzt zweimal „ja" gerufen haben, sind Sie auf dem richtigen Weg.

Mission

In diesem Bereich treffen interne und externe Aspekte aufeinander: Was erfüllt Sie mit Leidenschaft (intern) und was davon kann die Welt (extern) gut gebrauchen? Welche Services, Produkte oder Veränderungen würden für die gesamte Gesellschaft oder bestimmte Bereiche aus Ihrer Sicht sinnvoll und wertvoll sein und für welche davon schlägt Ihr Herz? „Damit wäre die

Welt ein Stück besser – und das ist genau mein Ding." Bitte erinnern Sie sich: Sie dürfen bei dieser Methode ebenso pragmatisch wie fantasievoll sein.

Profession
Der nächste Überschneidungsbereich: Worin sind Sie so richtig gut und können dafür mit gutem Gewissen Geld nehmen und eine Rechnung stellen? Für welche Tätigkeit von Ihnen werden andere Menschen – Arbeitgeber oder Kunden – gerne bezahlen? Mit welcher Tätigkeit, die Sie beherrschen, werden Sie anderen eine professionelle Leistung bieten und dieser Zielgruppe etwas Gutes tun?

Berufung
Was ist Ihnen persönlich sehr wichtig, worin liegen Sinn und ein echter Wert, von dem wiederum andere Menschen profitieren würden? Was kann die Welt wirklich gut gebrauchen, für das Sie gleichzeitig Geld verlangen können?

30.3 Ein Gesamtbild entsteht

Jetzt möchten die Überschneidungen identifiziert werden. Bitte markieren Sie sich diese entsprechenden Punkte in Ihrem Diagramm – Umkreisen, Unterstreichen, mit einem Textmarker kennzeichnen, ganz wie Sie möchten. Daraus können Sie vielleicht schon bestimmte Tendenzen erkennen. Es ist gut möglich, dass Sie dabei bereits konkrete Hinweise auf Ihr Ikigai erhalten. Woran Sie diese Schnittpunkte erkennen? Vertrauen Sie Ihrem Bauchgefühl. Nichts davon muss auf den ersten Blick „logisch oder vernünftig" klingen. Die für genau Sie selbst passenden und richtigen Punkte werden Sie anlächeln und Ihnen deutlich sagen, wenn sie von Ihnen bemerkt und gefunden werden wollen.

Vielleicht fallen Ihnen jetzt bereits gewisse Muster auf. Möglicherweise haben Sie schon als Kind etwas sehr gern getan, das jetzt Bestandteil Ihrer aktuellen Tätigkeit ist. Möglicherweise ist es an der Zeit, genau hierauf Ihren Schwerpunkt zu legen. Oder auch ganz anders – es sind Ihre Schnittmengen, es ist Ihr Muster und Ihr Ikigai.

30.3.1 Tageszeiten, Stimmen und Garantien

Dieses Ikigai ist allerdings ein bisschen sensibel: Es mag keinen Druck. Lassen Sie ihm also bitte Zeit. Und sich selbst damit ebenfalls. Sie können diesen Prozess auch mehrfach durchspielen, zu unterschiedlichen Tageszeiten und in verschiedenen Stimmungslagen. Gerade dadurch werden Ihnen vermutlich weitere typische Muster und Überschneidungen bewusst. „Gut Ding will Weile haben", das gilt auch hier. Und Schleifendrehen kann sehr hilfreich sein.

Lassen Sie sich dabei bitte nicht durch kritische Stimmen aus Ihrem inneren Team oder Glaubenssätze stören. Diese werden kommen, ganz sicher. Das gehört in fast allen Fällen zum Ikigai-Prozess dazu – und darf auch so sein.

Vielleicht werden Sie feststellen, dass es da etwas gibt, das Sie wirklich von ganzem Herzen gerne tun, worin Sie heute jedoch – noch – kein Profi sind. Dann können Sie den Sorgenminister oder Ja-aber-Senator in Ihrem Innern schon meist ruhigstellen, wenn Sie über entsprechende Aus-, Fort- und Weiterbildungsmöglichkeiten nachdenken oder vielleicht sogar dazu recherchieren.

Auch für den Fall, dass sich eine Tätigkeit herauskristallisiert, die vermutlich nicht sofort ein passendes Einkommen verspricht: Man kann eine Herzensangelegenheit zunächst auch durchaus mit einem anderen Halbtagsjob kombinieren.

Einen wichtigen Hinweis möchte ich jetzt noch anschließen: Die Arbeit mit dem Ikigai-Diagramm ist keine Garantie dafür, dass Sie 100 Jahre alt werden. Stattdessen ist es ein wunderbares Werkzeug, um etwas zu finden, für das Sie morgens wirklich gerne aufstehen und sich immer wieder darauf freuen.

31

Weniger Lernen, mehr Vergessen, ein wenig Erinnern und viel mehr Spiel

Zusammenfassung Erst wird man erwachsen, dann geht man irgendwann zum Coach oder Therapeuten, um sich wieder zu erinnern, wie klug und weise man als Kind war. Genau diesen Weg können Sie abkürzen und sich durch einige Erinnerungen und vor allem viel spielerisches Verhalten an all die Weisheit zurückführen, mit der Sie auf die Welt gekommen sind. Dazu gibt es hier auch Einblicke in den noch jungen Wissenschaftszweig der Epigenetik, Willy Brandt kommt ebenfalls zu Wort.

Wir alle werden nicht „als weißes Blatt" geboren. Die verschiedenen Wissenschaften zwischen Genetik, Biologie und Psychologie sind sich mittlerweile durch die Ergebnisse unterschiedlichster Experimente sicher, dass wir bereits durch unsere Gene eine Vielzahl von Informationen und Prägungen erhalten und mit ihnen auf diese Welt kommen.

Bestimmte Konditionierungen sind von Geburt an in uns vorhanden. Ob es Mäuse sind, denen in den früheren Generationen eine Angst vor Kirschblütenduft anerzogen wurde, die sie dann an ihre Nachkommen weitergeben. Vielleicht intuitive Vorprägungen, welche Nahrung besonders gut für uns ist. Oder auch in beide Richtungen funktionierende Instinkte, mit denen viele Kleintiere bereits vom ersten Tag an durchs Leben laufen – „davor solltest du besser flüchten" als Warnhinweis und parallel etwas wie „diese Beeren sind gesund und werden dich durch den Winter bringen" als hilfreicher Ernährungstipp. Im Tierreich so auch bei uns Menschenwesen: Unsere Zellen bringen bereits eine gewisse Programmierung mit. Den Rest besorgen wir dann selbst. Beziehungsweise diejenigen Menschen, von denen

A. Steffen, *Impulse zur eigenen Veränderung*, https://doi.org/10.1007/978-3-662-58279-4_31

wir lernen, Wissen aufnehmen und mit eigenen Erfahrungen verknüpfen. Glaubenssätze und Regeln, die wir in uns abspeichern. Und all dies bildet einen gehörigen Anteil unseres Bewusstseins und des Unbewussten dahinter, unseres emotionalen Erfahrungsgedächtnisses.

31.1 … und dann wurden wir erwachsen

Wieder zurück zum freien Willen, der uns bereits mehrfach begegnet ist: Sind wir insbesondere durch diese genetischen Programmierungen überhaupt noch selbst am Steuer? Die gute und sehr angenehme Antwort lautet: ja.

Mittlerweile wird immer öfter ein Fragezeichen an darwinistische „Regeln" gesetzt. Immer häufiger blicken Wissenschaftler auf Jean-Baptiste de Lamarck (1744–1829). Dieser französische Botaniker, Zoologe und Entwicklungsforscher hatte mehrfach bewiesen, dass nicht nur spontane Mutation für Entwicklungsschritte von Lebewesen sorgt, so wie es Darwin behauptet hatte. Vielmehr können auch Erfahrungen der einen Generation in den Stammzellen gespeichert und an die Nachkommen übermittelt werden. Und wir können sogar in vielerlei Hinsicht mitentscheiden, ob bestimmte Gene im Sinne eines Schalters aktiviert werden – oder nicht. Leider hatte Lamarck damals keine gute PR-Agentur. Misskredit wurde ihm von vielen Zeitgenossen entgegengebracht, er wurde zu seiner Zeit oft geschmäht und verleumdet. Mittlerweile ändert sich dies immer öfter zugunsten seiner Thesen.

31.1.1 Wir sind nun mal so – wenn wir so bleiben wollen

Ein Spezialgebiet zwischen der Zell- und Humanbiologie nennt sich Epigenetik. Hier hat man inzwischen erforscht, dass wir unseren Genen keineswegs ausgeliefert sind. „Ich bin halt so", das ist maximal eine aktuelle Zustandsbeschreibung – kein unwiderruflich in Stein gemeißeltes Schicksal à la „…und das wird auch für immer so bleiben", dem wir bis in alle Ewigkeit ausgeliefert sind. Es sei denn, wir wollen, dass alles genau so bleibt.

Wenn in wissenschaftlichen Publikationen oder bei besonderen Fällen sogar in den Alltagsmedien verkündet wird, dass ein Gen für dieses oder jenes gefunden wurde: Mittlerweile wurde deutlich nachgewiesen, dass es sich bei solchen Genen lediglich um Schalter handelt. „Sie bleiben inaktiv, bis sie durch irgendetwas ausgelöst werden", so beschreibt es der

Epigenetiker Bruce H. Lipton.[1] Umwelteinflüsse, äußere und auch innere Ereignisse können solche Schalter aktivieren. Es kann jedoch bei vielen dieser genetischen Schaltknöpfe durchaus sein, dass sie niemals aktiviert werden.

Und auf diese Auslöser wiederum können wir in bestimmten Bereichen Einfluss nehmen. Das kann mittels ausgeklügelter Methoden der Quantenbiophysik erfolgen – oder durch bewusstes Hinschauen auf uns selbst und den Willen zur Veränderung.

31.2 An was wir uns erinnern

Als Kinder haben wir bereits sehr viel von all dem gewusst, was es zu wissen gibt. Wir sind mit einem Grundvertrauen auf die Welt gekommen und den tief in uns verankerten Gefühlen von Liebe, Dankbarkeit und Freude. Und dann fingen wir an erwachsen, vernünftig, regelkonform und stromlinienförmig zu werden.

Während wir glaubten, wichtige neue Dinge, Regeln und von uns erwartete Verhaltensweisen hinzuzulernen, waren wir vielmehr dabei, sehr viele wirklich entscheidende Dinge zu vergessen, sie in Schubladen in unserem Innern zu schieben und uns in mentale Rüstungen zu zwängen, die uns beim aufrechten Gang durchs Leben helfen sollten. Wir lernten insbesondere durch unsere Mitmenschen, dass wir unserem Bauchgefühl nicht immer vertrauen sollen. Den Ausspruch „Sei vernünftig!“ haben wohl die meisten von uns in Erinnerung. Unsere Ur-Instinkte wurden also Schritt für Schritt verdrängt, bis die Macht der Vernunft gewonnen hatte. In ihrem Buch „Die Rückkehr zur Liebe“ formuliert es Marianne Williamson sehr treffend:

> *Erleuchtung ist gar keine Veränderung, sondern nur ein Wiedererkennen.*[2]

Nun geht es vielleicht nicht jedem Menschen ausschließlich um das Erlangen vollkommener Erleuchtung. Schon ein paar Erkenntnisse als Ausgangspunkte für Veränderungen in unserem Alltag mögen bereits hilfreich sein. Sehr passend ist es in diesem Zusammenhang auch, wenn man den Begriff des Erinnerns ins Englische übersetzt: *to remember.* Besser noch: *re-member.* Erinnern kann also ein Wiederzusammenführen bedeuten.

---

[1] Lipton (2016).

[2] Williamson (2016).

31.2.1 Wiedereinigung: Wie war es wirklich?

„Jetzt wächst zusammen, was zusammengehört." Das hatte der ehemalige Bundeskanzler Willy Brandt (1913–1992) nicht erst angesichts des Falls der Berliner Mauer an der bröckelnden deutsch-deutschen Grenze im Jahr 1989 ausgerufen.

Sein Zitat ist weit älter und wurde von ihm bereits 1958 ausgesprochen – anlässlich der Verlängerung der U-Bahnlinie 6 unter dem damaligen Ost-Berlin hindurch. Nur hat sich damals anlässlich der großen Freude beim Mauerfall niemand so richtig daran erinnert.

Diese Anekdote der Zeitgeschichte weist auch auf einen anderen Aspekt der Funktionsweise unseres Gedächtnisses hin: Lücken werden dort rückwirkend gerne mal kreativ aufgefüllt und die Vergangenheit immer wieder „passend abgespeichert".

Denn unser Gehirn arbeitet nicht wie eine Kamera, die tatsächlich 1:1 den Ablauf von Ereignissen aufzeichnet. Die US-amerikanische Psychologin Elizabeth Loftus beschäftigt sich seit Jahren mit dem menschlichen Gedächtnis und dabei insbesondere mit Augenzeugenberichten und deren Glaubwürdigkeit. Nach zahlreichen Experimenten ist sie zu dem Schluss gekommen, dass unsere internen Speicher mehr einer Seite bei Wikipedia ähneln, bei der man die gespeicherten Informationen nachträglich verändern kann. Und nicht nur wir selbst, auch andere Menschen und spätere Ereignisse können dies tun.

Wir können ebenfalls die Erinnerungen anderer Menschen zu unseren eigenen werden lassen. Dies ist auch ein Grund, warum Zeugen meist getrennt voneinander befragt werden. Man spricht vom „Reconstructive Memory Effect", wenn unser Gedächtnis, mit dem Ziel einer bestmöglichen Vollständigkeit, Erinnerungslücken füllt. Gern geschieht dies mit bestimmten Informationen und Details, die aufgrund unserer individuellen Erfahrungswerte gut in diese Lücken passen würden – zumindest nach unserem eigenen Denk- und Erinnerungsschema. Denn neben Inaktivität mag unser Verstand auch solche Lücken überhaupt nicht. „Besser falsche Informationen als gar keine", so lautet dabei die Devise in unserem Oberstübchen.

Auch Suggestionen können hier einen massiven Einfluss haben. Elizabeth Loftus zeigte ihren Probanden in einem Experiment eine bearbeitete Fotoaufnahme. Darauf war die jeweilige Testperson gemeinsam mit ihrem Vater in einen Heißluftballon montiert worden. Und tatsächlich konnte sich mehr als die Hälfte der Teilnehmerinnen und Teilnehmer an diesen großartigen Sommertag erinnern – der allerdings niemals stattgefunden hatte. Bevor Sie jetzt in Panik ausbrechen und alle Ihre Erinnerungen infrage stellen: Die Chancen sind recht groß, dass sehr vieles von dem, was Sie abgespeichert haben, auch genau so passiert ist. Nur kann es gut sein, dass manche Teile davon vielleicht ein kleines bisschen anders waren.

Umso mehr liegt hier auch eine Motivation, sich weitaus mehr mit der Lösung eines Problems als mit dessen Ursachen zu beschäftigen – denn wir können uns gar nicht immer sicher sein, dass diese Auslöser tatsächlich exakt so waren, wie wir uns an sie erinnern.

31.2.2 Was nun, was tun?

Sollen wir uns nun erinnern, um dadurch viele der uns einschränkenden Glaubenssätze abzuschütteln und Zugriff auf verschüttete Ressourcen zu erlangen? Oder sollen wir vielmehr unserem Verstand misstrauen, weil er uns gerne eine falsche Vergangenheit vorgaukelt?

„Eins sollten wir uns klarmachen", sagt Elisabeth Loftus hierzu, „unser Gedächtnis und unsere Erinnerungen werden mit jedem Tag neu geboren." (ZeitWissen, 2005) Bei jedem Aufruf kann eine Erinnerung ein klein wenig anders aussehen. Und genau diesen Umstand können wir nutzen. Mithilfe positiver Suggestionen und der bereits beschriebenen Affirmationen können wir unseren Erinnerungen sehr angenehme Dinge „vorspielen". Im Mentalen Training beim Sport wird dies häufig eingesetzt, indem bestimmte Bewegungsabläufe visualisiert werden. Vor dem inneren Auge läuft dann ein Film ab, den unser Gedächtnis nach einer Weile als „echt" ins Erfahrungsgedächtnis speichert.

Durch die Methode des ebenfalls schon genannten Reframings können wir negativen Selbstbildern einen deutlich angenehmeren Rahmen und Inhalt verpassen. Je häufiger wir die positive Umdeutung wiederholen und damit „einüben", desto langfristiger wird diese den früheren Glaubenssatz ablösen. Man könnte somit von einem „aktiven Vergessen" sprechen. Wirklich absichtlich können wir bestimmte Informationen in unserem Gedächtnis nicht löschen. Wir können uns jedoch die Funktionsweise unseres Gehirns zunutze machen.

Die neuronale Verbindung zwischen zwei Knotenpunkten wird umso stärker, je häufiger solch eine Verknüpfung aktiviert wird. Im Bild der „Bibliothek" unseres Erfahrungsgedächtnisses wird also diese Verbindung immer weiter nach vorne bei den „Bestsellern" platziert. Und umgekehrt rutscht eine solche Vernetzung immer weiter nach hinten zu den „Ladenhütern", je seltener sie angesteuert wird. Auf diese Weise können wir also unserer eigenes Unbewusstes trainieren – womit es gar nicht mehr so unbewusst ist.

Ein Beispiel: Wenn Sie schon in früher Kindheit gelernt haben – oder vielleicht sogar durch die schlechten Erfahrungen Ihrer Vorfahren anhand Ihrer Gene mitbekommen haben –, dass ein Hund böse und gefährlich ist, hat sich dies fest in Ihrer „mentalen Bibliothek" verankert. Der Fachbegriff für Angst vor Hunden nennt sich übrigens „Canophobie". Jedes Mal, wenn Sie in der Vergangenheit einem Hund begegnet sind, kam automatisch ein „Achtung!" aus Ihrem Gedächtnis – selbst wenn Sie noch nie zuvor angeknurrt oder gar gebissen worden sind. Mit jeder solchen Begegnung hat sich diese Vernetzung weiter verstärkt: Vorsicht vor Hunden!

Sollten Sie jetzt Lust haben, dies zu ändern: nur zu! Befolgen Sie dazu am besten die Ratschläge von Hundebesitzern, wenn es um die respektvolle und freundliche Annäherung geht (vor allem an den Hund, ebenso auch an den Besitzer oder die Besitzerin). Drauflosstürmen und Umarmen? Eher nicht. Auf Augenhöhe begeben, Hand ausstrecken und abwarten, wie die Reaktion Ihres felligen Gegenübers ausfällt? Viel besser. Und wenn wir eine herablaufende Schweißperle oder ein Zittern bei uns bemerken? Schenken Sie dieser Wahrnehmung ein achtsames „Aha" und lassen Sie sich davon möglichst nicht beeindrucken.

Mit jeder freundlichen Begegnung, die Sie vielleicht sogar inklusive eines Lächelns abspeichern, wird der Bereich „Hund" in Ihrem Gedächtnis mit einem angenehmen Areal verknüpft. Gleichzeitig wird durch jedes dieser Ereignisse die Verbindung zu „böse und gefährlich" geringer ausgeprägt.

Menschen haben die unterschiedlichsten (anerzogenen oder ererbten) Ängste und Vorbehalte gegenüber ganz unterschiedlichen Tieren. Bei Spinnen oder Schlangen, da zucken wohl die meisten von uns. Das ist irgendwie in uns drin. Vermutlich ist dieser Instinkt auch recht hilfreich, weil einige dieser Wesen ziemlich giftig sein können. Nun gibt es daneben auch die Angst vor Mäusen (Suriphobie), Maulwürfen (Zemmiphobie) oder Hühnern (Alektorophobie), bei denen man vermutlich eher selten von Angriffen oder Todesfällen gehört hat. Aber wer weiß schon, welche Erfahrungen unserer Vorfahren mit diesen Lebewesen in grauer Vorzeit gemacht haben?

Jenseits der Tierwelt wird die Bandbreite noch größer. Lachanaphobie ist durchaus verbreitet, wenn auch nicht überall. Das ist die Angst vor Gemüse. Auch vor Blumen kann man sich fürchten (Anthophobie). Und so gibt es wohl fast kein Ding oder Lebewesen auf dieser Welt – und darüber hinaus, vor dem nicht irgendjemand große Sorge hat. Einiges davon klingt womöglich albern, wie die Angst, dass Erdnussbutter am Gaumen kleben bleibt (Arachibutyrophobie), oder Keraunothnetophobie, also die Angst vor herabstürzenden Satelliten. Aber sprechen Sie bitte mal mit den Menschen, die davon betroffen sind. Die finden das gar nicht witzig. Auch hier gilt: Wirklichkeit und Wahrheit sind, was wir daraus machen. Im Guten wie im Schlechten. Und manchmal kommen dabei dann eben Erdnussbutter oder Satelliten zum Einsatz.

Wie gesagt: Im Guten wie im Schlechten. Manch einem Neandertaler hat die Ailurophobie (Angst vor Katzen) bei der viel zitierten Begegnung mit einem großen Exemplar namens Säbelzahntiger das Leben gerettet. In Küstenregionen kann Selachophobie durchaus sinnvoll sein. Es sei denn, Sie haben ein sehr inniges Verhältnis zu Haien.

Bei den meisten Erinnerungsstücken in unserer Erfahrungsbibliothek können wir uns fragen, woher sie stammen. Bei einigen können wir deren Ursprung vielleicht sehr gut rekonstruieren. Andere wiederum könnten sich womöglich „nur so ähnlich" ereignet haben und wurden durch Zutaten von Familienmitgliedern, Freunden oder Filmen, Büchern und Anekdoten angereichert. Und dann sind da noch diejenigen Instinkte und Impulse, die uns direkt in unser Erbgut eingepflanzt wurden. Doch ganz egal woher sie stammen: Sie müssen dort nicht unbedingt bleiben.

Wir müssen also bei weitem nicht alles vergessen, was wir jemals gelernt haben oder was uns durch Vererbung mitgegeben wurde. In vielerlei Hinsicht können wir allerdings selbst entscheiden, welche dieser Gaben wir behalten und welche wir vielleicht Stück für Stück loslassen möchten.

31.3 Bitte mehr Kinderkram

> *Der Mensch spielt nur, wo er in voller Bedeutung des Wortes Mensch ist, und er ist nur da ganz Mensch, wo er spielt* (Friedrich Schiller).

Nachdem es schon früher ein Empfehlungsschreiben für mehr (vielmehr: bessere) Streitkultur gab, folgt nun ein weiteres: das Plädoyer für mehr Spielen.

Denn: Wir spielen. Alle. Immerzu. Eric Berne hat es in „Spiele der Erwachsenen" treffend beschrieben, wie wir uns immer wieder in Spielsituationen begeben. Nur: Oftmals geschieht das unbewusst, meist sind die Regeln dieser Spiele nicht allen Beteiligten bekannt. „Das Familienleben und das Eheleben können ebenso wie das Leben im Rahmen verschiedener

Variationen des gleichen ‚Spiels' beruhen", schreibt Berne.[3] Spielen ist also bei weitem nicht nur „Kinderkram". Und wenn wir alle schon immer zu und immer wieder „Spielchen spielen", dann können – oder zumindest: könnten – wir es auch auf eine Weise tun, die uns Freude bereitet (Abb. 31.1).

Wir spielen im Kopf immer wieder verschiedene Szenarien, Möglichkeiten und Wahrscheinlichkeiten durch. Solche Gedankenspiele begleiten uns durch den gesamten Tag. Aber macht das wirklich Spaß?

31.3.1 Mehr Lust und Leichtigkeit

Jenseits von „Effektivität, Funktionalität, Produktivität und Profitabilität"[4] gibt es Bereiche, in denen uns mit voranschreitendem Alter oftmals das Spielerische abhandengekommen ist. Häufig verlangen Gesellschaft, Mitmenschen oder auch wir selbst von uns, dass wir rational, vernunftgesteuert und zielorientiert als „Homo oeconomicus" agieren, als wirtschaftlich denkende Menschen und Nutzenmaximierer. Stattdessen könnten doch „Lebendigkeit, Leichtigkeit und Lebenslust"[5] Ziele unserer spielerischen Aktivitäten sein. Oder noch besser: Solche Spiele könnten vielmehr ganz ziellos ablaufen und diese drei genannten Resultate einfach so mit sich bringen. Doch der Blick in den Alltag zeigt, wie wenig davon meist zu sehen und zu spüren ist. Der „Homo ludens" in uns, ein spielorientiertes Wesen, gerät in den meisten Fällen immer mehr in Vergessenheit, je älter wir werden. Echte Freudemaximierer scheinen ab einem gewissen Alter, spätestens im Erwachsenenleben, selten geworden zu sein.

Abb. 31.1 Mehr Spielen, mehr Leben

[3]Berne (2007).

[4]Hüther und Quarch (2018).

[5]ebd.

Der Neurobiologe Gerald Hüther und der Philosoph, Autor und Berater Christoph Quarch haben ein ganzes Buch geschrieben, das dieses Plädoyer ebenso emotional wie wissenschaftlich unterfüttert. In „Rettet das Spiel" beschreiben die beiden Autoren, welche Dinge wir beachten können, wenn wir auch als Erwachsene gelegentlich das Kind in uns aufs Spielfeld lassen möchten (Hüther und Quarch 2018).

Wie kann also der „Homo oeconomicus" zumindest gelegentlich dem „Homo ludens" Platz machen? Und wie kann dieser dann raus zum Spielen kommen?

Als kleine Kinder können wir spielerisch die Welt entdecken. Wir probieren dies aus und dann jenes. Die Erfahrungen machen uns in jedem Fall reicher.

Der Blick ins Tierreich zeigt, dass diejenigen am meisten spielen, deren Gehirn am lernfähigsten ist. Doch kommt hier womöglich schon wieder ein Aspekt wie Produktivität oder Effektivität ins Spiel. Deutlich mehr Lust und Leichtigkeit bedeuten genau solche Spielfelder, auf denen wir uns frei von Zweckgebundenheit bewegen können. Aus purer Freude.

Die meisten Spiele haben Regeln. Das ist sehr sinnvoll und hilfreich, wenn andere mitspielen möchten. Innerhalb dieser geregelten Rahmenbedingungen wollen wir uns frei bewegen, uns austoben können, kreativ sein und unbekümmert. Wenn daraus wiederum ein Zusammenspiel entsteht, können wir ein Gefühl von echter Verbundenheit wahrnehmen. Natürlich kann ein Spiel auch mitunter zum Wettkampf führen, bei dem man Gegner hat. Es liegt dabei an uns, ob wir diese dann als Feinde betrachten oder verstehen, dass manche Spiele ohne Gegner gar nicht möglich wären. Alleine Tennis spielen geht nicht gut und macht auch nicht sonderlich viel Spaß. Wahre Spielfreude kann entstehen, wenn wir den Druck eines Wettbewerbs nicht verspüren, sondern zwanglos unsere Spielräume nutzen dürfen. Ein echtes, freudvolles Spiel hat nur einen einzigen Zweck: Es wird um seiner selbst willen gespielt. Nicht mehr und auch keinesfalls weniger.

Nun kann man verschiedene Artikel finden, die erklären, dass das 21. Jahrhundert das Zeitalter des „Homo ludens" wird. Allerdings werden darunter zumeist Spielertypen mit hoher Risikobereitschaft verstanden. Und geht es dann tatsächlich um Lebendigkeit, Leichtigkeit und Lebenslust, wenn ein Investmentbanker ohne mit der Wimper zu zucken einen Millionenbetrag aufs Spiel setzt? Oder sind Wettbüros und Spielhallen diejenigen Orte, an denen wir im Sinne Schillers in voller Bedeutung des Wortes Mensch sein wollen?

31.3.2 Ein spielerischer Memory-Effekt

Erinnern wir uns an das Erinnern: Wir haben früher nicht im Sandkasten gespielt, um einen bestimmten Zweck zu erzielen. Unser einziges Ziel war: pure Freude, mehr nicht. Und auch nicht weniger.

Schauen wir uns noch etwas weiter zurück: Schlösser wie Versailles oder Sanssouci (französisch für „ohne Sorge") bekamen kunstvolle Springbrunnen und Wasserspiele aus einem einzigen Grund: um Freude zu bereiten. Wenn wir noch weiter in die Vergangenheit blicken, finden wir in Ägypten, Irland und China prähistorische Vorgänger eines Mühlespiels, die aus dem dritten Jahrtausend v. Chr. stammen. Ganz so weit müssen die meisten von uns nicht zurückdenken, wenn wir uns daran erinnern wollen, wie viel Spaß wir als Kinder beim Spielen gehabt haben.

Vielleicht finden wir auch als Menschen im Erwachsenenalter noch mögliche Spielräume und Spielfelder, in denen wir uns selbst ausprobieren können. Ganz leicht und spielerisch. Und gleichzeitig mit anderen den Spaß am Zusammenspiel erleben. Vom griechischen Philosophen Platon (ca. 428–348 v. Chr.) ist folgender Ausspruch überliefert: *„Beim Spiel kann man einen Menschen in einer Stunde besser kennenlernen, als im Gespräch in einem Jahr."*

Und das gilt nicht nur für andere. Man kann sich dabei auch durchaus selbst besser kennenlernen. Gönnen Sie sich also gerne immer wieder eine Spielstunde.

Literatur

Berne E (2007) Spiele der Erwachsenen: Psychologie der menschlichen Beziehungen, 8. Aufl. Rowohlt, Hamburg

Hüther G, Quarch C (2018) Rettet das Spiel! Weil Leben mehr als Funktionieren ist. btb, München

Lipton BH (2016) Intelligente Zellen: Wie Erfahrungen unsere Gene steuern, 2. Aufl. Koha, Dorfen (Erweiterte Neuauflage)

Williamson M (2016) Die Rückkehr zur Liebe: Harmonie, Lebenssinn und Glück durch „Ein Kurs in Wundern". Goldmann, München (überarbeitete Neuauflage)

Zeit Wissen (2005) Das betrogene Ich. Zeitverlag, Hamburg

32

Weniger Zaudern, mehr Flussüberquerungen

Zusammenfassung Soll ich oder soll ich nicht? Heute oder doch erst morgen? Oder vielleicht doch nicht? Jeder von uns kennt Situationen, in denen wir einen bestimmten Schritt nicht wagen. Wie man sich für genau solche Momente wappnen kann? Dazu kann der sogenannte Rubikon-Prozess ein wertvolles Werkzeug sein, mit dessen Hilfe man persönliche Bedürfnisse und die dahinterliegende Motivation besser verstehen kann. Diese Vorgehensweise für Veränderungsprozesse besteht aus fünf Schritten, die hier für die eigene Anwendung beschrieben werden.

Am 10. Januar im Jahr 49 v. Chr. stand Gaius Julius Caesar, damals noch Prokonsul, vor einer schweren Entscheidung.

32.1 Die Würfel fallen

Um es auch hier mit den Worten von The Clash zu sagen: „Should I stay or should I go?". Der Feldherr befand sich mit seiner Armee vor den Toren Roms. Dort allerdings war ihm – zumindest inklusive seiner Soldaten – der Zugang nicht gestattet. Dies wäre in der derzeitigen Situation einer Kriegserklärung gleichgekommen. So haderte der gute Gaius Julius, denn er wollte unbedingt in die Stadt. Der damalige Konsul Pompeius hatte den römischen Senat auf seine Seite gebracht und Gaius Julius sollte seine Streitmacht auflösen, sonst wäre ihm die Rückkehr in seine Heimatstadt nicht erlaubt gewesen. Ohne seine 5000 Mann starke Legion jedoch hätte er im

A. Steffen, *Impulse zur eigenen Veränderung*, https://doi.org/10.1007/978-3-662-58279-4_32

Abb. 32.1 Caesar und die Würfel

intrigenreichen Rom voller Feinde auf verlorenem Posten gestanden. Denn Pompeius traute seinem früheren Juniorpartner nicht mehr über den Weg und wollte ihn aus demselben schaffen. Also nun, was tun?

Und so haderte und zauderte und zögerte der spätere Kaiser und Diktator auf Lebenszeit weiter und weiter. An diesem Januartag war es dann so weit: Mit seinem später berühmt gewordenen Ausspruch „alea iacta est – die Würfel sind gefallen!" beendete er die Zeit des Wankelmuts (Abb. 32.1).

... weil Sie selbst die Würfel in der Hand halten

Caesar, Pompeius, Hadern und Zaudern – und warum steht das jetzt alles hier? Dieser kleine Geschichtsexkurs kommt aus einem bestimmten Grund: Mit dem sogenannten Rubikon-Prozess, der auf dem Überschreiten des norditalienischen Flusses durch Caesar basiert, wird Ihnen jetzt noch ein weiteres, sehr praxisgerechtes Werkzeug zum Selbstmanagement vorstellt.

32.2 Welche Geschichte wollen Sie schreiben?

Der Rubikon-Prozess (Abb. 32.2) – wie auch die deutlich komplexere Heldenreise – wird oftmals als Struktur für Romane und Abenteuergeschichten verwendet. Sie selbst haben damit die Möglichkeit, Ihre ganz persönliche „Veränderungsgeschichte" zu schreiben und diese live zu erleben.

Ursprünglich war dieses Werkzeug ein vierstufiges Vorgehen. Im Rahmen des Zürcher Ressourcen Modells® (ZRM), das in den 1990er Jahren von Frank Krause und Maja Storch an der Universität Zürich entwickelt wurde, ist daraus eine Methode entstanden, die nun fünf grundlegende Schritte enthält – und viele Bestandteile, die Ihnen in diesem Buch bereits begegnet sind.

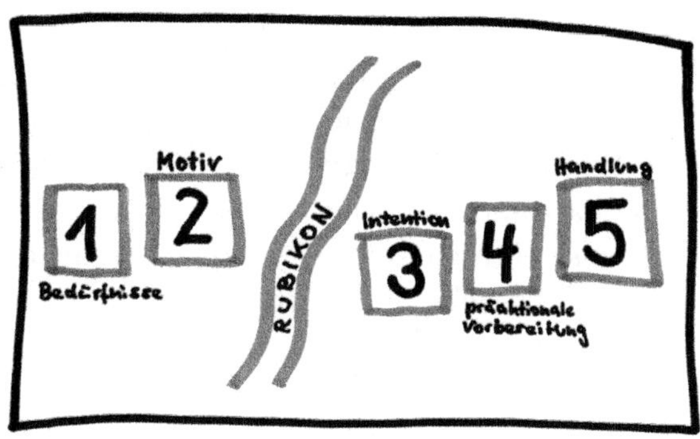

Abb. 32.2 Der Rubikon-Prozess

32.2.1 Bedürfnisse

Die erste Kernfrage: Was genau will ich eigentlich?

Wo drückt der Schuh? Und falls er gar nicht drückt: Gibt es einen vielleicht sogar weitgehend unbewussten Wunsch, der an die Oberfläche kommen will?

Natürlich können Sie mit gutem Recht argumentieren, dass ein unbewusster Wunsch eben nun mal unbewusst ist. Allerdings kennen Sie bereits die somatischen Marker und auch andere Signale, Impulse, innere Stimmen sowie das Johari-Fenster, um manches aus dem Unbewussten ans Tageslicht unseres Bewusstseins zu befördern.

Um genau diese Mechanismen zu nutzen, wird im ZRM® mit Bildern gearbeitet. Diese sind – als Metaphern – eine Art Übersetzungssprache. Solch ein Bild muss keineswegs so umfassend und detailliert sein wie bei der Wunderfrage. Ein simples Bild, das reicht vollkommen aus. Ihr Unterbewusstsein wird es dann ohnehin noch mit einer Vielzahl von Assoziationen bestücken.

Wie kommen Sie zu Ihrem persönlichen Bild? Sie können durch ein Museum oder eine Ausstellung laufen. Möglicherweise bleiben Sie vor einem bestimmten Motiv stehen. Wenn Sie ein sehr visuell veranlagter Mensch sind, funktioniert es vielleicht sogar, wenn Sie in sich hineinhorchen, besser: hineinschauen. Ist da etwas auf Ihrer inneren Leinwand? Schauen Sie hin. Noch einfacher geht es mit Bildkarten, diese können Sie bei zahlreichen Anbietern mit diversen Arten von Motiven erstehen. Oder Sie sammeln sich eine Auswahl von Postkarten zusammen. In Cafés oder Restaurants findet man auch immer wieder kostenlose Karten mit unterschiedlichen Abbildungen. Solch ein Bild kann Ihre somatischen Marker auf zweierlei Arten aktivieren: Ein positives Signal legt nahe, dass Sie vom

Motiv angezogen werden und ein „hin zu" als Zeichen zum Annähern wahrnehmen. Andersherum ist ein negativer Hinweis aus Ihrem inneren System ein typisches Zeichen dafür, dass Sie auf ein Thema gestoßen sind, welches Sie im Sinne eines „weg von" lieber vermeiden möchten. Solche Motive und Themen sind oftmals besonders lohnenswert.

Hund, Katze, Maus, Turnschuh, Schneemann, Sonnenuntergang, Lebkuchenhaus, Gebetsfahnen, ein Strand mit Palmen, Toastbrot, Fahrrad, Regenschirm, Wanderkarte, Ruderboote, U-Bahn, Blumenstraß, Küstenlandschaft, Elefant, Luftballons, Bettdecke, ein Basketball, eine Straße beim Sonnenuntergang, bunte Steine, Moos, Tannenzapfen, Seifenblasen, Oldtimer, Socken auf der Wäscheleine, Weintrauben, Kaffeetasse, Schaukel, Riesenrad, Wanderschuhe, Küken, Bauarbeiten, Boxkampf, Spinne, Rodeo, Bären, Affen, ein Tiger, ein Baum, eine Parkbank, ein lachendes Gesicht, ein trauriges Gesicht, Wasserfälle, Regentropfen, zwei alte Menschen, Gewürze, Leuchtturm, Flaschenpost, Segelflieger, Surfer, Kuh, Herbstlaub, Fliegenpilz, Badewanne, Röntgenbild, Grammofon, Nähgarn – das ist ein Einblick in meine eigenen Bildkarten. Ich bin mir sehr sicher, dass es noch ein bis zwei, vermutlich sogar mehrere Tausend weiterer Bildmotive gibt, von denen Sie sich anregen lassen können. Sind Sie eher ein akustischer Mensch? Schalten Sie das Radio an und achten Sie darauf, ob Sie bei einem Song lauter drehen oder den Sender wechseln. Oder gehen Sie in eine Parfümerie, vielleicht auch einfach durch die Stadt oder schnurstracks in den nächsten Park oder Wald: Unser Geruchssinn ist der direkteste Wahrnehmungskanal, den wir haben. Auch ein Wochenmarkt ist eine wunderbare Quelle, um olfaktorische Assoziationen hervorzubringen. Lassen Sie Ihrer Kreativität und Ihren Sinnen freien Lauf!

32.2.2 Motiv

Diese zweite Kernfrage schaut hinter die Kulissen: Was steckt hinter meinem Bedürfnis?

Gleichzeitig muss das Motiv nicht „smart" und sonderlich konkret sein – ganz im Gegenteil: Man unterscheidet hier Haltungs- und Handlungsziele. Letztere wären die ganz konkreten Zielstellungen, um eine Aktivität bereits bestmöglich und detailliert vorzubereiten. So weit sind wir auf dem Rubikon-Prozess jedoch noch nicht. Es geht also zunächst um Haltungsziele.

Um sich Ihrem ganz persönlichen Motto oder Motiv zu nähern, sind auch hier wieder Ihre Kreativität und Ihre freien Assoziationen gefragt. Schauen Sie auf Ihr Bild und schreiben Sie ohne jegliche Einschränkung auf, was Ihnen alles dazu einfällt. Vorder- und Rückseite, gerne auch ein zweites Blatt Papier. Wenn Sie möchten, können Sie sich auch zusätzliche Assoziationen von anderen Personen einholen. Diese müssen nicht einmal genau wissen, worum es dabei geht. „Was fällt Dir spontan zu diesem Bild ein?" Mit großer Wahrscheinlichkeit werden dabei noch weitere Gedanken und Begriffe zusammenkommen. Danach ist es Ihr Vergnügen, wieder die somatischen Marker einzusetzen: Welche der Worte bringen etwas in Ihnen zum Klingeln?

Spüren Sie dabei einen gewissen Magnetismus? Bild und Leitmotiv führen das Bedürfnis gemeinsam aus dem Unbewussten in Ihr Bewusstsein hinein. Wählen Sie hierbei bitte ausschließlich diejenigen Begriffe aus, auf die Sie positiv, also mit einem guten Gefühl reagieren. Die entsprechende Anziehungskraft dieser Worte können Sie spüren und sich dabei auf Ihr Bauchgefühl, Ihre Intuition und Ihre somatischen Marker verlassen.

Schauen Sie wieder auf Ihr Thema, das Sie anhand des ausgewählten Bildes schon grob umrissen haben: Wie möchten Sie als Teil dieses Bildes sein? Wie möchten Sie sich darin fühlen?

Die Antwort auf diese Fragen ergibt Ihr Haltungsziel oder Leitmotiv. Hier dürfen Sie ganz blumig und auch ausgiebig mit Metaphern, also in Bildsprache, arbeiten. „Weiter so", „frei wie ein Vogel sein", „wie Wasser fließen", „mit der Karawane ziehen", „den Gipfel erreichen (oder auch verlassen)", all das können mögliche Motive sein. Wichtig ist es dabei, dass dieses Haltungsziel aktiv, positiv und im Präsenz formuliert ist.

- Aktiv bedeutet hier, dass das Erreichen dieses Ziels aus Ihrer eigenen Kraft heraus möglich ist.
- Positiv bedeutet hierbei wiederum, dass es sich um ein anziehendes, attraktives Ziel handelt, kein abstoßendes. Statt „ich will nicht mehr" beschreiben Sie dabei also, was Sie zukünftig möchten. „Nicht mehr gestresst sein" wird ersetzt durch „mich ausgeglichen fühlen und in mir ruhen." Man spricht von einem Annäherungsziel – im Gegensatz zu einem Vermeidungsziel.

„Ich bin …", „ich möchte …", „ich wünsche mir …" oder „ich erlaube mir …", so beginnen üblicherweise viele dieser Haltungsziele, die uns vom grundsätzlichen Thema zum dahinterliegenden Motiv führen.

Sie müssen beim ersten Entwurf noch keinen „perfekten Treffer" erzielen. Schreiben Sie auf, was Ihnen Ihr Bauchgefühl zuruft. Lassen Sie das Blatt Papier dann gerne über Nacht oder ein, zwei Tage liegen. Schauen Sie dann erneut darauf und prüfen Sie, ob es sich schon richtig anfühlt.

Klingt das Leitmotiv schon so, dass Sie es auf ein T-Shirt drucken und damit herumlaufen würden? Sobald Sie ein Gefühl von „ja, das ist voll und ganz mein Motto!" haben, dann sind Sie bereit für den nächsten Schritt. Denn der hat es durchaus in sich: Es geht über den Rubikon!

Daher noch mal die Frage: Sind Sie motiviert?

32.2.3 Intention

Herzlichen Glückwunsch, Sie haben den Rubikon überschritten. Dank Ihres Motivs und Ihrer darin liegenden Motivation ist Ihnen die entscheidende Aktion gelungen. Wow! Auf der anderen Flussseite angekommen, dürfen Sie sich jetzt erst einmal ausgiebig freuen und stolz auf sich sein. Caesar hat wirklich sehr lange mit sich gerungen, bevor er einen vergleichbaren Schritt unternommen hat.

Die Kernfrage zum dritten Schritt: Was steht mir zur Verfügung, um mein Ziel zu erreichen?

Bevor Sie nun ins detaillierte Planen gehen: Stimmt Ihr Leitmotiv auch hier auf der anderen Seite des Rubikons noch immer?

Natürlich können Sie es jetzt anpassen. Falls Sie nach diesem wichtigen Schritt das Gefühl haben sollten, dass die Formulierung noch ein wenig nachjustiert werden sollte: nur zu! Es ist Ihr eigenes Leitmotiv, wenn es sich heute vielleicht in etwas anderer Form besser und passender anfühlt, steht Ihnen eine Anpassung jederzeit frei.

Eine weitere Aktion kann nun sehr hilfreich sein: Sie können festlegen, welche Ressourcen Ihnen auf dem weiteren Weg der Veränderung nützlich und hilfreich sein können. Was möchten Sie im Gepäck haben? Welche Erinnerungshilfen können Ihnen dabei helfen, Ihr Leitmotiv stets parat zu haben und Ihre Motivation weiter aufrecht zu erhalten?

- Gibt es einen bestimmten Song, der Ihnen als Soundtrack für Ihren Weg in den Sinn kommt? Ein motivierendes Musikstück, dass Sie gerne hören würden? Nehmen Sie sich etwas Zeit und stellen Sie sich bildlich vor, wie Sie das Ziel erreichen, wie Sie sich in diesem Moment fühlen. Welches Lied wünschen Sie sich für diesen großartigen Moment? Alles ist erlaubt. Es ist Ihr ganz persönlicher „Song of Change", den Sie am besten immer parat haben und ihn jederzeit einschalten können, wenn Ihnen der Sinn nach musikalischer Motivation steht.
- Haben Sie vielleicht ein bestimmtes Parfum, das Sie mit Ihrem Zielbild und Leitmotiv in Verbindung bringen? Oder einen Duft, vielleicht ein ätherisches Öl? Unser Geruchssinn ist ein starkes Werkzeug, nutzen Sie ihn!

- Auch bestimmte Gegenstände können als Glücksbringer oder physische Repräsentation Ihres Leitmotivs mit ins Gepäck genommen werden. Das kann eine Bildkarte zu Ihrem Thema sein oder etwas ganz Anderes. Sehr praktisch ist es, wenn Sie mehrere solcher Objekte für sich finden, die im besten Fall auch noch so „mobil" sind, dass Sie eines oder mehrere immer bei sich haben können. Vielleicht stellen Sie auch einen dieser Motivationsgegenstände auf Ihren Schreibtisch, in die Küche oder an andere Orte, an denen Sie sich häufig aufhalten. Wirklich alles können Sie nutzen, was Ihrer Motivation zuträglich ist und Sie entsprechend aktiviert.
- Und nun Sie selbst: Beim Verankern haben Sie schon die Macht von Gesten kennengelernt, wenn es darum geht, ein positiv besetztes Ziel in den eigenen Körper aufzunehmen. Sie können sich jetzt also vorstellen, wie Sie sich fühlen werden, wenn Sie dieses Ziel erreicht haben. Ihr Leitmotiv gibt Ihnen dafür schon viele gute Hinweise. Gibt es eine bestimmte Körperhaltung, die Sie einnehmen werden, wenn Sie die Ziellinie überschritten haben? Wie stehen Sie? Wie ist Ihre Körperhaltung? Was machen Arme und Beine, Hände und Füße? Gibt es spezielle Bewegungen, die Sie ausführen werden, wenn Sie die Veränderung erfolgreich durchgeführt haben? Wie ist dann Ihre Atmung? Und wie wird Ihr Gesichtsausdruck sein? Nehmen Sie genau diese innere und äußere Position ein und machen Sie die dazugehörigen Bewegungen. Das ist Ihre Gestaltung für das von Ihnen gewählte Zielbild, „Körperarbeit" ist hierbei das Stichwort.[1] Probieren Sie aus, wie es sich im vollen Umfang richtig anfühlt. Spielen Sie damit, bis Sie genau Ihre Haltung gefunden haben. Diese Position können Sie immer wieder einnehmen: Auf dem Weg zum Ziel, direkt dort angekommen und auch weiterhin danach als Erinnerungshilfe und Motivation.

Lassen Sie uns kurz zurückschauen: Sie haben Ihr Thema beschrieben, dazu ein Bild gefunden und Ihr ganz persönliches Leitmotiv formuliert. Danach haben Sie aus eigener Kraft den Rubikon überschritten, sind vom „Vielleicht" ins aktive Tun übergegangen. Das war ein wirklich großartiger Schritt. Und nun haben Sie eine „Gepäckliste" von Gegenständen und weiteren Ressourcen, mit deren Hilfe Sie sich immer wieder an Ihre eigene Motivation und Kraft erinnern können. Hervorragend, das ist beeindruckend. Und zusätzlich haben Sie sogar rein körperlich bereits eine klare Vorstellung, wie es sich im Ziel anfühlen wird. Wie

---

[1] Diese Körperarbeit wird wiederum auch als „Embodiment" bezeichnet. Damit ist insgesamt das Wechselspiel von Körper und Psyche gemeint.

Sie selbst sich dann fühlen werden. Genau dieses Gefühl haben Sie fest in sich verankert. Sie kennen Ihre dazugehörige Körperhaltung, Ihren absolut zu Recht glücklichen und zufriedenen Gesichtsausdruck und können diesen Moment schon jetzt mit allen Sinnen spüren. Bravo. Damit sind Sie wirklich sehr gut vorbereit, um jetzt die Handlungsschritte vorzubereiten.

32.2.4 Präaktionale Vorbereitung

Kernfragen zum vierten Schritt: Welche Vorbereitungen sind für das Erreichen Ihres Ziels jetzt noch erforderlich und hilfreich? Welche Situationen werden Ihnen bis zum Ziel begegnen?

Bevor es losgeht: Die Aktion will gut geplant sein. Tief durchatmen, alle Pläne noch mal im Geiste oder auf Papier durchgehen, noch einmal durchatmen …

Während Sie im Geiste schon gestartet sind, können Sie sozusagen Ihre interne Kamera mitlaufen lassen. Stellen Sie sich dabei vor, wie Sie die letzten Schritte gehen, bevor Sie dann Ihr Ziel erreichen. Diese Visualisierung wird Ihnen dabei helfen, sich auf den realen Weg ideal vorzubereiten. Ganz wichtig: Sie wissen nach den bereits zurückgelegten Etappen 1, 2 und 3, dass Sie schon sehr weit gekommen sind und den Weg bis hierher aus eigner Kraft geschafft haben.

Das war bis hierher bereits eine anspruchsvolle Strecke. Und mit Geduld und Ausdauer im Gepäck und auch dank Ihrer Motivation können Sie nun sozusagen in den „Simulator steigen", üben, lernen und immer weitere Erfolge feiern. Denn Sie werden später drei Arten von Situationen auf dem Weg zum Ziel begegnen:

- **Situation Typ A:** Hier gelingt Ihnen die neue Verhaltensweise, die Sie erreichen möchten, schon ganz spielerisch und leicht. Diese Momente sind großartig, um sich immer wieder bewusst zu machen: „Ich kann das." Und in Ihnen reift die Erkenntnis: „Was mir jetzt schon im Kleinen gelingt, werde ich bald auch bei anspruchsvolleren Herausforderungen schaffen."
  → *Eine schöne Unterstützung ist hierbei ein Erfolgstagebuch: Schreiben Sie sich auf, wann immer Sie eine solche Situation gemeistert haben. Nichts ist trivial hierbei. Notieren Sie am besten auch, wie Sie sich dabei gefühlt haben, wenn Ihnen solch ein Erfolg gelungen ist.*
- **Situation Typ B:** In solchen Situationen wissen Sie: „Ich werde es schaffen. Wenn ich mich entsprechend vorbereite." Es wird hier also durchaus anspruchsvoll, Ihr Ziel zu erreichen. Mit entsprechender Vorbereitung

kann es Ihnen jedoch gelingen. Gleichzeitig wissen Sie auch, es wird eine gute Übungsmöglichkeit sein. Falls es noch nicht perfekt laufen sollte, werden Sie dadurch hinterher umso besser wissen, wie die Vorbereitung und Durchführung beim nächsten Mal sein wird. Auch hier sind Geduld und Ausdauer wieder gute Weggefährten. Es ist absolut in Ordnung und nur natürlich, sich entsprechende Lern- und Übungsschleifen zu erlauben. Dadurch werden Sie immer wieder neue und für die Zukunft wichtige Erfahrungen sammeln, die Ihnen helfen werden. Nach einiger Zeit bemerken Sie, dass sich viele der B-Situationen nur noch wie A-Situationen anfühlen.

→ *Für diese Situationen ist es hilfreich, wenn Sie sich notieren, was Sie beim nächsten Mal anders machen können, wenn Ihnen eine ähnliche Herausforderung begegnet. Und natürlich: Halten Sie für sich fest, wenn Sie eine solche B-Situation erfolgreich bewältigt und ein weiteres Teilziel erreicht haben!*

- **Situation Typ C:** Das werden wirklich anspruchsvolle Momente sein. Anfangs sind die Erfolgsquoten sehr wahrscheinlich nicht all zu hoch. Doch Sie wissen, dass Sie jedes Mal wieder aufstehen werden. Und Sie haben eine Vielzahl unterstützender Ressourcen bei sich, die Ihnen helfen werden. Ihre Motivation darf durchaus mal einen Knick nach unten bekommen, das ist vollkommen okay, wenn man übt. Die Gewissheit, dass Sie immer näher zum Ziel kommen, dass Sie sehr gut vorbereitet sind und dass Ihre Motivation Sie weitertragen wird – all das sind unglaublich wertvolle Rahmenbedingungen, die Sie sich selbst geschaffen haben.

  → *Überfordern Sie sich bitte nicht durch übertriebenen Ehrgeiz. Niemand wird von heute auf morgen einen Marathon laufen. Eine gute wie auch realistische Vorbereitung und ebenso gezieltes wie geduldiges Training gehören zu anspruchsvollen Vorhaben. Gleichzeitig können Sie auch immer wieder in Situationen der Typen A und B hineingehen, um mit den darin liegenden Erfolgserlebnissen Ihren „Akku" weiter aufzuladen und immer wieder Ihre Motivation zu stärken. Darüber hinaus können Sie sich auch frei entscheiden, ob Sie manche dieser Erfahrungen als „Niederlagen" bezeichnen wollen – oder ganz einfach von weiteren Übungs- und Lernmöglichkeiten sprechen.*

Wenn Sie all diese verschiedenen Situationen durchspielen, sich immer wieder hineinfühlen und dabei geduldig, freundlich und positiv mit sich selbst umgehen, haben Sie den nächsten wichtigen Schritt auf Ihrem Weg der Veränderung geschafft. Auch das ist wieder ein Moment, über den Sie sich freuen dürfen. Nichts davon war selbstverständlich oder leicht. Und doch ist es Ihnen gelungen.

32.2.5 Handlung

Eine Kernfrage zum fünften Schritt gibt es nicht.
Vielmehr lautet hier die Devise: Auf geht's!

„Integration in den Alltag", so wird dieser Schritt beschrieben. Raus aus der Simulation und Vorbereitung – und hinein ins echte Ausprobieren. Sie wissen schon jetzt dank Schritt Nummer vier, dass Sie nicht jede Situation auf Anhieb „einfach so" bewerkstelligen werden. Das darf auch so sein und ist ein ganz natürlicher Prozess. Gleichzeitig werden Sie feststellen, dass Ihnen vieles bereits „ganz von selbst" und beinahe automatisch gelingt. Typ-A-Situationen fallen Ihnen bald kaum noch auf, so selbstverständlich haben Sie nach einiger Zeit schon Ihr Verhalten oder Ihre Haltung verändert. Versuchen Sie bitte nichtsdestotrotz, diese Momente weiter bewusst wahrzunehmen und sich über Sie zu freuen! Wie schon angekündigt werden Sie bald bemerken, dass auch immer mehr Situationen von Typ B deutlich besser funktionieren und gelingen. Die Vorbereitung auf solche Situationen wird Ihnen nach einiger Zeit komplett in Fleisch und Blut (und Kopf und Herz) übergegangen sein. Auch hier heißt es dann wieder: Das ist ein großartiger Erfolg, bitte werfen Sie Konfetti in die Luft! Dann merken Sie irgendwann: Hey, ich muss immer seltener aufstehen. Dabei sind diese Typ C-Situationen doch gar nicht seltener geworden … Das wird daran liegen, dass Sie auch diese Stück für Stück – mit Geduld und der Bereitschaft zum Lernen und zur weiteren Veränderung – immer besser meistern werden und seltener stolpern oder hinfallen. Schon nach einer ersten derartigen Situation können Sie für einen Moment innehalten: Genau dieser Art der Herausforderung war früher ein Ding der Unmöglichkeit für Sie. Und jetzt sind Sie mutig in genau diese Lage hineingegangen. Alleine das ist ein absolut wunderbares Ergebnis! Und auch genau diese Veränderungen werden Ihnen mit der selbst aufgebauten Motivation, Ihren vielen freigeschaufelten Ressourcen und vor allem: dank all der neuen Erfolgserlebnisse, die Sie sich ganz allein erarbeitet haben, immer besser gelingen. Das Vertrauen in Ihre Selbstwirksamkeit und Ihre Widerstandsfähigkeit wird mit jedem Tag weiter anwachsen.

Was für ein schöner Erfolg. Das ist sehr beeindruckend und darüber hinaus auch ebenso motivierend für alle Menschen, die Ihnen bei Ihrer Veränderung zusehen dürfen.

33

Mehr Sinn, weniger Rekorde

Zusammenfassung Der eigene Weg der Veränderung als Wanderung: Dieses Bild bietet eine Vielzahl von Übertragungsmöglichkeiten. Der Autor blickt dabei unter anderem auf Erfahrungen im Himalaya und auf einem isländischen Gletscher zurück, ebenso wie auf Erlebnisse beim Triathlon und Beachvolleyball. Was mittelhochdeutsche Worte und Frank Sinatra damit zu tun haben? Lesen Sie selbst. Und gleich vorab: Umwege sind erlaubt.

Das Wort „Sinn" leitet sich von dem mittelhochdeutschen „sin" ab. Und dies bedeutete ursprünglich so viel wie „Gang", „Reise" oder „Weg".[1] *Muss ein Weg also immer einen Sinn haben? Hier kommt wieder die von vielen Postern und Postkarten bekannte Frage aus dem Zen-Buddhismus ins Spiel: Ist der Weg das Ziel?*

Wie können wir einen Weg beschreiten? Mit dem Flugzeug oder Auto, mit der Bahn, dem Bus oder Fahrrad. Vielleicht zu Fuß. Und auch hier gibt es verschiedene Varianten: Unter Zeitdruck mit Blick auf die Uhr. Oder in Ruhe, in einem Tempo, das frei von Hektik und Eile ist.

33.1 Der eigene Weg

Im Wandern steckt so viel Metaphorik. In seinem wunderbaren Buch „Zu Fuß hält die Seele Schritt"[2] schreibt der Journalist und im besten Sinne Weltenbummler Achill Moser: *„Wer geht, kommt bei sich selbst an."*

---

[1]Vgl. Ha, 2007.

[2]Moser, 2016.

A. Steffen, *Impulse zur eigenen Veränderung,* https://doi.org/10.1007/978-3-662-58279-4_33

Abb. 33.1 Bei sich selbst ankommen

Doch viele Menschen laufen gehetzt und immer nur mit dem Blick auf die Uhr durch ihr Leben. Wie getrieben von der Frage „Wie lange muss ich noch?“ Wie ferngesteuerte Effizienzroboter sprinten sie und sind dann stolz, die Wegstrecke in neuer Bestzeit bewältigt zu haben. Ob genau diese Menschen auch am Ende ihres Lebens zurückblicken, sich auf die Schulter klopfen und stolz verkünden: „Wow, ich hab’ das alles in weniger als 65 Jahren geschafft – neuer Rekord!“ Ist das ein wünschenswertes und attraktives Ziel?

Das bereits genannte Wort *„sin“* stand im Mittelhochdeutschen auch für die „Richtung hin zur Wahrnehmung“. Sowohl hin zu der inneren als auch der äußeren sinnlichen Wahrnehmung. *„Unsin“* wiederum stand für Bewusstlosigkeit, also für das Fehlen von Wahrnehmung über unsere fünf Sinne.

Der Sinn als Weg zu echter Achtsamkeit für all das, was in uns selbst und außerhalb von uns existiert. Diesen Weg können wir gehen, um mit Mosers Worten ganz bei uns selbst anzukommen (Abb. 33.1).

33.1.1 Möglichst schnell vorbei?

Zunächst kommt hier ein Blick des Autors auf sich selbst und die eigene Erfahrungswelt:

Durch den Wald hecheln mit einem Wahrnehmungsradius von maximal 15 Metern, den Blick fest auf die Pulsuhr gerichtet? „Wie viel muss ich noch bis zum Ziel?“ Diesen Zustand kenne ich aus meiner eigenen Vergangenheit im Leistungssport „bestens“, sowohl zu Fuß, als auch im Wasser oder auf dem Rennrad. Oder alternativ: „Die nächste Etappe schaffe ich in unter 6 Stunden!“ Auch das kommt mir ebenfalls bekannt vor, denn das wirkliche Wandern wollte auch erst gelernt werden.

Beim Beachvolleyball wiederum hatte ich es vor einigen Jahren geschafft, in recht kurzer Zeit komplett den Spaß am Spielen zu verlieren. Weil ich immer mehr und ständig trainiert hatte. Um besser beim Spielen zu werden. Dabei habe ich ab einem bestimmten Punkt gar nicht mehr gespielt, nur noch trainiert. Klingt komisch? Dasselbe geschieht auch außerhalb vom Sport gar nicht mal so selten. Willkommen in Schizophrenia.

Sich mit zwanzig Kilo Gepäck auf dem Rücken im Himalaya durch eine Etappe über zweieinhalbtausend Höhenmeter zu quälen oder mit kaputtem Knöchel bei Dauerregen in Island einen Gletscher zu überqueren, um die eigenen Grenzen kennenzulernen, kann eine interessante Erfahrung sein. Dabei durfte ich sehr viel über mich selbst lernen. Diesen Zustand dauerhaft im Alltag zu haben? Das würde ich eher nicht empfehlen.

33.1.2 Über Stock und Stein

Die Wanderung durchs eigene Leben wird immer wieder Hindernisse, herausforderndes Wetterbedingungen und auch harte Zeiten bereithalten. Es liegt in unserer eigenen Hand, ob wir auf den Weg vor uns schauen und hoffen, ihn möglichst fix hinter uns zu bringen, oder uns mit Dankbarkeit über jeden Meter freuen, den wir gehen und erleben dürfen. Was können wir also tun?

- Losgehen.
- Innehalten: Bewegung ist großartig. Und Pausen sind wichtig. Beim Wandern ebenso wie im Leben.
- Achtsam den Weg beschreiten: Damit kann man einerseits Ausrutschen und Hinfallen vermeiden und anderseits ist dies sehr hilfreich, um die Schönheit der Umgebung und die eigenen inneren Erlebnisse wahrnehmen zu können.
- Das richtige Gepäck dabeihaben: Ängste, Sorgen, anderer Ballast und vor allem Ärger sollten möglichst vorher aussortiert werden, denn wer will insbesondere beim Wandern schon nachtragend sein?
- Die Route prüfen: Fühlt sich dieser Weg richtig an? Aus welchen Gründen habe ich ihn gewählt? Hier kommen gerne ganz unterschiedliche Glaubenssätze ins Spiel. *„Den Berg schaffe ich niemals!"* (wieso?) oder *„da oben muss ich rauf!"* (weil?) könnten typische Formulierungen sein, die unseren Wanderweg durchs Leben entweder stark einschränken oder ihn sehr (zu?) anspruchsvoll gestalten.

- Selbstverantwortung, Genießen statt Leiden: Sich immer wieder bewusst machen, dass man den aktuellen Weg frei gewählt hat, ihn akzeptieren oder erneut frei und selbstbestimmt die Route ändern.

33.1.3 Umwege dürfen sein

„Wenn Du nichts riskierst, wirst Du nie wissen, was Du beim nächsten Mal anders machen musst." Das schreibt Paulo Coelho in „Der Weg des Bogens". Darin heißt es weiterhin: *„Man zielt – und doch ist es bedeutungslos, ob man trifft oder nicht. In der uralten Kunst des japanischen Bogenschießens, Kyudo, wird die Zielschreibe zum Spiegel, der die Eigenschaften des Herzens und des Geistes reflektiert. All unsere inneren Widersprüche vermag es zu lösen, bis da nur noch Leere ist, in der wir Raum und Zeit vergessen, ganz bei uns sind."*[3]

33.2 You do it Your way

Natürlich kann es der eigene Anspruch sein, immer möglichst schnell und gradlinig ans Ziel zu kommen. Aber ist ein kurzer Weg auch immer gut? Ist gut denn immer richtig? Und was ist eigentlich das Ziel bei diesem Ziel?

Sie selbst können bestimmen, ob Sie einen Pfad einschlagen, der vielleicht einige vermeintliche „Umwege" enthält. Möglicherweise machen Sie dort Entdeckungen, die Sie auf der üblichen Route niemals erlebt hätten. In seinem Lied „My Way" singt Frank Sinatra davon, wie er seinen ganz eigenen Weg beschritten hat:

I've loved, I've laughed and cried
I've had my fill my share of losing
And now, as tears subside
I find it all so amusing

Geliebt, gelacht und auch geweint. Am Ende konnte sich Sinatra über die Art und Weise (eine andere Lesart von „my way"), wie er seine Lebensstrecke zurückgelegt hatte, sogar amüsieren. Und bei dem Mann, der auch als „The Voice" bekannt war, kann man sicher sein, dass es nicht immer nur der gerade oder leichteste Weg war.

Wie auch immer Sie sich entscheiden, welche Richtung Sie auch einschlagen mögen, ob schnurstracks, direkt und geradeaus oder mit Pausen, Schlenkern und Umleitungen: Es ist Ihr eigener Weg. Immer (Abb. 33.2).

[3]Coelho, 2017.

Abb. 33.2 Es ist Ihr eigener Weg

Literatur

Coelho P (2017) Der Weg des Bogens. Diogenes, Zürich
Ha B-C (2007) Abwesen. Merve, Berlin
Moser A (2016) Zu Fuß hält die Seele Schritt. Atlantik, Hamburg

34

Mehr oder weniger am Ende

Zusammenfassung Zum Ende des Buches wird kurz zurückgeblickt auf Achtsamkeit, Ikigai, die Übung mit der Plastiktüte, den Rubikon-Prozess und weitere der beschriebenen Werkzeuge und Methoden. Darüber hinaus gibt es Beispiele für Alltagssituationen, in denen man die eigene Veränderungsfähigkeit auch mit ganz simplen Mitteln trainieren kann. Mit einer Einladung zum Kopfstand und einer letzten Anregung wird das Buch abgeschlossen.

Achtsamkeit heißt nicht nur auf alles zu achten, was da ist. Es bedeutet auch, all dies möglichst wertfrei zu betrachten. Es anzunehmen, so wie es jetzt genau ist. „Das ist aber blöd" oder „das ist aber schön"? Es ist einfach. So, wie es ist.

Die Mitglieder unseres inneren Teams zu erkennen, ist nur die halbe Miete, wenn wir sie nicht auch gleichzeitig anerkennen. Wenn wir ihnen – den angenehmen wie auch den unbequemen Anteilen – also das Anrecht zugestehen, dass sie existieren. Und bleiben dürfen. Vielleicht etwas kleiner oder größer, leiser oder lauter, passiver oder aktiver. Das gleiche gilt für unsere verschiedenen Ich-Formen. Wenn wir mit einer oder mehreren von ihnen hadern, ihren Sinn als Teil von uns nicht akzeptieren, so verleugnen wir im Endeffekt uns selbst. Durch das Johari-Fenster zu blicken und dann die Augen zu verschließen vor dem, was wir dort erkennen? Keine so gute Idee.

Natürlich müssen wir nicht alles so belassen, wie wir es erkennen und verstehen. Wir können vieles verändern, vor allem uns selbst und unsere Haltung.

A. Steffen, *Impulse zur eigenen Veränderung*, https://doi.org/10.1007/978-3-662-58279-4_34

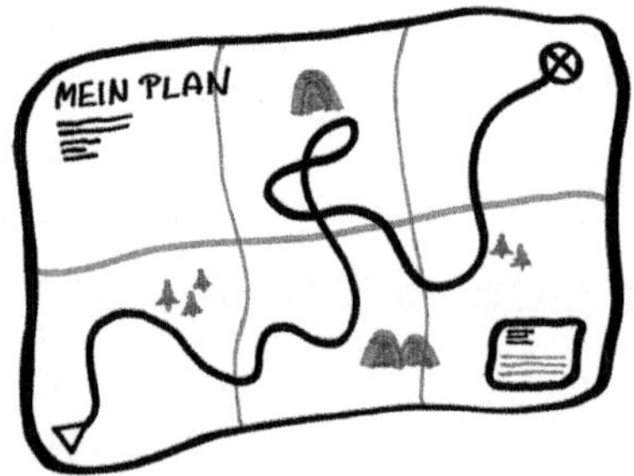

Abb. 34.1 Ihr ganz persönlicher Plan

Wie wir die Welt betrachten, unsere Mitmenschen – und ganz besonders uns selbst. Darin liegt die Kunst. Und das Geschenk von wahrer Freiheit.

Ihr Plan, Ihre Übungen

Ikigai, Rubikon-Prozess, Johari-Fenster, Tetralemma, die Übung mit der Plastiktüte, der dreifache Dialog und so fort – es gibt sehr viele Möglichkeiten, um Veränderungen selbst vorzubereiten und eigenständig durchzuführen (Abb. 34.1).

Veränderungsfähigkeit lässt sich auch in kleineren Bereichen unseres Alltags üben und trainieren. Damit können Sie heute schon anfangen.

- Öffnen Sie die Wohnungstür mit der anderen Hand als sonst.
- Putzen Sie sich die Zähne heute Abend mit der anderen Hand.
- Oder versuchen Sie das beim Haare kämmen.
- Steigen Sie zuerst mit dem anderen Bein aus der Hose, als Sie es üblicherweise tun. Oder steigen Sie andersherum hinein.
- Nehmen Sie die Tee- oder Kaffeetasse mal in die andere Hand.
- Vertauschen Sie beim Essen Messer und Gabel.
- Halten Sie Ihr Telefon einen Tag lang in der anderen Hand.

Ihnen werden sicher noch weitere Beispiele einfallen.

Solche kleinen Übungen in ganz alltägliche Rituale zu integrieren, hat mehrere Effekte: Sie trainieren Ihre Fähigkeit, sich auf Neues einzulassen. Sie erweitern gleichzeitig Ihre motorischen Fähigkeiten. Die Hand-Auge-Koordination wird dadurch verbessert. Sie üben dabei ebenfalls die Wahrnehmung Ihrer somatischen Marker. (Diese werden Ihnen mindestens neutral etwas wie „Hey, das ist ungewohnt!" zurufen. Wie Sie dann reagieren, bleibt Ihnen überlassen.) Und Sie stimulieren und fördern damit auch Ihre geistige Leistungsfähigkeit, weil durch diese ungewohnte Tätigkeit bestimmte Gehirnareale angesprochen werden, die üblicherweise eher wenig oder gar nicht aktiv sind. Auch die Vernetzung von linker und rechter Gehirnhälfte wird damit unterstützt und teilweise werden neue neuronale Verbindungen geschaffen.

Dinge einfach mal ganz anders machen

Im Coaching gibt es die sogenannte „Kopfstandmethode", bei der man nicht versucht, ein schwieriges Thema einzugrenzen, sondern sich – als Simulation und in der Theorie – ganz bewusst richtig viel Mühe gibt, um das Problem möglichst weit zu steigern. „Wie sollte ich vorgehen, damit auf keinen Fall auch nur irgendetwas besser wird?" Oder: „Was kann ich tun, um alles noch viel schlimmer zu machen?" Insgesamt wird diese Methode auch als Kreativitätstechnik eingesetzt, wenn ein Thema mal komplett aus einem anderen Blickwinkel betrachtet werden möchte. Eine typische Frage könnte lauten. „Was müssten wir tun, um so richtig zu scheitern?"

Als spannender Nebeneffekt ergibt sich übrigens oftmals die Erkenntnis, dass man sich schon sehr intensiv anstrengen und sich wirklich besonders viel Mühe geben muss, um vollständig auf ganzer Linie zu scheitern. Das kann durchaus beruhigend wirken und eine ordentliche Portion Gelassenheit schenken.

Zusätzlich kann dieses Vorgehen auch noch dazu führen, dass Humor freigesetzt wird. Wenn Sie Lachen und gute Laune unbedingt vermeiden möchten, seien Sie also bitte vorsichtig!

Beim Yoga gilt der Kopfstand als absolute Königsübung. Dementsprechend ist „Sirsasana", wie diese Haltung im Sanskrit heißt, auch nichts für Neulinge auf der Yogamatte. Und hier gilt wie in so vielen Dingen: Übung macht den Meister und die Meisterin. Dieses Üben kann sich durchaus lohnen. Zu den positiven Wirkungen gehören: bessere Durchblutung der Kopf- und Gesichtshaut, Krampfadern kann vorgebeugt werden, Verstopfungen können sich lösen, Gleichgewichtssinn und Koordination werden trainiert, Schulter- und Bauchmuskeln werden gestärkt, die Wirbelsäule kann sich ausrichten und entlasten, wovon wiederum die Bandscheiben profitieren. Gleichzeitig werden durch diese Haltung auch noch unser Konzentrationsvermögen und das kreative Denken gefördert.[1]

[1]Vielleicht lassen sich diese beiden Themen miteinander verbinden, indem eine „Coachingsitzung" tatsächlich im Kopfstand durchgeführt wird. Falls Sie dies ausprobieren möchten, nehmen Sie gerne Kontakt zu mir auf.

Ob nun im Kopf oder direkt darauf stehend: Die kleinen Dinge des Alltags immer mal wieder auf eine andere Art zu tun und zu betrachten, schafft und verankert tief in Ihnen ein neues Bewusstsein:

Es geht auch anders.
Ich kann es auch anders.

34.1 Abschlussworte

Mit den in diesem Buch vorgestellten Gedanken, Methoden, Modellen und Konzepten können wir einen ebenso breiten wie tiefen Blick auf unsere Umwelt und Mitmenschen werfen, insbesondere auf uns selbst. Wir können uns betrachten, beobachten, erkennen, verstehen, akzeptieren und mit einer Portion Demut und Dankbarkeit hoffentlich auch von ganzem Herzen annehmen. Falls wir etwas ändern wollen, wissen wir jetzt ziemlich genau, wo wir derzeit stehen, und von welchem Punkt aus wir loslaufen können auf dem Weg der eigenen Veränderung. Und mindestens genauso wichtig: Wir können uns in Frieden lassen.

Es ist Ihre Entscheidung, ob und was Sie an sich selbst, an Ihrer inneren Haltung und Ihrem Verhalten verändern möchten. Vielleicht sind es mehrere große Dinge, möglicherweise nur wenige Kleinigkeiten. Möglicherweise braucht eine Veränderung auch noch etwas Zeit. Oder es ist genau jetzt der perfekte Moment dafür. Und eventuell ist es für Sie auch der richtige Schritt, sich haargenau so zu akzeptieren, wie Sie sind.

Ich freue mich, wenn dieses Buch Ihnen den einen oder anderen anregenden Gedanken, vielleicht eine neue Betrachtungsweise oder auch eine praktische Übung für Ihren ganz persönlichen Pfad der Veränderung mit auf diesen Weg geben konnte.

Bitte seien Sie geduldig mit sich selbst. Und gnädig. Dankbarkeit ist auch eine großartige Eigenschaft. Wie Sie Ihren Rucksack für den vor Ihnen liegenden Weg packen, was alles hinein soll und was wiederum raus darf, dazu haben Sie jetzt vielleicht schon eine gute Vorstellung. Und falls ich Ihnen noch eine letzte Anregung mitgeben darf: *Haben Sie immer genug Wasser bei sich.*

Vielen Dank, dass Sie dieses Buch bis hierhin gelesen haben. Und jetzt:
Alles Gute auf Ihrem eigenen Weg!

Playlist: 100 Songs

Die folgenden 100 Songs haben alle „irgendwie" mit Coaching, Veränderung und anderen Themen aus diesem Buch zu tun. Diese Auswahl beruht auf meinem ganz persönlichen Geschmack. Jedes dieser Lieder kann zu einem Schmunzeln oder einem Aha-Moment führen. Hören Sie gerne in diese Playlist rein. Oder erstellen Sie sich Ihre eigene! (Es müssen nicht exakt 100 Lieder sein.) Sammeln Sie Musik, die Sie erfreut und ein Lächeln oder schöne Erinnerungen bei Ihnen hervorzaubert.

1. Just The Way You Are (Bruno Mars)
2. Katalysator (AK 4711)
3. Die Lösung (Annett Louisan)
4. Easy (The Commodores)
5. In Harmony (Ásgeir)
6. Hey (Yvonne Catterfeld)
7. My Way (Frank Sinatra)
8. Kopfkarussell (Joco)
9. Say It Right (Nelly Furtado)
10. Sunrise (Norah Jones)
11. Wake Up (Brand Nubian)
12. Ist doch nur ein Gefühl (Max Raabe)
13. Wise Up (Aimee Mann)
14. Wald vor Bäumen (Illute)
15. The Third Eye (Roy Ayers Ubiquity)
16. Eyes (Borneland feat. Line Gøttsche)
17. Das Licht dieser Welt (Gisbert zu Kniphausen)

A. Steffen, *Impulse zur eigenen Veränderung*, https://doi.org/10.1007/978-3-662-58279-4

18. In a Sentimental Mood (John Coltrane feat. Duke Ellington)
19. Wer bin ich wirklich? (Annett Louisan)
20. I Know It's Okay (Willis Earl Beal)
21. It's a Wonderful Time for Love (Norah Jones)
22. Rise (Herp Alpert)
23. Wouldn't It Be Nice (The Beach Boys)
24. Neuanfang (Clueso)
25. Genau Jetzt (Nena)
26. Veränderung (Jo Jasper)
27. Täglich besser (Max Raabe)
28. I Know Places (Lykke Li)
29. All in My Head (Katie Melua)
30. Alles renkt sich wieder ein (Gustav)
31. Old Songs (Betty Wright & The Roots)
32. Die Träume anderer Leute (Wir sind Helden)
33. Don't Worry, Be Happy (Bobby McFerrin)
34. What a Wonderful World (Louis Armstrong)
35. Das nennt man Glück (Gregor Meyle)
36. Satisfied Mind (Johnny Cash)
37. Aushalten (Jo Jasper)
38. Be Yourself (Morcheeba)
39. Beautiful People Beautiful Problems (Lana Del Rey)
40. Bleib geschmeidig (2raumwohnung)
41. Sowieso (Mark Forster)
42. Believer (Imagine Dragons)
43. Better Together (Jack Johnson)
44. Der neue Mensch (PeterLicht)
45. Celebration (Jamie Woon)
46. Change (Lana Del Rey)
47. Der perfekte Moment (Max Raabe)
48. Du willst streiten (Marteria)
49. Easy Easy (King Krule)
50. Ein Jahr (Fehlfarben)
51. Eisbaer (Nouvelle Vage)
52. Feeling Good (Ben l'Oncle Soul)
53. Out of Time (Blur)
54. Got to Give It Up, Pt. 1 (Marvin Gaye)
55. Heiterkeit (PeterLicht)
56. Heroes (David Bowie)
57. Katalysator (Anika)

58. I Feel You (Depeche Mode)
59. I Wish (Stevie Wonder)
60. Schwächen (Laing)
61. If the Stars Were Mine (Melody Gardot)
62. Ich war mal Cowboy (PeterLicht)
63. The First Picture (The Kenneth Bagger Experience feat. Julee Cruise)
64. In My Feelings (Lana Del Rey)
65. Ist doch nur ein Gefühl (Max Raabe)
66. Loose Yourself (Eminem)
67. Oh My Love (Katyna Ranieri & Riz Ortolani)
68. Liebe ist (Nena)
69. Lieblingsmensch (Namika)
70. OM (Bilderbuch)
71. Love My Life (Robbie Williams)
72. Karneval der Gefühle (Laing)
73. Lust for Life (Lana Del Rey feat. The Weeknd)
74. Wir/Was/Wir/Wolln (PeterLicht)
75. So What (Miles Davis)
76. Nothing's Older Than Yesterday (Cari Cari)
77. Pain (De La Soul feat. Snoop Doggie Dog)
78. Kein Land in Sicht (Illute)
79. Perfect Day (Duran Duran)
80. Picture of My Life (Jamiroquai)
81. Return To Good Karma (Chris Coco)
82. Das Leben ist schön (Gregor Meyle)
83. Who Did That To You (John Legend)
84. Probier's mal mit Gemütlichkeit (Edgar Ott)
85. Serial Minds (Nathan Haines)
86. That's Life (Frank Sinatra)
87. Should I Stay Or Should I Go (The Clash)
88. The Devil You Know (Kovacs)
89. The Power of Love (Frankie goes to Hollywood)
90. Sei doch bitte wieder gut (Laing)
91. Memento (Studnitzky)
92. Die Sonne geht auf (Palast Orchester & Max Raabe)
93. The Way I Am (Ingrid Michaelson)
94. Unforgettable (Nat „King" Cole)
95. What's Going On? (Marvin Gaye)
96. Change (Sam Cooke)
97. Afterglow (Ásgeir)

98. Ich liebe Euch – DJ Koze Remix (Hildegard Knef)
99. Over The Rainbow (Israel Kamakawiwo'ole)
100. Coach (Kenny Chesney)

Glossar

Die nachfolgenden Begriffe spielen beim Coaching wie auch beim Selbstcoaching wichtige Rollen. Daher sollen sie hier zumindest grob beschrieben werden, denn oftmals kursieren sehr unterschiedliche Erklärungen für ein und dasselbe Wort. Bis auf die genannten Quellen handelt es sich dabei um meine ganz persönlichen Betrachtungen zu diesen Themenbereichen.

Achtsamkeit Mit allen Sinnen und klarem Bewusstsein in genau diesem Augenblick, im →Hier und Jetzt zu sein: das ist Achtsamkeit. Durch eine solche vollständige Präsenz sowohl im Innen als auch im Außen wirklich wahrzunehmen, was in einem selbst und auch in der direkten Umwelt geschieht – und das idealerweise, ohne etwas davon zu bewerten. Alles darf in diesem Moment genau so sein, wie es ist. Achtsamkeit lässt sich lernen und trainieren.

Affirmation Hierunter werden positive Glaubenssätze und (Auto-)Suggestionen verstanden, die im →Coaching und →Selbstmanagement eingesetzt werden können, um einschränkende Denk- und Verhaltensmuster aufzubrechen und hilfreiche Einstellungen für sich selbst zu verankern.

Anhaften Ob es sich um bestimmte Statussymbole, Gewohnheiten, Menschen oder gerne auch Probleme handelt: Immer wieder identifizieren wir uns damit. Ein Problem ist „mein Problem" und daraus wird bald untrennbar „es gehört zu mir". „Ich habe in dieser Situation einen Fehler gemacht" wird zu „ich bin (schon immer oder für immer) ungenügend". Bewusst oder unbewusst sind wir uns sicher: Wir können nicht mehr ohne. Doch wir können uns davon lösen, wenn wir aufhören, uns mit diesen Dingen, Themen oder Emotionen zu identifizieren.

Ankern Mit der Methode des Ankerns können positive Zustände und die entsprechenden Emotionen „abgespeichert" und vor allem bewusst wieder hervorgerufen werden. Dieser Effekt kann im →Coaching eingesetzt werden, wird

A. Steffen, *Impulse zur eigenen Veränderung*, https://doi.org/10.1007/978-3-662-58279-4

auch beim →ZRM® genutzt und kann außerdem durch Hypnosetechniken verstärkt werden. Insbesondere als Resultat des →Mentalen Trainings von Sportlern können entsprechende Rituale (kleine Gesten, sogenannte Micro Movements) auch spezielle Musik oder motivierende Bilder oder Sätze) immer wieder vor oder während Wettkämpfen beobachtet werden. Auch für den normalen Alltag und das Berufsleben ist der Einsatz solcher Anker möglich.

Autogenes Training Diese Form des →Mentalen Trainings ist eine Entspannungsmethode und wurde 1926 vom Berliner Psychiater Johannes Heinrich Schultz entwickelt. „Autogen" setzt sich aus dem griechischen Begriff *auto* selbstständig und dem lateinischen Wort *genero* für erzeugen zusammen. Das autogene Training ist gleichzeitig eine Form der (Selbst-)Hypnose. Auch wenn es mittlerweile entsprechende Hörbücher, YouTube-Videos oder Soundfiles gibt, war der ursprüngliche Gedanke von Schultz, dass man diese Entspannungsübung wirklich selbst durchführt.

Coach und Coaching Aus dem Englischen stammend bezeichnet der Begriff „Coach" ursprünglich einen Kutscher bzw. die Kutsche selbst. Also ein Vehikel resp. den dazugehörigen „Fahrer", der damit jemanden an seinen gewünschten Zielort befördert. Die Abgrenzung eines Coaches zu einem Therapeuten (der wirklich krankhaftes Verhalten behandelt) oder einem Berater (der sich als den Experten versteht und meist die Lösung selbst erarbeiten soll), ist hier entscheidend. Vielerorts wird zwischen einzelnen „Spezialdisziplinen" des Coachings unterschieden wie bspw. „Job Coaching", „Business Coaching", „Karrierecoaching", „Life Coaching", „Gesundheitscoaching", „Leadership Coaching" oder auch „Performance Coaching". Insbesondere im →Systemischen Coaching löst sich solch eine Trennung in einzelne „Disziplinen" jedoch auf, da bei dieser Herangehensweise alle Lebenssysteme eines Menschen als miteinander verknüpft und nicht voneinander getrennt betrachtet werden.

Drama-Dreieck Dieses Modell ist Bestandteil der →Transaktionsanalyse und beschreibt das Zusammenspiel von drei Rollen: Täter, Opfer und Retter. Dabei kann dieselbe Person nacheinander in mehrere oder sogar alle Rollen schlüpfen. Meist geschieht das unbewusst nach erlernten Verhaltensregeln. Und oftmals werden Menschen ganz ungewollt in dieses Dreieck hineingezogen, genau dies ist einer der dramatischen Aspekte an dieser Konstellation. Ein Opfer braucht einen Täter, um Opfer sein zu können. Ein Retter braucht wiederum ein Opfer, um seine Rolle ausüben zu können, genauso verhält es sich beim Täter. Die Herausforderung besteht darin, dieses Dreieck wieder zu verlassen, nachdem man es einmal betreten hat.

Dualität Rein aus evolutionären Gründen hat es viele Ursachen, dass unser Verstand uns beschützen und zu diesem Zweck auch auf gewisse Weise von der Außenwelt beschützen, abschirmen und damit davon trennen will. Durch diese seit Millionen von Jahren etablierte Vorgehensweise wurde immerhin unser Überleben sichergestellt. Allerdings trennt unser Ego uns dadurch oftmals vollständig von unserer Umwelt. Denn bestimmte Teile unseres Hirns können nur mit Gegensätzen arbeiten. Das bekannte Yin-Yang-Symbol zeigt, dass vermeintliche Oppositionen auch immer wieder vereint werden können.

Egogramm Das Egogramm ist ein praxisnahes Werkzeug, um seine eigenen Persönlichkeitsanteile zu betrachten. Aufbauend auf dem Prinzip der drei Ich-Zustände aus der →Transaktionsanalyse können damit Erwachsenen-Ich, Eltern-Ich und Kind-Ich und deren jeweilige Ausprägungen – generell oder in spezifischen Situationen – dargestellt werden. (Es wird dabei noch etwas weiter unterteilt: Neben dem Erwachsenen-Ich gibt es ein kritisches und ein fürsorgliches Eltern-Ich sowie ein angepasstes und ein freies Kind-Ich.)

Embodiment Unsere Gedanken haben Einfluss auf unser körperliches Befinden – und auch andersherum. Es existiert ein sehr enges Wechselspiel zwischen Körper, Seele und Psyche. Was viele Völker, Philosophien und beispielsweise Yoga, Qigong & Co. schon lange wussten, ist mittlerweile auch in den Wissenschaften der westlichen Welt angekommen. „Das ist mir auf den Magen geschlagen", „da ist mir die Luft weggeblieben" oder „dabei musste ich mit den Zähnen knirschen": Oftmals sagen wir fast schon un(ter)bewusst, was unser Körper längst weiß. Experimente haben beispielsweise auch gezeigt, dass Menschen, die eine warme Tasse in ihren Händen halten, freundlicher zu ihren Mitmenschen sind. Gleichzeitig können wir auch allein schon dadurch unsere Stimmung heben, in dem wir dasselbe für ein bis zwei Minuten mit unseren Mundwinkeln machen. Genauso können wir mit bestimmten unauffälligen Gesten (Micro Movements) gezielt emotionale Zustände als sogenannte →Anker in uns platzieren.

Emotionales Erfahrungsgedächtnis (EEG) Bereits vor unserer Geburt, noch im Mutterleib, fangen bestimmte Teile unseres Gehirns an, emotionale Erfahrungen abzuspeichern. Wie in einem Buchladen kommen dabei häufig genutzte Erfahrungswerte als Bestseller vorne ins Schaufenster, während weniger oft Erlebtes weit hinten als Ladenhüter abgelegt wird. Diese gespeicherten Erfahrungen werden dabei auch bewertet – je nachdem, ob uns ein Erlebnis ein gutes oder schlechtes Ergebnis eingebracht hatte. Dank der → Neuroplastizität unseres Hirns können diese Werte allerdings später wieder verändert werden. In entsprechenden Situationen erkennt unser Un(ter)Bewusstsein negative oder positive Vorerfahrungen im EEG. Die resultierenden Signale werden uns im Sinne von Intuition entweder unspezifisch „als Bauchgefühl" oder gezielter durch → somatische Marker mitgeteilt. Viele dieser Vorgänge laufen mehr oder minder vollständig an unseren bewussten Denkprozessen vorbei.

Flow Der Begriff des Flows und die dahinterliegende Theorie wurde von Mihály Csíkszentmihályi, Professor für Psychologie an der University of Chicago, geprägt. Er führte dort umfangreiche Studien durch, wie Menschen einen Zustand der absoluten Vertiefung und einer vollständigen Hingabe in eine anspruchsvolle Tätigkeit erreichen und damit ausgeprägte Zufriedenheit erzielen. Dieses Flow-Gefühl spielt insbesondere eine wichtige Rolle beim →Ankern und dem →Mentalen Training.

Gedanken Unsere →Gedanken sind in großem Maß die Ursachen für unser Glück oder Unglück. Daher liegt die Herausforderung darin, diejenigen zu identifizieren und zu pflegen, die uns Freude und Zufriedenheit schenken, und jene zu erkennen und zu vermeiden, die uns Leid bereiten. Durch →Achtsamkeit kann man lernen, sich dieser Gedanken bewusst zu werden.

Gefühle und Emotionen Dies ist ein breites Feld, zu dem es Unmengen von Modellen und Erklärungsmöglichkeiten gibt. Mir persönlich gefällt die Sichtweise sehr, dass Freude, Liebe und Dankbarkeit die natürlichen Gefühle sind, mit denen wir auf die Welt kommen. Und dass andere Emotionen wie Angst, Enttäuschung, Sorgen, Traurigkeit, Aggression, Zorn oder Wut „lediglich" das Ergebnis unserer eigenen →Gedanken sind. Das bedeutet keineswegs, dass diese Empfindungen nur eingebildet wären. Aber es heißt, dass wir sie bewusst beobachten, in einem hohen Maß kontrollieren und auch im guten Sinn verändern und auflösen können.

Glaubenssätze Sehr häufig kleben wir an bestimmten →Gedanken, Denk- und Verhaltensmustern fest. Wir machen uns dadurch immer wieder zu Sklaven von Vorstellungen, die wir von uns selbst haben oder die andere (vermutlich, vermeintlich) von uns haben (könnten). „Ich muss erfolgreich sein! (Damit …)" oder „Ich muss von allen gemocht werden! (Sonst …)" Das sind Beispiele für einschränkende Glaubenssätze, die sich meist schon sehr früh in der Kindheit in uns festgesetzt haben, nach denen wir später in ganz unterschiedlichen Kontexten immer wieder handeln und sie als fix, gegeben und unwiderruflich betrachten. Oftmals sind diese Gedanken ein wertvoller Ansatzpunkt für positive Veränderungen. Ein positiver Glaubenssatz wird als →Affirmation bezeichnet.

Hier und Jetzt Veränderungen sind nur zu einem einzigen Zeitpunkt und ausschließlich an einem bestimmten Ort möglich: hier und jetzt. Sehr häufig sind wir noch im Gestern oder bereits im Morgen. Oder tagträumen uns an einen anderen Ort als den aktuellen. Das ist auch vollkommen okay, wenn man dort sein möchte. Das „Geheimnis" der meisten zufriedenen Menschen ist es jedoch, dass diese sich zu sehr großen Teilen genau im Hier und Jetzt befinden. Denn nur dort ist echtes (Er-)Leben möglich.

Innovation Zunächst kommt die Invention, also eine neue Idee. Doch erst dann, wenn sich diese Idee auch erfolgreich etabliert hat – als Produkt, Dienstleistung, Vertriebsweg oder Herstellungsverfahren –, spricht man von einer Innovation. Was bedeutet dies nun im →Coaching? Meist steht ein Problem am Anfang eines Veränderungs- bzw. Coachingprozesses. Daraus wird gemeinsam ein →Ziel erarbeitet, um dieses Problem zu lösen. (Manchmal ist das Ziel auch bereits bekannt.) Darauf aufbauend werden Handlungsoptionen beschrieben, um dieses Ziel zu erreichen. Der nächste Schritt besteht darin, eine dieser Optionen oder eine Kombination daraus bewusst auszuwählen und sie konsequent umzusetzen. Wenn sich das resultierende neue Verhalten erfolgreich etablieren konnte, so ist das für den Klienten gleichbedeutend mit einer Innovation.

Intervention Der Begriff stammt vom Lateinischen *interventio* und bedeutet ursprünglich „Vermittlung". Der Duden wiederum beschreibt eine Intervention zusätzlich auch als Einflussnahme, Einmischung, Unterbrechung sowie als Klärung oder Schlichtung. In der Psychologie wird eine Intervention als gezielte und vorab geplante Maßnahme beschrieben, die Störungen präventiv vorbeugen, diese beheben oder deren Auswirkungen im Sinne von Rehabilitation eindämmen soll. Beim Coaching werden unter Interventionen alle Maßnahmen verstanden, die zur Zielerreichung eingesetzt werden.

Johari-Fenster 1955 entwickelten die beiden US-amerikanischen Sozialpsychologen Joseph Luft und Harry Ingham das sogenannte Johari-Fenster, dessen Bezeichnung sich aus den Vornamen der beiden Erfinder zusammensetzt. Dieses Modell bietet einen hilfreichen Blick auf verschiedene Bereiche unseres Selbstbildes und Fremdbildes. Selten sind diese beiden Bilder vollständig deckungsgleich. Das Johari-Fenster kann dabei helfen, mögliche Abweichungen zu erkennen und insgesamt eine umfangreichere und exaktere Wahrnehmung von uns selbst zu bekommen. Es besteht aus diesen vier Feldern:

1. Öffentlicher Bereich = mir und anderen bekannt,
2. Geheimer Bereich = mir bekannt und anderen unbekannt,
3. Unbekannter Bereich = mir und anderen unbekannt,
4. Blinder Fleck = anderen bekannt und mir unbekannt.

Das Ziel ist es – sofern man am derzeitigen Zustand etwas verändern möchte –, möglichst viele Anteile aus dem unbekannten in den öffentlichen Bereich zu bewegen und gleichzeitig den blinden Fleck für sich selbst besser sichtbar zu machen.

Konstruktivismus Die Theorie des Konstruktivismus geht davon aus, dass es nicht „die eine" (objektive, einzige) Realität gibt. Vielmehr liegt die (individuelle) Wahrheit immer im Auge des jeweiligen Betrachters. Wir alle konstruieren uns die eigene Realität aufgrund ganz persönlicher Erfahrungen. Gleichzeitig füllt unser Gehirn oftmals gerne vorhandene Lücken aus. Und noch viel mehr: Der Beobachter beeinflusst das beobachtete System, dies wird auch wissenschaftlich in der Quantentheorie deutlich.

Limbisches System Dieser Teil unseres Gehirns ist ein Funktionsverbund, der insbesondere Emotionen und unser Triebverhalten steuert, weiterhin erfolgen hier wichtige Aktivitäten im Bereich des Lernens und Erinnerns. Eingehende Informationen von äußeren oder inneren Reizen durchlaufen immer zuerst das limbische System. Die exakte funktionale Abgrenzung dieses Verbunds ist in der Wissenschaft jedoch umstritten.

Lösungsorientierte Kurzzeittherapie (LOKT) Die lösungsorientierte Kurzzeittherapie)(LOKT, englisch: SFBT für „Solution-focused Brief Therapy") schaut wenig bis gar nicht auf die Probleme und deren Entstehungsgeschichte. Vielmehr wird ganz gezielt und lösungsorientiert nach vorne auf den jeweiligen Zielzustand geblickt, nicht zurück in die Vergangenheit. Ein wichtiges Werkzeug bei dieser Methode ist die → Wunderfrage.

Mentales Training Der Begriff „Training" legt die Analogie zum Sport bereits nahe. Und auch inhaltlich sind Aspekte wie das Überwinden von (mentalen) Hürden, das Überschreiten (oder auch Akzeptieren) von Grenzen oder das Bewegen schwerer Gewichte (hier: →Gedanken oder →Glaubenssätze) sofort bei der Hand. Darüber hinaus sind die Ähnlichkeiten ebenso vielfältig. Vor Beginn des Trainings gilt es ein →Ziel zu definieren. Sonst trainiert man vielleicht „einfach so drauf los" und stellt hinterher fest, dass man sich eine Menge großer Muskeln aufgebaut hat – dabei wollte man doch eigentlich leichtfüßig einen Marathon laufen. Ebenso wichtig wie beim rein körperlichen Training ist die Erkenntnis, dass sich neue Bewegungsmuster nur einstellen und Muskeln (hier: Fähigkeiten) nur dann wachsen, wenn man sich ausreichend Erholung gönnt. Denn Wachstum findet zwischen den Trainingseinheiten statt. Mentales Traininghat zum Ziel, das Denken und Handeln positiv zu beeinflussen und zu verändern. Dazu gehören Techniken wie →Autogenes Training, →Progressive Muskelentspannung, Visualisierungsmethoden oder Meditation. Entscheidend ist hierbei, dass neben dem Geist auch der Körper in das Üben mit einbezogen wird.

Metapher Damit wird ein sprachliches Stilmittel der Rhetorik beschrieben. Der Begriff der Metapher stammt aus dem Griechischen: *meta* bedeutet „über" und *phero* heißt „tragen". Durch die rhetorische Figur der Metapher wird also ein Wort oder eine Wortgruppe aus ihrem ursprünglichen Bedeutungszusammenhang auf einen anderen Kontext übertragen. Beispiele sind „das Meer von Blumen" (das nicht aus Wasser besteht), das Kamel als „Wüstenschiff" (das nicht im Wasser schwimmt) oder dass jemand „einem anderen das Wasser reichen kann" (auch wenn dies meist nicht wirklich durch echtes Wasser geschieht). Beim Coaching kann die Arbeit mit Metaphern insbesondere genutzt werden, um stark in den inneren-visuellen Bereich hineinzugehen und hierüber auch un(ter)bewusste Aspekte anzusprechen.

Neuroplastizität Unser Gehirn und damit auch unsere Denk- und Verhaltensmuster sind nicht ab einem bestimmten Zeitpunkt „in Stein gemeißelt". Solange wir lebendig sind, ist auch unser Hirn mit seinen Nervenzellen (Neuronen) veränderbar. Gleichzeitig ist unser Gehirn in der Lage, bestimmte Teile zu regenerieren und ebenso auch neue Verbindungspunkte (Synapsen) zu bilden. Die Voraussetzung hierfür ist Übung und damit verbundenes Lernen.

Progressive Muskelentspannung Diese schnell erlernbare Entspannungsmethode wurde fast zur selben Zeit wie das →autogene Training entwickelt. 1929 hat der US-amerikanische Physiologe Edmund Jacobson die Progressive Muskelentspannung (kurz: PME) vorgestellt. Dabei kann durch konzentriertes Anspannen und anschließendes bewusstes Lösen der Muskulatur eine spürbare Entspannung des Körpers erreicht werden. Auch der Blutdruck, die Atemfrequenz und der Puls können dadurch gesenkt und beruhigt werden.

Reframing Darunter wird die sprachliche Umformulierung und somit inhaltliche Umdeutung insbesondere von einschränkenden →Glaubenssätzen verstanden.

Entscheidend hierbei ist die Fähigkeit für einen Perspektivwechsel, um dadurch die Möglichkeit zur neuen Betrachtung einer Situation und insbesondere zum Aufbrechen von Denk- und Verhaltensmustern zu erlangen.

Resilienz Dieser Begriff beschreibt die psychische Widerstandsfähigkeit von Menschen und damit deren Fähigkeit Krisen zu bewältigen. Entscheidende Aspekte von ausgeprägter Resilienz sind persönliche und soziale Ressourcen. In der Wissenschaft werden heute sieben Faktoren genannt, die dafür entscheidend sind: Optimismus, Akzeptanz, Lösungsorientierung, Verlassen der Opferrolle, Verantwortung übernehmen, soziale Netzwerke und die Fähigkeit zur Zukunftsplanung.

Ressourcen Sie können vielfältig sein, hier geht der Blick vor allem auf persönliche Ressourcen. Damit sind die einem Menschen zur Verfügung stehenden Kompetenzen gemeint, um Herausforderungen, Probleme oder Krisen zu bewältigen. Dies können innere wie äußere Ressourcen sein: emotionale, biologische, intellektuelle oder soziale Aspekte sowie auch positive und ebenso negative Erfahrungswerte. Glaube und Hoffnung können weitere wichtige Ressourcen darstellen, die – je nach Situation – schützenden und fördernden Charakter haben und unsere Möglichkeiten zur Einflussnahme und →Selbstwirksamkeit bestimmen.

Retreat „Retreat“ bedeutet Rückzug, aber das muss nicht für eine dreijährige Auszeit als Eremit in einer Höhle stehen, denn die wenigsten von uns können (oder wollen) so viel Zeit investieren. Eine Tageswanderung, um den Kopf wirklich einmal komplett frei zu bekommen. Oder ein Wochenende im Zelt in atemberaubender Natur. Kein Handy, kein Computer. Maximal ein Stift und Papier, um Erfahrungen und gute →Gedanken zu notieren. Insbesondere für Teams können ganz individuelle Maßnahmen entwickelt werden, die auf den jeweiligen Entwicklungskontext ausgerichtet sind, und auch schon in wenigen Tagen spürbare Veränderungen hervorbringen.

Selbstmanagement Die Begriffe Selbstmanagement und Selbstcoaching werden in diesem Buch synonym verwendet. Natürlich sind Management und →Coaching bei weitem nicht dasselbe, hier jedoch ist die →Zielstellung dieselbe: Eine eigene Veränderung selbst zu initiieren und sie erfolgreich umzusetzen. Dabei geht es um weit mehr als Zeitmanagement, ebenfalls bezieht sich Selbstcoaching nicht nur auf ausschließlich berufliche Aspekte. Insgesamt wird hierunter die Fähigkeit verstanden, die eigene (Weiter-)Entwicklung eigenständig zu gestalten. Dazu gehören verschiedene Aspekte wie →Zielsetzung, Motivation und Veränderungswille, Geduld und Ausdauer sowie insbesondere auch der Umgang mit eigenen →Ressourcen. Eng verbunden ist damit der Aspekt der → Selbstwirksamkeit.

Selbstwirksamkeit Selbstwirksamkeit kann beschrieben werden als das Vertrauen eines Menschen darin, dass er fähig ist, eine bestimmte Aufgabe erfolgreich zu erledigen. Ein Erfolgserlebnis wird dann wiederum zumeist als weiterer positiver Erfahrungswert abgespeichert und kann für zukünftige Herausforderungen als →Ressource genutzt werden. Durch eine hohe Selbstwirksamkeit beeinflusst werden wiederum →Zielsetzung, Ausdauer, Glaube an die eigene Leistungsfähigkeit und auch die →Resilienz.

Somatische Marker Die sogenannte „Hypothese der somatischen Marker" geht zurück auf den portugiesischen Forscher António Damásio, der hierzu in den früheren 1990er Jahren erste Studien veröffentlichte. Damásio ist Professor für Neurologie und Psychologie an der University of Southern California. Somatische Marker sind Teil unseres emotionalen Erfahrungsgedächtnisses (EEG). Die Wahrnehmung über diese Marker erfolgt entweder als Resonanzpunkt an einer konkreten Stelle im Körper oder als unspezifisches Gefühl. Dabei kann es sich um das berühmte „Bauchgefühl" handeln, das einem sagt, ob etwas gut ist oder nicht (wenn man aufmerksam „zuhört"); aber auch andere körperliche Signale wie schnellerer Herzschlag, höherer Blutdruck oder Veränderung der Atemfrequenz sind möglich. Die Wahrnehmung unserer Marker als hilfreiche Signale sowie auch den Umgang mit ihnen können wir trainieren.

Storytelling Es geht beim Storytelling nicht darum, Menschen ein Märchen zu erzählen. „Alles wird gut!", das glaubt man nicht so leicht. Aber wenn wir förmlich mitgerissen werden von den – glaubwürdigen – Visionen, die uns mit Leidenschaft und Authentizität vorgestellt werden, wenn wir die Ehrlichkeit und den Enthusiasmus mit allen Sinnen spüren, dann sind wir auch bereit diesem Menschen zu vertrauen und seinem (oder ihrem) Weg zu folgen. Dann wurde die Grundlage für eine gemeinsame Vision und Mission geschaffen. Oder um es mit Antoine de Saint-Exupéry zu sagen: „Wenn Du ein Schiff bauen willst, dann trommle nicht Männer zusammen um Holz zu beschaffen, Aufgaben zu vergeben und die Arbeit einzuteilen, sondern lehre die Männer die Sehnsucht nach dem weiten, endlosen Meer." Und das wiederum kann man durchaus auch für seine ganz persönlichen Veränderungsprozesse nutzen.

Spiegelneuronen Diese Nervenzellen wurden bisher nur bei Primaten entdeckt. Sie veranlassen uns dazu, die Empfindungen unseres Gegenübers im gleichen Maß spüren zu können, als würden wir sie selbst erleben. Ein bekanntes Beispiel ist das eigene Gähnen, wenn wir einen gähnenden Menschen sehen, vielleicht nur hören oder ihn uns lediglich vorstellen. Bisher unbewiesen ist, ob es sich dabei um eine echte Form des Mitgefühls oder lediglich ein unbewusstes Nachahmen handelt. Spiegelneuronen sind ein wichtiger Bestandteil unseres emotionalen Lernsystems.

Systemisches Coaching Besonderer Wert wird bei dieser Herangehensweise auf die Existenz des Klienten innerhalb seiner/ihrer verschiedenen Systeme von Menschen, Strukturen und Verantwortungsbereiche gelegt. Ähnlich wie bspw. in der traditionellen chinesischen Medizin wird ein Symptom auch nicht separat, sondern immer im Gesamtzusammenhang betrachtet: Knieprobleme können von Zähnen verursacht werden, Kopfschmerzen werden am Schienbein behandelt etc. Jeder Mensch ist immer in verschiedene Systeme eingebunden. Diese können ihn beeinflussen – und auch andersherum.

Tetralemma Das Tetralemma ist ein Werkzeug, das seine Ursprünge in der altindischen Logik hat und auch in der Aufstellungsarbeit angewendet wird. Im →Coaching und ebenso beim →Selbstmanagement kann es sehr hilfreich eingesetzt werden, wenn jemand das Gefühl hat, zwischen zwei Optionen gefangen zu sein – und keinerlei weitere Möglichkeiten sieht. Besonders wirksam wird das Tetralemma als Werkzeug, wenn man es nicht nur im Kopf oder am Flipchart durchspielt, sondern es mit Mitteln der Systemaufstellung tatsächlich auch physisch erlebt.

Tradition In vielen Veränderungsprozessen wird „das Kind mit dem Bade ausgekippt". Neues scheint per se gut zu sein, weil es eben neu ist. Und das Alte? Das, was bis gestern noch galt und irgendwie doch auch lieb gewonnen wurde? Es liegt in unserer Natur als Menschen, dass wir Veränderungen – mindestens anfänglich – skeptisch gegenüberstehen. Und das ist auch vollkommen okay. Doch müssen wir deshalb „für immer" an alten Gedanken, alten Verfahren oder Gegenständen kleben? Der Komponist Gustav Mahler hat hierzu etwas gesagt, das mir sehr gefällt: „Tradition ist nicht das Bewahren der Asche, sondern das Weitergeben des Feuers." Es gilt also herauszufinden, wofür ein Mensch oder eine Organisation brennt. Das ist eine entscheidende Grundlage für erfolgreiche Veränderung.

Transaktionsanalyse Die von Eric Berne entwickelte und 1964 in seinem Buch „Spiele der Erwachsenen" erstmals so benannte Transaktionsanalyse arbeitet mit drei verschiedenen Ich-Zuständen. Dieses Modell soll beim Verstehen von kommunikativen Störungen im zwischenmenschlichen Bereich helfen. Die Differenzierung in Kind-Ich, Erwachsenen-Ich und Eltern-Ich kann viele Ursachen für entsprechende Konflikte aufdecken.

VAKOG Dies ist die Abkürzung für unsere fünf verschiedenen Sinne: visuell, auditiv, kinästhetisch, olfaktorisch und gustatorisch. Mittlerweile spricht die Wissenschaft sogar von insgesamt zehn Sinnen, die uns Menschen zur Verfügung stehen. Darunter fallen unter anderem unser Temperaturempfinden *(Thermorezeption),* unser Gleichgewichtssinn *(vestibulärer Sinn)* und unser Gespür für Hunger oder Durst *(viszeralerSinn).*

Veränderungsmüdigkeit Gerade in modernen Organisationen wird oftmals (und gelegentlich sogar mehrfach) in jedem Kalenderjahr etwas Neues eingeführt. Oder noch viel häufiger. Neue Prozesse, neue Aufbau- und Ablauforganisationen, neue Produkte und so fort. Manchmal gehen diese Reorganisationen fließend ineinander über, sodass die Agilität der Unternehmen keine Pause findet. Dies ist häufig dem Veränderungsdruck des Wettbewerbs oder, ganz allgemein gesprochen, der Globalisierung geschuldet. Aber kommen dabei auch die Beschäftigten immer hinterher? Nicht immer. Dem gilt es Rechnung zu tragen. Und das gilt haargenau so auch für Veränderungen, die sich ein einzelner Mensch als Ziel gesetzt hat. Kein Spitzensportler trainiert rund um die Uhr. Der Effekt des „Übertrainierens" ist bei Leichtathleten, Fußballspielern, Schwimmern oder Kraftsportlern und weit darüber hinaus bekannt. Hier kommt dann der Begriff der Trainingssteuerung ins Spiel, um das richtige Maß an Effizienz und Effektivität hervorzubringen. Man spricht von einer „lohnenden Pause", die ausreicht und die erforderliche Erholung bringt, um sich danach wieder mit voller Kraft und Konzentration (und Spaß) auf den Weg zur nächsten Veränderung machen zu können.

Wunderfrage Die sogenannte Wunderfrage ist Bestandteil der →lösungsfokussierten Kurzzeittherapie (LOKT) und soll dabei helfen, aus dem aktuellen Problemzustand herauszukommen und den gewünschten Zielzustand erlebbar zu machen. Der Ablauf im Überblick: Der Klient bzw. die Klientin werden eingeladen sich vorzustellen, dass „über Nacht ein Wunder geschehen" ist. Welche →Gedanken und Emotionen sind dann anders? Und was noch? Wer außer dem Klienten/der Klientin würde ebenfalls noch bemerken, dass dieses Wunder geschehen ist? Und woran? Und wie würde sich die betroffene Person selbst dann anders verhalten? Somit kann eine sehr fundierte Vorstellung des eigenen →Zielzustands erreicht und auch persönlich erfahren werden.

Ziele Ohne jegliches Ziel loszulaufen, kann durchaus Spaß machen. Allerdings wird man dann nur schwer wissen, ob und wann man angekommen ist. Oder sich auf dem richtigen Weg befindet. Wenn dies allerdings gar nicht das Ziel ist, fein! Falls doch, kann die Definition eines Ziels vor dem Loslaufen durchaus sinnvoll sein. Dabei kann es verschiedene Vorgehensweisen geben: Sogenannte smarte Ziele " werden sehr konkret beschrieben. Andere Zieltypen wiederum können auch etwas „weicher" und variabler sein. (Denn gegebenenfalls feilt jemand sonst ewig lange am „perfekten" Ziel – und vergisst darüber das Loslaufen.)

Zirkuläre Fragen Mit zirkulären Fragen können verschiedene Perspektivwechsel erfolgen: Was würden andere Menschen denken oder sagen? Eine beliebte Form ist hier die „Fliege an der Wand": Wie würde sie sich über eine bestimmte Situation aus ihrem Blickwinkel heraus wohl äußern? Hier kommen verschiedene Aspekte des →Konstruktivismus und des →Systemischen Coachings zusammen, denn es gibt nicht die eine Wahrheit und andere Teilnehmer unserer verschiedenen Systeme haben meist auch andere Perspektiven und Wahrnehmungen – und diese können uns bei unseren Themen immer wieder helfen.

Zürcher Ressourcen Modell (ZRM®) Dieses Modell zum Training des Selbstmanagements – kurz: ZRM® – wurde in den 1990er Jahren von Dr. Frank Krause und Dr. Maja Storch für die Universität Zürich entwickelt. Es wird laufend durch wissenschaftliche Begleitung auf seine nachhaltige Wirkung hin überprüft. ZRM® beruht auf neuesten neurowissenschaftlichen Erkenntnissen zum menschlichen Lernen und Handeln. Es bezieht systematisch kognitive, emotive und physiologische Elemente in den Entwicklungsprozess mit ein.

Verwendete Literaturquellen

Arrival (2016) von Denis Villeneuve. http://www.imdb.com/title/tt2543164

Ayan S (2016) Lockerlassen: Warum weniger denken mehr bringt, 2. Aufl. Klett-Cotta, Stuttgart

Becker J, Bongertz CS (2017) Das Geheimnis der Intuition: Wie man spürt, was man nicht wissen kann, 7. Aufl. Piper Verlag, München

Berne E (2007) Spiele der Erwachsenen: Psychologie der menschlichen Beziehungen, 8. Aufl. Rowohlt, Hamburg

Birbaumer N, Zittlau J (2018) Denken wird überschätzt: Warum unser Gehirn die Leere liebt. Ullstein Taschenbuch, Berlin

Ceci JM (2016) Herr Origami. Hoffmann und Campe, Hamburg

Chiang T (2017) Arrival – Die Hölle ist die Abwesenheit Gottes. Golkonda-Verlag, München

Coelho P (2017) Der Weg des Bogens. Diogenes, Zürich

Csíkszentmihályi M (1999) Lebe gut! Wie Sie das Beste aus Ihrem Leben machen, 3. Aufl. Klett-Cotta, Stuttgart

Csíkszentmihályi M (2006) Flow – der Weg zum Glück. Herder, Freiburg im Breisgau

Damásio A (2004) Descartes' Irrtum: Fühlen, Denken und das menschliche Gehirn. List Taschenbuch, Berlin

De Cervantes Saavedra M (1957) Der sinnreiche Junker Don Quijote von der Mancha. Winkler Verlag, München

De Mello A (2007) Eine Minute Weisheit, 2. Aufl. der Neuausgabe. Freiburg im Breisgau, Herder

Deutscher G (2013) Im Spiegel der Sprache: Warum die Welt in anderen Sprachen anders aussieht, 2. Aufl. dtv, München

Deutsches Institut für Medizinische Dokumentation und Information – DIMDI (2014) ICD-10-GM Version 2015, Systematisches Verzeichnis. DIMDI, Köln

A. Steffen, *Impulse zur eigenen Veränderung*, https://doi.org/10.1007/978-3-662-58279-4

Doerr F (Hrsg) (2005) Die Reiki-Lebensregeln. Windpferd Verlag, Oberstdorf

Gertler, M (2009) Wirklichkeit und Wahrheit – Paul Watzlawick. https://www.youtube.com/watch?v=LEmZ2GOxzo8. Zugegriffen: 1. Okt. 2018

Gigerenzer G (2008) Bauchentscheidungen, 14. Aufl. Goldmann, München

Grün A, Hosang M, Hüther G (2017) Liebe ist die einzige Revolution: drei Impulse für Ko-Kreativität und Potenzialentfaltung. Herder, Freiburg im Breisgau

Grün A, Janssen B (2017) Stark in stürmischen Zeiten: die Kunst, sich selbst und andere zu führen, 2. Aufl. Ariston, München

Ha B-C (2007) Abwesen. Merve, Berlin

Hesse H (2015) Das Glasperlenspiel, 6. Aufl. Suhrkamp, Berlin

Huber A (2015) Die Angst dein bester Freund. National Geographic NG Verlag, München

Hüther G, Quarch C (2018) Rettet das Spiel! Weil Leben mehr als Funktionieren ist. btb, München

Klein S (2010) Wir alle sind Sternenstaub: Gespräche mit Wissenschaftlern über die Rätsel unserer Existenz. Fischer, Berlin

Lipton BH (2016) Intelligente Zellen: Wie Erfahrungen unsere Gene steuern, 2. Aufl. Koha, Dorfen (Erweiterte Neuauflage)

Marti L (2012) Eine Handvoll Sternenstaub: Was das Universum über das Glück des Daseinserzählt, 2. Aufl. Kreuz, Freiburg im Breisgau

McMillen K, McMillen A (2001) When I loved myself enough. St. Martin's, New York

Mertesacker P (2018) Weltmeister ohne Talent. Ullstein, Berlin

Midal F (2018) Die innere Ruhe kann mich mal: Meditation radikal anders. dtv Verlagsgesellschaft mbH und Co. KG, München

Moser A (2016) Zu Fuß hält die Seele Schritt. Atlantik, Hamburg

Nietzsche F (2017) Die fröhliche Wissenschaft. Nikol, Hamburg (Gebundene Ausgabe)

Osterloh M, Weibel A (2006) Investition Vertrauen: Prozesse der Vertrauensentwicklung in Organisationen. Gabler, Wiesbaden

Ouspensky PD (2013) Der Vierte Weg: Anleitung zur Entfaltung des wahren menschlichen Potentials nach G. I. Gurdjieff. advaitaMedia, gebundene Ausgabe, Bobitz

Pessoa F (2006) Das Buch der Unruhe. Ammann, Zürich (Jubiläumsausgabe)

Picasso at work (2011) https://www.youtube.com/watch?v=X59U4mUqWtw

Rampe M (2005) Der R-Faktor: Das Geheimnis unserer inneren Stärke. Knaur MensSana, München

Sacks O (1992) Awakenings – Zeit des Erwachens. Rowohlt Taschenbuch, Reinbek bei Hamburg

Satir V (1988) Meine vielen Gesichter: Wer bin ich wirklich?, 16. Aufl. Kösel-Verlag, München

Schneider W (2000) Wörter machen Leute: Magie und Macht der Sprache, 9. Aufl. Piper, München

Schulz von Thun F (1998) Miteinander reden, Bd. 3: das „Innere Team“ und situationsgerechte Kommunikation. Rowohlt Taschenbuch, Berlin

Siegrist U (2018) Resilienz trainieren – Wie Sie Schritt für Schritt innere Stärke erlangen und Krisen besser überstehen, Originalausgabe, 2. Aufl. mvg Verlag, München

Smothermon R (2005) Drehbuch für Meisterschaft im Leben, 17. Aufl. J. Kamphausen, Bielefeld

Swarat, G et. al. (2016) Dokumentation der NEGZ-Herbsttagung #staatsmodernisierung2016. Nationales E-Government Kompetenzzentrum, Berlin

Vašek T (2015) Work-Life-Bullshit: Warum die Trennung von Arbeit und Leben in die Irre führt. Goldmann, München

Wangyal TR (2010) Der direkte Weg zur Erleuchtung: Dzogchen-Meditation nach den Bön-Lehren Tibets. O. W. Barth, München

Watts A (2001) Zen – Stille des Geistes: Einführung in die Meditation. Theseus, Bielefeld

Watts A (2011) Der Lauf des Wassers: Eine Einführung in den Taoismus. Knaur MensSana, München

Watzlawick P (1994) Die erfundene Wirklichkeit: Wie wissen wir, was wir zu wissen glauben? Beiträge zum Konstruktivismus, 8. Aufl. Piper Verlag, München

Watzlawick P (1995) Wie wirklich ist die Wirklichkeit? Wahn, Täuschung, Verstehen, 21. Aufl. Piper Verlag, München

Weltgesundheitsorganisation, Dilling H, Mombour W, Schmidt MH (Hrsg) (2013) Internationale Klassifikation psychischer Störungen. ICD-10 Kapitel V (F). Klinisch-diagnostische Leitlinien, 9. Aufl. Huber, Bern

Williamson M (2016) Die Rückkehr zur Liebe: Harmonie, Lebenssinn und Glück durch „Ein Kurs in Wundern“. Goldmann, München (überarbeitete Neuauflage)

Wittgenstein, L (2003) Tractatus logico-philosophicus: Logisch-philosophische Abhandlung (edition suhrkamp, Bd 12). Suhrkamp, Frankfurt a. M.

Yalom ID (2002) Der Panama-Hut oder was einen guten Therapeuten ausmacht, 2. Aufl. btb, München

ZeitWissen (2005) Das betrogene Ich. Zeitverlag, Hamburg

Weitere Literaturempfehlungen

Wer sich für die Themen dieses Buches interessiert, könnte auch Gefallen an diesen besonderen Lesestoffen finden:

Aurel M (2009) Wege zu sich selbst. Nikol, Hamburg

Brahm A (2014) Der Elefant, der das Glück vergaß. Lotos Verlag, München

Chen C-H (2005) Tempel des Tao: Der Geheime Weg zur Chi-Lebenskraft. Ullstein Taschenbuch, Berlin

De Mello A (2014) Im Hier und Jetzt liegt alles: Der Weg zum Glück. Herder Verlag, Freiburg im Breisgau

De Shazer S, Dolan Y (2016) Mehr als sein Wunder – Lösungsorientierte Kurzzeittherapie heute. Carl-Auer, Heidelberg

Dyer W (2008) Ändere deine Gedanken und dein Leben ändert sich. Arkana Verlag, München

Fochler R, Langbein K (1997) Einfach genial: Die 7 Arten der Intelligenz. Deuticke Verlag, Wien

Hoff B (1984) Tao Te Puh. Synthesis Verlag, Essen

Klein S (2002) Die Glücksformel: oder Wie die guten Gefühle entstehen. Fischer, Berlin

Loehr JE (2006) Die neue mentale Stärke: Sportliche Bestleistung durch mentale, emotionale und physische Konditionierung. BLV Buchverlag, München

Lotto B (2018) Anders sehen: Die verblüffende Wissenschaft der Wahrnehmung. Goldmann, München

Sacks O (1998) Die Insel der Farbenblinden. Rowohlt, Reinbek bei Hamburg

Sacks O (1995) Eine Anthropologin auf dem Mars. Rowohlt, Reinbek bei Hamburg

Starkmuth J (2010) Die Entstehung der Realität – Wie das Bewusstsein die Welt erschafft. Arkana Verlag, München

Tolle E (2002) Leben im Jetzt: Das Praxisbuch. Goldmann, München

Walter R (1996) Gelassenwerden. Herder Verlag, Freiburg im Breisgau

Watts A (2014) Weisheit des ungesicherten Lebens. Knaur MensSana Verlag, München

Watzlawick P (1994) Die erfundene Wirklichkeit: Wie wissen wir, was wir zu wissen glauben?Beiträge zum Konstruktivismus, 8. Aufl. Piper Verlag, München

Watzlawick P (1995) Wie wirklich ist die Wirklichkeit? Wahn, Täuschung, Verstehen, 21. Aufl. PiperVerlag, München

Yalom ID (2010) In die Sonne schauen: Wie man die Angst vor dem Tod überwindet. btb Verlag, München

Filmtipps

Zum Abschluss der Empfehlungen folgen noch einige Links zu sehenswerten Filmen:

Free the Mind: Kann ein Atemzug dein Denken verändern? (2012) von Phie Ambo. http://mindjazz-pictures.de/project/free-the-mind-kann-ein-atemzug-dein-denken-veraendern/

From Business to Being (2015) von Hanna Henigin und Julian Wildgruber. http://business2being.com/de/

InnSæi – Die Kraft der Intuition (2016) von Hrund Gunnsteinsdottir und Kristin Ólafsdóttir. http://mindjazz-pictures.de/project/innsaei/

Sach- und Personenverzeichnis

A. Steffen, *Impulse zur eigenen Veränderung,* https://doi.org/10.1007/978-3-662-58279-4

Ihr Bonus als Käufer dieses Buches

Als Käufer dieses Buches können Sie kostenlos das eBook zum Buch nutzen. Sie können es dauerhaft in Ihrem persönlichen, digitalen Bücherregal auf **springer.com** speichern oder auf Ihren PC/Tablet/eReader downloaden.

Gehen Sie bitte wie folgt vor:

1. Gehen Sie zu **springer.com/shop** und suchen Sie das vorliegende Buch (am schnellsten über die Eingabe der eISBN).
2. Legen Sie es in den Warenkorb und klicken Sie dann auf: **zum Einkaufswagen / zur Kasse.**
3. Geben Sie den untenstehenden Coupon ein. In der Bestellübersicht wird damit das eBook mit 0 Euro ausgewiesen, ist also kostenlos für Sie.
4. Gehen Sie weiter **zur Kasse** und schließen den Vorgang ab.
5. Sie können das eBook nun downloaden und auf einem Gerät Ihrer Wahl lesen. Das eBook bleibt dauerhaft in Ihrem digitalen Bücherregal gespeichert.

EBOOK INSIDE

eISBN 978-3-662-58279-4
Ihr persönlicher Coupon 3B88dmwjfWP4T56

Sollte der Coupon fehlen oder nicht funktionieren, senden Sie uns bitte eine E-Mail mit dem Betreff: **eBook inside** an **customerservice@springer.com**.

Printed by Printforce, the Netherlands